Der Neuanfang

2002 und darüber hinaus

BOTSCHAFTEN VON KRYON

empfangen und geschrieben in Liebe von

Lee Carroll

Kryon

Der Neuanfang

2002 und darüber hinaus

Botschaften
gegeben und empfangen in Liebe

KRYON LEHRBUCH BAND VII

Ostergaard Verlag *** Sanctuary Aquarius***

Kryon Lehrbuch Band VII
1. Auflage Januar 2004

Herausgeber: OSTERGAARD VERLAG

Haus Rosengarten
Bahnhofstraße 12
D-88662 Überlingen am Bodensee

Vorübersetzung von Martina Hochmair
Übertragen ins Deutsche von Petra Ostergaard
Lektorat: Regina Bauer und Hans Viktor Peter

Titel des Originals: : „The New Beginning"
(2002 and Beyond)
erschienen bei THE KRYON WRITINGS
1155 Camino Del Mar - # 422 Del Mar,
California 92014, USA

Sanctuary Aquarius
Tel. 0049 (0) 7551 - 92 82 0 - Fax (0) 7551 - 92 82 39
e-mail: info@ostergaardverlag.de
website: www.ostergaardverlag.de

Satz und Gestaltung: Steve Ostergaard-Aimson
Druck: Stiehler Druck & media GmbH

ISBN 3-933075-08-5

Hand in Hand, gemeinsam mit Gott, wurde Euch beigebracht, wie Ihr die Göttlichkeit in Eurem Inneren in Anspruch nehmen und Euch weiterbewegen könnt - um Euer Licht leuchten zu lassen. Jetzt beginnt die Arbeit.

Kryon

Internationale Kryon Bücher

Weitere Informationen finden Sie im Internet www.Kryon.com

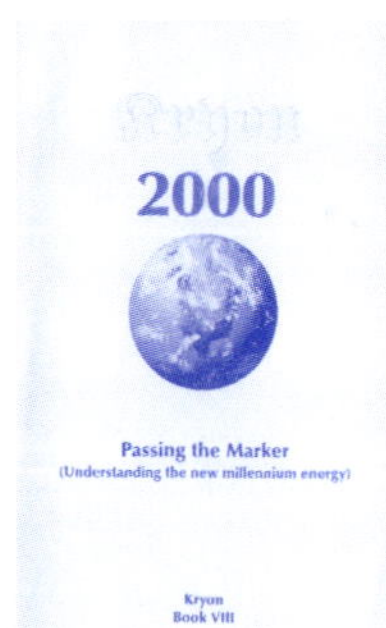

Amerikanisch

Internationale Kryon Bücher

Weitere Informationen finden Sie im Internet www.Kryon-online.de

Spanisch

Türkisch

Hebräisch

Hebräisch

Italienisch

Griechisch

Deutsch

Internationale Kryon Bücher

Weitere Informationen finden Sie im Internet www.Kryon.com

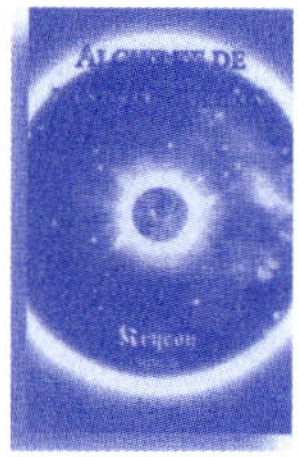

Französisch

Französisch

Dänisch

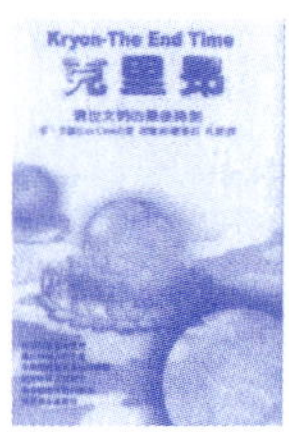

Ungarisch

Chinesisch

Türkisch

INHALT

VORWORT

Was Sie im Folgenden lesen werden, musste sorgfältig aus dem englischen Original entschlüsselt und in die deutsche Sprache übertragen werden.

Die Energie der Liebe, die sich durch diese Werke präsentiert, wartete auf die richtige Gruppe von Menschen, dies zu tun. Der Übersetzungsprozess geht tief hinter die wissenschaftlich korrekte Umsetzung der Bedeutungen von einer Sprache in die andere.

Er beinhaltet Konzepte, Begriffe und Bilder, die das Innere unserer Seele berühren und Leben für immer verändern können.

Ich gebe meinen Dank und meine Anerkennung an die, die das verstanden und ihre Erkenntnisfähigkeiten, ihr Talent und ihr Verständnis dafür einsetzen, sicherzustellen, dass die Botschaft dieser Seiten weit hinter das gedruckte Wort reicht, bis direkt ins Herz !

In Liebe

Lee Carroll

The Kryon - Channel

Einleitung

von Lee Carroll

Einleitung

„Der Neuanfang“
Kryon Lehrbuch Band VII

Lee Carroll schreibt...

Ich begrüße die Leser der Kryon Lehrbuchserie und alle weiteren Leser, die Kryon zum ersten Mal erleben. Dies ist das neunte Kryon Buch und möglicherweise das profundeste aus der Lehrbuchserie, da es zum neuen Paradigma der Erdenergie passt.

Es ist wesentlich, dass ich denen, die nicht mit allen Kryon Informationen vertraut sind, kurz etwas erkläre. Kryon ist ein Engelwesen... ein Erden-Helfer und es ist keine Energie, die schon einmal als Mensch auf unserem Planeten wandelte. Wir beziehen uns auf Kryon mit einem männlichen Pronomen, um den Gebrauch zu vereinfachen. Seine Absicht besteht darin, zu erklären, wie sich die Dinge ändern, wie die Dinge funktionieren, und auch darin, die menschliche Erfahrung zu ehren und zu feiern. Jede Botschaft beinhaltet Anleitungen und Erklärung in Bezug auf das, was geschieht. Jede Parabel handelt von uns. Jedes Channeling ist erbauend, liebend, liebevoll und hilfreich.

Viele Menschen haben das Gefühl, dass es einfach zu ungewöhnlich ist, wenn ein Menschenwesen Botschaften von einem Engelwesen channelt. Obwohl Engel bereits während der gesamten, aufgezeichneten spirituellen Geschichte zu Menschen gesprochen haben, fällt der Mensch gewissermaßen in die „Kategorie der Sonderlinge“, sobald er in der heutigen Zeit erzählt, dass er mit Wesenheiten und Engeln spricht. Ich frage mich oft, wie all dies in 100 Jahren aussehen wird. Wird es dann etwas Heiliges und Akzeptables geworden sein?

In gewisser Hinsicht werden historische Ereignisse, ganz gleichgültig wie unrealistisch sie anscheinend auch sein mögen, oft gänzlich als spirituelle Geschichte hingenommen. Gegenwärtige Ereignisse genau derselben Art werden einen oft in die Klapsmühle bringen". Ich glaube, es liegt einfach in der Natur des Menschen, alles abzutun, was nicht den Genehmigungsstempel für historische Bedeutsamkeit trägt.

Meiner Meinung nach hat uns Kryon den Entwurf für genau die Energie gegeben, in der wir uns jetzt befinden. All die Informationen bis hin zu unserem Jahrtausend sowie die jüngsten Ereignisse des vergangenen Jahres wurden uns als Hinweise, Parabeln und insbesondere als nummerologische, bildhafte Ereignisse gegeben, die interpretiert werden können.

Vor zwölf Jahren sagte uns Kryon im Lehrbuch Band Eins, *Das Zeiten-Ende*, dass wir das Paradigma der Zukunft auf Erden verändert hätten. Wir hatten das prophezeite Armageddon außer Kraft gesetzt und wir gingen auf das Potenzial eines neuen Bewusstseins auf dem Planeten zu ... ein Potenzial von großer Verheißung. Er gab zu verstehen, dass sich das Magnetgitter der Erde verändern werde, um Platz für unsere neuen Fähigkeiten zu schaffen *(was auch tatsächlich geschehen ist - vergl. Seite 237)*, und er sagte uns, dass all die Kriege in den kommenden Zeiten tendenziell zwischen Stämmen geführt würden und es hat den Anschein.

Dann sagte er, dass möglicherweise bis zu einem Prozent der Erdbevölkerung zu gehen habe, um all dies zu erreichen - dies ist wohl kaum eine Tatsache, mit der wir Menschen uns behaglich fühlen *(Kryon Buch Band I, Seite 120)!* Erinnern Sie sich an diese Aussage betreffend der Zukunft auf Seite 125? (Kryon Buch Bd I).

„...viele werden sterben und mit neuen Kräften zurückkehren. Und auch der Übergang in dieses neue Zeitalter der Selbstbestimmung und der Kraft und Macht wird voller Veränderungen sein. Die Dinge werden für keinen von Euch gleich bleiben..."

Er nannte uns auch ein Datum im Jahr 1999 und sagte uns, dass dies eine Zeit sei, in der ein verrückter Führer ein Chaos herbeiführen könnte *(Kryon Buch Band I, Seite 37)*. Es hätte sich auf Bosnien beziehen können oder auch auf das, was sich vor kurzem am 11.9.2001 ereignete. Alle

Informationen wurden vor mehr als zehn Jahren im ersten Kryon Buch geschildert.

In den späten Achtzigerjahren brach der Kommunismus wahrlich wie von selbst zusammen und es gab keinen Atomkrieg. Die für das Armageddon vorausgesagte Zeitachse wurde überschritten und viele waren sich bewusst, dass wir in eine neue Richtung gingen - in eine Richtung, die niemand vorhergesehen hatte.

Während sich diese Bücher ins neue Jahrtausend hinein entwickelten, brachte uns Kryon viele persönliche Informationen und Methoden, um das Göttliche in uns selbst zu finden. Er wies stets darauf hin, dass Frieden auf Erden bei der Arbeit des Einzelnen beginnt, und er lud uns ein, unsere DNS zu verändern. In den Büchern berichtete er uns oft von der tiefsinnigen Bedeutung des 11:11, bei dem die Menschen die Erlaubnis dazu gegeben hatten, das prophezeite Ende zu verändern. Dann erschien Lehrbuch VI, der letzte Band, *„Über die Schwelle".*

Wie ich bereits andeutete, brachte uns Kryon Buch Band VI *Über die Schwelle* wahrscheinlich mehr Informationen über das, was wir jetzt erleben, als irgendein anderes Buch. Kryon sagte uns, dass es in den kommenden Zeiten „kein Zaudern mehr" geben werde *(Band VI, Seite 243).* Dies bedeutete, dass es keine „dazwischenliegenden" Einstellungen mehr zu dem, was sich auf dem Planeten ereignet, geben könne - dass das Alte kontra das Neue dies erschaffen werde.

Kryon sagte, dass viele *„vom Zaun heruntergerissen"* würden. Er wies auch auf einen „Rückzug" von scheinbarer Stabilität und Frieden hin und sagte sogar das Potenzial eines Aufstands in Israel im Jahr 2000 voraus *(Band VI, Seite 205).* Er gebrauchte dort zum ersten Mal den Ausdruck „spirituelle Wut" und sagte uns, dass uns ein Kampf zwischen dem Alten und dem Neuen bevorstehe. Er sagte: „Seid nicht erschrocken oder erstaunt, wenn dieser Krieg noch nicht vorbei ist. Genau gesagt, in einigen Fällen hat die Schlacht gerade begonnen *(Band VI, Seite 205)*!"

Ich denke, dass wir alle über die Ereignisse vom 11.9.2001 schockiert und bestürzt waren. Für Amerika ist dies ein neuer Maßstab... ein Zeitpunkt, in dem viele ein Ende oder einen Anfang sehen werden. Man braucht kein Mensch im Bewusstsein des Neuen Zeitalters oder Metaphysiker zu sein, um die starke Energie zu sehen, die dieses Ereignis in unserer Gesellschaft erzeugt hat. Viele bezeichnen es als das „Pearl Harbor" dieser Generation und von nun an können die Ereignisse der gegenwärtigen amerikanischen Geschichte als „vor und nach dem 11. September" betrachtet werden. Allein schon das Datum ist zu einem Zeichen geworden, zu einer Abkürzung für unbeschreibliche Trauer, Entsetzen, Wut, Zorn, Ärger, Veränderung und - vielleicht - Hoffnung.

Obwohl kein Hellseher einer 190er-Telefonnummer und kein Drugstore-Boulevardblatt dies vorausgesagt hatte, fragten doch viele, ob es im letzten Jahrzehnt Hinweise von Kryon dahingehend gegeben habe, dass uns Veränderungen dieser Art bevorstünden. Ich habe jetzt den Eindruck, dass sich der 11.9. seit 1987 auf dem Radarschirm unseres Potenzials befand. Heute erkennen wir allmählich die Bedeutung unserer 11:11 Erfahrung, bei der wir als eine Gruppe von Menschen gebeten wurden, es der Erde zu gestatten, in die nächste Ebene geführt zu werden *(wie in den Kryon Lehrbüchern Band I, III, IV und VI beschrieben)*. Ist es möglich, dass wir zu der Erschaffung dieser Tragödie beigetragen haben? Ist es möglich, dass wir dies tatsächlich gemeinsam gestattet haben? Es handelt sich hier um eine schwierige Frage. Es ist hart, dies in Erwägung zu ziehen... ob wir vielleicht eine spirituelle, zellulare Verantwortung für das, was geschehen ist, tragen.

Im August 2001- ein paar Wochen vor der Tragödie vom 11.9. - ging es beim Kryon Channeling in Vancouver um die Einheit der Welt *(vergl. Kapitel VII in diesem Buch)*. Lesen Sie, was Kryon über die Vereinigten Staaten sagte *(die gesamte Niederschrift ab Seite 191)*.

„Die Vereinigten Staaten befinden sich derzeit in ihrer größten Lernphase. Die Dinge können nicht so bleiben. Es sind diejenigen geehrt, die begreifen, dass bedeutende Veränderungen im Gange sind. Die größten Veränderungen an all diesen Orten werden das Alte kontra das Neue sein. Wir sind hier, um Euch zu sagen, dass der Mensch, der hier sitzt und diese Worte liest, derjenige ist, der dies verändern kann. Es kann nicht so bleiben, wie es ist. Es besteht das Potenzial, dass die tief greifenden schöpferischen Veränderungen im Jahr der Drei (2001) kommen."

Mir persönlich kommt es so vor, als hätten wir die ganze Zeit über Hinweise über die Potenziale unserer 11:11 Erlaubnis bekommen, was das Ereignis vom 11.9. zur Folge hatte. Mir wurde gesagt, dass es so etwas wie Vorherbestimmung nicht gibt. Stattdessen gibt es „manifestierte Potenziale". Da es für Spirit (Gott) keine Zukunft und keine Vergangenheit gibt, ist der bloße Gedanke an Voraussagen strittig. Dennoch arbeiten Propheten mit unserer menschlichen Vorstellung von linearer Zeit und sie treffen noch immer Vorhersagen. Daher bringen sie Potenziale und keine „Absolutheiten". Für Kryon ist alles im „Jetzt" *(ein Grundsatz, der später in diesem Buch behandelt wird).* Was geschieht, ist ein Potenzial, das darauf wartet, manifestiert zu werden oder auch nicht, und es ist eine Energie, die sich in unsere Realität verwandelt... innerhalb unseres linearen Zeitrahmens... welcher auf einer Kombination aus unserer vergangenen und zukünftigen Absicht basiert. Wir haben ihn gänzlich in unseren Händen.

Wie viele andere auch erhielt ich die unten stehenden Fakten im Internet gleich nach der Katastrophe. Es ist ein kurzer Auszug der offensichtlichen „Synchronizität der 11". Zufall? Sehen Sie genau hin.

Die Synchronizität der 11

- Das Datum des Anschlags: 11.9. - 9+1+1 = 11
- Der 11. September ist der 254. Tag des Jahres: 2+5+4 = 11
- Nach dem 11. September bleiben noch 111 Tage bis zum Jahresende
- 119 ist die Vorwahl für Irak / Iran 1+1+9 = 11
- (Es ist auch das Datum in der europäischen Schreibweise.)
- Zwillingstürme - stehen nebeneinander, sehen aus wie die Zahl 11
- Das erste Flugzeug, welches die Türme traf, war Flug Nr. 11
- Bundesstaat von New York - der 11. Bundesstaat des Staatenbundes
- New York City - 11 Buchstaben
- Afghanistan - 11 Buchstaben
- Das Pentagon - 11 Buchstaben
- Ramzi Yousef - 11 Buchstaben (wegen der Organisation des Bombenattentats auf das World Trade Center von 1993 für schuldig befunden)
- Flug Nr. 11 hatte 92 Passagiere an Bord - 9+2 = 11
- Flug Nr. 77 hatte 65 Passagiere an Bord - 6+5 = 11

Die Metaphysiker sehen sich die Zahlen an... immer. Ziehen Sie Folgendes in Betracht: Die einzigen zwei Zahlen, die 1989 in *Kryon Buch Band Eins* definiert und erklärt wurden, waren **Neun** und **Elf**! Die überbrachten Informationen handelten von Vollendung und Erlaubnis. Nun wird es klar, was all dies bedeutet. Bedenken Sie weiterhin: Die Zahl des „Biests" wurde als 666=18=9 überbracht. Könnte es sein, dass das, was wir jetzt zu Gesicht bekommen, auch in verschleierter Form in der Heiligen Schrift prophezeit wurde? Die Neun steht für die Vollendung. Bedenken Sie, dass der Großteil der heiligen Schriften in Metaphern verfasst ist. Gemäß Gregg Braden sagte uns selbst der Prophet Isaiah, dass wir die Fähigkeit hätten, die Zukunft zu verändern. Ich glaube, dass wir dies gerade getan haben.

Nun hat Kryon angedeutet, dass wir uns durch die menschliche freie Wahlmöglichkeit dafür entschieden haben, den Vorgang der Erschaffung von Einheit auf dem Planeten voranzutreiben... damit diese Tragödie in der Geschichte als der Wendepunkt für planetare Veränderung gesehen wird. So gesehen erhaschen wir einen flüchtigen Blick davon, wie einst undenkbare Dinge Wirklichkeit werden können - dass sich Nationen möglicherweise vereinen und Koalitionen bilden werden, um sich darüber zu einigen, was die „Zivilisation auf Erden" zulassen und nicht zulassen wird - dass soeben vielleicht Millionen, ausgelöst durch spirituelle Wut, „vom Zaun heruntergerissen" wurden und dass sie sich auf die eine oder andere Weise dafür zu entscheiden haben, welcher Energie sie sich anschließen werden oder auch nicht.

Ich hielt mich am 30. September in einem Hotelzimmer auf, als ich mir zwei Interviews zu unterschiedlichen Zeiten, von unterschiedlichen Sendern ansah. Einer der Befragten war Staatssekretär Colin Powell. Der andere war der König von Jordanien, Seine Majestät König Abdullah II. Während dieser beiden separaten Interviews sprachen beide Männer denselben Satz aus: „Es ist Zeit, vom Zaun herunterzusteigen." Um ein Haar wäre ich aus meinem Sessel gefallen! Das, was Kryon gesagt hatte, vollzog sich hier wortwörtlich im Tagesgeschehen. Und das war nicht das erste Mal.

Die Energie, welche wir heute sehen, entspricht dem, wovon Kryon immer wieder gesprochen hatte, und während dieser letzten zehn Jahre wurde es veröffentlicht, damit es jeder lesen kann. Da nun diese neue Energie beginnt und aus unserer eigenen Schöpfung und unserem freien Willen stammt, wird sie ermöglichen, dass diese schwer fassbare Aussage Wirklichkeit wird... die letztendliche Erschaffung des Neuen Jerusalem. Kryon sprach auch immer wieder diese Worte aus: „As go the Jews, go Earth - Wie es den Juden geht, so geht es der Erde." Vielleicht sehen wir allmählich, wie all dies zusammenpasst?

Im Jahr 2000 in Israel stand ich während meines nachmittäglichen Vortrags auf der Bühne und erzählte einem Publikum etwas, was mir von Kryon gesagt worden war. Ich sagte, dass mit ihrer Situation nichts Produktives geschehen würde, bis „der Nullpunkt erreicht worden ist". Ehrlich gesagt wusste ich nicht, was dieses Statement bedeutete.

Später wurden mir viele Fragen gestellt und ich erhielt zahlreiche E-Mails aus Israel darüber, was diese Worte konkret meinen. Standen sie für einen richtigen Krieg in ihrer Region? Standen sie für Vernichtung? Ich wusste es nicht. Erst nach dem 11.9. begriff ich gänzlich, dass das Erreichen des Nullpunkts „Ground Zero" (Bodennullpunkt) bedeutete. Niemand... nicht ein einziger Mensch aus dieser Versammlung hatte das Gefühl, dass sich dieses Statement eventuell auf ein Ereignis in Manhattan in den USA beziehen würde. Heute ist es klar.

Was kommt als Nächstes? Wir haben immer noch die freie Wahl. Plötzlich müssen wir uns jedoch entscheiden, ob wir uns weiterhin in den alten Bräuchen wälzen oder ob wir unser irdisches Werk reinigen möchten. Laut Kryon bleibt uns noch Zeit bis zum Jahre 2012. Was auch immer dann unsere Energie sein wird, wird unser „Absichtsstempel" für die Menschheit sein.

Ich habe es bereits zuvor gesagt: Eines Tages werde ich heimkehren. Wenn ich das tue, dann möchte ich mich mit Tausenden von unserer Familie treffen, die am 11. September ums Leben gekommen sind. Ich möchte ihnen sagen, dass sie für Hunderte Millionen auf Erden etwas verändert haben, für ihre zukünftigen Kinder und für das Universum. Dann möchte ich jeden Einzelnen umarmen und ein Heldenlied singen... ein Lied mit dem Text von dem 11:11... dem Tag, an dem die Menschen sich für das entschieden, was sie wirklich auf Erden wünschten, und die Kontrolle über dessen Erschaffung übernahmen.

Der Inhalt dieses Buches

Das Buch wurde in Abschnitte eingeteilt, entsprechend dem, was vor und nach dem Ereignis vom 11.9. geschah. Genauso wie das letzte Buch in Channelings vor und nach der Jahrtausendwende aufgebaut war, hat dieses eine sehr ähnliche Struktur, wenngleich es auch aus ganz anderen Gründen geschah. Wie in der Vergangenheit wurde der Großteil des Buches als Live-Channelings aus der ganzen Welt niedergeschrieben.

Nur für Kinder: Gibt es eine bessere Art und Weise, ein Buch zu beginnen als mit Humor, Spaß und Freude? Und so finden Sie hier ein Channeling aus der Vergangenheit (das wir zuvor verloren glaubten), von Bernie, dem Vogel! Dies ist eines der einzigen Live-Channelings, die je vor Kindern stattgefunden und speziell für Kinder durchgegeben wurden *(in Wirklichkeit jedoch für uns alle)*. Wir präsentieren eine Geschichte über Bernie, den Vogel, der Angst vor dem Fliegen hatte. Dies wurde erstmals 2001 im Sedona Journal of Emergence präsentiert und ursprünglich 1998 in Dallas, Texas gechannelt. Ich bin froh, dass wir es wieder gefunden haben!

Kapitel 1 bis 7 präsentieren die Channelings vor dem Ereignis vom 11. September.

Kapitel 8 bis 13 präsentieren die Channelings, die nach dem Ereignis vom 11.9. - bis April 2002 - stattfanden.

Kapitel 14 schildert reale Fragen von Lesern, die wir ursprünglich auf der Kryon-online Webseite veröffentlichten.

Kapitel 15 ist ein kurzer Artikel von Jan Tober über erweitertes Bewusstsein. Hatten Sie schon einmal das Gefühl, sie würden in einer Menge „auffallen" oder die Aufmerksamkeit auf sich ziehen, weil Sie auf einer höheren Ebene schwingen? Wenn ja, dann sind Sie nicht alleine. „Der Regenbogenfilter" könnte die Antwort auf das „Unsichtbar-werden" sein!

Kapitel 16 ist die wahre Lebensgeschichte von Fété und Clement, zwei Lichtarbeitern, die eine erstaunliche Geschichte über ihre Flucht aus Afrika erzählen. Ihre Geschichte ist voller Vertrauen in Gott und Glauben an Spirit und ein bewegender Beitrag dazu, was passiert, wenn wir unsere Geschenke von Intuition und Licht verwenden. Dies wurde live in Montreal präsentiert bei einer Kryon Konferenz, die von den Gastgebern Marc und Martine Vallée veranstaltet wurde.

Während ich diese Einleitung schreibe, möchte ich Sie einladen, die amerikanische Homepage zu besuchen. Sie ist ein Renner mit einem brandneuen Online Magazin, das für alle kostenlos ist. Das Magazin, welches von den professionellen Graphikern Barbara und Rob Harris entworfen und herausgegeben wurde, ist zu einem Ort geworden, den viele Lichtarbeiter im letzten Jahr am liebsten besuchten. Abgesehen vom neuen Magazin gibt es Channelings (oder Kurse), einen Chatroom und Bücher, eine Gesamtübersicht aller unserer bevorstehenden Veranstaltungen und noch viel mehr. Unsere Homepage-Philosophie ist nicht-eingreifender Art. Wir haben keinen Überblick darüber, wer unsere Homepage besucht, wir bitten nie um Geld (niemals); wir nehmen keine E-Mails oder Namen und es gibt nichts, dem man beizutreten hat. Wir möchten, dass Sie unsere Homepage besuchen, lesen, erforschen und mit einem liebevollen Gefühl von Familie weggehen. Ganz einfach.

Seit einem Jahr besteht die deutschsprachige Internet-Webseite unter www.kryon-online.de. Diese beliebte Webseite wird mittlerweile über 5.000 mal pro Tag besucht!

Hier habe ich noch etwas anderes, was Ihnen vielleicht nicht klar ist. Müssen Sie wirklich ein ganzes Jahr oder länger warten, um die letzten Kryon Channelings zu lesen? Die Antwort lautet nein.

Jeden Monat enthält eine Veröffentlichung mit dem Namen The Sedona Journal of Emergence *(jetzt auch vierteljährlich in deutscher Sprache im Lichtfokus)* das letzte Kryon Channeling. So können Sie das Beste aus beiden Welten haben:

Jeden Monat können Sie das neueste Kryon Channeling lesen und wenn ein Buch wie dieses hier veröffentlicht wird, können Sie die besten gemeinsam an einer Stelle haben, bei denen dann oft mein Kommentar hinzugefügt wird.

Liebe Leserin, Lieber Leser, es erfüllt mich mit Freude, Ihnen die liebevollen und mitfühlenden Worte eines wunderbaren Engels namens Kryon überbringen zu können. Diese jahrzehntealte Arbeit, die nicht bekehrend ist, soll Konzepte und keine Doktrinen präsentieren. Es geht über organisierte Spiritualität hinaus und lädt Sie ein, die „Zwiebel der Dualität zu schälen", um den göttlichen Kern in jedem von uns zu entdecken. Es soll nicht mit organisierter Religion konkurrieren, sondern Verbesserungen und ein tieferes Verständnis des menschlichen Geistes anbieten. Diese Botschaft handelt von der Ermächtigung für die menschliche Rasse und den Einzelnen.

Wer das ist? Es ist der Einzelne, dessen Augen auf diese Seite gerichtet sind. Danke für Ihre Unterstützung.

- Lee Carroll

Kryon

Live-Channeling

„Bernie der Vogel“

Gechannelt von Kryon
für Kinder jeden Alters
Dallas, Texas, 1998

Für die Kinder jeden Alters

Abbildungen von Michael Tyree

„Bernie, der Vogel, der Angst vor dem Fliegen hatte"

Live-Channeling
Dallas, Texas, 1998
für Kinder jeden Alters

Lee Carroll schreibt...

Seit einigen Jahren werde ich gebeten, ob ich einmal ein Kryon Channeling für Kinder geben könne. Nachdem das ganze Thema über die Indigo Kinder erstmals in einem Kryon Buch *(Band IV, Gemeinsam mit Gott)* veröffentlicht worden war, erschien es nur allzu angemessen, dass Kryon etwas in dieser Art tun könnte und tun würde.

Wir präsentieren daher denjenigen, die danach gefragt haben, eins von zwei Channelings, welches aufgezeichnet wurde, als Kryon vor ein paar Jahren in einem Seminar in Texas gemeinsam mit Kindern versammelt war. Der Saal war vollständig mit Kindern im Alter von drei bis zwölf Jahren gefüllt, auch ein paar Säuglinge waren mitgebracht worden und einige Eltern und Senioren blieben auf ihren Wunsch hin mit anwesend! Die Präsentation begann mit meiner Einleitung und glitt danach in die Ansprache von Kryon über. Kryon begann und er wandte sich direkt an die Kinder im Saal. Dieses Channeling, das 2001 erstmals im *The Sedona Journal of Emergence* veröffentlicht wurde, blieb über mehrere Jahre in einem Schrank vergraben und wurde erst vor kurzem wiederentdeckt und in einem Re-Channel-Prozess niedergeschrieben.

Lee spricht live...

Hallo, liebe Kinder! Ich heiße Euch alle herzlich willkommen. Ich stelle fest, dass das jüngste Kind etwa zwei Monate und das älteste über 74 Jahre alt ist. Wenn Du das ältere Kind bist, dann hebe bitte nicht die Hand. Ich weiß, wer

Du bist! (*Lachen*) Dies hier ist ein ungewöhnliches Ereignis. Ich habe es erst einmal zuvor gemacht und ich kann mir vorstellen, dass letztendlich eine Situation kommen wird, in der dieses besonders kurze Channeling eines Tages veröffentlicht wird. Wenn wir einmal pro Jahr solch ein Channeling veranstalten, wird es jedoch Jahrzehnte dauern, bis ein Buch von dieser Art zusammengestellt ist! (*Lachen*)

Wenn Sie hier sind und Ihr Alter zwischen 9 und 20 Jahren liegt, dann entschuldige ich mich dafür, dass Sie zum Channeling für die Kinder zu kommen hatten, denn wir alle wissen, dass Sie keine Kinder mehr sind, nicht wahr (*Augenzwinkern*). Doch dieses Channeling ist in Wirklichkeit für uns alle, obwohl die Kinder ausschließlich dafür hierher gekommen sind. (*Ein Kind aus dem Publikum quietscht. Lee macht eine Pause und sieht das Kind an*). Manchmal fühle ich mich so wie Du gerade eben, doch ich kann dann nicht einfach juchzen! Die Erwachsenen würden es nicht zulassen.

Gut, dies ist ausgesprochen für die Kinder. Ich weiß nicht, ob Euch bekannt ist, worum es beim Channeling geht, doch es ist nicht unheimlich, seltsam oder verrückt, denn selbst *Ihr* macht dies manchmal, auch wenn Ihr es nicht zugebt. Ich weiß, dass Ihr es tut, und zwar immer dann, wenn Ihr mit Euren Engeln sprecht und Antworten erhaltet. Einige von Euch *sehen* die Engel sogar, doch sie erzählen den Erwachsenen nichts davon. Nun wird hier Folgendes geschehen: Ich bin Lee Carroll. Das ist *mein* Name und ich werde in Gesellschaft eines Engels sein, der *Kryon* heißt.

Vielleicht seht Ihr den Engel nicht und vielleicht seht Ihr auch keine großen Flügel oder so etwas in dieser Art, doch ich werde meine Augen schließen und wir werden von diesem besonderen Engel eine ganz besondere Botschaft für Euch haben. Ihr habt den Namen *Kryon* wahrscheinlich schon einmal gehört, denn aus diesem Grund sitzen all diese Erwachsenen hier mit Euch. In der Tat, sie haben Euch hierher gebracht. Aber jetzt seid Ihr an der Reihe und deswegen könnt Ihr so tun, als wären sie gar nicht im Raum. All dies handelt von diesem besonderen Engel, Kryon, und von einer besonderen Botschaft, die nur für Euch bestimmt ist. Ihr müsst die Augen nicht gleichzeitig mit mir zumachen. In der Tat habt Ihr gar nichts zu tun, doch ich lade Euch ein, einfach nur zuzusehen und zuzuhören. Wenn Kryon kommt, kann es sein, dass er eine Geschichte für Euch hat... schauen wir mal, was passiert.

(Stille breitet sich im Raum aus.)

Seid gegrüßt, Ihr Lieben und die lieben Kleinen, Ich Bin Kryon vom Magnetischen Dienst!

Lasst Euch nichts vormachen, nur weil ich wirklich ein Engel bin und weil ich mich von den Erwachsenen hier unterscheide. Das liegt daran, dass ich noch niemals ein Mensch gewesen bin - noch niemals! Obwohl das schwer zu erklären ist, bedeutet es, dass ich in gewissem Sinne wie ein Kind fühle. Es bedeutet auch, dass ich das, was Ihr denkt, verstehen kann. Dies ermöglicht mir, Euch zu lieben und Euch um so besser helfen zu können!

Bevor wir mit unserer Geschichte beginnen, werden wir mit denjenigen sprechen, die nur ein wenig älter als Ihr seid und die sich mit Euch hier in diesem Raum befinden und die Worte auf einer Seite lesen werden, die eines Tages gedruckt wird. Habt ein paar Augenblicke lang Geduld, während wir mit ihnen sprechen. Dann werden wir mit unserer Geschichte beginnen.

Geliebte Wesen, die zwar keine Kinder mehr sind, aber sich noch an die Zeit vor ein paar Jahren erinnern, als Ihr noch Kinder wart, Euch möchte ich etwas ins Gedächtnis rufen: Erinnert Ihr Euch an die Zeit, in der Ihr klein gewesen seid und vielleicht die Erwachsenen angesehen habt? Vielleicht habt Ihr in ihnen etwas gesehen, worüber Ihr nie gesprochen habt. Das lag daran, weil es zu persönlich war, aber ich weiß, was Ihr damals gedacht habt. Ihr habt die Erwachsenen angesehen und Euch gesagt: *„Ich möchte nicht so werden, denn die Erwachsenen verstehen keinen Spaß mehr! Sie sind nicht lustig, sie lachen nicht. Sie verstehen nicht mehr zu spielen.“* Und so lautet die Botschaft für Euch: Versucht, so viel Lust, Freude und Spaß wie ein Kind zu haben, denn der Spaß und die Freude derjenigen, die klein sind und hier sitzen, ist kostbar! Es ist der Katalysator für Erleuchtung! Es kann ein ganzes Leben lang zurückgehalten werden. Ihr könnt noch spielen! Es ist eine kostbare Zeit für Euch, doch es ist auch eine Zeit, in der es Euch auch möglich ist, diesen Spaß und diese Freude zu vergessen. Es liegt bei Euch und Eurem Willen.

Die Erwachsenen verwenden eine Redensart, die folgendermaßen lautet: Als ich ein Kind war, redete und dachte ich wie ein Kind, doch als ich erwachsen wurde, habe ich alle diese Dinge abgelegt." Nun sagen wir Euch: „Legt *das Kind* nicht beiseite. Behaltet den Spaß, der immer hier sein wird und der ein Geheimnis ist, um den Engel zu finden, der unsichtbar in Euch lebt."

Nun kommen wir zu den Kleinen. Ich spreche als ein Engel zu Euch und ich bringe eine Botschaft, die auch die Erwachsenen noch nie gehört haben. Wusstet Ihr, Kinder, dass Engel nie erwachsen werden? Es stimmt! Sie sind immer gleich alt. Die Erwachsenen sehen die großen Engel und sie glauben, dass es erwachsene Engel sind, doch das sind sie niemals. Sie sind immerzu Kinder in großen Körpern. Sie sind immer gleich alt. Es ist eine Art Geheimnis, doch ich glaube, Ihr wisst alles darüber, nicht wahr? Und wir haben Euch noch etwas anderes zu sagen, und zwar: In allen Zeiten ist ein Engel an Eurer Seite, die ganze Zeit über. Wusstet Ihr das? Ihr sagt vielleicht: „Ich habe meinen Engel noch nie gesehen. Was meinst Du damit, Kryon?" Ich werde es Euch sagen.

Ich kenne eine Geschichte, die von einem kleinen Geschöpf handelt, welches dasselbe Problem hatte. Es sagte stets: „Wenn ich etwas noch nie gesehen habe, wie kann ich dann wissen, dass es existiert?" Es ist eine Geschichte, die von den unsichtbaren Dingen handelt, die nur für Euch bestimmt sind. Dieser Engel, Kryon, der jetzt zu Euch spricht, ist gleichfalls ein *Kind* und er weiß, wie er diese Geschichten mit Hilfe seines Partners, Lee, der auch nie erwachsen wurde, erzählen kann! (*Lachen*)

Wir möchten Euch gerne die Geschichte von Bernie, dem Vogel, erzählen. Nun, Bernie, der Vogel, war ein Vogel, der Angst vor dem Fliegen hatte. Wir möchten Euch erzählen, wie sich dies zugetragen hat. Es ist eine wundervolle Geschichte, die wieder und immer wieder im Land der Vögel erzählt wird. Und alle Vögel können sich an Bernie, den Vogel, erinnern, der Angst vor dem Fliegen hatte.

Bernie wuchs in einem äußerst hoch gelegenen Nest auf. Vielleicht wisst Ihr, wie den Vögeln das Fliegen beigebracht wird. Es ist irgendwie erstaunlich und eindrucksvoll und irgendwie ist es auch erschreckend. Denn die Vogelmami und der Vogelpapi schieben die Vogeljungen, wenn sie bereit sind, sanft aus dem Nest, wenn diese gerade nicht hinsehen! Wusstet Ihr das? Naturgemäß fallen die Vögel hinaus, doch sie wissen wirklich sehr bald, dass sie ihre Flügel auszubreiten haben und anfangen müssen zu flattern, und während sie dies tun, werden sie plötzlich vom Wind in die Lüfte gehoben und sie fliegen nach oben und hoch hinauf! Es ist irgendwie schwer, aus dem Nest zu fallen, bevor sie ihre Flügel zum Fliegen ausbreiten, doch der Vogelpapi und die Vogelmami können ihnen nicht im Nest das Fliegen beibringen. Denkt einmal darüber nach!
In einem kleinen Nest wird nicht viel geflogen!

Nun, Bernie wollte überhaupt nichts mit diesem Vorgang zu tun haben. Er sah, wie seine Schwester eines frühen Morgens aus dem Nest geschoben wurde und wie sie fiel, es ging hinunter, abwärts und abwärts, immer weiter abwärts. In der allerletzten Sekunde breitete seine Schwester die Flügel aus und flatterte wie verrückt. Und dann, schließlich flog sie! Doch Bernie kam es so vor, als würde sie schon fast am Boden angelangt sein, bevor sie wusste, was sie zu tun hat, und Bernie bekam Angst. Er wollte mit dem Fliegen nichts zu tun haben! Bernie sagte: „Es gibt keinen Grund, warum ich diese Sache mit der Fliegerei überhaupt machen sollte. An diesem ganzen System ist irgendetwas falsch."

Bernie überzeugte seinen Bruder Bobbie davon, dass die ganze Sache mit dem Fliegen eine blöde Angelegenheit sei. Bobbie wollte auch nichts mit diesem Flugtraining zu tun haben und daher ging er zu seiner Mama und sagte es ihr. Bobbie verkündete, dass er nicht fliegen wolle, weil er sich fürchtete, und dass er es auch nicht wirklich für notwendig hielt, weil das Nest irgendwie gemütlich und cool war und er darin bleiben wollte. Seine Mama sah ihn lange Zeit an und dann schob sie ihn sofort und unmittelbar aus dem Nest! Und Bobbie fiel, er fiel hinunter und es ging abwärts und abwärts, bis er, kurz vor dem Boden schließlich, seine Flügel ausbreitete und zu flattern begann. Er flatterte und flatterte und dann stieg er hoch in die Lüfte.

Bernie sah all dies mit an. Er war der Jüngste, der mindestens zwei Minuten später als alle anderen ausgeschlüpft war, und er wusste, dass er als Nächster dran war. Er dachte bei sich: *„Es ist mir egal, ob meine Schwester und mein Bruder das durchgemacht haben. Niemand wird mich aus diesem Nest schieben, weil ich nicht fliegen muss. Das ist nichts für mich!"* Bernie hatte sich einen Plan auszudenken.

Eines Nachts, während alle anderen schliefen, fand Bernie eine Schnur. Diese Schnur hatte sein Papa in das Nest gebracht, um das Nest damit zu festigen. Manchmal werden beim Bau eines Nestes alle möglichen Dinge zusammengebracht, um so ein starkes Nest zu bauen, und da gab es nun eine Schnur, die in den Zweigen und in dem Stroh, aus denen das Nest gebildet war, mit eingebunden worden war. Bernie beschloss, diese Schnur an seinem Bein und das andere Ende an einem stabilen Teil des Nests zu befestigen, sodass er nur neun Zoll fallen und vor einem Sturz bewahrt sein würde, wenn ihn seine Mutter aus dem Nest schob, während er nicht damit rechnete (*die Kinder lachen*). He, das war ein guter Plan!

Das Problem war allerdings, dass Bernie nie an irgendeinem Pfadfinderlager für Vögel teilgenommen hatte, und daher wusste er auch nicht wirklich, wie Vogelknoten gebunden werden! Doch wie dem auch immer sei, er gab sein Bestes und er band einen Knoten, der seiner Meinung nach hielt, und er versteckte ihn vorsorglich, indem er sich immer von seiner Mutter wegdrehte, wenn sie in seiner Nähe war. Und genau wie es kommen musste, schob ihn seine Mutter direkt in der darauffolgenden Nacht, während er schlief, aus dem Nest!

Und es funktionierte! Er fiel kopfüber und die Schnur hielt stand. Jetzt hing Bernie auf neun Zoll oberhalb vom Boden in der Luft. Es war recht dunkel und seine Mama, die glaubte, dass Bernie unten war, flatterte und das Fliegen lernte, legte sich wieder zurück in ihr Bett. Bernie hing ganz still an seiner Schnur und dachte bei sich, wie clever er doch war. Dann kletterte er mit seinem Schnabel an der Schnur empor und kuschelte sich wieder in sein warmes Plätzchen. Er war froh, dass er nicht hinuntergefallen war und wie sein Bruder und seine Schwester fliegen zu lernen hatte. Er ging schlafen.

Am nächsten Morgen, als seine Mutter aufwachte, sah sie Bernie in ihrem Nest - einschließlich der Schnur und all dem und sie sagte zu ihm: „Bernie! Was machst Du denn hier?“ Sie zeigte (*mit ihrem Schnabel*) auf die Schnur, die Bernie ganz vergessen hatte von seinem Bein abzunehmen, und sie war bestürzt. „Ich denke, es ist Zeit, dass Papa jetzt die Sache in die Hand nimmt!“, rief sie. „Er wird mit Dir über diese ganze Angelegenheit sprechen.“

Bernie dachte sich: *„Ich Dummkopf! Ich habe vergessen, die Schnur abzunehmen! Nun wird sich auch noch Papa einmischen. Verflixt!“*

Papa kam in der Tat während dieser Zeit zum Nest zurück. Er war ein sehr großer Vogel mit sehr vielen Federn. Bernie hatte irgendwie Angst vor seinem Vater, weil er so groß war. Doch sein Papa war ein liebevoller Vater und er fragte Bernie: „Bernie, was ist los? Alle Vögel fliegen. Sieh Dich nur hier um. Alle fliegen. Es ist nun einmal eine Sache, die zu den Vögeln gehört, und Du musst es lernen. Warum möchtest Du nicht fliegen lernen? Warum?“

Bernie dachte einen Augenblick nach. „Papa, ich habe Angst.“

„Wovor hast Du Angst?“, wurde Bernie von seinem Vater gefragt. „Sieh mal, Deine Schwester, Dein Bruder, ich, Deine Mama... wir alle fliegen. Sieh Dich um. Deine Freunde fliegen... Vögel fliegen nun mal, Bernie. Du bist ein Vogel.“

„Ich habe Angst, Papa, weil es dort nichts gibt! Du sprichst von der Luft, die angeblich unsere Flügel hochheben soll. Sie ist unsichtbar. Und es scheint auch kaum zu funktionieren. Hast Du gesehen, wie mein Bruder und meine Schwester hinuntergefallen sind? Um ein Haar hätten sie es nicht geschafft!“

Sein Vater dachte einen Augenblick lang nach. „Obwohl Du die Luft nicht sehen kannst, Bernie, wird sie unterhalb von Deinen Flügeln sein. Alles, was Du zu tun hast, ist, Deine Flügel auf dem Weg nach unten auszubreiten, und die Luft wird Dich aufschaufeln. So fliegen wir alle. Sie ist unsichtbar, aber sie ist hier.“

„Das ist magisch“, sagte Bernie, „man kann die Luft nicht sehen. Du kannst mir nicht erzählen, dass es Luft gibt, denn man kann sie nicht sehen. Sie ist nicht hier. Vielleicht funktioniert der Zauber bei Dir und Mama und meinem Bruder und meiner Schwester, doch ich glaube dies erst, wenn ich es gesehen habe. Luft ist unsichtbar. Wie kann ich wissen, dass Du mich nicht zum Narren hältst? Ich weiß nicht, wie Du fliegst, doch so etwas wie Luft gibt es nicht, weil ich sie nicht sehen kann.“

Bernie hielt inne und fuhr dann fort: „Papa, ich habe es kapiert. Sieh mal, warum muss ich fliegen? Ich würde gerne eine neue Vogelrasse gründen namens *Gehvogel* (*Lachen*). Warum muss ich so wie alle anderen sein? Ich habe ein schönes Leben. Ich werde zum Baum hinuntergehen, ich werde den Wurm finden und wieder zurück auf den Baum gehen. Ich werde ein schönes Leben haben. Ich werde irgendwo ein Gehvogel-Weibchen finden. Wir werden Gehvogel-Junge bekommen und eine neue Rasse wird geboren werden. Und eines Tages werden sie dann zurückblicken und sagen: „Dies war der Anfang der großartigen Rasse namens *Gehvogel*.“

Der Vater sah Bernie sehr lange an. Er murmelte vor sich hin: „*Gehvogel?*“ Er verdrehte die Augen. „Gut, Bernie, ich sehe, es ist Zeit, dass Sigg Dir einen Besuch abstattet.“

„Wer ist Sigg?“, fragte Bernie ein wenig zaghaft.

„Nun, das ist der Vogelpsychiater des Schwarms.“ (*Lachen*) „Wir werden Dir Sigg schicken müssen. Doch, Bernie, wenn der Vogelpsychiater kommt, dann ist er sehr feinfühlig. Nenn ihn nicht Dr. *Spatzenhirn*. (*Lachen*)

Geh sicher, dass Du ihn den Vogelpsychiater nennst. Kein Arzt möchte als Spatzenhirn bezeichnet werden.“ (*Lachen*).

„Papa, es ist mir egal, was Dr. Sigg mir sagt. Niemand kann mich davon überzeugen, dass die Luft echt ist. Ich kann sie nicht sehen.“

Dann geschah es. Als Bernie schlief, kam seine Mutter spät am Abend heimlich zu ihm und nagte sich langsam durch die Schnur, die er der Sicherheit wegen noch immer trug. Dann schob sie ihn aus dem Nest! Die Dinge ereigneten sich mit großer Geschwindigkeit. Er fiel und fiel und es war eine furchterregende Erfahrung! Er war sehr erschrocken. Er konnte spüren, wie er vor Angst erstarrte. Er sah, wie die Baumrinde an ihm vorbeiflitzte und er sah den Boden nach oben sausen. Er dachte sich: *„Ich muss meine Flügel ausbreiten, doch ich glaube nicht an die Luft. Ich kann nicht an die Luft glauben, weil sie nicht echt ist; ich kann sie nicht sehen. Ich kann es nicht tun!“*

Er breitete seine Flügel tatsächlich nicht aus. Er bewegte sich in Richtung Erde und wusste, dass er mit dem Schnabel voran dort landen würde und schließlich wie ein Zweig im Boden steckend enden würde...mit seinen Beinen hoch in der Luft! Er würde dann wie erstarrt im Boden stecken, den Schnabel nach unten gerichtet. Niemand würde ihn von dort rausholen können und er wäre wie eine Statue im Park. Er wusste, was Vögel mit menschlichen Statuen anrichteten und er fragte sich, was die Menschen mit einer Vogelstatue tun würden!

Plötzlich wachte Bernie auf. Es war alles nur ein Traum...! (*Lachen*) Was für ein Alptraum das war!

Keuch, keuch...

Am Morgen wachte Bernie wie gewöhnlich auf. Tatsächlich war jetzt der Vogelpsychiater anwesend. Sigg war wie geplant hierher gekommen.

„Guten Morgen, Bernie“, sagte Sigg.

„Guten Morgen, Herr Dr. Spatzenhirn.“

„Ich bin der Vogelpsychiater", sagte Sigg. „Vergiss das nicht, mein Sohn."

„Okay, Herr Dr. Spatzenhirn."

„Bernie!", rief der Doktor.

„Es tut mir leid, es tut mir leid", sagte Bernie... doch in Wahrheit tat es ihm nicht leid. (*Die Kinder lachen*)

„Bernie, wovor hast Du Angst?", fragte ihn der Arzt aufrichtig.

Bernie ging es noch einmal durch. „Ich kann einfach nicht an die Luft glauben. Ich kann sie auch nicht sehen. Ich weiß, dass Ihr alle fliegt... und flattert und flattert und flattert", ...Bernie machte sich über das Fliegen lustig... „doch es ist einfach nicht genug für mich, weil ich es auch sehen können muss! Herr Dr. Spatzenhirn... hm... Sir."

Sigg betrachtete Bernie noch einmal stirnrunzelnd wegen des absichtlichen Sprechfehlers. Bernie hatte Spaß daran. Er wusste, dass es Dr. Sigg nicht gefiel, als Dr. Spatzenhirn bezeichnet zu werden, und doch sagte er jedes Mal, wenn er ihn ansprach, „Herr Dr. Spatzenhirn, Sir." Und deswegen war das für ihn gewissermaßen in Ordnung.

Sigg sagte zu Bernie: „Bernie, Du hast Angst, weil Du die Luft nicht sehen kannst. Doch wovor hast Du wirklich Angst?"

„Nun, Herr Dr. Spatzenhirn, Sir, ich fürchte mich davor, hinunterzufallen und auf den Boden aufzuschlagen und zu sterben, denn der Boden rast anscheinend sehr schnell nach oben, wenn die Vögel aus den Nestern fallen. Ich habe Angst!" Bernie dachte, das sei eine blöde Frage, und er beantwortete diese Frage auch auf eine blödsinnige Weise.

„Wodurch wird ein Vogelsturz bewirkt?", fragte Sigg seinen jungen Schüler.

„Nun, hm, ich nehme an, das bewirkt die Schwerkraft", sagte Bernie.

„Hm, die Schwerkraft." Sigg hielt inne. „Weißt Du, Bernie, Du kannst die Schwerkraft nicht wirklich sehen, nicht wahr?"

Bernie dachte einen Augenblick nach. „Nun, nein. Nein, ich kann die Schwerkraft nicht sehen."

„Doch Du glaubst an die Schwerkraft, Bernie? Zeig mir die Schwerkraft?"

Bernie dachte nach und sprach dann: „Gut, ich kann Euch die Schwerkraft zeigen. Wenn ich aus dem Nest springe, werde ich hinunterfallen und sterben. Haha! Das ist die Schwerkraft." Bernie war stolz, dass er die schwierige Frage beantwortet hatte.

„Das ist ganz richtig!", sagte der Arzt. Du kannst es beweisen, wenn Du aus dem Nest springst. Bernie, Du kannst auch beweisen, dass die Luft existiert, wenn Du aus dem Nest springst, weil sie genauso wie die Schwerkraft existiert. Du kannst sie nicht sehen, doch in Wirklichkeit ist sie hier."

Bernie gefiel es nicht, welchen Verlauf dieses Gespräch nahm. Sigg jedoch war mit seiner Beratungssitzung fertig und verschwand... er flog davon. Doch anstatt nach vorne zu springen und hochzufliegen, schrie Sigg Bernie an, während er aus dem Nest nach unten sprang und scheinbar hinunterfiel.

„Die Schwerkraft, Bernie!", rief Sigg, als er nach unten fiel, „die Luft, Bernie!", rief Sigg erneut, während er seine Flügel in voller Weite ausbreitete. Dann flog er elegant davon und währenddessen konnte man den Vogelpsychiater noch einmal hören... „Beide sind unsichtbar... beide sind echt... beide sind Wirklichkeit."

Bernie war nun sehr lange still. Er dachte nach und dachte nach. Und schließlich sagte er: „Weißt du, der Vogelpsychiater ist in Ordnung. Nur weil ich es nicht sehen kann, bedeutet dies nicht, dass es nicht existiert. Die Schwerkraft existiert immer. Vielleicht auch die Luft. Und davor habe ich wirklich Angst. Bevor ich es nicht versucht habe, werde ich es nicht richtig wissen."

Sigg, der Vogelpsychiater, hatte Bernie darauf hingewiesen, dass es interessant sei, dass es etwas gibt, was ebenso wie die Schwerkraft nicht sichtbar ist, aber von dem jeder wusste, dass es existiert, weil man beim Hinunterfallen sterben kann. Bernie konnte nicht an etwas glauben, das so wunderbar wie das Fliegen ist und für das es gleichzeitig unsichtbarer Luft bedarf.

Bernie erkannte, dass er in Wirklichkeit Angst vor der Schwerkraft hatte! Vielleicht ist die unsichtbare Luft so wie die unsichtbare Schwerkraft, doch würde sie ihn retten? Bernie beschloss, dass er morgen fliegen würde. Er würde tapfer sein und er erzählte es all den Vögeln im Wald und in den anderen Nestern. Er erzählte allen Kindern, die zusahen: „Ich werde es tun! Ich werde es tun!"

Am nächsten Morgen stand Bernie am Rande des Nests. Viele versammelten sich, weil die ganze Nestbevölkerung Bernies Problem kannte. Es hatte den Anschein, dass die ganze Gruppe jedes Mal Bescheid wusste, wenn der Vogelpsychiater einen Vogel aufsuchte. Das ist aber wieder eine andere Geschichte.

Bernie stand aufgerichtet da. Jetzt verkündete er allen, dass es Zeit war, Vertrauen in diese unsichtbare Sache namens LUFT zu haben! Er sprach lange über Vertrauen und über unsichtbare Dinge und dann begab er sich in die dünne Luft und begann, aus dem Nest zu springen!

Plötzlich baumelte Bernie neun Zoll unterhalb des Nests. Er hatte vergessen, die Schnur loszubinden! (*Lachen*). Der ganze Wald lachte! Selbst diejenigen, die keine Vögel waren, mussten lachen. Auch die Mäuse und die Eichhörnchen! Er konnte hören, wie die Worte im Wald widerhallten: „*Gehvogel*... der große *Gehvogel*!" Und dann wusste Bernie, dass sich alles, was er gesagt hatte, herumgesprochen hatte. Er musste es in dieser Nacht schaffen.

Er kletterte die Schnur wieder empor, nagte sich durch sie hindurch, nahm noch einen Atemzug von dieser unsichtbaren Sache namens Luft und sah sich um. Im Wald war es nun ganz still geworden. Denn wisst Ihr, Vogeljunge tun dies nicht von ganz alleine. Normalerweise werden sie im Schlaf überrascht und hinausgeworfen, wenn sie gar nicht damit rechnen. Sie tun es nie von alleine. Auf irgendeine Art wussten die anderen Vögel, dass sie hier etwas anderes sahen. Irgendwie erinnerten sich die Erwachsenen daran, wie es beim ersten Mal war. Bernie, der zaghafte Vogel, Begründer der neuen Rasse namens *„Gehvogel"* war im Begriff, sich von alleine aus dem Nest zu stürzen... und diesmal ohne die Schnur.

Er fiel nach unten. Unmittelbar, als Bernie in Richtung Boden herabsauste, überkam ihn die Angst. Dies war kein Traum. Diesmal war es Wirklichkeit! Während Bernie zusah, wie die Baumrinde an ihm vorbeisauste und der Boden auf ihn zuraste, hörte er eine innere Stimme, die ihm sagte: *„Flügel! Flügel! Breite Deine Flügel aus!"*

„Ich fürchte mich. Ich habe Angst!" schrie Bernie innerlich...

und doch streckte er schließlich, genauso wie es seine Schwester und sein Bruder gemacht hatten, diese kleinen, kurzen Flügel aus, die er noch nie zuvor benutzt hatte, und er begann zu flattern. Und tatsächlich übernahm dieses unsichtbare Stützsystem namens *Luft* die Kontrolle. Die Magie des Fliegens, die bei seinem Vater und seiner Mutter funktioniert hatte, trat in Kraft. Er fühlte, wie er hochgehoben wurde und er stieg in die Lüfte!

Bernie konnte nicht genug davon bekommen. Er flog den ganzen Tag lang. Er flog und flog und flog. Er flog so hoch, wie er konnte, so lange, bis seine Flügel müde wurden, und dann feierte er dieses unsichtbare Ding, die unsichtbare Sache, die alle als LUFT bezeichneten. Er segelte rund um die Bäume und schrie: „Seht her, ich fliege!" Als ob dies noch kein Vogel zuvor gemacht hätte! Sie alle spendeten Bernie Beifall - nicht deswegen, weil er flog, sondern für den Mut, den dieser Vogel aufgebracht hatte, um von alleine zu fliegen.

* * *

Es ist eine einfache Geschichte, nicht wahr? Sie ist lustig, wenn wir an Bernie und sein Vertrauen in das Unsichtbare denken. Und wir werden Euch jetzt sagen, was dies für jeden von Euch wirklich bedeutet. Einige von Euch wissen es bereits, nicht wahr? Liebe Kinder, es gibt einen Engel an Eurer Seite und er ist genau jetzt bei Euch. Es ist ein Engel, der gemeinsam mit Euch zur Welt gekommen und bei Euch ist, seitdem Ihr geboren wurdet, und Ihr könnt zu diesem Engel sprechen, wenn immer Ihr möchtet. Es ist ein freundlicher Engel und einer, der Euch liebt. Er hat den geistigen Verstand eines Kindes und er weiß sogar, wie Ihr denkt. Es ist ein Engel, der Spaß hat und sich daran erfreut, mit dem Spielzeug zu spielen, mit dem Ihr spielt, und es ist ein Engel, der mit Euch gemeinsam aufwachsen wird. Es ist ein Engel, der immer für Euch da sein wird und der Euch zu jeder Zeit helfen kann.

Nun mögen einige von Euch sagen:
„Ich sehe nirgendwo einen Engel!"

Das liegt daran, weil er so unsichtbar ist, wie die Luft für Bernie unsichtbar war.

Wir können Euch auch sagen, dass Euch dieser unsichtbare Engel aufmuntern und aufhelfen wird, selbst wenn Ihr in Schwierigkeiten steckt, selbst wenn Ihr traurig seid und die Dinge nicht wirklich gut stehen. Dies ist ein Engel, der Euch mit unsichtbarer Energie unterstützt, selbst wenn Ihr in die Dunkelheit der Furcht stürzt. Wir möchten, dass Ihr Euch an dies erinnert, denn dieser Kind-Engel wird Euch ein Leben lang begleiten. Er ist wunderschön. Er ist unsichtbar, doch wie Bernie entdeckt hat, ist er sehr, sehr real, wirklich wahr und wahrhaftig.

Vielleicht möchtet Ihr mehr über Euren Engel erfahren? Fragt ihn einfach! Obwohl Ihr den Engel möglicherweise nicht wie einen richtigen Menschen sehen oder hören könnt, wird das Gefühl von Liebe und Freundschaft das „Wahre“ sein, welches beweist, dass er existiert!

Seid Ihr als ein Erwachsener hierher gekommen? Wohin ist der Kind-Engel gegangen? Ist er noch bei Euch oder habt Ihr ihn während Eures Erwachsenwerdens abgewiesen? Hat er über die Geschichte von Bernie gelacht? Vielleicht ist es an der Zeit, ihn zu finden, denn er hat Euch niemals verlassen. Er gehört ein Leben lang zu Euch und er gibt Euch ein Zeichen, dass Ihr hervorkommen und mit ihm spielen sollt.

Und so ist diese Geschichte in Wahrheit für den Erwachsenen, denn es ist die Angst des Erwachsenen und nicht die des Kindes. Es ist die Angst desjenigen, der das Nest des Verstandes und der scheinbaren Realität nicht verlassen möchte, um zu den Höhen des Seins eines Kindes aufzusteigen... um wieder zu spielen und die Freude im Glauben an das Unsichtbare zu erfahren.

Und so ist es

Kryon

Kryon

Live-Channeling

„Der Katalysator für Wunder“

Gechannelt in
Chicago, Illinois
September 2000

Kapitel I

„Der Katalysator für Wunder“
Der Anfang interdimensionalen Verstehens

Live-Channeling in Chicago, Illinois September 2000

Dieses Live-Channeling wurde mit zusätzlichen Worten und Gedanken herausgegeben, um Klarheit und ein besseres Verständnis in der schriftlichen Textform zu ermöglichen.

Seid gegrüßt, Ihr Lieben, Ich Bin Kryon vom Magnetischen Dienst. Wir möchten genau jetzt die Kostbarkeit dieser Energie halten. In diesen kostbaren Momenten erfüllt ein Gefolge dieses Feld - ein Gefolge, welches gerade genau so groß ist, dass es alle Menschen umschließen kann, die in ihrer getarnten Göttlichkeit aufgrund ihrer Absicht hierher gekommen sind. Umhüllt von einer aktuellen Blase von Liebe ist dieser Raum sehr kostbar! Und diese fühlbare Kostbarkeit ergibt sich voll und ganz durch die hier Anwesenden. Wir haben es bereits gesagt: Es ist eine Wiederbegegnung von Seelen - Seelen, die sich für Euch als singular, das heißt, wie in der Einzahl anfühlen, doch wir wissen, dass sie in der Vielzahl sind. Denn selbst während Ihr hier auf diesem Stuhl sitzt und dies hört oder lest, gibt es „Viele von dem Einen“ und dennoch empfindet Ihr Euch als singular, als eine Einzahl. Dies ist ein Teil der Irreführung, lieber Mensch. Geliebtes Menschenwesen, die hier gegenwärtige Energie ist eine Energie, bei der wir real die Kostbarkeit der Familie begreifen und spüren.

Es ist eine gewaltige Erinnerung, wenn Ihr auf die andere Seite des Schleiers gelangt und die Energie dessen, wer Ihr wirklich seid, wahrnehmt. Dort realisiert Ihr, dass Ihr ein Teil der Bundeslade seid, ein Teil des Heiligen Grals und die spirituellen Anteile, die als göttliche und geheimnisvolle Teile des Universums „fehlten". So lautete von Anfang an die Botschaft von Kryon: Es geht darum, das Göttliche im Inneren zu finden. So lautete die ganze Zeit über meine Botschaft und die Ironie hierbei ist, dass die Kinder es bereits wissen! Wir sprechen von den „hier" anwesenden und doch noch ungeborenen Seelen der Indigos (offensichtlich weiß Kryon von einigen Schwangerschaften im Publikum und er spricht die werdenden Mütter an, einschließlich der zukünftigen Mütter, die dies lesen *). Nun, lasst mich Euch sagen, dass diese Kinder wissen, was jetzt vor sich geht. Diese kostbaren Seelen, von denen einige eine große Herausforderung für ihre Eltern darstellen mögen, kommen vertragsgemäß hierher. Was auch immer als Nächstes geschehen wird, wurde vertraglich festgelegt. Ihr wisst, wer sie sind, und sie kennen Euch. Mutter, Du bist im Begriff, einer alten Freundschaft wieder zu begegnen. Gesegnet ist dieser Tag. Erinnert Euch an diese Worte.

Geliebte Wesen, in den vergangenen Monaten sprachen wir zu Euch über die Interdimensionalität von Spirit. Wir sagten Euch, dass die Energie dieses Jahres (2000) der Anfang eines 12-jährigen Zyklus ist, und wir haben Euch eingeladen, die vorliegende Interdimensionalität zu entdecken. Die Gitter haben sich jetzt so verschoben, dass auf der Zellebene Teile und Anteile dessen, wer Ihr seid, ermächtigt und befähigt wurden, und diese Befähigung ermöglicht es, dass es nun ein Verständnis von der Interdimensionalität geben kann und wo Verstehen ist, dort tritt Aktion in Kraft.

„Welche Art von Aktion, Kryon?", mögt Ihr fragen. Es handelt sich um eine Aktivität, in der sich Menschenwesen individuell dazu entscheiden, sich selbst von dort, wo sie sich immer aufgehalten haben, bis hin zu einer Ebene zu erheben, auf der sie Frieden mit ihrem Leben haben - auf der sie die Verantwortung für alles, was rund um sie herum geschieht, annehmen und verstehen und von wo aus sie sich nicht mehr vor der Zukunft fürchten. Denn jetzt können sie hoch aufrecht stehen und sagen: *„Ich bin als ein Teil Gottes hier und während ich auf Erden bin, will und werde ich ein*

* Anmerkung von Lee: „Ja, im Publikum befand sich tatsächlich eine Frau, die noch nicht lange schwanger war. Sie kam später auf die Bühne und stellte sich vor."

Leuchtturm und ein Anker sein. Ich will und werde eine Quelle der Zuflucht für meine Freunde sein, die in Schwierigkeiten stecken. Ich werde ein friedvoller Ort in einer Zeit des Aufruhrs und der Unruhe sein. Ich werde von Lösungen anstelle von Problemen erfüllt sein. Ich werde gleichzeitig viele Dinge erledigen, die andere niemals angehen würden, weil sie als zu schwierig erschienen. Ich werde eine ‚Hülle Gottes' um mich haben. Ich werde im Sturm des Lebens ein Leuchtturm sein!" Und darum geht es bei dieser Arbeit.

Liebe *Leuchttürme*, es gibt viele von Euch in diesem Raum. Ihr wisst, zu wem ich jetzt spreche, nicht wahr? Denn Ihr kennt die hierzu gehörenden Grundsätze. Dies hier ist eine Unterrichtseinheit. Das war und ist immer so und doch sind dies die Zeiten, in denen wir einfach nur mit Euch beisammen sitzen und Euch lieben möchten. Wir möchten Euch gerne berühren und an unterschiedlichen Stellen - beginnend am Kopf und bei den Schultern - unsere Energie an Euch pressen, sodass Ihr wissen werdet, dass wir hier sind. Wir wollen uns liebend gerne auf eine Weise an Euch pressen, die Euch erkennen lässt, dass wir hier sind. Und bis Ihr Euren Stuhl verlassen habt, werdet Ihr wissen, dass Spirit, der allbeseelende Geist Gottes, hier gewesen ist.

Es gibt jene, die sagen, dass dies keine Wirklichkeit ist. Sie würden sagen: *„Das kann einfach nicht wahr sein. Spirit kann so etwas nicht tun. Gott tut so etwas nicht."* Nun, sie erleben eine 4D-Realitätsblockade. Gott macht dies tagtäglich! Gott kann dies überall dort tun, wo Ihr es wünscht. Ihr braucht nicht zu einem Treffen wie diesem hier zu kommen und Ihr braucht nicht vor Autoren oder Channelern zu sitzen. Ihr braucht nicht vor Heilern und Vortragenden zu sitzen, um dieser Energie für Euch gewärtig zu werden. Ihr könnt in die allerkleinsten Räume in Eurem Hause gehen und Ihr könnt Euch von der Göttlichkeit berühren lassen! Ihr könnt in Eurer Zellstruktur eine Heilung erfahren, weil der sich darin befindende Engel in der Tat kraft- und machtvoll ist! Nicht ein Einziger von Euch ist irgendwie macht- und kraftvoller als irgendjemand anderer. Ihr seid alle gleich - alle göttlich. Ihr seid alle spektakulär in Euren Potenzialen... das ist die Botschaft von Kryon.

Lasst den Unterricht beginnen. Die Konzepte, welche wir heute Abend präsentieren, sind nicht neu. Einige wurden Euch bereits unlängst gegeben, aber nichts davon wurde aufgezeichnet. Und so haben wir diese Begegnung für die Niederschrift ausgewählt. Es wird Euch zur Verfügung gestellt, um Euch über einen Teil von Euch Informationen zu geben, derer Ihr Euch nicht wirklich bewusst seid. Es handelt sich um einen interdimensionalen Teil von Euch, der nicht vollständig in seinen Potenzialen verstanden wird.

Es ist an der Zeit darüber zu sprechen, wie das Menschenwesen funktioniert, an welcher Stelle die Vierdimensionalität die Mehrdimensionalität berührt. In der Vergangenheit, Ihr Lieben, erzählten wir Euch von dem Drei-in-Eins und wir werden Euch heute Informationen bezüglich einiger Attribute von dieser Drei-Einheit geben. Einige von Euch nannten sie die *Trilogie*, andere haben sie als die *Trinität* (*Dreieinigkeit*) bezeichnet und wieder andere nannten sie einfach die Drei-in-Eins. Aber alle diese Beschreibungen beziehen sich auf die drei Energien, aus denen der vollständige, der ganze Mensch gebildet wird.

Wir sprechen jetzt von der *Drei* und wir haben schon zuvor von der Zahl Drei gesprochen. Wir fordern Euch auf, die Drei zu betrachten, welche selbstverständlich ein Viertel der Zwölf ergibt. Es ist kein Zufall, dass es drei Energieanteile des Menschen gibt, von denen wir sprechen möchten, denn die Drei steht für Aktion, Aktivität, Handlung, Tat. Desgleichen ist sie auch ein Katalysator, denn wo die Drei existiert, besteht das Potenzial für mehr. Obwohl dies einigen von Euch unverständlich ist, gibt es andere, die es vollständig verstehen. Die Drei-in-Eins ist ein interdimensionales Konzept, doch eines, mit dem Ihr in der Vierdimensionalität lebt.

„Wovon sprichst Du, Kryon?“ Wir sprechen über das, was im wahrsten Sinne des Wortes ein Teil der Struktur der Glaubenssysteme rund um den Planeten ist, von dem manches identifiziert und manches nur bildhaft angesprochen wird. Wir sprechen jetzt von den drei Energien, die sehr unterschiedlich sind und aus denen jedes einzelne Menschenwesen gebildet ist. Wir möchten über das sprechen, was einige als den Vater, den Sohn und den Heiligen Geist bezeichnet haben. Wir haben sie schon zuvor umbenannt.

Wir haben sie stattdessen als den *Erwachsenen*, das *Kind* und das *Höhere Selbst* bezeichnet. So ist die Namensgebung, die Ausdrucksweise, die wir in dieser Lektion verwenden werden. Es gibt tief greifende Lehre und Unterrichtung bezüglich dieser drei Energien und wir werden sie heute Abend in einer Synopse, wie mein Partner sagen würde, zusammenfassen. Es ist ein Überblick - eine grobe Vereinfachung der Energien von diesen drei. Wir geben sie Euch für Euer Verständnis und damit wir einige der bedeutenden Aspekte dessen, wofür sie stehen, präsentieren können. Es gibt hier diejenigen, die es brauchen, dies zu hören!

Es gibt hier tatsächlich eine Struktur und diese hat in der menschlichen Psyche zu exstieren. In der Drei existiert in der Tat Göttlichkeit und es existiert in der Tat Dualität. Und alles hiervon kommt in dem zusammen, was wir als die Drei-in-Eins bezeichneten. Achtet darauf, dass wir es *Drei-in-Eins* nannten, denn keines ist wichtiger als das andere. Und doch haben sie für Euren gegenwärtigen Weg Bedeutungsmerkmale und für eins der Attribute besteht gerade jetzt der Bedarf für eine ausführlichere Erklärung.

Der Erwachsene

Lasst uns damit beginnen, dass wir Euch den *Erwachsenen* geben oder den Vater, wie einige von Euch die Energie nannten - eine von den Dreien. Hier sind einige Attribute des Erwachsenen, von denen Ihr hören sollt. Für was ist die Energie des Erwachsenenteils im Menschenkörper verantwortlich? Was könnt Ihr während Eures Daseins als Mensch auf der Erde vom Erwachsenenteil erwarten? Ich will Euch einige Informationen geben. Es ist der Vater - es ist der Erwachsenenteil von Euch, der sich erinnert. Es ist der Erwachsenenteil von Euch, der ein Leben nach dem anderen erfahren hat - all die Schwierigkeiten, die Nöte, das Karma, die Schwere. Er ist der Teil, der in spiritueller Art und Weise erwacht. Wir sitzen vor einer erwachenden Gruppe von Familienmitgliedern. Wir sitzen vor denjenigen, Ihr Lieben, von denen wir die Namen kennen! Es gibt einige unter Euch, die gerade jetzt anfangen sich daran zu erinnern, dass dies real, wahr und wahrhaftig ist, denn Ihr fangt an uns zu „fühlen“.

Es ist Euer Erwachsenenteil, der die Erinnerung und das *spirituelle Erwachen* vollzieht. Der Erwachsenenteil ist der Strukturteil; er ist diesbezüglich der erfahrene Teil, welcher erwacht. Es ist der Erwachsenenteil, der mit dem Vertrag (*dem spirituellen Vertrag*) zu tun hat. Wir haben bereits früher darüber gesprochen. Der Vertrag ist die höchstmögliche Metapher, die wir für jenes verwenden können, was die aktuelle Situation repräsentiert. Beachtet, dass das Wort *Vertrag* selbst in Eurer Sprache stets mehr als nur eine Unterschrift beinhaltet. Er ist eine Vereinbarung zwischen mindestens zwei Wesenheiten. Euer Hauptvertrag besteht darin, einfach als Menschenwesen auf dem Planeten zu existieren. Wir sagten Euch bereits, dass sich die Verträge, welche individuell sind, in dieser neuen Energie verändert haben - tatsächlich wurden sie aufgelöst - und das, was Ihr nun macht, ist, neue Verträge zu erschaffen. Einige von Euch beben vor Schwingungsenergie. Ihr wundert Euch und fragt, was in Eurem Leben vor sich geht. Das vor Euch liegende Gleis ist leer und es ist der *Erwachsene*, der das Potenzial sieht und von den Verträgen weiß.

Verantwortung ist das nächste Attribut. Die Erwachsenenenergie ist verantwortlich. Es ist die Verantwortung für die Erkenntnis, dass Ihr, Ihr Lieben, alles, was geschehen ist, selbst geplant habt! Wieder und wieder haben wir es Euch gesagt. Es gibt hier diejenigen... (Pause)

Gesegnet ist der Engel, der als Mensch getarnt auf diesem Stuhl sitzt und dies liest und hört, der herausgefunden hat, um was es sich bei dem Geschenk des Todes handelt!..

(Fortsetzung) ...Es gibt hier diejenigen und es sind mehr als nur einer, die in die Trauer und den Kummer ihrer Leben zurückschauten und die Göttlichkeit in dem, was sich ereignete, erkannten. Ja, in der Tat, wir haben heute Informationen für Euch. Hier ist ein Geschenk für Euch und vielleicht wusstet Ihr es bereits längst: Die Wesenheit, die hinübergegangen ist, dieses Geschöpf, um welches es so viel Kummer und Traurigkeit gegeben hat, ist für Euer ganzes Leben lang mit Euch! Erinnert Ihr Euch? Wenn Ihr die Gegenwart dieses geliebten Menschen verspürtet, dann hattet Ihr Recht. Es war keine Illusion! Denn oftmals enden die Verträge des Lebens nicht mit dem Menschentod. Sie werden unmittelbar durch Euer eigenes Leben weiter fortgesetzt. Der Erwachsene versteht das auf der interdimensionalen Ebene. Wir werden in Kürze noch mehr Informationen darüber bringen, wie dies wirklich funktioniert.

Wer ist derjenige, den Du verloren hast und der eine besondere Bedeutung für Dich hatte? Hast Du jemals gespürt, dass Du von ihm umgeben bist? Meinst Du, dass dies nur auf Deine lebhafte Phantasie zurückzuführen ist? Nein, so ist es nicht. Öffnet Eure Herzen für diese interdimensionale Tatsache. Öffnet Eure Intuition, um zu wissen, dass diese Gefühle real sind. Diese geliebten Wesen sind wirklich mit Euch. Sie sehen von einer Stelle seitlich oberhalb Eures Kopfes herab - buchstäblich gesprochen etwas zur Linken von Euch. Sie sind jetzt ein Teil von Euch - ein Teil von Euren Denkvorgängen - und manche von ihnen sagen: „Ich liebe Dich". Manche von ihnen sagen: „Herzlichen Glückwunsch" oder „Gratulation". Manche von ihnen sind in Ehrerbietung vor dem, was aus Euch geworden ist. Es ist möglich, dass Ihr dies heute Abend zu hören hattet, so seltsam es sich für einige Menschen auch anhören mag. Können wir es beweisen? Nein. In Eurer Vierdimensionalität ist es unmöglich, dies zu beweisen. Und... in dem Zusammenhang, wir wollten es auch nicht anders haben. Denn hierfür einen Beweis zu erbringen, bedeutet, die unbeschreibliche Liebe und Kraft und Macht zu entfernen! Es hat jenseits der Physik empfangen und auf der zellularen Ebene angenommen zu werden. Dann ist es real. Es ist wie die Liebe - versucht sie zu beweisen. Das könnt Ihr nicht. Ihr könnt sie nur anerkennen und erfahren und persönlich wissen, dass sie wahr und wahrhaftig ist. Das macht auch die Liebe zu etwas Interdimensionalem.

Der Erwachsene ist auch für rituelle Entscheidungen verantwortlich - diesen Vorgang haben wir in der Vergangenheit *Gelübde* genannt. Kurz und bündig, wie wir zuvor gesagt haben, werdet Ihr Euch in diesem neu erwachten Zustand (*in der neuen Energie*) oft des Schamanen in Euch bewusst, repräsentiert in den Leben der Mönche, Nonnen und Priester, die Ihr einst gewesen seid. Wir haben derer viele hier im Raum. Wir sagten Euch bereits früher, dass es der Erwachsene ist, der diese Art Entscheidungen trifft, sich mit Gott zu vermählen, sich auf Gott zu konzentrieren und ein Gelübde der Enthaltsamkeit abzulegen - ein Gelübde, allein zu sein, arm zu sein, den Selbst-Wert aufzugeben. Es ist der Erwachsene, der dies tut. Er trifft diese Entscheidungen in aller Angemessenheit.

Dies sind vier Attribute: Erwachen, Vertrag, Verantwortung und Gelübde - vier von vielen Attributen, die Ihr als die Attribute des Erwachsenen betrachten werdet, und es handelt sich um eine der drei Energien des Menschen. Jetzt könnt Ihr sie analysieren und die Analyse wird Euch zeigen, dass es bei all diesen Attributen um die Struktur geht. Wenn Ihr ein Kind im Raum seid, und davon gibt es in der Tat viele hier, werdet Ihr vielleicht sagen: *„Das ist der Teil, der echt langweilig ist, nicht wahr?"* (Lachen)

Die Metapher von dem Eimer

Wir wollen Euch die Metapher von dem Eimer geben, welche die Beziehung zwischen den drei Attributen *(des Menschenwesens)* darstellt. Jetzt werdet Ihr bereits das ganze Bild wahrnehmen können, noch bevor wir Euch den Rest erzählt haben. Es ist wichtig, dass Ihr den Eimer anseht und betrachtet. Er ist vorstellbar wie ein Kindereimerchen am Strand. Dabei ist der Teil des Eimers, der das Wasser beinhaltet und hält, der *Erwachsene*, der *Vater*teil, die (formgebende) *Struktur*. Dieser Teil ermöglicht die Existenz von allem anderen. Es ist die *Struktur* des Gefäßes, des Eimers.

Innen im Eimerchen befindet sich der *Sohn* oder mit anderen Worten die Energie des *Kindes*. Dies ist das Wasser! Und Ihr werdet bemerken, dass die Struktur des Eimers das Wasser hält, sodass es weder ausrinnen noch auslaufen kann. Stattdessen wird es in logischer Art und Weise, mathematisch, gehalten. Der Eimer hält das Wasser in solch einer Form (*Struktur*), dass es nicht wegfließen wird. Er hält es stetig. Er bietet dem Wasser eine Möglichkeit, in der es existieren kann, nicht wahr?

„Was ist mit dem spirituellen Teil?", mögt Ihr fragen. *„Was ist mit dem Höheren Selbst? Welcher Teil des Eimers ist dann das Höhere Selbst?"* Das Höhere Selbst ist die gigantisch große Hand, die den Eimer hält! So habt Ihr die Struktur *(die Form)*, Ihr habt die Substanz *(den Inhalt)* und Ihr habt den Funken.

Vater	Sohn	Heiliger Geist (*Spirit*)
Erwachsener	Kind	Höheres Selbst
Struktur	Substanz	Funke.

(Kichern)

Sprechen wir über den *Funken* von dem Drei-in-Eins. Ihr mögt sagen: *„Nun, Kryon, der Funke muss der wichtigste Teil sein, nicht wahr? Alles in allem ist es der Teil, mit dem wir uns beschäftigen und den wir studieren."* Es gibt keinen Teil, welcher der wichtigste ist. Es gibt Teile, über die Ihr mehr zu wissen habt als über andere und vielleicht ist dies einer davon. Das Höhere Selbst ist eines der Themen, über das in der Energie des Kryon Gefolges am häufigsten unterrichtet wird. Wir sprechen die ganze Zeit über von den *Funken*, doch heute Abend richten wir die Aufmerksamkeit auf etwas anderes, über das Ihr Bescheid zu wissen habt. Doch lasst uns zuerst den *Funken* durchnehmen.

Das Höhere Selbst

Wir werden Euch auch von Spirit - oder dem Höheren Selbst - vier Attribute geben, obwohl es noch viel mehr gibt. Eins der Attribute ist die *Verbindung zu Gott* - die Verbindung zu Spirit. Wir haben Euch dies bereits früher gesagt und Ihr wisst es. Denn eins der Merkmale des Höheren Selbst befindet sich innerhalb des Gefäßes *(Lee zeigt auf seinen Körper)*. Es ist das Gefäß, welches das Menschenwesen mit dem Engel-Selbst verbindet. Aus diesem Grund seid Ihr hier. Es gibt nicht viele von Euch, die gekommen sind, um heute etwas über die Struktur - den Erwachsenen - herauszufinden. Es gibt nicht viele von Euch, die gekommen sind, um heute etwas über die Substanz - das Innere Kind - herauszufinden. Nein, nahezu alle von Euch möchten etwas über den Funken wissen, nicht wahr? Und die Ironie daran ist, dass die Funken das sind, wer Ihr wirklich seid, wenn Ihr nicht hier auf der Erde lebt! So ist es kein Wunder, dass Ihr daran interessiert seid.

Ich habe es Dir schon gesagt, Lichtarbeiter - Leuchtturm: Unabhängig davon, wie alt Du bist, unabhängig davon, was Du glaubst, unabhängig davon, was Dein Weg ist, unabhängig davon, wer Du Deiner

Ansicht nach bist oder ob Du glaubst, dass das, was passiert, real oder unwirklich ist, werde ich Euch alle wiedersehen. Ein paar von Euch werden sagen: *„Oh, nein, das wirst Du nicht. Ich werde nicht wiederkommen!“* (*gemeinsames Lachen mit Kryon*). Erinnere Dich daran, geliebtes Wesen, als ich gemeinsam mit anderen vor Dir stand und Deine prächtigen Farben leuchteten. Erinnere Dich an das, was Du in Deiner Unwissenheit sagtest, als wir Dir gratulierten und Dich Zuhause willkommen geheißen haben. Erinnere Dich daran, wenn Du (*bildlich gesehen*) Mengen von applaudierenden Familienmitgliedern siehst, wenn Du die Liebe durch die Farben spürst, die wir Dir zeigen werden, die Liebe fühlst, wenn Du die Farben hörend wahrnimmst, die wir Dir geben werden, und wenn wir „Willkommen Zuhause“ sagen werden. Erinnere Dich daran, wenn Du, mit dem Geiste Gottes, Dich dazu entschließt, so rasch wie möglich wieder umzukehren, um Teil der neuen Erde zu sein.

Ich habe Euch schon viele Male zuvor gesehen, wenn Ihr in die große Ruhmeshalle der Ehrung eingetreten seid und Euren Lichtnamen für uns gesungen habt. Was für eine Feier! Habt Ihr irgendeine Ahnung, wie das ist? Ihr könnt Euch nicht erinnern. Wenn Ihr wüsstet, wie das war, dann würden jetzt viele von Euch gehen *(Kryon lacht leise)*. Dies ist die neue Arbeit, Ihr Lieben. Diese irdische Menschenerfahrung *ist* die Arbeit.

Doch das wusstet Ihr bereits, nicht wahr?

Der Funke ist der Grund, weswegen Ihr heute hierher gekommen seid. Wir wissen das - die Verbindung zu Gott ist Euer Sehnen. Es ist ebenso das Attribut, welches dem Menschen ermöglicht, unbeschreiblichen Selbst-Wert zu finden. Es ist die Verbindung zu Gott, die dies bewirkt. Wir wissen auch, dass eine der tief greifenden Herausforderungen in diesem Raum in dem Bereich des Selbst-Wertes besteht. So ist es immer mit den Lichtarbeitern... das kommt von zu vielen Jahren, die Ihr auf Euren Knien mit Euren Nasen vor den Altären verbracht habt!

Ihr mögt fragen: *„Wie bringe ich diese Verbindung zustande? Ich bin kein Mensch, der am Morgen aufsteht, in den Spiegel schaut und das Göttliche in mir erkennt. Ich sehe oft einen Menschen, der in* Schwierig-

keiten steckt oder einen, der altert. Wie kann ich diese Verbindung herstellen? Wie kann ich es verstehen? Wo liegt die Selbst-Wert Antwort?" Ich werde Euch den Katalysator für das Selbst-Wert Thema in der nächsten Ausführung über die Einzahl-Trilogie geben, doch lasst uns einstweilen sagen, dass die drei, Erwachsener, Kind und Spirit, wenngleich sie auf gewisse Weise miteinander vermischt sind, separate, unabhängige Attribute besitzen. Die Schwierigkeit mit der Selbst-Wert Herausforderung ist eins davon, welches wir Euch, betreffend den Menschenteil namens Höheres Selbst, nennen. Wenn Ihr Euch jemals gefragt habt, welcher Teil für dieses innere Sehnen verantwortlich war, so sagen wie Euch, es ist dieser Teil.

Hier ein weiteres Attribut: Wahrer, heiliger, göttlicher *Friede* - Friede höher als alles Verstehen, höher als alle Vernunft. Wenn Euch diese Aussage begegnet, bedeutet sie Folgendes: Wie könnt Ihr friedvoll sein, wenn rund um Euch alles in Aufruhr ist? Es kommt durch das Göttliche, es geschieht durch den Funken. Es ist die Hand, die den Eimer hält. Es ist das Höhere Selbst. Es ist der Engel mit Eurem Namen. Wie auch immer eine Situation sein mag, haben wir Euch Frieden versprochen, wo es normalerweise keinen Frieden gibt - Frieden in Bezug auf die Dinge, für die es anscheinend keine Lösung gibt. Frieden, der Euch erlaubt, bei all dem Tumult und dem Drama zu stehen und doch Gott und die Göttlichkeit zu spüren und sehr wohl zu wissen, wer Ihr seid. Ja, das ist die Arbeit des Höheren Selbst.

Oh, es gibt noch mehr. Wir haben über die Verbindung zu Gott gesprochen, über den Selbst-Wert und den göttlichen Frieden. Der vierte Punkt wäre das, was wir *Wunder* nennen - das Bewusstsein über die Materie - Göttliche Heilung - Verlängerung des Lebens und den Körper wieder herzustellen, wie nichts anderes es könnte. Ich möchte genau hier an dieser Stelle die Ausführung unterbrechen und Euch etwas sagen: Wir können diese Dinge nicht besprechen, ohne vor Euch zu weinen, Ihr Lieben, die Ihr mit Euren Potenzialen auf den Stühlen vor uns sitzt und Euch als Menschen ausgebt, denn wir wissen, warum Ihr gekommen seid. Leser, wisse Folgendes: Auch Du bist mit in diesem Publikum eingeschlossen. Verstehst Du, dass wir Dich in dem „Jetzt" mit einschließen? Meinst Du, dass Du etwas liest, was bereits geschehen ist? Nein! Du liest von einer Energie, die *jetzt* stattfindet!

Wir wissen von den Situationen in manchen Eurer Leben und wir sagen Euch, es gibt nichts Unheilbares auf Erden - *nichts Unheilbares*. Euer Gedankensystem bezüglich dessen, was Ihr zu heilen vermögt, ist veraltet und es versteht nicht die Eleganz des innewohnenden Göttlichen. Wusstest Du, dass Du gewisse Zellen Deines Körpers für ihr Erwachen ansprechen kannst? Wusstest Du, dass Deine Absicht eine wunderbare Heilung herbeiführen kann? Wusstest Du, dass Du Krankheiten heilen kannst - länger leben kannst? Du möchtest wissen, wie? Die Antwort findest Du inmitten der Ausführung über den dritten Teil, von dem ich Euch gleich berichten werde. Doch der Funke - das Höhere Selbst - ist dort (*ist das*), wo es sich tatsächlich physisch ereignet.

Hier ist etwas für die Niederschrift, etwas, das wir zwar schon gesagt haben, aber was wir bisher noch nie publik gemacht haben. Dies ist das Jahr der Entdeckung. In der menschlichen Zellstruktur werdet Ihr Dinge finden, von denen Ihr nie gedacht habt, dass es sie dort gibt. Es gibt diejenigen, die die Biologie studieren und Euch mitgeteilt haben, dass Ihr eine begrenzte Anzahl von bestimmten Zellen in Eurem Körper habt, insbesondere im Gehirn. Sie sagen Euch, dass Ihr mit einer bestimmten Anzahl von Nervenzellen geboren wurdet und dass diese unmittelbar danach langsam beginnen abzusterben. (*Kichern*) Was für ein Gedanke! Wie passt das zur Verjüngung, Menschenwesen? Ergibt das für Euch einen Sinn? Nun, wenn Ihr einer derer seid, die dies bezweifeln, dann liegt Ihr richtig. Es gibt im menschlichen Körper einen Mechanismus, der ein neues, embryonenartiges Wachstum der Zellen während Eurer gesamten Lebensdauer über erlaubt... Euer ganzes Leben lang. Eure DNS ist für die Existenz dieses Wachstums in Eurem Körper programmiert, ein Attribut, welches Ihr noch nicht entdeckt habt, was Euch jedoch potenziell für dieses Jahr zu entdecken möglich ist (*das heißt, es gibt ein Potenzial für die Entdeckung desselben*).

Es gibt Zellen, die keinen Zweck ausführen - sie warten auf einen Zweck. Ihr habt in der Vergangenheit angedeutet, dass sie embryonal sind, und sie sind das, was Ihr als *Stammzellen* bezeichnet habt. Hiervon kommen Stammzellen, gleichgültig welchen Zweck sie haben, ob sie Teil von Euren Herzzellen, Gehirnzellen (Nerven), Muskeln, Knochen, vom Immunsystem oder sogar von der Thymusdrüse werden sollen. Dort sitzen sie, ursprünglich, unentwickelt und verborgen. Was wir Euch damit sagen, ist Folgendes: Ich erkläre Euch, wie Wunder eintreten. Es gibt Teile und Bruchteile von Eurem Körper, die auf die Absicht warten. Sie warten auf eine Energie namens Mitgefühl, um sie aufzuwecken und sich dann zu Zellen entwickeln lassen, deren Vorhandensein Ihr geplant habt. Die Wissenschaft wird sich nach Chemie umschauen, um sie zu aktivieren, doch der wirkliche Katalysator ist die Absicht (*Bewusstsein*).

Könnt Ihr Gehirnzellen erschaffen? Oh ja, das könnt Ihr. Könnt Ihr Knochenzellen erschaffen? Oh ja, das könnt Ihr. Möchtet Ihr etwas über wundersame Heilungen auf Erden erfahren, Geburtsfehler, die sich irgendwie verändert haben, Knochengewebe, das gewachsen ist, *obwohl das nie hätte sein sollen*, Nerven, die sich wieder verbunden haben und Dinge, die Ihr nie für möglich gehalten habt? Es ist die Stammzelle, welche auf die Absicht des Menschen reagiert. Ihr habt sie *Das Göttliche* genannt. Das ist der Mechanismus. Eure Wissenschaft wird ihn entdecken, potenziell in diesem Jahr - *erwachsene* Stammzellen, lebendig und bereit, sich zu entwickeln. Für jede Stammzelle, die sich entwickelt, gibt es eine andere Zelle, die sich in eine Stammzelle verwandeln wird. Ihr könnt sie nicht aufbrauchen. Für einige von Euch mag sich das fremd und seltsam anhören und wir sagen Euch, beobachtet Eure Wissenschaft, denn dies wird in Kürze bestätigt werden. Ich sage es Euch, weil es so ist. Und das sind gute Neuigkeiten, nicht wahr?

Es gibt eine kraft- und machtvolle Metapher für das, was durch Eure Biologie und durch Euer Bewusstsein geschieht. Ihr bewegt Euch von einem Paradigma, in dem Euer *Immunsystem* involviert ist, hin zu einem Paradigma, in dem die *Thymusdrüse* involviert ist. Was habe ich damit gerade gemeint? Ich will es Euch sagen: Das Immunsystem identifiziert den Feind und *bekämpft* ihn. Die Thymusdrüse identifiziert den Feind und *ist im Einklang* mit ihm. Vom Kampf zum Einklang (*Harmonie*) ist das Thema der nächsten 12-jährigen Zeitperiode. Es umfasst und beinhaltet das Bewusstsein, die Biologie, die Politik und sogar die Physik. Haltet auf allen Gebieten der Wissenschaft nach Harmonie/Einklang Ausschau - Dingen, die langsam Sinn ergeben und zueinander passen werden.

Das Kind

Mit der Bekanntgabe des letzten von den Dreien haben wir gewartet. Wir werden Euch bis zu sechs Attribute von dem Inneren Kind geben. Es ist nicht das Wichtigste, denn alle Attribute sind wichtig und sie alle haben ausbalanciert und sogar in sich selbst ausgeglichen zu werden. Diese Energie wird, wie dem auch sei, am wenigsten verstanden, das Kind - es ist nicht das physisch betrachtete Kind - wir sprechen hier nicht von den Kindern. Wir sprechen über die „Energie des Kindes“ *(das Sein des Kindes)* im Menschen - einen der Punkte der Trilogie, dem Sohn, im Inneren. Davon sprechen wir.

Ich möchte Euch sagen, wo ein Teil der erstaunlichsten Kraft und Macht Eures Lebens wohnt. Viele hätten diese Dinge niemals auf die Energie des Kindes zurückgeführt. Das Wasser im Eimer kann überall hingelangen. Es möchte herauskommen, nicht wahr? Wenn der Eimer eine undichte Stelle hat, wird das Wasser definitiv herausfließen und verschüttet werden, daher hat es strukturiert und von einem Festkörper (*Form*) umgeben zu sein.

Doch es ist das fließende Kind, welches über die *Phantasie* verfügt. Der Erwachsene ist strukturiert. Der Erwachsene hat die Autorität, doch es ist das Kind, welches über die Imagination verfügt. Der Engel, als Teil des Höheren Selbst, hat den Funken. Er hat seine eigene Aufgabe und verfügt über die Wunder. Er verfügt nicht über die Imagination des Kindes. Sie gehört zu Euch, dem Menschenwesen. Sie ist ein Teil des Gleichgewichts zwischen dem Vater, dem Sohn und dem Heiligen Geist - alle drei sind Gott und das bist *Du*. Imagination - Phantasie - alles ist möglich für das Kind in Euch. Wenn die Struktur des Eimers und das Eimerchen sagen: „Du hast im Inneren zu bleiben“, sagt die Phantasie des Kindes, „aber ich möchte nicht drinnen bleiben! Ich möchte das nicht!“

Es ist das Kind in Dir, welches für die *Freude* verantwortlich ist. Du dachtest vielleicht, dass sie von dem Engel kommt. Ich werde Euch etwas sagen: Diese zwei Teile der Trilogie sind wohl miteinander verflochten, doch es ist das Innere Kind, welches die Absicht für Freude zu bekunden hat. Dann stürmt die Göttlichkeit herein, um es ergänzend zu vervollständigen.

Es ist das Kind in Euch, das Freude verlangt und darum bittet. Es ist das Kind in Euch, das lachen möchte. All dies gehört zum Spielen dazu.

Lieber Lichtarbeiter: Wenn Ihr mit saurer Miene in der Gegend umherspaziert, dann kennt Ihr dieses Attribut nicht. Wenn Ihr den Katalysator für die Göttlichkeit kennen lernen möchtet, dann gebe ich Euch jetzt ein Geheimnis frei. Wenn Ihr einige dieser Teile der Funken aktivieren möchtet, das Kind hat sie! Lernt das Kind kennen, denn das Kind hat die Freude und das Kind hat den Humor. Es ist der Kindteil von Dir, der den Leuchtturm zum Lächeln bringt... und es gibt so viele ernsthafte Leuchttürme! (*Lachen*) Wir weinen angesichts der Potenziale derjenigen, die vor uns sitzen, diese Familienmitglieder, die diesen Ort anders verlassen können, als sie hergekommen sind. Wir weinen voller Freude!

Hier ist der dritte Punkt: *Auflösung von Glaubenssätzen*. Das Kind verfügt über kein Glaubenssystem. Phantasie ist ausgelassen. Alles ist möglich - grenzenlose Möglichkeiten - überall hingehen, alles tun. Da ist der Katalysator für ein Wunder. Es ist das unstrukturierte und unschuldige Kind, das fragt: „Warum nicht?“ Wenn Ihr über Heilung sprecht und wie Ihr diese Dinge in Eurem Körper, die Euch altern lassen, loswerden könnt, dann ist es das Innere Kind, das fragt: „Ja sicher, natürlich, warum nicht?“ Der Erwachsene, der den Eimer trägt, ist derjenige, der sagt: „Du weißt nicht, wie die Dinge funktionieren und darum nicht.“ Und es ist das Gleichgewicht zwischen den beiden, welches der Energie des Kindes das *Warum nicht* gestattet, um an die Oberfläche zu kommen und die Aktivität zu erschaffen, die Euch die Funken des Höheren Selbst geben können.

Hier ist der vierte Punkt: *Abhängigkeit*. Ohne den Eimer und ohne die Struktur wäre das Kind nichts. Es würde ohne Zusammenhalt über den Boden laufen. Im Eimer würde keine Substanz enthalten sein. Es würde einfach nur davonlaufen, sich verflüchtigen und zu nichts werden. Der Erwachsene ist hier, um es in Liebe und Perfektion aufzunehmen (*zu beinhalten*). Das Kind streckt seine Hand bereitwillig zum Erwachsenen empor, weil es weiß, dass der Erwachsene die Struktur und die Sicherheit hat. Von dort kommt die Liebe; von dort kommt die Innere Elternschaft. Es ist das Gleichgewicht zwischen dem Kind und dem Erwachsenen, wobei sich beide gegenseitig um etwas bitten. Wusstet Ihr das? Es ist nicht da, wo der Erwachsene das Kind schlägt, bis es sich ergeben hat. Es ist nicht da, wo der Erwachsene dem Kind sagt, es möge still sein, weil es nichts von ernsten Angelegenheiten verstehen kann. Der Eimer herrscht nicht über die Substanz... er hütet und achtet sie und passt auf sie auf! Der Erwachsene nimmt das Kind auf und umarmt und nährt es.

Das Kind akzeptiert dies und sagt: „Ich brauche diese Struktur." Es ist eine lebenslange Ehe. Wie viele von Euch haben sich wirklich mit dem Kind vermählt?

Ich werde Euch ein erstaunliches Attribut nennen: Das Kind verkörpert *Intuition* und *Weisheit*. Habt Ihr Euch gedacht, dass dies Attribute des Kindes sind? Sollten sie nicht eigentlich Attribute des Erwachsenen sein? Nein. Die Struktur ist erwachsen, doch die Weisheit kommt von dem flexiblen Inneren Kind und ich will Euch sagen, warum. Das Kind verfügt über die Emotionen! Es ist das Kind, das die Emotionen zu einem Teil von Euch werden lässt und zu einem Teil des Mitgefühls, über das wir gesprochen haben - dieser interdimensionale Auslöser, der Wunder bewirkt.

Es ist das Kind in Euch, das Gefühle von Freude entwickelt, die sich in Mitgefühl verwandeln. Vielleicht habt Ihr dies nicht bedacht, als Ihr vor Sorgen niedergekniet seid. Vielleicht habt Ihr nicht daran gedacht, als die Dinge richtig ernst wurden - als Ihr Hilfe brauchtet - als Ihr nicht wusstet, was Ihr tun solltet. Vielleicht habt Ihr in diesen Zeiten nicht an das Innere Kind gedacht. Vielleicht habt Ihr Euch nicht freudvoll und fröhlich gefühlt? Natürlich nicht! Lasst mich Euch sagen: Aus diesem Grund sind wir heute hier - um Euch daran zu erinnern, dass dieser Kindteil hier ist, und es ist der Katalysator für den Funken. Der schnellste Weg zum Höheren Selbst führt durch das Kind. Wir haben Euch schon oft aufgefordert, zu versuchen, die Herausforderung zu feiern! Warum? Um Euch selbst in die Freude zu erheben, die Euch nur das Kind bringen kann, um mit der Kommunikation mit den *Funken* zu beginnen!

Erwachsene, hört Euch dies an: Ihr stellt Struktur und Liebe für eine Energie von Substanz (*das Kind*) zur Verfügung, welche der Katalysator zur

Aktivierung des Höheren Selbst ist. Sie vermählen sich, sie sind zusammen und sie haben ausgeglichen zu sein. Habt Ihr Euch jemals gedacht, dass Ihr erfahren würdet, dass die Weisheit von der Energie des Kindes stammt? So ist es. Und obwohl der Erwachsene die Energie des Erwachens hat, die wir beschrieben haben, so ist es doch das Kind, welches die Substanz hat, um etwas dafür zu tun.

Vielleicht wird dies Euch vielleicht erklären, warum einige der bedeutendsten Lichtarbeiter trotz ihrer Bemühungen so wenig vorweisen können. Sie verfallen oft in den Opferzustand, weil sich in ihrem Leben so wenig manifestiert hat. Sie werden zu jenen, die Gott herumschiebt und zieht und sie ertragen großes spirituelles Drama. Wir feiern auch sie, doch wir sehnen uns danach, dass sie die Freude finden, welche sie verdienen. Wir sehnen uns danach, dass sie das nächste Thema entdecken werden.

Und der sechste Punkt? Oh, er mag sich ähnlich wie die anderen anhören, doch für das Kind gibt es *keine Begrenzungen*. Alles ist möglich. Das Kind hat nicht nur seinen Glauben suspendiert, sondern es sieht auch nichts, was seinen Geist einzäunt, wenn es sich in seiner Landschaft umschaut. Es hat noch nie einen größeren spirituellen Katalysator als diesen gegeben, denn dies ist für Eure Fähigkeit verantwortlich, sich eine Zeit, einen Ort und eine Energie zu visualisieren, die Eure Realität verändern wird. Sie alle sind miteinander verbunden. Möchtet Ihr wissen, wie Ihr zu den Funken kommt, Ihr Lieben? Verschafft Euch Zugang zu dem fließenden, flexiblen Kind ohne Einzäunung. Möchtet Ihr wissen, welche Energie eine Zeit visualisieren kann, als Ihr jung wart? Ich habe es Euch gerade gesagt! Es ist auch das Geheimnis zur Veränderung der aktuellen Realität Eurer biologischen Uhr! Der Körper arbeitet ganz von alleine. Er ist ein einwandfreier Motor und wird Euch in einem vorgegebenen Paradigma durch das Leben führen... jedoch in einem alten Paradigma.

Es ist die Energie des Kindes, welche die Absicht und die Kraft und Macht, es zu verändern, aktiviert! Wenn das Wasser kocht, hat die Hand, die den Eimer hält, zu reagieren und sie kann ihn nicht fallen lassen. Sie hat mit ihm zu laufen.

„Ohne Einzäunungen" bedeutet, dass alles möglich ist. Ihr Lieben, wenn Ihr in Eurem Körper an irgendeiner Krankheit leidet oder wenn eine Anomalie in Eurem Körper existiert - wenn es derzeit ein Problem mit Eurer Zellstruktur gibt, werde ich Euch eine Übung geben. Ich möchte, dass Ihr dieses Kind ohne Einzäunungen nehmt und Euch eine Zeit in Eurem Leben vorstellt, bevor dies geschehen ist. Ich möchte Eure Zellstruktur sehen, als sie noch frisch und vollkommen und jung war. Ich möchte, dass Ihr diese Visualisierung ohne Einzäunungen beibehaltet, denn der Katalysator des Kindes arbeitet jetzt daran, sich mit der Energie des Höheren Selbst zu verbinden. Er beginnt mit dem Prozess. Ich sagte Euch, dass ich Euch erklären würde, wie es wirkt. Und so ist es. Die Freude und Phantasie des Kindes beginnt mit dem Prozess, damit der Funke zum Zwecke der Heilung auftreten kann. Denn das, was Ihr *visualisiert*, könnt Ihr *haben*.

Je macht- und kraftvoller Eure Visualisierung ist, desto macht- und kraftvoller ist die Weisheit Eures Glaubenssystems, welches direkt in Eure eigene Zellstruktur geht, und Ihr werdet es spüren. Ihr werdet es wissen. Ihr werdet es haben! Und die Zellen werden ziemlich bald zurückkehren - gerade rechtzeitig, um das zu vertreiben, was nicht dorthin gehört, und sie werden sich an eine Zeit erinnern, in der sie auf eine gewisse Weise waren, und ja, sie werden sogar die Stammzellen aufwecken. Das ist das Heilmittel. Das ist das Wunder. Das widerfährt den Leuchttürmen tagtäglich.

Es gibt hier Leuchttürme. Es gibt hier Lichtarbeiter. Es gibt hier Heiler, die dies täglich praktizieren und anderen weiterhelfen. Heiler heilen nicht, sie gleichen aus! Das wisst Ihr. Doch wenn sie einen anderen Menschen auf eine bestimmte Weise ausgleichen, antwortet der Körper. Diese Balance hilft den anderen, Zutritt zur Freude des Inneren Kindes zu gewinnen und auch alle Zäune zu beseitigen und die vierdimensionale Struktur aufzulösen.

Das ist das Ende des Unterrichts. Denn seht, es ist nicht das Ende der Energie, doch es ist für jetzt das Ende des Unterrichts. Wie viele von Euch möchten dorthin gehen, in diesen Eimer, und die Substanz des Kindes besuchen? Wie viele von Euch möchten sich ihr Leben ansehen und sagen: *„Es gibt keine Zäune?"* Wie viele von Euch möchten diesen Glaubenssatz auflösen? Nun, ich sage Euch, wenn Ihr Euch Zugang zum Inneren Kind verschafft, wird dies das Höhere Selbst in Euch aktivieren, den Engel in Euch und die Wunder können beginnen. An diesem Punkt beginnt die Ausgeglichenheit (*Balance*) wirklich langsam in Erscheinung zu treten.

Liebes Familienmitglied, was uns am schwierigsten fällt, ist, Dich zu verlassen. Wir können dies nicht tun, ohne sicher zu sein, dass Dir das, was gesagt wurde, klar ist. Die Avatare auf dem Planeten besitzen keine wundervollen Geheimnisse, über die Du nicht auch verfügst. Möchtest Du wissen, was das Attribut des Avatars ist? Es ist die vollkommen entwickelte und ausbalancierte Energie des Kindes. Da ist die Substanz, denn es ist der schnellste Weg zum Höheren Selbst. Es ist eine Auflösung des Glaubenssatzes. Könnt Ihr von Euren Händen aus Energie erzeugen? Könnt Ihr die Physik verändern? Könnt Ihr die Zeit beeinflussen? Ja. Ihr alle könnt es. Jeder Einzelne, der hier sitzt. Darum geht es bei dieser Lektion und dabei möchten wir, dass Ihr es für Euer individuelles Leben anwendet. Betrachtet die vergangenen und gegenwärtigen Avatare auf dem Planeten. Schaut in ihr Gesicht und bemerkt als Erstes das Lächeln, den Humor und die Freude... und als Zweites betrachtet die Wunder!

Die Pärchen, die hier sind, wie würde Euch eine stärkere Verbundenheit zwischen Euch gefallen? Lasst Eure Kinder hervorkommen und spielt miteinander! Legt die Struktur eine Weile zur Seite. Diese Handlung stärkt das Höhere Selbst und erfüllt Euch mit Liebe, Verständnis und einer ausgeglichenen Wahrnehmung dessen, was wichtig ist. Einige der Barrieren, die Ihr für Euch, Paare, selbst errichtet habt, werden wegfallen und Ihr werdet einander wieder in einem anderen Licht sehen.

Arbeiter, wenn Ihr zur Arbeit geht und Ihr wieder den Wochentag seht, welcher der „Sand in Eurer Auster" ist, und sie sind immer vorhanden (*Lachen*), was macht Ihr dann? Eure Berufe sind wundervolle Orte. Ist es nicht ein wunderbarer Kessel des Karmas, mit Menschen zusammengewürfelt zu werden, um deren Gesellschaft Ihr nie gebeten habt? (*Lachen*) Ihr glaubt, dass dies zufällig ist, nicht wahr? Was werdet Ihr damit anfangen? Es ist das Kind, welches Euch das Attribut des Höheren Selbst gibt, um damit in Frieden zu sein. Dinge, die Euch stören, werden davonschweben und lasst mich Euch noch mal an das Karma erinnern: Wenn Ihr die eine Seite von diesem Spiel wegnehmt, dann geht damit auch die andere Seite. Wartet, bis Ihr die Reaktion derjenigen seht, die Teil Eures Dramas sind, wenn Ihr beginnt, sie zu lieben. Sie werden die gleichen alten Tasten betätigen, doch bei Euch tut sich nichts mehr. All dies ist Teil des *Zur-Arbeit-Gehens.* All dies ist Teil des *Nach-Hause-Gehens* und ein tagtägliches Leben zu führen. Menschenwesen, wir wären nicht hier und würden Euch nicht diese Informationen bringen, wenn es sich nicht um eine Gemeinsamkeit der Menschheit handeln würde. Es betrifft Euch, die Ihr alle in der Energie und Liebe Gottes seid.

Das Gefolge zieht sich aus dem Raum zurück, nachdem es Euch heute Abend die Informationen übermittelt hat, die Ihr zu hören hattet. Das Gefolge zieht sich aus dem Raum zurück, doch es möchte nicht. Es möchte bleiben und mit all den Kindern hier spielen!

Einige von Euch haben diese starke Energie heute Abend gespürt und sie haben die Liebe Gottes in ihrem Leben gefühlt. Einige von Euch haben die Liebe der Familie gespürt, die sich an Euch presst. Du kannst nach Hause gehen und dasselbe Gefühl jederzeit wieder erschaffen, wann immer Du es möchtest. Du bist ein Teil des Ganzen!

Lasst die Heilung beginnen! Lasst das Kind in Eurem Inneren das Höhere Selbst in der Struktur des Erwachsenen aktivieren. Lasst die Freude das Drama überwältigen.

Und so ist es

Kryon

Kryon

Kennen Sie bereits !

Kryon Buch Eins

Das Zeiten-Ende

„Die einfache und anschauliche Art, in der uns die Botschaften präsentiert werden, macht dieses Buch zu einer leicht aufzunehmenden Arbeit für Neulinge in der Metaphysik"

Connecting Link Magazine - Michigan

Kryon Bücher und alle weiteren Publikationen sind in jeder Buchhandel oder von der Ostergaard Verlagsauslieferung zu erhalten.
Telefon 07551-92820, Fax 07551-928239

Kryon

Live-Channeling

„Die Euch umgebende unsichtbare Energie“

Gechannelt in
Santa Fe, New Mexico, Juli 2000
Kryon Summer Light Conference

Kapitel II

„Die Euch umgebende unsichtbare Energie“

Live-Channeling in Santa Fe, New Mexico, Juli 2000

Dieses Live-Channeling wurde mit zusätzlichen Worten und Gedanken herausgegeben, um Klarheit und ein besseres Verständnis in der schriftlichen Textform zu ermöglichen.

Seid gegrüßt, Ihr Lieben, Ich Bin Kryon vom Magnetischen Dienst. Diesmal ist es hier ganz anders *(die Rede ist von der Energie in diesem Moment)*. Ihr habt uns in diesem Moment gebeten, in Eure Gegenwart zu kommen und Euch Worte der Weisheit zu überbringen, ebenso wie das, was auch immer Euch entsprechend, während Ihr auf dem Stuhl sitzt und dies hört oder lest, möglich ist, dass es sich ereignet. Doch wir sind überwältigt, während wir in diesen Raum hereinfluten und hinter Euch, rund um Euch und neben Euch unsere Plätze einnehmen. Es ist so, als sei der Raum schon tagelang ein Sanctuary *(ein Heiligtum und Zufluchtsort)* gewesen - als wenn eine großartige Wahrheit bereits ausgesprochen wurde - als wenn die Einheimischen hier gewesen sind und jeden von Euch gesegnet und mit ihrer weisen Energie gewärmt haben. Es ist so, als wenn sich Eure Herzen für die Botschaften, die sich heute einen Weg durch die menschliche Dualität bahnen mögen, erweicht und vorbereitet hätten.

Ja, diesmal ist es hier ganz anders.

Wir sind stets erstaunt darüber, wie die interdimensionalen Informationen von Euch empfangen und aufgenommen werden und wie viel Arbeit hier *(auf Erden)* geleistet wird. Dies ist eine

Familienwiederbegegnung - eine kostbare Zeit -, in der das Kryon Gefolge der Menschenfamilie, dem Menschenfamilienmitglied begegnet. Und das, was wir trotz des Schleiers und trotz der Dualität alle gemeinsam haben, ist, dass wir von derselben Quelle kommen, dies gilt für den Bruder ebenso wie für die Schwester. Auf meiner Seite des Schleiers, welche die Seite ist, die Ihr als „Zuhause“ bezeichnet, wenn Ihr nicht hier seid, gibt es kein Geschlecht. In Eurer Sprache haben wir die Worte *er* und *sie* zu verwenden. Doch *wir* kommen geschlechtslos, in Liebe, zu Euch. Ihr könnt unsere Energie als weibliche Energie bezeichnen. Ihr könnt unsere Energie als männliche Energie bezeichnen. Doch tatsächlich ist es eine Verschmelzung von Energie namens Gott!

Die Engel, die jetzt zu Euch sprechen, verwenden das, was wir als *Die Dritte Sprache* bezeichneten, eine *Kommunikation*, über die wir während der vergangenen Monate fortwährend gesprochen haben. Diese Sprache ist dicht und potent, sie ist kraft- und machtvoll - sie fließt von Liebe über, indem wir in diesem Raum unsere Plätze einnehmen. Wir füllen diesen Raum beginnend von hinten und seitwärts und bewegen uns von dort bis in den vorderen Bereich. Einige von Euch werden mit diesem Vorgang die Präsenz von „Zuhause“ spüren.

Bevor wir mit der Unterrichtung fortfahren, gibt es unter denen, die hier sitzen und die dies lesen, manche, die einer Übung bedürfen, um von dem, was jetzt folgen wird, profitieren zu können. Wir bitten Euch, Eure Realität einen Augenblick lang außer Kraft zu setzen und an einen Ort zu gehen, an dem alles gut ist, an dem alles vollkommen in Ordnung ist. Nutzt Eure persönlichen Erfahrungen aus dem Geschehen, was Ihr als Eure Vergangenheit bezeichnet, und geht zurück zur fröhlichsten und freudvollsten Zeit in Eurem Leben und holt sie jetzt in Euer Herz. Haltet sie dort für die Zeit, während der wir zu Besuch beieinander sind. Lasst es nicht zu, dass die Dualität Euer Herz in einer beunruhigenden Weise berührt, um es zu ergreifen. Denkt nicht an solche Geschehnisse aus der Vergangenheit oder Themen, die Euch noch derzeit stören. Legt sie an einem anderen Platz ab.

Gebt Euch selber heute das Geschenk und taucht ganz in die Engelenergie dessen ein, wer Ihr wirklich seid. Entlasst Eure irdischen

Aufmerksamkeiten während dieser kurzen Zeit und erlaubt Euch die Freude zu spüren, während Ihr hier seid und dies lest und hier zuhört.

Erinnert Ihr Euch noch an die Zeit, bevor die Probleme, mit denen Ihr Euch jetzt auseinandersetzt, eintraten? Bedenkt, dass wir wissen, wer *hier* ist. Wir wissen, wer sich dafür entschieden hat, diese Botschaft zu lesen! Diese gesamte Begegnung mag nicht für alle von Euch in physischer Anwesenheit sein, Ihr Lieben, doch der Zuhörer *und* der Leser, dessen Augen auf diese Seite gerichtet sind, gehören beide *hier* dazu und alle sind mit einbezogen.

Zuhörer, wir bitten Dich etwas Interdimensionales zu tun - etwas, worum wir Dich auch bereits früher, in Deiner Vergangenheit, gebeten haben. Wir bitten Dich, Deiner Familie zu begegnen, die sich *nicht* in Deinem Zeitrahmen befindet - sondern diejenigen sind, die ihre Augen jetzt auf diese geschriebenen Zeilen richten. Wir bitten Euch des Weiteren Euch ebenso mit der Familie zu vereinen, die sich in dem, was ihr *Zukunft* nennt und was sie jetzt als ihre *Vergangenheit* bezeichnen, dazu entschieden, diesen Tonträger abzuspielen. Realisiert, dass die Energie, die jetzt erschaffen wird, nicht linear ist. Sie ist interdimensional und sie existiert im Zentrum Eurer Zeit... an einer Stelle, die wir als das „Jetzt" bezeichnen. Wir möchten, dass Ihr diese weitreichend ausgedehnte Familie, die sich nicht in Eurer linearen Zeit befindet, begrüßt und willkommen heißt. Begrüßt sie auf der Zellebene und erkennt, wer sie sind, und erkennt auch die Potenziale, die in ihren Herausforderungen existieren.

Erkennt sie als Eure Familienmitglieder!

Leser, kannst auch Du Dich in dieses Meeting, welches sich für Dich scheinbar in Deiner Vergangenheit befindet, hineinversetzen? Kannst Du Dich dem Hörer anschließen? Ihr Lieben, Ihr macht alle dieselben Erfahrungen. Wir laden Euch *alle* dazu ein, Eure irdischen Angelegenheiten beiseite zu legen und Euch die folgende Botschaft anzuhören.

Viele Mitteilungen wurden dazu ausgewählt, Euch wissen zu lassen, dass Eure Weltuntergangsprophezeiungen nicht eingetreten sind!

Oh, zu dieser Zeit wurde Euch Allgemeines gegeben, doch Ihr nehmt dies nicht erkennend wahr, weil es in einem Zeitrahmen ist, den keiner erwartete. Einige Vorhersagen sprachen von einem „Neuen Jerusalem". Sie sprachen vom Himmel auf Erden. Sie sprachen von einem Energiewechsel auf dem Planeten und sie gebrauchten die Metapher von einem „weißen Licht", das zur Erde kommen würde. Sie sprachen davon, dass die Menschen die Interdimensionalität finden würden. Sie sprachen von einer wunderbaren Wissenschaft, welche Lebensdauer ausdehnen wird! Ich möchte Euch wissen lassen, Ihr Lieben, dass Ihr Euch inmitten dieser Vorankündigung befindet! Es war eine Prophezeiung, die vor nunmehr tausend Jahren gemacht wurde! Wusstet Ihr das? Schaut sie Euch an! Und so seid Ihr doch jetzt hier und befindet Euch in dieser Energie... mit all den Potenzialen vor Euch, um das zu erschaffen, was vorausgesagt wurde.

In der Vergangenheit berichteten wir Euch von dem interdimensionalen Menschen. Rückblickend möchten wir Euch kurz das mitteilen, was wir sagten, damit dieser heutige Unterricht so sein wird, dass er sich an die vorherigen Unterrichtseinheiten anfügt.

Wir berichteten Euch von den interdimensionalen Geschenken, über die der Mensch verfügt. Wir berichteten Euch von der Tatsache, dass diese Geschenke im großen Ausmaß zu Euch kommen würden. Wir berichteten von einem Geschenk, mit dem Ihr die Zeit verdichten könnt. Bis diese heutige Botschaft veröffentlicht sein wird, werden die Informationen bereits publiziert und dokumentiert worden sein. Wir baten darum, damit Ihr in der Lage seid, Euch darauf zu beziehen, wenn einige von Euch dies jetzt lesen *(vergl. Kryon Buch Band VI „Über die Schwelle", S.297-299)*.

Des Weiteren erzählten wir Euch auch von der Verdichtung des Schlafes - davon, dass der einzelne Mensch bis zu einem Punkt die Kontrolle über seine Energie hat, wie es niemals für möglich gehalten worden ist. Wir gaben Euch Hinweise auf die Verdichtung der Zeit, denn es gibt viele von Euch, die in Kürze mehr zu tun haben werden, als es jemals zuvor der Fall gewesen ist. (*Lachen*) Wir schnitten auch kurz ein Thema an, über das wir noch niemals zuvor gesprochen haben und was einige von Euch als einen „Augen-Verdreher" bezeichneten: Wir sprachen vom interdimensionalen

Leben auf dem Planeten - von dem Leben in der Atmosphäre, welches Ihr noch nicht gesehen habt und möglicherweise auch niemals sehen werdet.

Wir sprachen über interdimensionales Leben im Wasser, welches auf Magnetismus reagiert und die ureigenen Attribute dessen, was Ihr in der Molekularbiologie als H_2O bezeichnet habt, (*durch Absicht*) verändert. Wir unterrichteten Euch über dieses neue Leben, welches selbst das Ausmaß der heilenden Eigenschaften des Wassers auf dem Planeten verändert. Wir forderten Euch auf, Euch nach heilenden Wässern vielfältiger Art, die sich zu Beginn dieser neuen Energie in diesen Jahren auf Erden zeigen werden, umzuschauen. Wir sagten Euch auch, dass es auf dem Planeten drei Stellen gibt, an denen das Wasser, was bereits in solch einer Weise angelegt *(positioniert)* und magnetisiert wird, aus der Erde fließt und dass es mit zu einer längeren Lebensdauer für den Menschen beitragen wird. Auch wenn es sich wie ein Märchen anhören mag, so ist es das nicht. Wir haben Themen angeschnitten, die vielleicht nicht beweisbar, aber real sind. Und nun können wir Euch auch mitteilen, dass diese drei Stellen in Neuseeland, Ostkanada und Europa liegen.

So gibt es noch eine andere Art von Leben auf dem Planeten und davon sprechen wir jetzt...und so viele von Euch wissen davon. Es ist eine interdimensionale Lebensform im Boden (*Staub*) der Erde. Und davon gibt es nicht nur eine Sorte, sondern viele. Oh, Ihr Eingeborenen und Schamanen, erinnert Ihr Euch an *Die Hüter der Täler*? Sie sind noch immer hier. Ihr bedecktet die Erdoberfläche mit Zement und Gebäuden und bezeichnet sie als *modern*, doch sie sind noch immer hier. Auch viele der wichtigsten Devas des Waldes sind noch hier. Interdimensionales Leben auf diesem Planeten hat den Sinn und Zweck, diese Erde für Euch *auszugleichen*, sie in *Balance zu halten*. Ihr habt es schon oft von den Einheimischen gehört und Ihr werdet es von mir noch einmal hören. Wir sprechen beide vom Bewusstsein im Erdboden des Planeten, denn es ist noch hier.

Viele Wesenheiten verließen die Erde, als sich das vollzog, was wir als die 12:12 Energie bezeichnen (*April 1994*). Doch die ausgleichenden Wesenheiten blieben. Es war der „Nachlass (*Rest*) der Meister", der gegangen ist, und diese (*ihre*) Abwesenheit wurde von vielen spürbar wahrgenommen. Doch die ausbalancierende Energie der *Natur* blieb bestehen. Das ist schwierig zu erklären und so werden wir Euch in der Übertragungssitzung im nächsten Monat noch genauer über die Essenz der Geistführer, Engel und anderer, die Eure Helfer auf Erden sind, aufklären.

Wir werden jetzt, in dieser Unterrichtseinheit, die interdimensionale Kommunikation besprechen. Einige werden diese Lehre als „Die Euch umgebende unsichtbare Energie" oder „Die Euch umgebende nicht zu sehende Energie" bezeichnen mögen.

Ihr seid von einem Universum von Unsichtbarem umgeben und wir können jetzt darüber sprechen, weil dies nun weniger *Augen-Verdrehen* hervorruft als noch vor ein paar Monaten. Ein Teil von dem, worüber wir sprechen werden, wird als „zu hinterfragende Wissenschaft" bezeichnet werden und einige werden es als „Hokus Pokus Wissenschaft" bezeichnen, weil es nicht beweisbar ist. Wenn wir von diesen Dingen sprechen, wenden wir uns an den Erkenntniskern im Menschen und sagen: *„Hört die Informationen"*. Rufen sie eine Resonanz in Euch hervor, *klingen* sie als wahr oder nicht? Denn die Dinge, welche wir Euch heute beibringen, sind spirituell unsichtbar und doch sprechen wir von ihnen jetzt in einer Zeit, in der ein Großteil Eurer Wissenschaft (*schließlich*) zugibt, dass nicht alles, was real ist, auch sichtbar ist und dass es trotzdem existiert. Eure vorherrschende Wissenschaft schneidet damit interdimensionale Bereiche an und verleiht einer Energie Glaubwürdigkeit, die existiert, aber nicht sicht- und beobachtbar in der Vierdimensionalität zur Verfügung steht. Daher ist es für uns ein guter Zeitpunkt, um dasselbe zu tun.

Es gibt viele unsichtbare Dinge, die Ihr tagtäglich anwendet und gebraucht. Eins davon ist interdimensional, von Eurer Wissenschaft nicht wahrhaft verstanden und doch umgibt es Euch und es ist desgleichen der Kern (*Schwerpunkt*) unserer Arbeit. Wir berichteten Euch davon, als wir zum ersten Mal hier angekommen sind. Ihr bezeichnet es als *Magnetismus*. Wir haben andere Bezeichnungen für diese Kraft und obwohl der Magnetismus nicht verstanden wird, wird er doch von Euch wahrgenommen und täglich verwendet. All überall Euch umgebend seht Ihr die Ergebnisse des Magnetismus. Ihr habt gelernt, ihn zu erzeugen und zu verwenden, doch wenn Ihr die Forscher über die wirkliche wissenschaftliche Funktionsweise des Magnetismus befragt, werden sie sich verlegen an den Köpfen kratzen und sagen: „Kein Mensch weiß wirklich, um was es sich bei dieser Kraft handelt, was sie wirklich ist.“ Und doch ist der Magnetismus die größte Kraft im Universum! Er trägt die DNS-Instruktionen für Eure Gesundheit und Langlebigkeit und er ist auch in den nicht biologisch orientierten DNS-Strängen vorhanden - Verträge Eures jetzigen Lebens tragend, ebenso wie Eure früheren Verträge, Euer vergangenes und gegenwärtiges Karma und die Prägungen des Magnetismus (*Imprints*), die Euch bei der Geburt gegeben wurden und als Astrologie bezeichnet werden.

Alle diese Dinge sind magnetisch. Sie sind interdimensional und ein Teil Eurer zellularen Struktur. Ihr seid besser mit der technischen Anwendung der Magnetismen vertraut. Er ist in all Euren elektrischen Stromkreisen auf dem Planeten enthalten! Aller Wahrscheinlichkeit nach sind die Magnetismen in jedem Stück von Einrichtung enthalten, das zu Eurem persönlichen Eigentum gehört, einschließlich der Gegenstände, die Ihr zum Glätten der Kleidung, die Ihr tragt, verwendet, die Geräte, die Ihr zur Zubereitung von Nahrung für Euren Tag gebraucht, die Fahrzeuge, in denen Ihr nach Hause fahren werdet. Euer Fernseher ist vollständig magnetisch - war Euch das bewusst? Tausende von Bildern - und Klängen und Daten - gehen genau jetzt, wo Ihr gerade sitzt, durch Euch hindurch, doch Ihr könnt sie nicht ohne das Gerät, das die Magnetismen empfängt und auswertet, sehen. Auch die Computer, die Ihr in Eurem alltäglichen Leben gebraucht, sind von der magnetischen Speicherung von Informationen abhängig. Diese Kraft ist überall rund um Euch herum!

Tatsächlich habt Ihr gelernt sie Euch nutzbar zu machen, doch Ihr versteht sie nicht, weil sie interdimensional und unsichtbar sind. Wir erwähnen dies nur, weil noch mehr von dem Unsichtbaren folgen wird und nachdem Ihr mit dieser unsichtbaren Angelegenheit namens Magnetismus schon Ergebnisse erzielt und Erfahrungen gesammelt habt, so lasst die anderen Dinge, von denen wir sprechen werden, ebenso real für Euch sein.

Was ist die Schwerkraft, Ihr Lieben? Es ist eine weitere unsichtbare Kraft, die nicht zu sehen ist. Die Wissenschaft versteht die Schwerkraft nicht.

Obwohl die Wissenschaftler über Theorien verfügen, die besagen, dass sie etwas mit Masse zu tun hat, und obwohl sie das Resultat davon sehen können, wissen sie das dahinter liegende *Warum* nicht. Ich bin hier, um Euch zu sagen, dass dies nicht immer im Besonderen mit der Masse zu tun hat. Masse ist für die Existenz der Schwerkraft immer präsent, doch die Schwerkraft hat mehr mit dem zu tun, was wir als „Handlung und Ausgleich“ (*Tat und Balance*) bezeichnet haben. Die Physiker werden sich verlegen am Kopf kratzen, wenn wir darüber hinaus noch Folgendes sagen: Es geht um Balance, um sich selbst ausgleichende Materie. Es unterscheidet sich nicht allzu sehr von dem, was Ihr als *Osmose* bezeichnet, welche als „Wasser, das durch eine halbdurchlässige Membran von einer Dichte zu einer anderen geht“, definiert wird. Schwerkraft ist das Ergebnis von physischer Materie, die sich inmitten der Präsenz von anderer Materie ausgleichen *(in Balance sein)* möchte. Es geht um Verdichtungsungleichgewicht... und den *Drang* nach Ausgleich (*für Balance*) in der *Suppe* der Energie des Alls. Dies ist sehr schwierig für Euch zu erkennen, denn es beinhaltet auch das Kosmische Gitter, welches von unsichtbarer Energie erfüllt ist und sich doch überall Euch rund um Euch herum befindet und sich auf die Masse auswirkt.

Stellt es Euch wie einen Teil dessen vor, was das Universum zu tun wünscht - eine große Bestimmung, genannt „Neigungswunsch für universelle Balance“, eine Vorschrift, die bisher noch nicht einmal von irgendjemandem auch nur bezeichnet wurde. Das ist die Schwerkraft. Ihr seid so sehr an sie gewöhnt, dass Ihr gar nicht mehr über sie nachdenkt, außer dann, wenn Ihr durch Fallen in einen Unfall verwickelt seid. Alles, was Ihr tut, wird von der Schwerkraft kontrolliert. Euer ganzes Leben ist darauf aufgebaut und doch denkt Ihr in der Regel nicht über die Schwerkraft nach, weil sie unsichtbar ist. Was für eine große Kraft sie ist - diese unsichtbare, Euer Leben kontrollierende (*steuernde*) Sache! Habt Ihr jemals in dieser Art darüber gedacht?

Auch die Luft ist für Euch unsichtbar und doch ist sie dicht. Wenn der Wind über ein Gebäude fegt, habt Ihr Euch dann jemals gefragt, wie etwas nicht Sichtbares so macht- und kraftvoll sein kann? Ihr stellt riesige Flugzeuge her, werft sie an den Himmel und dann fliegen sie! Sie sind aus Tonnen von Gewicht aufgebaut, aber sie schweben sanft dahin. Es geht um das Gleichgewicht. Armeen von Luftmolekülen eilen herein, um eine Leere zu füllen, die durch die Tragflächen Eures Flugzeugs künstlich erschaffen wird. Dies erzeugt Auftrieb, da die unsichtbare Kraft der Luft das Flugzeug tatsächlich schiebt und über die Wolken hebt. Folglich ermöglicht der „Neigungswunsch von universellem Gleichgewicht" das Fliegen! Es geht um Verdichtung, Dichte und Geschwindigkeit (*auch wenn Ihr den Geschwindigkeitsteil noch nicht in der Formel inkludiert habt*). Es ist auch mit der Zeit verbunden, aber das ist ein Thema für ein anderes Gespräch. Denkt für jetzt an dieses universelle Gesetz und stellt es Euch als das *Erschaffen einer unsichtbaren Kraft* vor - eine, die Ihr tagtäglich rund um Euch sehen könnt - insbesondere in der Schwerkraft, im Wasser und in der Luft.

Das Universum verabscheut jede Art von Ungleichgewicht und es wird Kräfte erzeugen, um sich selbst auszugleichen. Wir möchten Euch gerne mitteilen, dass dies ein Attribut ist, über welches Euer Körper ebenso verfügt. Das Universum ist selbst-ausgleichend, die Biologie ist selbst-ausgleichend und das Bewusstsein ist selbst-ausgleichend. Darum, Ihr Lieben, funktioniert die „Absicht"! Wenn Ihr für etwas Absicht gebt, obwohl es unsichtbar ist, erschafft Ihr eine Energie. Diese Energie möchte irgendwo hinströmen. Zwischen dem Hin und Her (*flowing and ebbing - Ebbe und Flut)* bekommt Ihr Synchronizität und Aktion. Darum funktioniert die Absicht. Sie ist der Katalysator für Gleichgewicht. Zu einer anderen Zeit, wenn Ihr es erlauben solltet, werden wir noch mehr über die Energie der Absicht übermitteln und insbesondere darüber, *warum und wie* Eure Zellstruktur darauf reagiert.

Oh, Schamane, hörst Du zu? Wir werden Dir einiges über das Gleichgewicht mitteilen, was interdimensional ist, und wir werden Euch heute auch über etwas informieren, das macht- und kraftvoll und dennoch etwas Unsichtbares ist. Ihr Lieben, mit vielen von Euch geschieht etwas. Wir haben in der Vergangenheit darüber gesprochen und wir haben es als *Die Dritte Sprache* bezeichnet. Nun werden wir uns einen Moment in der Zeit nehmen, um Euch darüber zu unterrichten. Wir werden Euch fünf Attribute über *Die Dritte Sprache* mitteilen (wenngleich es weitaus *mehr* als fünf davon gibt).

Wir möchten erklären, was in einigen Eurer Leben vorgeht und Ihr noch nicht versteht. Die neue Energie ist über Euch, das heißt, sie steht Euch zur Verfügung. Sie strömt auf die Erde und existiert gleichzeitig mit der alten Energie. Viele von Euch spüren es. Die Zeit beschleunigt sich buchstäblich und Ihr spürt, dass der Zug der Menschheit sich schneller bewegt. Viele von Euch sind sich der Beschleunigung der Zeit bewusst, auch wenn Eure Uhren stets dieselbe Zeit anzeigen. Dies ist eine Art interdimensionale Beschleunigung und sie wird eher gespürt als gesehen.

Andere von Euch haben das Gefühl, sie seien von einem *Schwirren* umgeben - das heißt, dass einfach zuviel auf einmal in derselben Zeit rund um Euch vorgeht. Es ist von spiritueller Natur, doch für einige fühlt es sich biologisch an - und einige von Euch haben darum gebeten, dass dies aufhören soll. Einige von Euch verstehen nicht, warum es vorhanden ist. In einigen Fällen blockiert Ihr es so vollständig, dass es dann überhaupt kein Schwirren mehr gibt. Tatsächlich ist da dann gar nichts - und auch das ist für einen erleuchteten Menschen irritierend!

Wir werden Euch den Grund dafür nennen. Es ist so, weil es eine unsichtbare „Rundfunkstation" namens *Die Dritte Sprache* gibt, die Botschaften an etwas überbringt, das Ihr als Euer „Höheres Selbst" bezeichnet habt. Dieser engelhafte, göttliche Teil von Euch (*der im Jetzt ist)*, versucht eine Sendung zu empfangen - eine gewaltige Menge unsichtbarer, persönlicher, spiritueller Informationen, genannt *Die Dritte Sprache*, die alle auf einmal ausgesendet werden! Auf diese Weise funktioniert es. Es ist kein linearer Strom von Botschaften und daher ist es eine Art von Kommunikation, die vielleicht neu ist - und es wird erforderlich sein, dass Ihr eine Lösung dafür findet. Um dies mit der Hilfe einer Metapher zu erklären: Ihr seid gebeten, den Sendeteil *einzuschalten*... ähnlich wie den Sender aus vielen Möglichkeiten auszusuchen. Und wenn Ihr versteht, dass Euch alle Informationen auf einmal zusammen überbracht werden, dann werdet Ihr eine bessere Vorstellung davon bekommen, wie sie aussortiert werden können.

Es stellt sich natürlich immer die Frage nach dem *Wie*. Ich werde Euch fünf der häufigsten „Sender" nennen, die einige von Euch anfangen gleichzeitig zu empfangen. Ich werde Euch auch an die Energie der Absicht erinnern. Wenn Ihr einmal versteht, was geschieht, dann wird Euch Eure spirituelle Absicht beim Aussortieren der Informationen helfen. Es ist in etwa so, als würde Eure Absicht plötzlich als eine Gerätschaft betrachtet werden, welche die Auswahl ermöglichen wird. Erinnert Ihr Euch? Ich sprach zu Euch von der unsichtbaren Kraft und Macht der Absicht. Sie ist real und hier ist nur eine der Arten, auf die sie sich manifestiert.

Geistführer-Gespräch

Den ersten der fünf „Sender" bezeichnen wir als „Geistführer-Gespräch". Viele von Euch nannten es *Intuition*. Einige von Euch haben anscheinend ihre Intuition verloren und Ihr mögt zu Euch selber sprechen und sagen: *„Was für eine Zeit, um meine Intuition zu verlieren - in der neuen Energie! Ich habe immer gewusst, was richtig und was falsch ist, und ich fühlte mich geführt und geleitet. Jetzt funktioniert das einfach nicht mehr bei mir."* Doch, es funktioniert! Es ist nur einfach so, dass es mit all den anderen Information „dort drinnen" ist.

„Was kann ich tun?", mögt Ihr fragen. Schaltet *(in)* die Intuition ein und schaltet die anderen aus. Für jetzt könnt Ihr sagen: *„Ich bin linear, lieber Spirit und ich gebe mein Einverständnis, jetzt nur den Intuitionskanal einzuschalten und die anderen Kanäle auszuschalten."* Ihr werdet um die Art von Energie bitten, die zu dem passt, was Ihr empfangen möchtet. Dies hat etwas mit der Anwendung von Absicht zu tun und mit Eurer Fähigkeit, das zu spezifizieren, was Ihr zu haben wünscht.

Beobachtet, wie Eure Intuition zurückkehrt! Für diejenigen von Euch, die sie niemals hatten, seht, wie sie sich entwickelt. Diejenigen von Euch, die wissen möchten, wie Ihr sie überprüfen könnt: sie ist eine Reaktion auf das Allererste, an das Ihr denkt (*ersten Reaktionen vertrauen*). Versucht es. Wenn Ihr es noch nie ausprobiert haben solltet, dann schaltet Eure Intuition bei jeder Art von Gegebenheit ein. Einige von Euch verwenden das Pendel. Das Pendel funktioniert über Euer persönliches Geistführer-Gespräch. Überprüft es. Gewöhnt Euch daran, wie es sich anfühlt, wenn etwas für die Energie der Situation in Eurem Leben richtig oder nicht richtig ist. Das wird Führung genannt und es ist der „Geistführer-Gesprächssender".

Wir möchten Euch wissen lassen, was hier geschieht. Warum habt Ihr plötzlich diesen Schwall von gleichzeitigen Informationen? Warum nicht auf die alte Art, bei der sie Euch auf lineare Weise überbracht wurden? Dies hat mit Eurer Ermächtigung in einer neuen Energie zu tun. In der Vergangenheit habt Ihr meditiert und empfangen, was immer Euch gegeben wurde. Nun könnt Ihr das auswählen, was empfangen werden soll. All dies ist Teil Eurer Ausdehnung und Interdimensionalität. Daher ist es eine Lektion darin, wie Ihr die neue Kommunikation annehmt, aufteilt und das nutzt und anwendet, was immer Ihr wünscht.

Die Umarmungen

Wir werden den zweiten Sender als die Kommunikation der „Umarmung" bezeichnen. Seid Ihr in der letzten Zeit umarmt worden? Wahrscheinlich schon, doch Ihr habt es nicht als Umarmung erkannt. Lasst mich Euch erklären, wie wir den Umarmungssender nennen. Wir nennen ihn *Bestätigung*. Dies wird erklären, warum so viele von Euch genau im richtigen Moment erreicht werden und auf die Uhr blicken, die 11:11 anzeigt! (*Lachen*) Es ist nicht 11:10 oder 11:12, nicht wahr? Warum habt Ihr ausgerechnet in diesem Augenblick hingesehen? Was bedeutet das? Es bedeutet, dass Ihr gerade umarmt worden seid! Wie würden wir sonst Eure Aufmerksamkeit auf uns richten? Es ist etwas, das Ihr mit Euren Augen sehen könnt und dann könnt Ihr Euch daran erinnern, dass wir Euch lieben und umarmen. Warum habt Ihr hier in diesem Augenblick auf die Uhr gesehen? Weil Euch ein Engel auf die Schulter klopfte und zuflüsterte: „Schau mal! Sieh Dir mal den Beweis dafür an, dass wir hier bei Dir sind!" Es ist der Umarmungssender. Es ist die Bestätigung für das Vorhandensein *Der Dritten Sprache*. Wenn es das nächste Mal passiert, warum nehmt Ihr Euch dann nicht einen Moment Zeit und feiert das Ereignis? Wenn Ihr das tut, dann erwidert Ihr unsere Umarmung! Versucht es beim nächsten Mal.

Konstruktions-Engel

Der dritte Sender nennt sich die Konstruktionsenergie. Ihr habt sie als Synchronizität und Ko-Kreation bezeichnet. Dies ist der große Sender! Es ist der Bereich, welcher Eurem Gefühl nach der wichtigste ist, denn von dort erhaltet Ihr Antworten auf die großen Fragen. Die Konstruktions-Engel (*oder Geistführer vom Bau*) repräsentieren die Gruppe, die Euch mit dem großen Bild hilft, indem die Synchronizität erreicht und die Ko-Kreation ermöglicht wird. Dies ist der Ort, an dem sich das Leben verändert und die Arbeit vollendet ist. Wie kann ich ihn finden? Es ist Zeit, die Absicht zu bekunden, den „Konstruktionssender" „einzuschalten". Einige von Euch sitzen an diesem Ort und stellen sich all diese Fragen über das Leben, doch anstelle von Antworten erhalten sie nur ein Schwirren oder ein Schweigen. Wie schaltet Ihr ihn ein? Sagt noch einmal: *„Lieber Spirit, ich weiß, dass Du da bist und ich bitte darum, auf die Energie dieser Gruppe eingestellt zu werden."* Bittet um die Energie der Lösung auf eine lineare Weise, nacheinander... und Ihr werdet sie erhalten.

Denkt darüber nach. Ist es nicht besser eine Auswahl zu haben, anstatt einfach nur das zu erhalten, was gegeben ist? Ist es nicht ermächtigender, in der Lage zu sein, eine Situation zu erschaffen, in der Ihr Euch auf eine bestimmte Energie einstimmt? Die Antwort lautet ja! Nun ist es an der Zeit für Euch, die Interdimensionalität dieses Vorgangs, genannt *Die Dritte Sprache*, zu verstehen.

Kommunikationsfeedback

Der vierte Sender wird „Kommunikationsfeedback" genannt. Es gab in der alten Energie eine Zeit, in der Ihr vielleicht vor Spirit niedergekniet seid und Euch einfach nur geliebt fühltet. Das Kommunikationsfeedback war die Energie, die Euch erwidert wurde und die Euch bestätigte, dass Ihr „in Verbindung" seid. Ihr habt Euch an ein spirituelles oder physisches Gefühl gewöhnt und viele von Euch berichten uns, dass es verschwunden oder großenteils verringert wurde und Ihr es vermisst. Nun, es ist nicht verschwunden. Es ist nur so, dass Ihr jetzt zu lernen habt, es auszusuchen. Die Dritte Sprache ist eine Sprache, „die stets eingeschaltet ist" und auf die Ihr Euch zu jeder Zeit hundertprozentig einstimmen könnt. Nun sagen wir Euch, dass Ihr ein Kommunikationsfeedback haben könnt, ganz gleich, was Ihr tut - ob Ihr esst, Auto fahrt oder meditiert.

Es ist nicht notwendig, dass Ihr Platz vor einem Altar erschafft, denn dieser heilige Raum wird bereits durch Eure bloße Absicht erschaffen. Die Heiligkeit? Es ist das interdimensionale Menschenwesen, welches unermesslich geliebt ist - und die Erde betritt und sich als Mensch ausgibt. Ihr könnt diese Energie jederzeit haben, wenn Ihr wünscht. Sagt zu Spirit: *„Stell mich auf diesen oder auf jenen Sender ein.“* (*Lachen*)

Schaltet das *Kommunikationsfeedback* ein und Ihr werdet wissen, dass wir an Eurer Seite sind. Ihr werdet wieder das von Euch erwünschte Gefühl haben, was Euch daran erinnert, dass wir hier sind. Es ist das Zeitalter der Erkenntnis. Es liegt bei Euch, auf welche Energie Ihr Euch einzustimmen habt und wie lange Ihr dort bleibt. Es wird eines Faktors von Weisheit von dem Engel in Euch bedürfen, der über diese interdimensionale Skala springt, um Euch auf jegliche Energie einzustellen, die Ihr braucht, wenn Ihr sie gerade benötigt. Dies ist etwas Neues und es sind die Attribute Der Dritten Sprache.

Wenn Ihr sie noch nicht erkannt habt, werdet Ihr mit Lärm bombardiert werden und Ihr werdet nicht wissen, was Ihr tun sollt.

Handhalten

Der fünfte Sender mag sich ähnlich wie der zweite Sender (*Umarmungen*) anhören, doch dem ist nicht so. Er nennt sich *Handhalten*. Einige von Euch brauchen dies jetzt und vielleicht habt Ihr den Wunsch, diesen Sender einzuschalten! Einige von Euch mögen den Wunsch verspüren, mehrere von diesen Sendern gleichzeitig einzuschalten. *Ist das möglich*, mögt Ihr fragen? Lasst mich Euch etwas sagen. Ja, es ist möglich! Ihr werdet Euch daran gewöhnen, wie es ist, sie wie in einem zu empfangen *(in einer alten linearen Weise)* und dann könnt Ihr zur neuen interdimensionalen Weise übergehen, zwei, drei, vier oder sogar fünf Sender gleichzeitig zu empfangen! All dies ist Teil des erweiterten Lernens des menschlichen Bewusstseins in diesem Neuen Zeitalter.

Handhalten - was ist das? Es geschieht in Eurem „Wandschrank“, wenn Ihr glaubt, alleine zu sein. Es werden keine Botschaften überbracht. Es wird keine Energie übertragen, mit Ausnahme von einer: Die Liebe von Spirit für ein Familienmitglied. Sie ist einfach und dennoch ist sie oft die stärkste Energie, die Ihr zu Euch rufen könnt. Sitze in der Dunkelheit und erlaube, dass Deine Hand durch den Schleier von der größten Energie im Universum gehalten wird - von einem Familienmitglied, das denselben Namen trägt wie Du. Nichts ist so wie dies! Ich möchte Euch sagen, Familie, dass das Handhalten zu unserem Lieblingssender geworden ist, weil wir in der neuen Energie fühlen, dass auch Ihr unseren Händedruck erwidert! In der Tat ist dieser Sender zu dem geworden, den wir am meisten genießen.

Dies sind fünf von vielen Sendern - fünf Sender, von denen Ihr heute zu hören hattet. Dies sind die fünf, welche die Herzen, Gedanken und Leben von so vielen von Euch hier, die sich fragen, was vor sich geht, verändern können.

Wir haben heute etwas Neues - etwas, das noch niemals zuvor präsentiert wurde. Wir haben eine neue Parabel von Wo, die erste in der neuen Energie. Dies ist Wo im Neuen Zeitalter! Nun, wir bringen die einleitenden Worte jeder Parabel von Wo, um Euch daran zu erinnern, dass die Person „Wo" ohne spezifisches Geschlecht ist. Denn seht, Wo ist eine WO-MAN; FRAU-MANN *(Lachen im Publikum; A.d.Ü. Wortspiel: woman, engl. Wort für Frau; man, engl. Wort für Mann, so wurde wo-man kreiert)* Doch bei diesem Beispiel werden wir Wo wie in der Vergangenheit als „er" beschreiben, denn in Eurer Sprache wäre es unpassend, Wo als ein „es" zu bezeichnen.

Parabel: Wo und das große Schiff

Wo befand sich auf einem großen Schiff - ein Schiff, das wir als den Ozeanriesen der Menschheit bezeichnen werden. Er genoss das Leben gemeinsam mit Milliarden von anderen Menschen auf dem Schiff. Das Schiff war riesig und großartig. Es repräsentierte die Menschheit, Abstammung, Geschichte und Energie der Erde. Es repräsentierte alle Dinge, die es in Hinblick auf die Menschen auf dem Planeten jemals gegeben hat.

Der Ozeandampfer war majestätisch und Wo liebte ihn. Bezüglich des Schiffes gab es nicht viel für ihn zu tun. Es steuerte und trieb sich selber an und es brachte Wo und die anderen Menschen, die darauf reisten, dort hin, wo sie hinwollten. Es führte ihn an viele Orte. Wo hatte wirklich nicht viel darüber nachzudenken - er genoss es ganz einfach. Es schien auch nicht sehr viele Gefahren in sich zu bergen, solange Wo in bestimmter Weise in der Energie dieses Schiffes funktionierte, auf seinem eigenen Deck blieb und sich auf diesem großen Schiff namens *Menschheit* entspannte.

Dieses besondere Schiff war ganz anders als gewöhnliche Schiffe, denn es war äußerst sicher. Es hatte ein eigenes Rettungsboot für jede Frau, jeden Mann und jedes Kind an Bord! Stellt Euch das vor - eins für jeden einzelnen Menschen! Wenn jemals irgendetwas passieren sollte, dann waren die Rettungsboote hier - ausreichend vorrätig und bereit.

Alles war wunderbar. Wo verbrachte sein ganzes Leben auf diesem Schiff und er hatte sich daran gewöhnt. Alles war gut... bis zur Jahrtausendwende. Im Januar 2000 gelangte dieses Schiff namens *Menschheit* in neue Gewässer. Wo hatte so etwas noch nie zuvor gesehen und das Schiff geriet in Schwierigkeiten. Das Eisen, aus dem das Schiff gebaut war, wurde langsam von der Energie des Wassers des neuen Jahrtausends, welches es betreten hatte, zersetzt. Das Schiff verlor an Integrität - es hatte ein großes Leck - und bekam erst eine Schlagseite und dann eine andere. Es begann zu sinken!

Viele fürchteten sich und wussten nicht, was sie tun sollten. Es wurde im Laufe der Zeit offensichtlich, dass das Schiff nicht überdauern würde. Wo hatte nichts davon in den heiligen Schriften und Prophezeiungen, die in der Vergangenheit vieles über das große Schiff vorausgesagt hatten, gehört. Er wusste nicht, was zu erwarten war. Kein Prophet hatte jemals davon gesprochen, dass das Schiff sinken würde! Sie sprachen davon, dass es vielleicht Hilfe brauchen würde oder dass es während der Reparatur oder der Veränderung vorübergehend anhalten würde... doch dieses Schiff aus der alten Energie war im Begriff zu sinken!

All die Annehmlichkeiten, mit denen Wo vertraut gewesen war, und die Paradigmen darüber, wie die Dinge im Leben funktionierten, würden gleichfalls mit diesem Schiff untergehen. Es war unglaublich! Würde die

Menschheit gemeinsam mit dem Schiff untergehen? Irgendwie hatte Wo das Gefühl, dass es nicht so sein wird.

Langsam wurde jeder Mensch ermutigt, er möge in sein Rettungsboot klettern. Einige von ihnen verließen das Schiff schon vorher und sagten, dass sie dies irgendwie erwartet hatten. Die Rettungsboote begannen sich von dem sinkenden Schiff zu entfernen und stellt Euch vor, was das für ein Spektakel war! Wo wartete bis zum letzten Augenblick, weil er dachte, dass es vielleicht eine Möglichkeit gab, dass das große Schiff wieder zum Leben zurückkommen würde. Er konnte nicht glauben, dass es wirklich sank.

Als Wo an Bord blieb, sah er erstaunliche Dinge. Er sah Menschen, die sich gegenseitig zornig anschrieen. Sie stiegen nicht in die Rettungsboote! Sie würden aufgrund ihres Zorns mit dem Schiff untergehen. Das Versinken dieses Schiffes ergab überhaupt keinen Sinn für sie und sie gingen auf Gott los oder wer für sie auch immer es gewesen war, der dieses Schiff in stürmische Gewässer gesteuert hatte. Einige von ihnen waren durch das, was passierte, so aus den Fugen geraten, dass sie sagten, sie könnten auf keiner anderen Art von Schiff leben und sie würden es auch nicht versuchen. Schließlich war dies das einzige Schiff, das sie jemals gekannt hatten, und es gab weit und breit in ihrer Umgebung kein anderes. Daher *(so dachten sie)* würden sie ohnehin sterben, wenn sie sich in die Rettungsboote begeben würden.

Wo kletterte in sein Rettungsboot, ließ es in die anscheinend gefährlichen Gewässer hinab und entfernte sich von dem sinkenden Schiff. Andere ergriffen zusammen mit Wo die Gelegenheit und auch sie stiegen im letzten Augenblick in ihre Rettungsboote und ließen sie mit den Sicherheitsseilen ins Wasser herab. Voller Schrecken sahen Wo und viele andere zu, wie die zornigen Menschen mit dem Schiff untergingen. Das große, komfortable Schiff der *Menschheit* glitt nahezu lautlos in die tiefen Gewässer eines riesigen Ozeans, der es nicht mehr länger hoch halten oder auf dem Wasser tragen konnte. Für viele war es das Ende von allem. Doch für diejenigen, die es riskiert hatten, in die Rettungsboote zu steigen, standen noch mehr Überraschungen bevor.

Wo trieb ganz alleine in seinem winzigen Schiff dahin. So wie alle anderen hatte auch er Ruder und Vorräte, die nur für einen Tag reichten. Er sah sich um und erblickte all die anderen kleinen weißen Boote, mit denen das Wasser die ganze Strecke bis zum Horizont übersät war. Es mussten wohl Millionen davon sein! Das Metall des alten Schiffes hatte die Gewässer der neuen Energie nicht überlebt. Die Boote, in denen Wo und die anderen sich jetzt befanden, waren aus Holz und sie waren jetzt sicher - zumindest einen Tag lang, bis die Vorräte aufgebraucht waren. Wo fragte sich, was als Nächstes geschehen würde. Über dem riesigen Ozean entfernten sich die Rettungsboote voneinander. Jeder einzelne Passagier in dem Rettungsboot konnte dorthin fahren, wohin er wollte - jeder Mensch legte für sich fest, welche Richtung am besten wäre, während er sein Ruder in die Hand nahm und ruderte.

Von Anfang an leuchtete Wo etwas ein. Das Rettungsboot entsprach nicht dem, was er erwartete. Er dachte, es sei eine bestimmte Sache, doch aus ihr wurde etwas anderes! Das Boot war aus Holz gebaut. Es war klein, mit einem Ruderantrieb und einem Nahrungsmittel-/ Wasser-Spind mit Vorräten, die für nur einen Tag reichten. Es gab keinen Schutz gegen Stürme; es war wetterempfindlich und er wusste genauso wie die anderen, dass sie in tausend Stücke zerschlagen werden könnten, wenn sich schlechtes Wetter einstellte, anders als an Bord des großen Schiffes der *Menschheit*, auf dem jeder einfach nur reingehen würde, wenn sich schlechtes Wetter einstellte. So viel Verantwortung zu haben war ganz anders und auch ein wenig beängstigend.

Am zweiten Tag erkannte Wo, dass sich etwas verändert hatte. Während er den Vorratspind öffnete, den Spind, den er am Tag zuvor dreimal geöffnet hatte, war er erneut voller Nahrungsmittel! Er erinnerte sich daran, dass er tags zuvor alles aufgegessen hatte und dennoch hatten sich die Nahrungsmittel wie von alleine wieder aufgefüllt. „Vorräte für einen Tag", hieß es in den Anleitungen? Ja, so stand es dort geschrieben. Er begann zu erkennen, dass sein Rettungsboot ihm Vorräte für den *einen* Tag gab, an dem er sich darin aufhielt!

Wenn er den Spind mit den Nahrungsmitteln öffnete, gab es jeden Tag Nahrung, die für einen Tag reichte - nicht mehr und auch nicht weniger.

Wo dankte dem Boot, denn er erkannte, dass es irgendwie wie ein Zauber war, und er feierte jeden Morgen im Boot, während er aß und trank. „Danke, Spirit“, sagte Wo. „Es sieht so aus, als würde ich doch noch ein wenig länger leben.“ Wo bearbeitete die Ruderpinne, um das Boot zu steuern. Er ruderte und steuerte und ruderte und steuerte. Obwohl er nicht wusste, in welche Richtung er unterwegs war, schlug er einen Kurs ein, der ihm gewissermaßen intuitiv erschien. Je mehr er im Boot feierte, desto mehr ging es auf ihn ein. Je mehr er es liebte, desto besser funktionierte es!

In der zweiten Woche seines Alleinseins geschah etwas Erstaunliches. Wo ging zum Rumpf des Schiffes, wo sich die Ruderpinne befand, und zu seinem großen Schrecken sah er etwas, was noch nie dort gewesen war... einen Motor!

Dort lag am Heck des Schiffes ein Außenbordmotor. Daneben befand sich in einem Kanister Treibstoff für einen Tag. Wo positionierte den Motor dort, wo er seinem Gefühl nach sein sollte, schraubte ihn mit dem daneben liegenden Versorgungskasten leicht an den Rumpf des Rettungsbootes an, betankte das Boot und startete. Mit einem Dröhnen wurde es wieder lebendig und Wos Körper wurde von Schaudern durchzuckt. Das war in der Tat Zauberei! Wer hatte den Motor und den Treibstoff bereitgestellt? War es ein Engel gewesen? Gott? Vielleicht war es Wos Interaktion mit dem Boot? Er wusste es nicht. Doch er segnete den Motor und das Boot und den Nahrungsmittel- / Wasser-Spind und in den nächsten Stunden begann er zu lernen, wie der Motor sowohl zur Steuerung als auch zum Antreiben des Bootes verwendet werden konnte.

Nachdem die Reise einen Tag gedauert hatte, kam der Motor stotternd zum Stillstand. Wo warf einen Blick auf den mit Treibstoff gefüllten Kanister, den er am Tag zuvor aufgebraucht hatte. Er hob ihn hoch und gewissermaßen überraschte es ihn nicht, darin für einen Tag lang Treibstoff vorzufinden! Er füllte den Tank des Motors auf und lachte: „Gott segne dieses Boot!“ Wo rief laut zu jedem, der ihn hören konnte. Er war erfüllt von Ehrfurcht und Freude.

Wo war jetzt in der Lage einen Kurs in eine Richtung zu steuern, von der er intuitiv fühlte, dass es eine gute Richtung sein würde. Er bemerkte, dass ein paar andere Menschen demselben Weg folgten. Wenngleich er nicht in direkter Kommunikation mit ihnen war, so verspürte er doch ein Gefühl von Familie im Hinblick auf die wenigen anderen Boote, die er sehen konnte. Er bemerkte auch, dass einige gleichfalls mit einem Motor ausgestattet waren! Er wunderte sich einen Moment lang, wer wem folgte - und ob sie sich vielleicht alle täuschten... ins Nirgendwo steuernd oder in Kreisen sich rundherum bewegend, doch es schien, dass sie alle in eine gute, intuitive Richtung zeigten.

(Ihr Lieben, wusstet Ihr, dass die Einheimischen (Eingeborenen) dieser Erde, wenn sie sich versammeln, um die vier Himmelsrichtungen zu feiern, den Magnetismus feiern? Tatsächlich! Wie die alten Einheimischen hatte Wo eine gewisse innere Führung, die ihm den Weg wies... und er navigierte ohne Kompass.)

Innerhalb von einer weiteren Woche tauchte ein heftiger Windstoß auf. Wo sagte zum Boot: „Das ist das, was mir und den anderen die größte Angst bereitet hat. Zeig mir, was ich tun soll!“ Er glaubte gehört zu haben, wie das Schiff antwortete: „Feiere die Angst, Wo.“ Und so kniete Wo nieder und anstatt um Hilfe zu beten feierte er den Sturm. Plötzlich geschah wieder etwas anderes Erstaunliches. Wos Augen wurden, während er zusah, immer größer. Er hatte irgendwie erwartet, dass die magische Kraft des Schiffes den Sturm beenden würde. Stattdessen ließ sich das Schiff einen Schutz wachsen. Als der Sturm stärker wurde, versiegelte sich das Boot dermaßen, dass es den Sturm unbeschädigt überstand und Wo wurde nicht einmal nass!

Wo erkannte jetzt, dass es umso besser wurde, je mehr er das Boot feierte. Er erkannte, dass er in gewisser Hinsicht eine Erweiterung des Schiffes war. Er begann die vielen Attribute, die es hatte, zu erkennen. Wenn er deprimiert oder von Angst erfüllt war, schien das Boot schwach zu sein. Einmal dachte er sogar, dass er undichte Stellen gesehen hatte. Doch wenn er fröhlich war, geschahen viele Dinge - wunderbare Dinge. Wo spürte sogar, dass sich die Farbe des Bootes irgendwie verändert hatte!

Kein Wunder, dass es auf dem großen Schiff für jeden einzelnen Menschen ein Boot gab. Jetzt begriff Wo. Jedes Rettungsboot war irgendwie mit der Energie des Menschen erfüllt, zu dem es gehörte.

Sein ganzes Leben lang hatte es unbenutzt dagestanden, da das große Schiff jegliche wirkliche Verwendung dafür tarnte. In Wirklichkeit hätte Wo das große Schiff jederzeit, wenn ihm danach gewesen wäre, verlassen können, doch warum sollte er dies tun, wenn das große Schiff alles für ihn macht... oder tat? Wo begann zu erkennen, dass es ihm, obwohl er nicht wusste, was das Morgen mit sich bringen würde, freistand, sein eigenes Schiff ins Ungewisse zu steuern. Er erkannte auch, dass sein Schiff ein gutes Schiff war, da sich sein Wissen steigerte. Er begann sich langsam ermächtigt und fröhlich mit der Veränderung zu fühlen, die von ihm gefordert worden war. Und er fing an, diejenigen zu bedauern, die das große Schiff nicht verlassen hatten. Wie hätten sie von den zauberhaften Rettungsbooten wissen können?

Wo begann rechtzeitig aus der Entfernung einige der Boote zu überprüfen, die dem seinen ähnlich waren. Er blickte sich um und sah, dass auch einige von ihnen einen Schutz hatten. Viele hatten ebenfalls Motoren und die Ruder waren weggeworfen oder verstaut worden. Es dauerte nun nicht mehr lange, bis er erkannte, dass sie alle auf einen zentralen Punkt zusteuerten und er konnte ihn in weiter Ferne erblicken... es war eine in Nebel gehüllte Insel.

Eines nach dem anderen steuerten die Boote auf die im Nebel liegende Insel zu. Viele verhielten am Rande der Nebelbank und beschlossen, nicht hineinzufahren. Durch den Nebel hörten sie Tumult - viel Lärm und ein Klirren. Die Unschlüssigkeit war bereits fast spürbar. Die meisten wussten nicht, was sie erwarten würde oder was sich hinter dem undurchdringlichen, dichten Nebel verbergen würde. Doch, wie dem auch sei, erkannten sie alle langsam, dass sie sich einer Entdeckung verwehrten, wenn sie auf der Außenseite des Nebels blieben. Die kleinen, weißen, zauberhaften Boote verschwanden eins nach dem anderen in den Nebel, sich auf die Insel zubewegend, von der sie wussten, dass sie sich darin befand. Auch Wo beschloss, das Risiko einzugehen und das Unbekannte zu betreten und wenngleich es auch unsichtbar war, hatte er doch Vertrauen in sich und sein Schiff, während er in den Nebel fuhr.

Seit über einer Stunde bahnten sich Wo und die anderen langsam ihren Weg durch den Lärm, unsicher und ängstlich - und wussten dabei nicht, ob sie dem Verhängnis oder dem Heil entgegengingen. Was ihre Augen vorfanden, war erstaunlich! Da gab es tatsächlich eine Insel, aber sie erkannten, dass dort noch nicht an Land zu gehen war. Nahezu gleichzeitig blieben sie stehen und hielten ihren Abstand ein - und starrten das an, was sie erblickten.

Auf der Insel wurde das gewaltigste interdimensionale Schiff gebaut, das sie je gesehen hatten! Es war nicht richtig geformt, da sich die Richtungsanzeige *(der spitze Punkt)* nicht an der Vorderseite befand! Auch die Motoren waren nicht dort, wo sie hingehörten. Jede Kabine, in der ein Mensch wohnen sollte, verfügte über ein Ruderhaus und irgendwie wurde das Schiff dann von allen einstimmig gesteuert. Es war ein interdimensionales Schiff, welches vor ihren Augen Gestalt annahm. Es war seinem Rettungsboot sehr ähnlich; doch er sah keine Wesenheit oder Wesenheiten, die es erbauten. Das Schiff nahm scheinbar von alleine Gestalt an und umso mehr Rettungsboote kamen, um die Insel zu umgeben, umso schneller wurde das Schiff gebaut.

Und so begannen Wo und die anderen mit Vorräten, die für *einen Tag* reichten, und mit Treibstoff, der für *einen Tag* reichte, die Insel feierlich zu umkreisen und sie sagten sich, *„Wir werden auf der Insel landen, wenn die Zeit gekommen ist, und wir werden an Bord des Schiffes gehen, wenn es fertig ist - ein Wunderschiff, das auf so erstaunliche Weise gebaut wurde wie noch kein Schiff, das wir jemals gesehen haben. Es ist ein Schiff, welches in dem Neue-Energie-Wasser funktionieren wird und wenn es fertig ist, werden wir es wissen und wir werden alle an Bord versammelt sein. Dann werden wir gemeinsam diesem großen Schiff einen Namen geben. Wir werden ihm einen Namen geben, der jene ehrt, die auf den Gewässern des neuen Jahrtausends reisen."*

Nun, Ihr Lieben, wie viele von Euch befinden sich in diesem Rettungsboot? Das alte Schiff ist untergegangen, Ihr Lieben, und die Lebensweise von manchen von Euch, die Ihr kanntet und denen Ihr in spiritueller Hinsicht auch vertraut habt, ist scheinbar verschwunden. In einem Teil Eurer Situationen wurde das Weggehen des Alten vom Feuer gereinigt -

und Ihr wisst, wovon ich spreche, nicht wahr? Ich möchte, dass Ihr Euch an etwas erinnert. Glaubt Ihr, dass Ihr in diesem Boot alleine seid? Ihr seid es nicht mehr als in dem Wandschrank, von dem wir oftmals sprechen.

Wir möchten, dass Ihr die Insel für eine Weile umkreist und darauf vertraut, dass das neue Schiff im Bau ist. Wir möchten, dass Ihr wisst, dass die Liebe Gottes ihre schönsten Sonnenstrahlen auf Euch leuchten lässt. Wir möchten, dass Ihr keinem anderen Menschen als Euch selbst vertraut. Wir möchten nicht, dass Ihr zu einem anderen Menschen geht und ihn fragt, was Ihr tun sollt. Wir möchten, dass Ihr in Euch selbst geht, den Sender einschaltet, der Euch am meisten bedeutet, und dass Ihr Euch in der Energie eines Rettungsbootes aalt, die Euch auf so viele Arten anspricht. Lasst zu, dass wir Eure Hand halten, Synchronizität erschaffen und Ko-Kreation bereitstellen. Wir wollen Euch gerne umarmen, wenn Ihr es erlaubt. Lasst Euch von uns den Nahrungsvorrat geben, der für einen Tag reicht - wieder und immer wieder. Dies kann Euch eine andere Definition von *Fülle* geben!

Was wird mit dem neuen Schiff geschehen? Wann wird es selbst (*eigenständig*) dahintreiben? Diese Wesenheit weiß es nicht. Denn die Rettungsboote werden wachsen, indem sie ihre eigenen Wunder nutzen und die angemessene Zeit erreicht ist, dann werden sie gemeinsam landen und feiern. Auch das menschliche Bewusstsein wird sich noch mehr verändern und das Schiff wird auf den Namen *Menschheit II - Das Neue Jerusalem* getauft werden! Dieses Schiff bringt das Versprechen von einer friedvollen Erde und einer weisen Menschheit, die auf ihren mächtigen Gewässern dahingleiten wird!

Dieses Sanctuary, an dem Ihr dies hört oder lest, wird solange ein Sanctuary bleiben, solange Ihr Absicht dafür bekundet. Erschafft eine *Abgelegenheit* des Friedens *(ein Sanctuary)* und denkt darüber nach, was heute gesagt wurde. Wenn Ihr diese Kommunikation beendet, dann verweilt für einige weitere Momente in der Stille, bevor Ihr Euch erhebt. Dies ist in der Tat eine kostbare Zeit!

Denn seht, wir halten uns nicht in einem Vakuum auf. Wir wissen von Eurem Leben, Euren Problemen und Euren Schwierigkeiten. Wenn Ihr heute die Liebe Gottes in Eurem Leben noch nicht gespürt habt, dann ist es vielleicht an der Zeit, Eure Herzen ein wenig mehr für die Realität der Euch umgebenden interdimensionalen spirituellen Wesen zu öffnen! Sie sind erfüllt von Liebe und Geschenken für den Menschen, der sich auf sie einstimmen möchte.

In der Tat, Ihr Lieben, Ihr seid zutiefst geliebt

Kryon

Kryon

Live-Channeling

„Ein Neuanfang“

Gechannelt in
Tel Aviv, Israel, Oktober 2000

Kapitel III

„Ein Neuanfang"

Live-Channeling in Tel Aviv, Israel, Oktober 2000

Dieses Live-Channeling wurde mit zusätzlichen Worten und Gedanken herausgegeben, um Klarheit und ein besseres Verständnis in der schriftlichen Textform zu ermöglichen.

Am 27. Oktober 2000 wurde während der heftigen Unruhen und Gewaltausbrüche, welche die Israelis als „Die Situation" bezeichnen , inmitten von Tel Aviv ein Kryon Seminar gegeben. Der angemietete Saal war von einem Publikum von mehr als 1000 Menschen vollkommen ausverkauft, es waren viele, die ihre Angst vor Terrorismus bei großen spirituellen Menschenansammlungen überwunden hatten und ihren Mut zeigten, indem sie hoffnungsvoll das folgende Channeling erwarteten.

Lee brachte während seines Vortrags die Aufmerksamkeit auf eine Aussage, die Kryon während eines Tagesseminars im März 2000 gemacht hatte: In der neuen Energie können Dinge möglicherweise so erscheinen, als würden sie sich rückwärts bewegen.

Im März 2000 channelte Kryon folgende Information, die in dem Kryon Lehrbuch Band VI *Über die Schwelle*, Kapitel 10 „Kein Zögern und kein Zaudern mehr" veröffentlicht wurde:

„Ihr Lieben, in diesen nächsten Jahren werdet Ihr einige Umkehrungen beobachten. Ihr werdet diese Umkehrungen vielleicht betrachten und sagen: „Weißt Du, unserer Erde schien es ganz gut zu gehen, bis wir an diesem Punkt angelangt waren. Nun sieht es so aus, als würden einige der guten Dinge, die geschehen sind, umgepolt." Wie viele hoffnungsvolle Friedensverträge auf

diesem Planeten werden jetzt plötzlich hinausgezögert? Wie viele politische und stammespolitische Themen sind jetzt einfach in der Sackgasse gelandet. Habt Ihr unlängst beobachtet, dass sich irgendwelche Vereinbarungen einfach auflösen? Was geschieht hier? Ist dies nicht die neue Energie?

Nun, die Menschen in dieser unbeständigen Region leben, befinden sich in ganz genau dieser Lage. Unsere Herzen waren sehr von der Wärme berührt, die sie ausstrahlten. Die meisten der Anwesenden waren Juden und doch waren wir uns auch der Gläubigen aus vielen anderen Religionen und Kulturen bewusst, die sich alle nach einer letztendlichen Lösung für eins der weltgrößten, komplexesten und am längsten anhaltenden Kulturprobleme sehnen. So, wie Jan und ich eine Woche später von sehr vielen Menschen mit warmherzigen Umarmungen verabschiedet wurden, wurde uns klar, wie viel Anerkennung und Wertschätzung denen geschenkt wird, die von außen hereinkommen - und wenn es auch nur für einige Stunden ist, und dabei helfen, eine schwierige Situation verstehen zu können.

Wenn Sie das nachfolgende Channeling lesen, dann versetzen sie sich selber in die Lage dieser Lichtarbeiter, von denen viele aus einer Linie großer Meister abstammen - jener, die genau hier wandelten, an dieser Stelle der Erde, wo wir uns jetzt aufhielten. Viele Menschen ängstigen sich hier und es täte ihnen gut, zu wissen, dass Sie ihnen am Abend, bevor Sie sich zur Ruhe begeben, vielleicht Energie senden möchten. Visualisieren sie Frieden. Sagen Sie Spirit nicht, wie dies zu erreichen oder was zu tun ist, sondern visualisieren sie den Nahen Osten einfach als sich endgültig in einer langsamen, aber positiven Art und Weise selber heilend. Sehen Sie die Kinder aller Seiten frei von Angst. Sehen Sie die Liebe das bewirken, was Diplomaten nicht bewirken konnten. Sehen Sie Wunder!

Kryon in Israel

(Das Channeling wurde simultan ins Hebräische übersetzt)

Seid gegrüßt, Ihr Lieben. Ich Bin Kryon von der Magnetischen Energie. (Bemerken Sie, dass Kryon von seinem üblichen Eingangsgruß *„vom Magnetischen Dienst" abweicht, weil es zu schwierig ist, den Begriff Dienst Service ins Hebräische zu übertragen.)*

Die Stimme, die Ihr jetzt vernehmen könnt, ist dieselbe Stimme, die Ihr auch über den Tag gehört habt *(gemeint ist die Stimme von Lee Carroll während der vorherigen Vorträge)*. Doch diejenigen von Euch, die hierher gekommen sind, um die Energie von Spirit wahrzunehmen, die erkennen die Energie dessen, der Euch hier besucht. Und so sagen wir Euch in diesem eröffnenden Moment, es ist die Schwester, der Bruder, das Familienmitglied mit Namen Kryon - desjenigen, der über nicht mehr Kraft und Macht verfügt, als Ihr selbst. Es ist derjenige, der zum ersten Mal hier in diesem Gebiet vor Euch tritt und die Familie begrüßt, so wie wir es noch niemals zuvor getan haben.

Wir erklären diese Begegnung zu einer Wiedervereinigung von höchster Ordnung! Wir erklären diese Begegnung als eine Zeit, in der Energie in einer Art zusammengebracht werden kann, wie es in diesem großartigen Land noch niemals zuvor sein konnte. Lasst das Gefolge, welches durch den Spalt in dem Schleier hereingekommen ist, sich an diesem Ort ergießen und ihn mit der Dichte der Liebe bedecken. Fühlt, wenn Ihr es wünscht, wie die Wesenheiten zwischen den Stühlen - zwischen den Stuhlreihen - in den Gängen - einige hinten, einige vorne, ihre Plätze vor Euch einnehmen, während die Liebe in diesen Raum hereinströmt.

Halte Deine eigene Energie, die des göttlichen Engels, der Du bist, und bereite Dich darauf vor, diejenigen zu begrüßen, die aufgrund Deiner Absicht in diesen Raum (Space) kommen. Einige von denen, die Euch heute Abend in Liebe besuchen, mögen vielleicht eine Überraschung für Euch sein. Einige von Euch fühlten, dass Ihr hierher kommen würdet, um in dieser Energie zu sein und doch keine Ahnung davon zu haben, wem Ihr wirklich begegnet, denn wenn der Engel sagt: „Ich will“, geschehen Wunder. In einem Raum, in dem mehr als tausend von Euch beieinander sitzen, da ist es Euch möglich, alles, was immer Ihr wählt, zu manifestieren.

Begrüßt die Leser dieser Botschaft, die vielleicht in einem anderen Land leben mögen, denn sie begegnen Euch dennoch in der „Jetzt“ Energie dieses zeitlosen Ereignisses. Lange nachdem die Lichter in diesem Gebäude erloschen sind, wird die Energie dieses Augenblicks wieder und wieder erlebt werden. In gewisser Art und Weise ist dieses Ereignis jedes Mal dann, wenn diese Worte gelesen werden, erneut „lebendig“ (*live*).

Viele von Euch meinten, Ihr seid heute hierher gekommen, um die Energie von Kryon zu fühlen - einfach hier zu sitzen und in der Liebe zu baden. Vielleicht hattet Ihr keine Ahnung davon, wie dieses Wirken sein wird, denn Ihr verfügt über die ins Hebräisch niedergeschriebenen Botschaften von Kryon *(alle Bücher sind ins Hebräische übertragen und publiziert worden)*. Aber das ist etwas anderes, als persönlich besucht zu werden. Denn wenn Ihr Euch in diesem Raum aufhaltet und das Gefolge Euch umgibt und beginnt, die Füße der Engel, die auf diesen Stühlen sitzen, zu waschen, dann vollzieht sich etwas anderes, etwas, was Worte nicht auf eine Seite befördern können. Ihr habt Eure Absicht dafür gegeben, dass sich das Euch umgebende Gebiet verändert und so geschieht es jetzt.

Lasst mich Euch Folgendes sagen: Ihr habt keine Ahnung davon, wer gekommen ist, um wen zu sehen. Wir sind in Ehrerbietung vor denen, die hier sitzen. Wir kennen die Abstammung eines jeden von Euch. Wir sprechen jetzt von denen hier aus diesem Gebiet und von denen, die von weit her gereist sind. Doch macht dies in unseren Augen keinen Unterschied, denn wir wissen, wer Ihr seid. Wir kennen Deinen spirituellen Namen. Wir kennen Deine Leben. Uns sind die Ängste und Unsicherheiten bewusst. Wir umgeben Dich seit langem mit dem Gefolge der Liebe, wenn immer Du darum gebeten hast. Jetzt wirst Du vielleicht die Gelegenheit haben, zu spüren, wie es sich anfühlt, wenn die Dichte der Liebe um Dich herumwirbelt und Dich berührt, Deinen Rücken, Deine Schulter - und wie es sich anfühlt, unermesslich geliebt zu sein. Denn das ist es, was geschieht, wenn Ihr zusammenkommt und darin eine Absicht vereint, welche es ermöglicht, die Liebe Gottes fühlend wahrzunehmen. Ihr bekommt sie zu „spüren". Hierbei gibt es keine Religion oder Organisation. Obwohl Eure Organisationen und Zeremonien vor Gott geehrt werden, weil sie die Suche nach dem Göttlichen darstellen, so ist es doch so, dass die Essenz des Menschenwesens zu Euch spricht - es ist die Liebe Gottes in jeder Pore Eures Körpers, wo die wahre Göttlichkeit verborgen ist.

Eines Tages, wenn alles vergangen ist und der Körper aufgehört hat, Dich durch Deine irdische Lektion zu tragen, dann wird der Engel in Dir zu dem spirituellen Ort namens „Zuhause" zurückkehren. Wenn dies geschieht, dann findest Du dort keine Religion oder Organisation - sondern ausschließlich die Familienliebe, die Liebe von einem zum anderen. Wir haben Dich dort gesehen, *Zuhause*, wieder und wieder und wieder und wieder. Wir kennen Dein Gesicht und es ist nicht das, was Du jetzt als das Dir Bekannte meinen könntest. Wir kennen Dich, wenn Du zu uns im Lichte Deines Lichtnamens singst - und Du fragst Dich, wer gekommen ist, um wen zu sehen?

Wir schauen uns jetzt um und wir sagen: „Wir erwarteten Dich". Wir wissen, wer Du bist. In dem Moment, in dem Du die Absicht bekundetest Deinen Platz einzunehmen, wussten wir, wer hier sein wird, und wir erwarteten Dich. Die Energie begann sich an diesem Ort zu verstärken und diejenigen, welche von meiner Seite des Schleiers aus beabsichtigten Dir zu begegnen, begannen sich in der Reihe aufzustellen. Seid nicht überrascht, wenn der eine oder andere von Euch heute Nachmittag ein Gefühl von Abstammung empfindet. Vielleicht sind diejenigen, die Euch als Menschen verließen und hinübergegangen sind, heute hier? Ja, sie sind es! Inmitten des spirituellen Gefolges, welche diese Stelle überflutet, sind sehr viele Familienmitglieder!

Bevor wir mit dem Unterricht beginnen, haben wir Dich daran zu erinnern, wie interdimensional Du bist. Keiner von Euch kommt alleine, als Einzelner, auf diese Erde. Du arbeitest Dich nicht alleine durch Deine Probleme und Herausforderungen und Du wirst nicht alleine, als Einzelner, hinübergehen. Es gibt auf diesem Planeten niemals eine Zeit, in der Du alleine bist. Wir erinnern Dich daran, damit Du Bescheid weißt und nicht das Empfinden hast, dass wir Dich bitten, Ziegel ohne Stroh herzustellen *(eine alte Metapher, die bedeutet: etwas herstellen zu müssen, ohne über das dazu erforderliche Material zu verfügen)*, wenn wir heute über das sprechen, was für die Bewegung auf eine nächste Ebene notwendig ist. Stattdessen werdet Ihr verstehen, dass die göttliche Hand an Eurer Seite ist. Ihr werdet verstehen, dass Ihr ermächtigt seid, das zu tun, um was Ihr gebeten seid - dass Euch eine interdimensionale Energie umgibt, vorbereitet, um angerufen zu werden - eine Energie, die sich selbst noch in den vergangenen Monaten veränderte und verstärkte.

Oh, Ihr Lieben (*Kryon schmunzelt*), einige von Euch geben vor, alleine zu sein. Wir sagten Euch es bereits früher. Ihr klettert in diesen Wandschrank, verschließt die Tür und dreht das Licht runter. In Eurer Sorge und in Eurem Kummer - vielleicht inmitten Eurer größten Angst, fühlt Ihr Euch vollkommen allein und wisst zu keiner Zeit auch nur für einen Augenblick, dass dort ein ganzes Gefolge mit Euch anwesend ist und eine Party feiert! Ihr könnt nicht alleine sein. Spirituell ist dies unmöglich. Oh, Ihr könnt Euch selber täuschen und vorgeben, was immer Ihr wünscht, doch während Ihr Euch das vormacht, ist das Gefolge anwesend. Wir erinnern Euch daran, um Euren Frieden zu stärken und Euch Trost für das zu geben, was selbst noch jetzt, während wir Euch besuchen, anhält.

Die Interdimensionalität des Menschen

Es gibt Aspekte von Dingen rund um Euch herum, derer Ihr Euch nicht bewusst sein mögt. Einer der größten davon ist folgender: Ich bin hier, um Dir zu sagen, dass die Wesenheit mit Deinem Namen, genannt Mensch, zwar vollständig zu sein erscheinen mag, aber so ist es nicht. Ein Teil von Dir ist nicht hier. Ihr hörtet von dem Ausdruck *Höheres Selbst.* Dieser Begriff ist korrekt. Ein Teil von diesem, Deinem Höheren Selbst befindet sich in einer

Planungssitzung, Synchronizität gemeinsam mit den weiteren Höheren Selbsten der anderen von Euch ko-kreierend - um eine neue Wirklichkeit gemeinsam mit Euch zu erschaffen.

Ich weiß, dass dies irritierend klingen mag, und wir werden noch einmal Weiteres hierzu durchgeben. Versteht, dass wir in dieser Unterrichtung von interdimensionalen Dingen Metaphern anzuwenden haben, und wir wollen die folgende Information mit der Erinnerung präsentieren, dass vieles davon interdimensional ist und daher oftmals metaphorisch.

Hört achtsam, denn es werden Konzepte präsentiert, die Ihr vielleicht nicht umfassend beim ersten Mal verstehen werdet. Ein Teil von Euch ist nicht hier. Ein Teil von Euch ist in dem, was manche von Euch als die Euch umgebenden „Geistführer und Engel" bezeichnet haben. Wir nennen es *Energie*. Sie können weder gezählt noch nummeriert werden, denn sie sind eins und doch unendlich. Konstant habt Ihr die ureigene Essenz von Spirit rund um Euch herum und diese Essenz ist eine liebende Essenz, bereit, durch Mitgefühl aktiviert zu werden.

Eure ausgedehnte Familie

Folgendes ist das zweite Attribut: Wieder werden wir dies noch im Laufe des Channelings weiter ausführen. Geliebte Wesen, habt Ihr Euch jemals gefragt, ob jene „Heimgegangene" Euch sehen und beobachten? Was geschieht mit einer Seele? Ich habe Euch soeben Informationen gegeben, die besagen, dass Ihr viele Anteile habt und dass sie sich nicht alle zugleich an ein und demselben Platz befinden. Dies mag aufgrund der interdimensionalen Wesensart schwer vorstellbar sein und in der Vierdimensionalität, inmitten derer Ihr Euch befindet, ist es schwierig zu erklären. Wir sagen Euch jetzt, dass so, wie Ihr in vielen Teilen verteilt seid, es ebenso auch mit denen ist, die mit Euch gelebt haben und hinübergegangen sind - auch einige, die Eure Vorfahren waren. Wir sagen Euch damit in diesem Moment, dass ein Teil von Euch, Ihr Lieben, den Ihr die Geistführer nennt, den Ihr die Engel nennt, das Menschenwesen-Dasein ist, das ihr als Menschenfamilienmitglied gekannt habt und welches hinübergegangen ist. So geben wir Euch diese Information: Wenn Ihr meint, sie in Eurer Nähe zu fühlen und Euch fragt, ob sie in der Lage sind, Euch und das zu sehen, was Ihr durchmacht: Ja, sie *können* Euch sehen. Es ist intuitive Information und nicht nur allein Eure Phantasie und Vorstellung. Dies ist keine Metapher. In der Tat sind sie oder das, was wir als einen Teil von ihnen bezeichnen, bei Dir.

Wenn Ihr die Namen Eurer Vorväter aufruft, dann ist es vielleicht interessant für Euch zu wissen, dass ein Teil von ihnen mit Euch ist. So ergeht es mit jedem Menschen, der Dich als Freund oder Familienmitglied begleitete und der bereits hinübergegangen ist. Es ist ein Teil seines karmischen Attributs, in dieser Art mit Dir verbunden zu sein, und für Dich ist es ebenso, wenn Du diese Erde verlassen wirst. Schwierig zu realisieren ist die Tatsache, dass Du oder ein Teil von Dir noch immer als Geistführer eines anderen aktiv ist!

Vielleicht ist diese Energie der ehemaligen Familie eine Energie, die Ihr in der kommenden Nacht hereinziehen (*anzapfen*) möchtet. Wie viele von Euch sind sich darüber im Klaren, dass Ihr Eure eigenen Vorfahren seid? Wie viele von Euch haben ehemals die Wüste durchwandert? Wie vielen von Euch ist es bewusst, wie lange Ihr mal gerade dieses Land besitzt? *(Kryon schmunzelt)* Ich spreche zu Schamanen. Ich spreche zu denen, die wir als Medizinmänner und -frauen und die alten Priesterinnen und Priester bezeichnet haben. Ich spreche zu denen, die bereits aufgewacht sind, und wir werden in einem Moment noch näher darauf eingehen. Denn sie sind diejenigen, welche die Wirklichkeit eines Landes verändern können. Sie, die bereits zuvor erwacht sind, sind diejenigen, welche durch ihre ureigenen Gedanken und Taten und dadurch, dass sie ihren interdimensionalen Teil ihrer eigenen Göttlichkeit anrufen, das Land unter ihren Füßen verändern können. Denn die Energie des Landes und das, was ihm widerfährt, gehört zu ihrer ko-kreativen Kraft und Macht.

Die sich verändernde Energie des Planeten Erde

Es gibt Paradigmen auf der Erde, die sich verändern. Wieder sprechen wir in Metaphern von Energie, weil dies die einzige Möglichkeit ist, in der wir über interdimensionale Dinge sprechen können. Eure Biologie beginnt sich zu verändern. Einige sind sich der Möglichkeit bewusst, länger zu leben. Wir sprachen bereits früher davon. Die Wissenschaft wird diese Entwicklung für Euch verstärken und ein altes Erdenparadigma, welches Menschen in kurzen Zeitspannen leben und sterben ließ, ist im Begriff zu enden. Es steht jetzt eine neue Energie zur Verfügung, die eine andere Art von Biologie ermöglicht. Langsam werdet Ihr es, so wie es möglich ist und wenn Ihr es wollt, bei Euren eigenen Körpern beobachten. Denn diejenigen, die ihre innewohnende Göttlichkeit anrufen, werden aufgrund ihrer gezeigten Absicht Antworten erhalten.

Ihr bewegt Euch von dem Paradigma des Immunsystems fort und hin zu dem Paradigma des Thymus. Das Immunsystem funktionierte über viele Jahre gut und tatsächlich ist es im Begriff noch besser zu wirken Aber es ist ein System, welches den Feind abwehrt und bekämpft. So ist das biologische Paradigma des Immunsystems und es ist ebenso genau die Art, wie die Menschen mit Streitereien zwischen den Nationen umgingen seit der Zeit, seitdem sich Nationen gebildet haben. Wenngleich es ein altes Paradigma ist, so war es doch seit Anbeginn im Bewusstsein der Menschen eingebunden. Selbst die alten Schriften sprechen davon, wie mit der Aussage: „Wenn Dich das Auge beleidigt, dann reiß es heraus!" Es ist wichtig für Euch, Euch an die Parabel zu erinnern, die wir Euch bezüglich der alten Schriften gegeben haben und darin einen schlafenden Menschen beschreiben. Wenn der schlafende Mensch erwacht, braucht es ein neues Buch der Weisheit. Wie viele von Euch tragen die Bücher mit sich herum, die sie als Kinder benutzten? Indem Ihr diese Metapher versteht, versteht Ihr den Standort altschriftlicher Lehren im Bezug zum neuen Menschenwesen. Gott meinte niemals, dass Anleitungen, die in der gestrigen Energie gegeben worden sind, heute weiterhin herumgetragen oder für immer angewendet werden sollen. Tatsächlich treten aus genau diesem Grunde überhaupt Channelings in Erscheinung. Ergibt es für Euch einen Sinn, dass Menschen großartige spirituelle Veränderungen durchlaufen, aber ihre spirituellen Handbücher doch statisch dieselben bleiben?

Es vollzieht sich jetzt ein Wechsel zum Paradigma des Thymus - etwas, was im Inneren erwachen wird und Harmonie anstelle von Kampf und Konfrontation erschafft. Dadurch verändert sich das Wirken der Dinge von Abwehr und Kampf hin zur Harmonie. Denkt über diese Eleganz nach: Harmonie erfordert keine Destruktion, keine Zerstörung. Stattdessen nutzt sie Energie, Wissen und Weisheit, um etwas zu erschaffen, das als Katalysator dient, der den einstigen Eindringling dazu bringt, mit einem gemeinsamen Ziel zu existieren.

Mit den Indigokindern wird es Euch, wenn sie erwachsen werden und als eine andere Generation ihren Platz, der sich von Eurem eigenen unterscheidet, einnehmen, möglich werden, biologische Entwicklungen zu sehen. Ein Teil dieser scheinbaren Metapher hat schließlich Substanz innerhalb Eurer Vierdimensionalität. Dies ist keine Vorhersage, sondern es ist vielmehr eine Tatsache, die sich jetzt vollzieht. Alles in allem entwickeln sie (*die Indigos*) einige Organe in ihren Körpern, die sehr viel komplexer sind, als Ihr sie in Eurem Körper habt. Die neue Menschenart ist angekommen und wir werden später in diesem Channeling darüber sprechen. Hier folgt eine wichtige Metapher: Ihr bewegt Euch von dem Paradigma von *Zwei* in Energie zu dem Paradigma von *Drei* in Energie. Hierbei handelt es sich nicht um Dimensionsbezeichnungen, wir sprechen jetzt nicht von einer zweiten und einer dritten Dimension. Vielmehr sprechen wir stattdessen von der Energie rund um die *Zwei* im nummerologischen und sprachlichen Sinne und um die *Drei*, welche jetzt in Eure neue Lebensart hereinkommt. Die *Drei* entspricht nummerologisch einem Katalysator. Daher hat die *Drei* die Energie, etwas anderes zu erschaffen. Es ist das Zeitalter der *Drei* und einige von Euch wissen, wovon ich spreche.

Die erste Drei

Die erste *Drei* ist das, was wir als *Die Dritte Sprache* bezeichneten. Es ist eine interdimensionale spirituelle Sprache, die von einigen als die *neue Intuition* bezeichnet wurde. Es ist eine Sprache, die sich über Euch befindet und sie ist göttlich. Wenn Ihr einem anderen Menschen gegenübersitzt, mögt Ihr dieselbe Sprache sprechen, doch *Die Dritte Sprache*, die Energie der *Drei*, ist der Katalysator für das volle Verständnis auf einer viel höheren Ebene, als Ihr es gewohnt seid. Es ist eine Sprache, die Menschen untereinander anwenden werden und sie werden die wahren Gefühle der anderen kennen. Sie werden von der Energie der anderen wissen. Es liegt in der

Fähigkeit dieser Dritten Sprache, die Menschheit in einer Art wie nie zuvor miteinander zu verknüpfen. Es ist ein neuer, interdimensionaler Weg, einer, der studiert und geübt werden will - ein Vorgang, den Ihr durch Eure Absicht herbeiziehen könnt.

Eins der Attribute der Dritten Sprache ist, dass Ihr damit nicht täuschen könnt, Ihr könnt nicht lügen und Ihr könnt Euren wahren Gefühlen nicht entkommen. Daher ist die Dritte Sprache eine Sprache von Weisheit und spirituellem Sinn und Zweck. Seht sie in den Indigos, denn sie entwickeln sie jetzt.

Nennt sie, wenn Ihr wollt, eine neue Gabe in einem sich verändernden Gitter. Vor elf Jahren erzählte ich Euch von diesen neuen Fähigkeiten und den, mit dem sich verändernden Gitter, neuen Gaben und mit dem Jahr 2002 wird der Anfang dessen offensichtlich werden: dass es tatsächlich eine neue Art von Kommunikation gibt. Es ist *Die Dritte Sprache.*

Die zweite Drei

Wir sprechen jetzt in metaphorischen Begriffen über den dritten Exodus - der erste Exodus war der Auszug aus Ägypten, der zweite war der Exodus aus allen Teilen der Welt hierher in dieses Gebiet und der dritte Exodus ist der Auszug aus der Alten-Energie-Sklaverei von Unterdrückung und Angst in eine Energie von Wissen, Weisheit und Hoffnung. Es ist ein Exodus, der den Fokus von diesem Land wegführt und stattdessen mit einer hereinfließenden spirituellen Energie verbunden und erhöht ist, welche die alten Dinge beiseite schieben wird. Eingeschlossen in diesen alten Dingen sind die ehemaligen Vorstellungen von dem, was an diesem Ort geschehen sollte - selbst auch die ehemaligen Vorstellungen davon, was die anderen, die Euch umgeben, von Euch erwarten. Es wird profund sein und die Erde wird es sehen, wenn Ihr es zulasst.

Hierin liegt das folgende Versprechen: Verhüllt in „Der Situation" verbirgt sich ein Juwel. Verhüllt in „Der Situation" liegt ein Versprechen und wie so viele Male zuvor, sagen wir Euch, dass sich der Sinn und die Eleganz der sich entwickelnden Energie so vollkommen verbirgt, dass Ihr sie nicht sehen könnt. In linearer Zeit wird es vielleicht länger dauern, als Ihr es Euch wünscht, und wir werden Euch einiges geben, um im Bezug darauf darüber nachzudenken. Aber zunächst gibt es noch eine weitere Drei, die Euch - aber nicht alle von Euch - überraschen mag.

Die dritte Drei

Werdet jetzt weder aufgeregt noch ängstlich *(damit bezieht sich Kryon auf den Tempelberg, auf dem die ersten beiden jüdischen Tempel errichtet und im Verlaufe der Geschichte zerstört wurden. Er befindet sich in der Altstadt von Jerusalem).* Es gibt diejenigen, die sagen, dass der dritte Tempel für den Aufstieg der Erde dort wieder aufgebaut zu werden hat, wo die beiden ersten einst gestanden haben. Nun gut, ich bin hier, um Euch etwas mitzuteilen: Er wird gerade jetzt erbaut! Er ist interdimensional, nicht mit Mörtel und Ziegelsteinen gebaut - nicht wie zuvor mit den Steinen aus diesem Gebiet, sondern mit der *Absichtsbekundung* der Lichtarbeiter in diesem Raum und dem Gebiet rund um Euch herum. Es mag Euch überraschen und erstaunen zu erfahren, dass Lichtarbeiter in ihrem Inneren an diesem Tempel arbeiten - auch auf der anderen Seite der Grenzen, die Teil der Situation sind. Es sind welche, von denen Ihr niemals annehmen würdet, dass sie es tun und doch ist es so.

Denn es bedarf *zweier* übereinstimmender Bewusstseine, um der Situation zu helfen, diesen Konsens in eine Vereinbarung zu bringen und damit die *Drei* zu erschaffen. Wir wissen, dass dies geheimnisvoll für Euch klingt, doch Ihr werdet mit der Zeit verstehen, wie die zwei gemeinsam die *Drei* erschaffen können. Der Tempel wird metaphorisch wieder erstellt und es ist dieser dritte Tempel, der das Wissen und die Weisheit der Herzen der Menschen repräsentiert, die dieses Land bewohnen. Es ist ein profunder Schritt. Er ist potenziell stark und kraftvoll. Er hat ein wundervolles Fundament. Er schimmert in Gold und voller Hoffnung und er ist ein Teil Eurer Abstammung. Er ist das, worauf die Schriften sich bezogen, und er ist das, was immer gemeint war. Darum waren die Schriften so schwer verständlich und selbst die hier Anwesenden, die nicht religiös sind, werden jetzt verstehen, was der alte Glaube besagte. Die alte Energie würde den dritten Tempel niemals zulassen. Seht die Wurzel des Wortes *Jerusalem* in hebräischer Sprache, denn es sendet den Klang der Energie der *Zwei*. Der dritte Tempel ist im Werden - er unterscheidet sich von allen anderen. Es ist der Tempel, der Euch im Inneren die Andacht mit einer Familie feiern lässt, die Ihr dort nicht erwartet habt. Dorthin gehört der Engel - der Eine, der *Die Dritte Sprache* benutzt. Dies ist in der Tat Teil von dem Neuen Jerusalem, der Anfang der *Drei*. Ergibt es nicht auch Sinn, dass, wenn der Engel Gottes im Inneren des Menschen ist und der Mensch anfängt das zu erkennen... dass dort auch ein Tempel sein würde?

Die Juden und die Metapher von dem Haus

Wir haben uns bereits früher auf die Metapher des Hauses der Menschen bezogen. In diesem Haus repräsentiert jeder Raum eine andere Kultur - ein anderes Menschheitsbewusstsein, weltweit. Das Haus ist vollständig und überdauerte die Zeiten. Ihr mögt Euch fragen: *„Wo befindet sich in diesem metaphorischen Raum unser Zimmer, wo ist der Raum der Juden? Wo kann er sein? Vielleicht ist es einer mit einem wundervollen Meeresblick, denn wir lieben das Wasser sehr." (Lachen) Vielleicht ist es die Küche, denn es gibt wundervolle Nahrung in unserem Land. Manche sagten, er ist ganz oben an der Spitze, im obersten Stockwerk! Ja, da befindet er sich - er ist der oberste, der höchste Raum. Dort hat er zu sein, denn Kryon gab bereits durch, dass der Stamm der Juden wichtig für die Erde ist."*

Es ist keiner von diesen Orten. Lasst mich Euch ein Bild geben, wo sich Euer Raum in diesem Haus der Erde befindet. *Ihr habt keinen Raum.* Stattdessen repräsentiert Ihr das Fundament. Oh, vielleicht ist es nicht so glamourös, aber lasst mich Euch etwas sagen: Wenn das Fundament zerbricht, dann bricht das Haus zusammen. Um Euch eine Vorstellung von der Bedeutung Eures Raumes zu geben, sagen wir Euch wieder und wieder: So wie es diesem Raum *(space)* namens Israel geht, so geht es der Welt. Sie sind fest miteinander verbunden und so, wie es dem einen geht, so geht es dem anderen. Nennt es, wenn Ihr wollt, eine spirituelle Buchhaltung, aber diese Verbindung ist bekannt gegeben und bereits viele Male in der Vergangenheit erklärt worden.

Das ist die Bedeutung dieses Gebietes. Aus diesem Grund ruhen alle Augen auf Euch, die ganze Welt weiß von Eurer Situation und die höchsten

Machtstrukturen der Erde sind alle darum bemüht, hier zu helfen. Die ganze Geschichte wusste von diesem Platz und seiner spirituellen Signifikanz. Die ganze Geschichte kannte die Juden und viele versuchten das Fundament zu entfernen, um das Haus zum Einsturz zu bringen und selber zum neuen Fundament zu werden. Wir sagten Euch, dass Eure alten und gegenwärtigen Feinde auf der zellularen Ebene wissen, dass kein Stein von dem jüdischen Fundament bestehen bleiben darf, um die Macht zu erlangen, die sie anstreben. Ihr könnt dies auch in der gegenwärtigen Situation wiederfinden. Es gibt auf dem ganzen Planeten keine Situation wie diese. Es ist ein Energiespiel, das sich zu verändern beginnt und mit Veränderung und Wechsel geht oftmals Sorge und Angst einher.

Ihr fragt Euch, warum Ihr es wähltet hier zu sein? Ihr konntet es kaum erwarten, wieder hierher zu kommen! Ihr konntet es kaum erwarten, wieder, im Wissen um die Dinge, die geschehen können, hereinzukommen, denn Ihr seid das Fundament. Ihr seid die Stärke. Ihr seid diejenigen, die wieder und wieder hier gewesen sind - ein Teil der Erde dieses Landes. Ihr versteht die Erde. Ihr seid *eins* mit ihr. Einige von Euch versuchten auch an anderen Plätzen der Erde zu leben, aber Ihr „schnellt zurück" so wie ein Gummiband und Ihr wisst nicht, warum das so ist.

Der ureigene Boden der Erde ruft Euch hierher. Hier gehört Ihr her! Aber Ihr wusstet das, nicht wahr? Wir werden Euch etwas erzählen. Wir geben Euch vier Hinweise dafür, wie Ihr die Situation abschließen und lösen könnt. Einige von Euch werden sagen: *„Weißt Du, die Situation wäre niemals so eingetreten, wenn wir anders gehandelt hätten. Wir hatten bereits unsere Chancen. Wir hätten dieses oder jenes tun können. Wir haben nicht richtig gehandelt, denn wenn wir es richtig gemacht hätten, dann hätte diese gegenwärtige Situation niemals geschehen können. Wir wären nicht dort in dieser Unsicherheit, in der wir heute sind, wenn wir uns früher um einiges gekümmert und darauf Acht gegeben hätten."*

Ich bin hier, Ihr Lieben, um Euch mitzuteilen, dass nichts - gar nichts gewirkt und geklappt hätte. Denn das, was Ihr heute vorfindet, ist die von Euch entworfene Aufstellung, die Gegebenheit, dass hier Unruhe herrscht. Ihr habt sie selber gemacht. So habt Ihr es geplant und jetzt plötzlich erscheint eine neue Energie - eine, die niemand vorausgesagt hat, mit der Ihr jetzt in der Lage seid, die Dinge letztendlich zum Wirken zu bringen. Nichts von dem, was immer Ihr hättet tun können, hätte jemals die Lage *(die Situation)* verändert. Sie hat sich selber perfekt bis zum Ende ausgespielt... aber im letzten Jahrzehnt veränderte die Erde ihr Schicksal und Ihr seid jetzt bereit, den Plan neu zu überarbeiten. Mein Partner *(Lee)* hat Euch vorher angedeutet, dass Ihr inmitten der Situation die „donnernden Töne einer Lösung" seht, so merkwürdig das auch klingen mag.

Wir werden Euch jetzt vier Empfehlungen geben, die Ihr umsetzen könnt, und sie alle sind schwierig. Wir werden Euch nicht sagen, welchen politischen Plan Ihr haben solltet. Wir werden Euch nicht sagen, welchen politischen Führer Ihr wählen solltet. Diese Bereiche sind sehr drei-dimensional. Nein. Wir werden Euch sagen, was Ihr persönlich tun könnt, um eine kollektive Veränderung herbeizuführen. Es sind tief gehende Übungen und wenn Ihr sie ausführt, dann werden es nicht nur Worte sein. Wenn Ihr diese Dinge tun wollt, Ihr Lieben, dann werdet Ihr Euer Gebiet verändern und die Euch Umgebenden werden es ebenfalls spüren. Die Menschen auf der anderen Seite werden sich anders fühlen. Bewusstsein wird sich verändern. In anderen Teilen der Welt, wo sie die Mauern niedergerissen haben - was heißt: einander vergeben und unerwartete Dinge tun, um Harmonie zu erschaffen -, kreierten sie die langsamen Wunder von unmöglichen kulturellen Veränderungen. Dies kann auch hier geschehen. Die Menschen verändern sich, wenn das Bewusstsein auf den göttlichen Teil des Menschenwesens fokussiert wird.

Feiert

Hier ist der erste der vier Punkte: Betrachtet die Situation. Schaut sie Euch genau an. Seht sie in all ihrer Hässlichkeit. Spürt die Angst und dann... feiert sie. Feiert sie! Könnt Ihr das tun? Sagte ich nicht, dass es schwierig sein würde? Könnt Ihr eine Herausforderung feiern? In dem *Jetzt* könnt Ihr es. Dies ist der Katalysator. Es ist die *Drei*. Es breitet eine Decke des Mitgefühls über das gesamte Gebiet, welche sagt: „Wir wissen es besser. Was wir hier sehen, ist nicht die letztendliche Energie. Wir feiern die Veränderung der Lösung. Unsere Herzen weinen angesichts des Todes, aber auf der göttlichen

Ebene feiern wir die sich neu erschaffenden Lösungen." Das ist hart, es ist schwierig. Es bedarf der Transformation von Furcht und Angst in Kreation und Schöpferkraft. Es hat Euch von einer *Zwei* zu einer *Drei* hinzuführen.

Visualisieren

Der zweite Rat ist: Visualisiert innerlich die perfekte Lösung, ohne zu wissen, wie sie ist. *(Lachen im Publikum).* Wie könnt Ihr das tun? Visualisiert Euch selber als friedvoll, als sei es endlich vorbei... nicht nur unterdrückt, sondern wirklich vorbei. Entnehmt das *Jetzt* aus der Linearität. Vorverlegt die Zeit an einen Platz in der Zukunft, an dem Ihr sagt: *„Oh, wir sind durchgekommen."* Fühlt den Frieden, frei von Sorgen über zukünftige Ereignisse. Spürt den Frieden von etwas sich Ereignendem, welches tatsächlich letztendlich wirkt und von Wissen und Weisheit erfüllt ist. Ihr braucht Euch nicht daran zu erinnern, wie der Friede zustande gekommen ist - nehmt ihn einfach fühlend wahr!

Noch einmal, Ihr erzeugt Mitgefühl - den Katalysator für Veränderung. Ihr füllt leere Energieräume (*spaces*) mit einer Lösungsenergie, einer Lösungsenergie, die Ihr nicht einmal begreifen könnt. Es wäre nicht das erste Mal, dass die Juden so etwas tun würden! Eure Abstammungslinie ist voll davon: Überleben, wo das Überleben unmöglich ist - im Vertrauen und Glauben sein - die Hand jener haltend, die spirituell mehr wissen als Ihr - mit Gott verbunden sein und erhoben zu werden. Und hier ist es noch einmal. Die Lösung braucht nicht „religiöser" Natur zu sein, damit sie würdig ist, dass Ihr sie Euch anschaut. Denn das Göttliche ist im Inneren und das sagten wir bereits früher. Ihr seid persönlich, als einzelne Menschen ebenso spirituell wie jeder Tempel. Die Essenz Gottes sitzt vor mir.

Verantwortung

Hier kommt der dritte Hinweis - vielleicht der schwierigste von allen: Betrachtet die Situation und erinnert Euch - erinnert Euch daran, dass Ihr sie erschaffen habt. So sicher und gewiss, wie Ihr auf diesen Stühlen sitzt, habt Ihr die Situation in den Planungssitzungen auf der anderen Seite des Schleiers kreiert. So war der Plan. *„Oh, ich weiß nicht Kryon, das ist hart zu schlucken. Warum sollte ich mir, meiner Familie jemals so etwas antun?"*

Lasst mich Euch einen Ausdruck geben, den wir bereits schon einmal mitteilten: *Eisen schleift (schärft) Eisen.* Ihr seid diejenigen, die zwischen dem Hammer und dem Stein geschliffen werden - göttlich geschliffen werden. Jedes Mal wenn der Hammer fällt, ist es nicht einfach. Die Herausforderungen scheinen sich zu vergrößern, doch was entsteht, ist ein feines Werkzeug - eines, welches solchermaßen in seinem Wissen und seiner Weisheit und seinen Lösungen geschärft worden ist, dass es in seiner Konzeption vollständig neu ist. *Eisen schärft Eisen.* Und so wählt Ihr auf einer Ebene, von der Ihr nicht einmal wisst, dass Ihr sie habt, wiederzukommen und in der Weisheit Gottes geschärft zu werden. Es ist nicht das erste Mal, dass Ihr diese Art von Wahl getroffen habt.

Eure Gelübde (ein wieder aufgegriffenes Konzept)

Der vierte Hinweis ist vielleicht nicht so schwierig wie die anderen, aber er ist doch von profunder Bedeutung. Hört, Schamanen, wir haben bereits anderen rund um diese Erde etwas mitgeteilt, was auch für Euch notwendig zu hören ist. Ihr seid bereits früher hier gewesen. Ihr seid schon *aufgewacht.* Ihr habt schon den Stift ergriffen und bereits früher die Schriften geschrieben. Ihr seid Eure eigenen Vorfahren! Dies ist nicht das erste Mal, dass Ihr die Liebe Gottes in Eurer Mitte gespürt habt. Dies ist nicht das erste Mal, dass Ihr das Euch umgebende Gefolge fühlt. Doch in der ganzen Energie gaben so viele von Euch Gelübde vor Gott. Manche von Euch schlossen sogar einen Ehebund mit Gott, sodass Ihr Euch vollständig auf spirituelle Dinge konzentrieren konntet, und Ihr verbrachtet Eure Leben als die alten Priester auf Euren Knien und in Sackleinen. Einige von Euch taten es genau hier an dieser Stelle.

Es mag Euch nicht bekannt sein, doch wir sind hier, um Euch zu sagen, dass Gelübde, die vor Gott gegeben wurden, sich von Lebenszeit zu Lebenszeit übertragen. Habt Ihr das gewusst? Nun, Schamanen, lasst mich Euch fragen: Wie viele von Euch gelobten Armut? Wie viele von Euch gelobten Enthaltsamkeit und alleine zu sein? Ihr wollt wissen, warum die Beziehungen zwischen den Einzelnen nicht funktionieren? Weil Ihr Euch dann immer schuldig fühlt. Es gibt im Inneren von Euch ein Gelübde, welches Euch daran erinnert, dass Ihr zölibatär zu sein habt, um Gott zu verehren! Doch diese alten Gelübde haften als Überbleibsel in Euch und Ihr kämpft, selbst in der neuen Energie, jeden Tag mit ihnen.

Vielleicht ist es an der Zeit, sie fallen zu lassen. Wir geben Euch diese Botschaft, sodass Ihr Euch in der Stille, an diesem Ort oder später zu Hause, wenn Ihr es wollt, dazu entschließen könnt, diese Gelübde aus der alten Energie fallen zu lassen. Ihr könnt, wenn Ihr wollt, sagen: *Geliebter Spirit, ich lasse die Gelübde aus der alten Energie fallen. Ich verdiene es, in der Fülle, reich zu sein, ich verdiene es, geliebt zu sein und mit denen zusammen zu sein, die mich lieben. Ich verdiene einen Neuanfang. Ich verdiene es, Teil einer neuen Energie von Lösungen zu sein, welche das Land zu verändern helfen.*“ Erinnert Euch der spirituellen Tatsache: Achtet zuerst auf Euch selbst *(kümmert Euch um Eure eigenen Angelegenheiten)*... dann werden sich die Dinge rund um Euch verändern.

Für einige von Euch klingen diese vier Aufforderungen einfach nur wie in die Luft gesprochene Worte. Aber sie werden mehr Energie erzeugen, als jedes Schwert es tun könnte. Sie werden das Land mit ihrer Tragweite *(Tiefgründigkeit)* erschüttern. Sie werden Licht in dunkle Plätze scheinen lassen. Sie werden einen Tempel in Dir erbauen, welcher das Land rund um Dich herum heilen wird. Und in diesem Vorgang, wirst Du niemanden besiegen... und die anderen werden niemanden besiegen. Gemeinsam werdet Ihr letztendlich die Familie entdecken und Streit und Andersartigkeit besiegen.

Eigentum von heiligen Orten

Lasst mich etwas anderes besprechen: Gott gehört niemandem als sein Besitz und Eigentum! Hier ist eine Familie, eine Erde, eine Menschheit, ein jeder mit einer anderen Aufgabe. Keinem Stamm gehört die Essenz Gottes. Wir sagen Euch das, weil auch das ein Teil der Lösung ist. Schließlich gibt es darin vielleicht ein Potenzial für die Erkenntnis, dass das Heiligste im Heiligen niemals von irgendjemandem in Besitz genommen werden kann. Vielleicht sollte es verwaltet, aber niemals in Besitz genommen werden. Doch um dies geschehen zu lassen, ist die Inanspruchnahme, sozusagen der Besitz, von Verantwortung erforderlich dafür, die Integrität der Familie zu ehren... eine Achtung und ein Respekt der Dinge, die dem anderen wichtig sind. In der Vorgehensart „des Immunsystems“ in der alten Energie gab es immer einen Kampf um das, was für heilig gehalten wurde. Jetzt laden wir eine Energie von „dem Thymus“ ein, um für dieselben heiligen Dinge Harmonie anstelle von Kampf zu erschaffen.

Die Öffnung

Es gibt noch mehr, oh, es gibt noch mehr: Wir werden etwas tun, was nun, da Ihr wisst, dass Ihr die Werkzeuge habt, erforderlich ist. Es ist etwas, was einige von Euch erwarteten, denn Ihr wusstet, dass eine Veränderung an diesem Ort stattzufinden hat. Wir werden Euch Energie geben, doch gleichzeitig bitten wir Euch dafür dringlich um Eure Zustimmung und Erlaubnis - die Menschheit in diesem Raum (*space*) und überall weltweit, rund um den Planeten, wo Menschen in diesem Moment darum beten. Viele von Euch erwarteten auf der zellularen Ebene das, was folgen wird.

Im Namen Spirits, des allbeseelenden Geistes, im Namen der Familie öffnen wir hier und jetzt in diesem großartigen Land ein spirituelles Portal. *(Pause)*

Und jetzt werden wir definieren, was das bedeutet: Ein Portal ist in dieser neuen Energie keine Öffnung, durch die Gott prachtvoll hereinfließt. Stattdessen ist ein Portal vielmehr ein spirituelles Energietor - eine Öffnung, die es dem Menschen ermöglicht, sich mit der Weisheit zu verbinden. Jedes Menschenwesen kann eigenständig, mit seiner Absicht dieses Portal erfolgreich erreichen und durch dieses neue Tor schreiten. Und durch dieses Portal existiert ein Fortschritt, ein Katalysator, eine *Drei* des Wissens und der Weisheit, Lösung, inneren Friedens und ja, auch der Freude. Das Tor erkennt die Weisheit des Menschen und die Ermächtigung der Menschheit an. Mit der Öffnung dieses Tores werden wir Euch Informationen geben, die wir Euch niemals zuvor, vor diesem Zeitpunkt brachten. Diese Information ist global und handelt von der neuen Energie. Diese Information wird aufgezeichnet und niedergeschrieben und in den kommenden Wochen an Tausende gegeben werden. Die Zeit ist reif.

Rückkehr der Aufgestiegenen Meister

Wir sprechen jetzt auch zu den Lesern, die ihre Augen auf diese Seiten richten. Wir sprechen jetzt zu denen, die von vielem alten und kraft- und machtvollen spirituellen Glauben sind. Dies ist das Jahr von dem Anfang der Rückkehr der Energie der Aufgestiegenen Meister weltweit.

Ihr mögt sagen, dass dies metaphorisch sei, doch hört zu: Die meisten der alten Glaubenssysteme auf dieser Erde hatten aufgestiegene Propheten und so sehr viele Gläubige erwarten ihre Wiederkunft. Ja, die Rückkehr steht unmittelbar bevor, aber nicht so, wie Ihr sie erwartet habt. Wie mit dem Tempel sagen wir Euch: Die Essenz des Aufgestiegenen Meisters ist, so Ihr es wählt, im Begriff in das Herz und Denken der Menschen einzukehren. Und denen hier *(den Juden)* sagen wir, dass der eine, dessen Stuhl Ihr inmitten Eurer Zeremonien freigelassen habt, im Begriff ist, Platz zu nehmen und die Abendmahlzeit mit Euch einzunehmen! Es ist an der Zeit, nicht wahr?

Diese Auferstehungsenergie *(aufgestiegene Energie)* wird einem Menschen nach dem anderen in vielen Kulturen geschehen. Wir sprechen jetzt zu den anderen Kulturen, welche eine Ankunft oder Wiederkunft erwarten (ein erstes, zweites oder sogar drittes Kommen). Wir sagen, dasselbe ist auch für Euch wahrhaftig. Denn die Freude, die Ihr in der Verehrung Eurer Meister aus der vergangenen Zeit empfindet, wird sich in dieser neuen Energie in *Eurem* Inneren manifestieren! Denn wenn Ihr den Kern aller Glaubenssysteme betrachtet, findet Ihr immer die Liebe Gottes. Und wenn Ihr Euch darüber wundert und Euch fragt, dann sagen wir Euch, wenn es für Euch so ganz anders als die Liebe aussehen mag, dann ist das aufgrund dessen, was Menschen getan haben, nicht Gott.

Lasst uns hierin klar sein. Die Energie *der Wiederkunft* steht weltweit bevor. Hier ist es protokolliert. Manche sagten: *„Ich denke nicht, dass einem Menschenwesen die tief greifende göttliche Energie eines aufgestiegenen Meisters übergeben werden kann."* Lasst mich Euch an den alten Glauben aus Eurer eigenen Geschichte *(wieder den Juden zugewandt)* erinnern. Elias hatte einen Partner, Elisa. Und wenn Ihr Euch erinnert, fragte Elisa, nachdem er über den bevorstehenden Aufstieg unterrichtet worden war, den Propheten: „Geliebter Meister, kann ich, wenn Du aufgestiegen bist, Deinen Mantel haben?“ Es war ein Test bezüglich des Schwingungswechsels - ein Test der Erleuchtung, nicht wahr? Wenn Ihr Eure alte Geschichte lest, dann findet Ihr heraus, dass Elisa den Aufstieg nicht nur sah und darüber berichtete, sondern er auch den Umhang von Elias empfing, der an ihn weitergegeben worden ist. Und er nahm den spirituellen Mantel des Propheten und vollbrachte großartige Werke. Und wo immer er auf der Erde wandelte, fühlten die Menschen die Liebe Gottes.

Der Umhang des Meisters, des Aufgestiegenen, war an einen Menschen übergeben worden, der noch auf der Erde lebte. Nun, ist es solch eine gedankliche Ausdehnung für Euch ins Interdimensionale, zu verstehen, dass dieses Ereignis jetzt wieder geschieht? Dies ist das, was die Propheten der Erde mit ihrer Wiederkunft meinten. Noch einmal sagen wir, dass es sich hier nicht um eine religiöse Proklamation handelt. Hier geht es um die Familie! Es geht um die Art, wie die Dinge in einer interdimensionalen Weise wirken. So ist es immer gewesen, Ihr Lieben, aber wie konnten interdimensionale Konzepte innerhalb einer alten Energie gegeben werden? Jeder aufgestiegene Meister wusste von dem Potenzial dieser Zeit auf Erden. Viele Schriften beinhalten es und die Wiederkunft dieser Meister war hierfür vorausgesagt, die Zeit, in der Ihr jetzt diese Worte hört.

Die Kommenden

Das ist nicht alles. Es kommt derzeit eine Gruppe von Menschenwesen, bei denen Ihr nicht in der Lage seid, sie zu steuern oder zu kontrollieren. Sie werden anders denken als Ihr. Ihr werdet manches von dem, was sie tun, nicht mögen und Ihr werdet nicht in der Lage sein, irgendetwas dagegen zu tun... denn sie sind Eure Kinder! Diese Kinder sind über dem gesamten Gebiet, nicht nur in Israel. Sie sind an allen Grenzen, in allen Stämmen, in allen Ländern und Gemeinden *(Gemeinschaften)*. Erschreckt Euch nicht, wenn diese Kinder in der nächsten Zeitspanne zusammenkommen und den Erwachsenen das eine oder andere über den Frieden beibringen. Wenn die Kinder mehr Macht haben, werden sich die Dinge ändern. Wir sagen es Euch, weil es so ist. Es ist Teil des Versprechens. Es ist Teil der

Lösung. Es kommt in dieser Zeit eine andere Art von Menschenwesen, welche der Göttlichkeit Gottes auf beiden Seiten die Hand reicht, ein Mensch, der versteht, dass das Herz das Zentrum ist - ein Mensch, der den Unterschied zwischen dem Immunsystem und dem Thymus versteht.

Einige von Euch werden anders von hier weggehen, als sie bei ihrer Ankunft gewesen sind. Ihr werdet die Absicht für den Umhang tragen, im vollen Wissen, dass Ihr diesen Platz verlassen und den Mantel des aufgestiegenen Meisters annehmen könnt - anders unter denen gehend, mit denen Ihr arbeitet und Eure Freizeit, Spiel- und Feierstunden verbringt - einen inneren Frieden für Euch selbst, für Euer Land und für diejenigen, die Teil der *Situation* sind, empfindend. Aber hier ist sehr viel mehr als Unterricht und Lehre geschehen.

Habt Ihr die Berührung jener gefühlt, die Ihr von früher kanntet und die nicht mehr unter Euch leben? Denn seht, sie sind hier, denn dies hier ist eine wichtige Wiedervereinigung.Wir sagten es Euch zu Beginn. Wir möchten uns nicht zurückziehen. Während der ganzen Zeit unserer Anwesenheit wurden jedem von Euch die Füße gewaschen. Einige spürten den Druck *(die Pressur)* von Spirit auf Euren Schultern. Manche von Euch sahen die Farben auf der Bühne. Einige von Euch werden in dem Wissen von dannen gehen, dass Spirit heute als Familienmitglied zu Euch gesprochen hat. Und manche werden sich fragen, ob irgendetwas hiervon wirklich so sein kann.

Jeder von Euch ist gleichermaßen geliebt. Es geht hier nicht um das, was Ihr tut, Ihr Lieben - es geht nicht um die Arbeit. Es geht um die Reise! Du bist ein Familienmitglied und wir werden Dich wiedersehen, so wie wir Dich in der Vergangenheit wieder und wieder gesehen haben.

Es wird ein Tag kommen, an dem Du und ich uns mit geöffneten Augen sehen können und wenn wir uns ansehen, wirst Du mir in der Halle der Ehre Deinen *Namen im Licht* singen. Denn siehe, Du hast es schon vormals getan. Und wenn ich Dich sehe, werde ich mit Dir über die Zeit sprechen, als die Menschen in Tel Aviv zusammengekommen sind und vorgaben, sich an diesem Tag untereinander nicht zu kennen. Und dann werden wir wieder eine andere Wiedervereinigung haben... eine, die so außergewöhnlich ist, dass sie weit über alle Worte hinausgeht.

Wenn Ihr das sehen könntet, was ich sehe, dann würdet Ihr das Potenzial dessen wahrnehmen, was wir zuvor bereits auf diesem Planeten beschrieben haben. Vor 11 Jahren gaben wir diesem Euch jetzt bevorstehenden Potenzial eine Bezeichnung. Für die Juden und die Nichtjuden nannten wir diese Energie den Anfang des *Neuen Jerusalem.*

Das Neue Jerusalem ist kein Platz in Israel. Es ist die Beschreibung einer Friedensstadt namens *Die Erde.* Wie angemessen das ist! Ist dies wahrhaftig das Zentrum? Auf diesem Planeten, dem einzigen Planeten von freier Wahl im Universum, ist dies das Zentrum? Ja, das ist es. Aber irgendwie habt Ihr es auch gewusst, nicht wahr?

So ist es, Ihr Lieben, dass sich das Gefolge jetzt von dieser Gruppe zurückzieht, zurück durch den Spalt im Schleier. Welch eine Ehre, dass es möglich gewesen ist, für diese kurze Menge an Zeit um Euch herum zu sein. Welch eine Ehre, das Fundament im Zentrum des Universums zu besuchen.

Und so ist es

Kryon

Fragt die Leser genau jetzt, diejenigen, die scheinbar nicht in Eurem Zeitrahmen sind, ob sie gegenwärtig diese „nicht existierende“ Seite tatsächlich sehen! Selbstverständlich tun sie dies! Könnt Ihr Euch in Liebe mit ihnen vereinen, obwohl Ihr sie in Eurer Zukunft wahrnehmt? Leser, kannst Du Dich mit denen hier (im Raum) vereinen? Jetzt? Die Antwort lautet ja. Infolgedessen habt Ihr soeben an einer Veranstaltung in der interdimensionalen Zeit teilgenommen.

Kryon

(New Hampshire, November 2000)

Live-Channeling

„Der Interdimensionale Mensch“

Gechannelt in
New Hampshire, November 2000

Kapitel IV

„Der Interdimensionale Mensch" Teil II

Live-Channeling in New Hampshire, November 2000

Dieses Live-Channeling wurde mit zusätzlichen Worten und Gedanken herausgegeben, um Klarheit und ein besseres Verständnis in der schriftlichen Textform zu ermöglichen.

Lee Carroll schreibt...

Ja gut...einige von Ihnen fragen sich nun: „Und was ist mit Teil I ? Wo ist dieser erste Teil zu finden?" Das Live-Channeling „Der interdimensionale Mensch", Teil I ist Kapitel 12 im Kryon Lehrbuch Band Sechs, *Über die Schwelle.*

Seid gegrüßt, Ihr Lieben! Ich Bin Kryon vom Magnetischen Dienst. Wir haben es schon so oft gesagt - dass ein Gefolge durch den Schleier hindurch an diesen Ort strömt - ein Gefolge, das sich heute bei Euch bekannt machen wird.

Geliebter Mensch, es gibt ein Attribut, dessen Du Dir vielleicht nicht vollkommen bewusst bist, welches wir bereits früher erwähnten: Jenseits des Verstandes, jenseits des Teils Eures Gehirns, der sich fragt, ob diese Kommunikation echt ist, gibt es eine Energie, die wir nur als göttlich bezeichnen können. Es existiert eine Energie der Familie. Es gibt in der Dualität, in der Ihr umhergeht, einen interdimensionalen Teil von Euch, von dem Ihr keine Ahnung habt. Und hier seid Ihr und sitzt auf diesen Stühlen und sitzt in der Energie des Göttlichen.

Manche von Euch werden heute Abend nicht enttäuscht sein, denn hier strömt jetzt eine eindrucksvolle Energie von jenen herein, die Ihr in der Vergangenheit als Familie gekannt habt - jene, die Ihr auf der anderen Seite als Freunde gekannt habt. Was hier hereinflutet ist das, was wir als eine „Energiesuppe“ bezeichnet haben, die an diesen Ort und rund um jeden Stuhl strömt.

Es gibt so viel, was wir Euch zu sagen haben - so viel Wissen, das wir Euch in diesem Augenblick, den wir als kostbar bezeichnen, zu vermitteln haben. Aber stattdessen möchten wir gerne für einen Moment lang innehalten und die Göttlichkeit der Familie feiern. Wir möchten *Euch* feiern! Einige von Euch haben gesagt: *„Nun ja, Kryon, ich fühle mich jetzt gerade wirklich nicht göttlich.“* Nun gut, vielleicht ist es an der Zeit, Euch göttlich zu fühlen! Suspendiert den Glaubenssatz des Verstandes für eine Weile. Wir laden Euch einen Augenblick lang ein, zu spüren, während die Familie mit ihren liebevollen Umarmungen, die sagen: „Wir haben Euch erwartet!“, hier hereinströmt.

Von Zeit zu Zeit haben wir immer wieder in dieser Energie gesessen *(die Rede ist von New Hampshire)*. Von Zeit zu Zeit haben wir in dieser Gegend die Familie begrüßt. Lasst diese Wiederbegegnung doch die beste Begegnung aller Zeiten sein. Machen wir diese Wiederbegegnung zur tiefstgreifenden aufgrund dessen, was bevorsteht. Dies ist das erste Mal, dass wir Euch in dieser Gegend in der neuen Energie angesprochen haben. Es gibt etwas, das wir Euch dazu sagen möchten. Geliebtes Menschenwesen - geliebter, als Mensch getarnter Engel - hör mir zu: Dieses Familienmitglied *(Kryon meint sich selbst)* weiß, was Ihr getan habt! Das Gefolge, das hereinkommt und Euch umgibt, sieht die Vollkommenheit der Göttlichkeit in jedem von Euch! Wir wissen, dass *Du* auf diesem Planeten jetzt für die neue Realität und die neue Situation verantwortlich bist.

Die hier anwesende Familie feiert den hier anwesenden Menschen! Die Familie verkündet Euch etwas Tiefgreifendes und sie möchte es überall in dieser ganzen Halle ertönen lassen: Wir sehen diejenigen, die kollektiv beschlossen, das zu erschaffen, was letztlich als das Potenzial des Neuen Jerusalems bekannt sein wird. Es hatte irgendwo anzufangen und ich bin hier, um Euch zu sagen, dass es mit den Schamanen der Erde begann... den Erwachenden, die hier sitzen und dies hören und lesen!

Denn diejenigen, die hier sitzen und dies lesen, sind jene, die zuvor erwacht sind. Es sind diejenigen, die im Inneren nach den göttlichen Teilen gesucht haben. Es sind diejenigen, die auf den Stühlen sitzen und dies lesen oder hören, die so oft zu einem Treffen wie diesem hier kommen. Und so ist es die prächtige Absicht, welche die Energie dessen, was Ihr hättet tun können, von dem trennt, wofür Ihr Euch stattdessen entschieden habt. Es geht um die Wahl, nicht wahr? Es gibt so viel zu sagen - es gibt so viele Geschichten - und wir kennen sie alle, Ihr Lieben. Ihr seid uns namentlich bekannt und obwohl es einige von Euch schon gehört haben, werden wir Euch dies sagen: Es wird eine Zeit kommen, in der wir Euch auf der anderen Seite des Schleiers wiedersehen werden. Wenn wir das tun, werden wir uns gegenseitig erkennen und Ihr werdet mir Euren Namen im Lichte singen! Und wir werden uns gegenseitig zuzwinkern wegen dieses Tages, an dem Ihr als Mensch getarnt wart und an dem wir uns getroffen haben. Bildhaft gesprochen wird dieses „energetische Zwinkern" zwischen uns sagen: „Auch ich erinnere mich daran - ich erinnere mich an die Zeit, in der wir Euch auf Erden trafen und Ihr Euch nicht erinnertet, wie Ihr ausgesehen habt - als Ihr Euch nicht an Euren Sinn und Zweck auf Erden erinnert habt - als Ihr keine Ahnung davon hattet, wie das *Zuhause* in Wirklichkeit war." Wir werden Euch daran erinnern, dass Ihr die Rolle perfekt gespielt habt und daran, wie sehr wir Euch bei all dem geliebt haben.

Einige von Euch werden nun vielleicht fragen: *„Warum bin ich hier? Was führte mich zu dem Planeten?"* Einige von Euch werden nun vielleicht sagen: *„Ich fühle mich gerade jetzt unglücklich."* Wir sagen Euch dies: Ihr seid von einem Gefolge umgeben, das sich täglich gemeinsam mit Euch bewegt und alles über Euch weiß. Wusstet Ihr das? Tut nur so, als wärt Ihr alleine, doch Ihr könnt nicht alleine sein. Wir haben es Euch schon gesagt. Es gibt so viele Aktivitäten in Bezug auf jeden einzelnen Menschen, dass es Eure interdimensionale Phantasie umhauen würde. (Kryon kichert) Vieles ist verborgen, doch es wird in Kürze offenbart.

Einige von Euch haben sich dafür entschieden, die Euch umgebende Energie des Göttlichen zu fühlen, und sie haben ein paar kleine Schritte unternommen, um zu ermöglichen, diese Energie zu spüren. Doch dieses Jahr ist das Jahr, in dem es in einem größeren, breiteren Maße beginnen kann. Wir sitzen jetzt in einer Energie, von der wir Euch niemals hätten berichten können, bevor sie nicht aktuell eingetreten ist. Und es begann, kurz nachdem wir Euch letztes Mal gesehen haben. Ihr Lieben, es gab auf dem Planeten keine einzige Wesenheit, die Euch hätte sagen können, was sich zur Jahrtausendwende ereignen würde. Würde sie vielleicht der Anfang einer Bewusstseinsveränderung sein? Denn Ihr seid der Planet des freien Willens. Ihr hättet alles Mögliche tun können und was wir sahen, war Absicht - ein Feiern des Neuen.

Es gelang der alten Energie nicht, die Feier zu durchdringen - sie konnte während der Feier nicht bestehen - und das Ereignis war in der Tat großartig. Dies mag unglaublich klingen, wie die Reihe von vielen unglaublichen Dingen, die wir Euch heute Abend geben werden (*Kryon schmunzelt*), doch diese Jahrtausendwende wurde überall im Universum von den Familienmitgliedern der Großen Zentralen Sonne gefeiert. Überall im Universum wussten sie, was hier geschehen war. Wir sprechen nicht unbedingt über die anderen Lebensformen, die vielleicht auf anderen Planeten existieren. Wir sprechen über die Familie! Wir sprechen über jene, die Euch ähnlich sind. Wir sprechen über jene, die sich auf der anderen Seite des Schleiers befinden. Eine universelle Feier erstreckte sich von einem Ende des Universums bis zum anderen Ende, und sie war (ist) in der Tat großartig. Ihr mögt sagen: *„Die Erde ist nur ein leuchtendes Pünktchen inmitten eines endlosen Meeres von Lichtern. Wie kann es da so etwas Großartiges sein?“* Wenngleich dies Eurer Wahrnehmung entspricht, ist doch die Erde der einzige Planet, an dem diese Prüfung umgesetzt worden ist.

Hört Euch dies an: Dies ist der einzige Planet, auf dem sich die Engel im Leib von Fleisch und Blut verkleiden und mit dem Entwurf auftreten, nicht zu wissen, wer sie sind. Und in dieser neuen Energie habt Ihr einer Familie gestattet, heute Abend von der anderen Seite des Schleiers hereinzukommen und manche von Euch werden als Beweis die Umarmungen spüren.

Die Dichte der Liebe umgibt genau jetzt Euren Sitzplatz, wenn Ihr Euch entschließt es zu fühlen. Leser, verstehst Du das? In der Energie dieser

Botschaft laden wir die Seher hier ein, um die Farben auf der Bühne zu bestätigen. Wir laden die Seher hier ein, die Farben auf dem Boden *(im Publikum)* zu bestätigen. Wir werden mit jenen von Euch sprechen, die mit Geheimnissen hierher gekommen sind. Oh, wir wissen, was diese Geheimnisse sind, Ihr Lieben, denn wir leben mit Euch! Wir sagen das in der liebendsten Weise. Ihr Lieben, glaubt Ihr, dass Ihr ein Geheimnis habt? Gott kennt das Geheimnis, die Familie kennt das Geheimnis, Spirit kennt das Geheimnis. Einige von Euch haben Geheimnisse, über die Ihr nicht mit den anderen sprechen mochtet, weil Ihr das Gefühl hattet, sie würden auf unangebrachte Weise darauf reagieren. Einige von Euch haben Geheimnisse bezüglich Eurer Biologie. Glaubt Ihr, wir wissen nicht darüber Bescheid? Einige von Euch stecken in Situationen, die Ihr mit an diesen Ort gebracht habt, während Ihr auf dem Stuhl sitzt und zuhört und lest, und Ihr sagt: *„Ich werde mein Bestes geben, um mich selbst bei Kräften zu halten, doch wenn ich diesen Ort verlasse, werde ich noch immer in Sorge sein.“* In der Tat! Wenn das Eure Wahl ist, so könnt Ihr es haben. Doch laßt mich Euch eine weitere Alternative geben, oh, eine Alternative von göttlicher Wahl: Wie wäre es, wenn Ihr diesen Ort ohne das verlassen würdet - auf veränderte Weise? Wie wäre es, wenn Ihr Euch vorstellt, die Situation zu nehmen und sie, wenn Ihr aufsteht, auf dem Stuhl zurückzulassen? Wie wäre das? Es ist Eure Wahl, doch Ihr mögt sagen: *„Nun ja, Kryon, das sind nur Worte.“* Oh nein. Nein. Wenn Eure Worte in Absicht verwandelt werden, dann manifestiert die Absicht die Realität. Der ko-kreative Mensch, welcher der Engel ist, macht den Unterschied aus und Ihr könnt Euch nicht einmal vorstellen, dass Ihr diese Macht und Kraft zur Verfügung habt. Nur Worte? Wenn das der Fall ist, warum sind dann die Gelübde, die Ihr in Eurer Vergangenheit gelobt habt, in Eurer jetzigen Realität zu solch einem mächtigen Darsteller geworden? Und die Antwort lautet: Worte von Engeln haben Kraft und Macht!

Wir werden Euch heute Abend interdimensionale Aspekte geben. Wir werden Euch Dinge erzählen, die wir noch nie mit Euch geteilt haben, ebenso wie Dinge, die wir Euch bereits früher mitteilten. Doch dies ist das erste Mal, dass irgendeine dieser Informationen niedergeschrieben wird, um sie mit allen zu teilen.

Wir werden jetzt noch nicht das Thema der Liebe verlassen. Es ist eine Feier. Die Menschheit hat im Jahr 2000 tatsächlich ihre Göttlichkeit gezeigt. Wenn Ihr Euch auf der Erde umseht, so gibt es Unruheherde. Wenn Ihr Euch in Eurer Gemeinde umseht, so herrscht Ärger. Vielleicht herrscht Zorn, vielleicht herrscht Gewalt, vielleicht herrscht Angst. Ihr Lieben, das sagt viel über die menschlichen Prozesse aus. Es sagt Euch sehr viel über das Ende bestimmter Energien - über Dinge, die getrennt, entzweigerissen werden, weil es kein Zaudern, kein „Auf-dem-Zaun-Sitzen" mehr geben kann. Wir haben Euch dies gesagt. Wir haben Euch auch von einer sich öffnenden Kluft zwischen dem Alten und dem Neuen berichtet, die auf dem Planeten tief greifende Veränderungen herbeiführen wird. Wir erzählten Euch von einer Energie, die bis zum „Nullpunkt gezogen" wird, wobei viele Dinge von einem weiseren Blickwinkel aus neu zu beginnen haben.

Die Außerirdischen und das Jahr 2000

Einige von Euch stellten die Frage: *„Was ist mit den Außerirdischen? Wie denken sie über all dies?"* Die Antwort? Sie sind erstaunt! Wusstet Ihr, dass Ihr sie jedesmal erschreckt, wenn Ihr ihnen Eure Macht darin, Eure Realität zu verändern, zeigt? Wusstet Ihr, dass viele von ihnen bestürzt weggegangen sind? Wisst Ihr, dass einige von ihnen angsterfüllt weggegangen sind? Das liegt daran, weil der Mensch begonnen hat, die Realität zu verändern. Ihr wisst, dass diese Erde von Außerirdischen besucht wird. Das Universum ist voller Leben. Wie könnte es anders sein? Kein Außerirdischer kann Euch ohne Eure Erlaubnis berühren. Wir haben Euch das seit Jahren mitgeteilt. Wusstet Ihr, dass sie anfangen zu erkennen, dass Ihr etwas tut, was sie verwirrte? Einige von ihnen befanden sich in einem Raum, der ihrer Ansicht nach sicher war, denn er war gewissermaßen interdimensional. Der Mensch, den sie kennen, ist vierdimensional.* Sie führen ein fünfdimensionales Dasein oder vielleicht sogar ein sechsdimensionales. In der Physik bedeutet dies, dass sie Dinge tun können, zu denen Ihr nicht fähig seid. Dies ist kein Maß für Erleuchtung, sondern nur ein physisches Maß. Sie haben einen anderen Zeitrahmen und physisch betrachtet haben sie eine andere Realität. Plötzlich stellen sie fest, dass Ihr sie sehen könnt, obwohl Ihr das zuvor noch nicht konntet! Plötzlich entdecken sie, dass Ihr ihnen in Eurer Physik ähnlicher werdet, und das arbeitet nicht für sie. Wusstet Ihr das? Lasst

* Kryons Gebrauch von vierdimensional bezieht sich auf die uns bekannten vier Dimensionen: (a) Höhe (b) Breite; (c) Tiefe und (d) Zeit. Auch die Wissenschaft erkennt jetz, dass in der Atomstruktur mindestens 11 Dimensionen enthalten sind.

mich Euch folgende Frage stellen? Warum engagieren sie sich so sehr... und riskieren dabei oft ihre eigene Existenz, um herauszufinden, was den Menschen ausmacht? Plötzlich stellen sie fest, dass sich die Regeln hier in 60 Jahren verändert haben und sie nicht mehr länger in der Lage sind, „im Dunkeln zu arbeiten".

Wir sprechen selten von diesen Dingen, denn die Information ist oft dramatisch und handelt nicht von der Liebe Gottes, welche die Botschaft von Kryon ist. Doch diese Information handelt von der Angemessenheit der Engel auf Erden (*Ihr*), die sich in eine andere Dimension bewegen, während sie sich als Menschen ausgeben. Wir sagen Euch dies, weil sich alles verändert hat. Alle Euch umgebenden Energien haben sich verändert. Selbst einige der standhaftesten Prinzipien der Physik bewegen sich allmählich, weil Ihr es gestattet habt, dass sie offenbart werden.

Interdimensionale Allgemeinheit

Lasst mich Euch erzählen, wer Ihr seid. Es ist an der Zeit, ein wenig mehr über die Interdimensionalität des Menschen zu offenbaren. Dies ist eine Erweiterung des Unterrichts, den wir Euch vor ein paar Monaten (*Juli 2000)* gaben, als wir Informationen über die Geistführerenergie offenbarten. Jetzt ist es an der Zeit, Informationen über die Menschenenergie zu offenbaren.

Wir werden Euch Informationen überbringen, die schwer aufzunehmen sind. Wie könnt Ihr einem vierdimensionalen Wesen von einer zweistelligen Dimensionalität berichten? Wie könnt Ihr einem linearen Wesen erzählen, dass das, was es *jetzt* tut, seine Vergangenheit verändern kann? Was sie bereits getan haben, ist scheinbar in Zement verewigt... doch dem ist nicht so. Wie wird das errechnet, geliebter linearer Mensch? Und doch ist es so. Die Antwort ist, dass es mit *Der Dritten Sprache* errechnet wird - die wir zuvor als „den Katalysator für göttliche Kommunikation" bezeichnet haben. Viele von Euch, die hier sind und dies lesen, werden auf der Zellebene die Bilder und Konzepte erhalten - die göttliche Ebene dessen, was wir Euch, so gut es uns möglich ist, in einer linearen Weise, ein Wort nach dem anderen, geben können.

Ihr Lieben, hier in diesem Raum, in diesem Raum, in dem Ihr sitzt und zuhört, seid Ihr in diesem Augenblick in der Gesellschaft von zehntausenden anderer Menschen, während sie diese Worte lesen. Wir wissen, wer die Leser sind, weil sie die Absicht bekundet haben, ihre Augen auf diese Seite zu richten - auf eine Seite, von der Ihr vielleicht sagt, „dass sie noch nicht existiert", weil Ihr Euch in einer linearen Zeit befindet. Wir bitten Euch, Euch in den *Kreis* der Zeit zu versetzen und zu verstehen, dass sich die Vergangenheit für Euch in das *Jetzt* manifestiert hat - was letztendlich die Manifestation Eurer Zukunft ko-kreiert - etwas, was Ihr Eurer Ansicht nach noch nicht erschaffen habt, obwohl Ihr es tatsächlich erschaffen habt. All die Potenziale für Manifestation sind vorhanden und warten darauf, dass Ihr sie vorfinden und die angemessenen Energien manifestieren werdet. Das mag vielen von Euch wie ein Rückwärtsgespräch erscheinen. Ihr gewöhnt Euch besser daran, denn was wir tun, versetzt Euch in einen *Jetzt*-Zeitrahmen der interdimensionalen Angelegenheiten. Dies sind die Angelegenheiten, über die wir zu sprechen haben.

Fragt die Leser jetzt, diejenigen, die scheinbar nicht in Eurem Zeitrahmen sind, ob sie diese „nichtexistente" Seite tatsächlich sehen! Selbstverständlich tun sie dies! Könnt Ihr Euch in Liebe mit ihnen vereinen, obwohl Ihr sie in Eurer Zukunft wahrnehmt? Leser, kannst Du Dich mit jenen im *Jetzt* vereinen? Die Antwort lautet ja. Infolgedessen habt Ihr soeben an einer Veranstaltung in der interdimensionalen Zeit teilgenommen.

Wir haben Euch bereits gesagt, dass Euch viele Dinge in einer interdimensionalen Weise vermittelt werden, die Euch merkwürdig, verrückt und unheimlich erscheinen mögen, weil Ihr sie noch nie gesehen habt. Doch wir erinnern Euch, dass Ihr Euch nur deswegen so fühlt, weil Ihr mit dem *Normalen/Gewöhnlichen* nicht vertraut seid. Nur weil Ihr diese Erfahrung niemals gemacht habt, so bedeutet dies nicht, dass sie nicht existiert.

Wir haben Euch früher die Parabel von dem beschützten, primitiven Eingeborenen gegeben, der auf der tropischen Insel lebt. Er ist glücklich und er hat schon immer in den Tropen gelebt und wird auf ewig dort leben. Dieser Eingeborene, der seinen Lebensort liebt, genießt das wundervolle Wetter - es ist stets warm und feucht.

Plötzlich ist er einem Eisblock ausgesetzt. Er hat noch nie zuvor Eis gesehen. Er hat keine Vorstellung davon, um was es sich hierbei handeln könnte.

Er versteht nicht, dass dies ganz normales Wasser ist - etwas, von dem seine Insel umgeben wird und was ihm sehr vertraut ist. Doch er sieht es in einer anderen physischen Form, einer Form, die auf Erden zwar gewöhnlich ist, die er aber noch nie erfahren hat. Denn seht, selbstverständlich existierte das Eis in der Physik die ganze Zeit über, doch in seiner Realität hatte er es noch nie wahrgenommen. Eins der ersten Dinge, die ein Mensch mit einer Information dieser Art macht, ist, sich davor zu fürchten! Daher begibt es sich, dass die Dinge, die wir Euch heute Abend überbringen, möglicherweise gefürchtet werden, denn sie sind radikal anders für Euch und dennoch sind sie im großen Plan gewöhnlich, es ist so ähnlich wie es das Eis für den Einheimischen war.

Der interdimensionale Mensch

Es ist an der Zeit, Euch davon zu berichten, wie gewisse Dinge funktionieren, und wir fangen mit dem Menschen an. Dann werden wir zu einigen biologischen Bereichen übergehen und Informationen präsentieren, die wir noch niemals zuvor für eine Niederschrift besprochen haben.

Menschsein, Du bist nicht vollständig hier! (*Lachen*) Nun, das habt Ihr vermutet, nicht wahr? Hört zu: Es gibt Teile und Bruchteile von Euch, die dem fehlen, was Ihr als den vollständigen Menschen betrachtet. In einem vierdimensionalen Raum, der als „Eure Realität" bezeichnet wird, habt Ihr ein Wesen mit Haut überzogen, es auf der irdischen Ebene zur Welt gebracht und ihm einen Namen gegeben und ihn den vollkommenen Menschen genannt. Doch er ist nicht vollkommen. Diese Vollkommenheit beginnt nicht einmal in der multiplen Dimensionalität.

Hier findet Ihr Informationen, die einige von Euch schon immer vermutet haben. Dies erklärt die Funktionsweise von vielen Dingen und es erklärt die magnetischen Ranken und Fäden zwischen Teilen und Bruchteilen dessen, wer Ihr persönlich seid. Persönlich gesehen ist nicht alles von Euch hier! Es gibt einen Anteil von jedem einzelnen Menschen in diesem Raum, der im interdimensionalen Raum ausgebreitet ist... und die Teile haben viele Aufgaben.

(1) Lasst uns von dem ersten Interdimensionalen sprechen, das in Eurem Körper lebt. Die Göttlichkeit, die Ihr als Euer Höheres Selbst bezeichnet, ist nicht das Wichtigste des spirituellen Teils von Euch. Es ist einfach nur der Teil in Euch, der gemeinsam mit Euch in Eurem Körper bleibt und den Ihr fühlen könnt. Das Höhere Selbst ist der Teil, an dem Ihr Euch festhaltet. Es ist zauberhaft, es ist der spirituelle Teil, es ist der Teil, mit dem Ihr zu sprechen und zu kommunizieren versucht. Doch es ist nur ein Teil von dem Namen, den Ihr „Euerselbst" nennt.

Ich möchte Euch die anderen Teile nennen und ich möchte Euch sagen, wo sie sich befinden. Ich möchte Euch auch sagen, was sie tun. Wenn Ihr am Ende dieser Aussage sagt: *„Das ist unglaublich"*, werde ich mein Ziel erreicht haben. Es ist die Liebe Gottes, die solch eine Kommunikation über *Die Dritte Sprache* ermöglicht hat, und einige von Euch werden sie „sehen". Viele von Euch werden schließlich verstehen, dass alles, was heute Abend auf dieser Bühne gesprochen wird, wahr ist - dass Ihr spirituell gesehen weitaus größer seid, als Ihr meint.

(2) Es gibt einen Teil und einen Bruchteil von Euch, der sich genau jetzt als Euer Geistführer auf der anderen Seite des Schleiers aufhält. *„Was? Willst Du damit sagen, Kryon, dass ich mein eigener Geistführer bin?"* Ja, ein Teil von Euch schon. Und wir haben die Geistführer zuvor beschrieben und wir werden noch einmal darauf zurückkommen. Es gibt einen Teil von „Euch", der ein Teil der Energie ist, die dem entspricht, was wir die „Geistführersuppe" nennen. Betreffend der Geistführer und Engel sagen wir Euch noch einmal: Ihr möchtet sie nummerieren, ihnen Haut und Flügel verleihen, Namen geben und sagen: *„Das ist Nummer Drei, das ist Nummer Vier, das ist Nummer Acht."* In Wirklichkeit sind es unzählige davon, doch sie sind eins wie ein Ozean, der ein einziger Ozean ist und doch zugleich aus Millionen von Wasserteilen besteht. Eure Geistführer und Engel sind Energieformen, nicht Teile Eurer vierdimensionalen Existenz. Wir haben es bereits gesagt: Ein Teil von Euch befindet sich in Eurer eigenen Geistführergruppe! Welcher bessere Rat könnte Euch gegeben werden als

einem Teil und einem Bruchteil des Engels, der Ihr seid und der als Geistführer auf der anderen Seite des Schleiers sitzt? Es ist ein Geistführer, der mit Euch verbunden (*verschmolzen*) ist, wo auch immer Ihr auf diesem Planeten hingeht, doch er ist ein Geistführer, der Euch besonders gut kennt - der weiß, warum Ihr hier seid - der die Verträge kennt und die Veranlagungen, die Ihr habt. Welche bessere Energie könnte es für Euch geben als *Euch selbst*? Gewöhnt Euch daran. Dies ist der zweite Teil von Euch. Habt Ihr jemals mit *Euch selbst* gesprochen? Genug gesagt. Vor langer Zeit haben wir Euch sogar eine Möglichkeit geschildert, bei der Eure Geistführer sich vorübergehend von Euch zurückziehen würden. Wenn dies geschieht, ist es einen Augenblick lang verheerend! Denn *Ihr* seid weggegangen... *Ihr*!

(3) Lasst uns über den dritten Teil von Euch sprechen. Es gibt einen Teil von Euch, der auf der anderen Seite des Schleiers ist und der sich mit dem Rest von Euch in einer Planungssitzung befindet! Nun, wie könnte das unmöglich sein? Denkt darüber nach. Menschenwesen, hast Du Dich je gefragt, wie die Ko-Kreation funktioniert? Hast Du Dich je gefragt, wie die Synchronizität funktioniert? Bist Du Dir bewusst, dass Du die Synchronizität nicht alleine haben kannst? Sie hat mit jenen aus Deiner Umgebung in Beziehung zu stehen. Bist Du Dir dessen bewusst, dass auch Du die Synchronizität von einem anderen Menschen bist? Sie hat Teil einer komplexen Planung zu sein.

Ko-Kreation geschieht nicht in einem Wandschrank. Dazu gehört es: durch das Leben zu gehen, Absicht zu bekunden und dabei ergibt sich eine energetische Schnittfläche mit jedem, den Ihr berührt - mit jedem, mit dem Ihr in Kontakt kommt - jenen, um die Ihr Euer Licht leuchten lasst. Was glaubt Ihr, welche Art von Planung dafür erforderlich ist? Sie ist auf einer Skala, die keine Zeit und doch alle Zeit hat. Es gibt auf der anderen Seite des Schleiers einen planenden Teil von Euch, ebenso wie von jedem anderen Menschen auf Erden. Vielleicht hattet Ihr die Vorstellung, dass es eine Planungssitzung geben würde, bevor Ihr angekommen seid und nun seid Ihr alleine? Nein. Wie fühlt sich das für Dich an, Mensch - Engel - göttliches Wesen? Es gibt auf der anderen Seite einen Teil und einen Bruchteil von Euch, der mit den anderen für die Synchronizität, für die Ko-Kreation, für

Eure Absicht koordiniert. Dachtet Ihr, dass wir in einem luftleeren Raum wären und dass die Dinge rund um Euch einfach „geschehen sind"? Nein. Es geht eine Führung und eine Planung vor sich und Ihr und die anderen rund um Euch herum sind diejenigen, die dies tun - alles dies - und die darauf warten, dass Euch Eure Suche an den Ort führt, an dem Ihr erkennt, dass das Eis gar nicht seltsam ist. (*Lachen*)

Wir haben Euch von der Herausforderung in Eurem Leben berichtet, die getestet wird. Wir haben Euch gesagt, dass es ein Goldenes Tablett gibt, der sowohl Eure Lösungen als auch Eure Herausforderungen bereithält.

Wir haben Euch gesagt, dass alles im Gleichgewicht ist, und in der Vergangenheit sagten wir Euch, dass Ihr Eure Lösungen gleichzeitig mit Euren Herausforderungen kreiert... lange bevor Ihr hierher gekommen seid. Jetzt wisst Ihr, dass die Herausforderungen vierdimensional sind, die Lösungen hingegen aber vieldimensional!

Nun, wie wird Euch dies Eurer Meinung nach, während Ihr hier seid, ermöglicht? Was ist mit den anderen Menschen? Einige von Euch repräsentieren ein vierdimensionales Gebet: Ihr kniet vor Spirit nieder und betet: *„Bitte, lieber Gott, sieh zu, dass sie sich verändern. Sieh zu, dass die anderen, die mich umgeben, dieses tun, dass sie jenes tun."* Lasst mich Euch den interdimensionalen Weg geben: Beginnt bei Euch selbst, anstatt Gott anzuflehen, er solle die anderen verändern! Verändert Euch genauso, wie Ihr die anderen darum bittet, sie mögen sich ändern. Wenn Ihr auf diese Weise Euer Licht zeigt, beginnt damit auch für die anderen eine Planungssitzung! Ich werde Euch sagen, was passiert. Obwohl es durch die individuelle Wahl der anderen Menschen, die Euch umgeben, geschieht, erschafft Eure Veränderung Energie. Es gibt in der Planungssitzung jene, die dies sehen und die denen, die Euch umgeben, die Wahl der Absicht bringen. Denn Ihr erschafft eine eigene Realität durch Eure Göttlichkeit, das Höhere Selbst, das Selbst der Geistführer, das Planende Selbst, und jeder interdimensionale Mensch rund um Euch wird potenziell beeinflusst werden. Sie werden nicht verändert, sondern ihnen wird vielmehr die Energie der neuen Wahl gegeben, manchmal ein Problem... weil Ihr Euch selbst verändert habt. Dies führt oft zu Suchen, Mitgefühl und dem Anfang von wirklichen Unterschieden in all Euren Leben.

Und Ihr möchtet den Menschen mit Haut überziehen und ihm einen Namen geben und ihn alleine auf der Erde herumwandern lassen? Wohl kaum! Auf diese Weise funktioniert das nicht, Ihr Lieben. Ich habe Euch den Rest noch nicht zu Ende erzählt.

(4) Dies wird merkwürdig, unglaublich und sehr seltsam klingen. Ein Teil von Eurem Vertrag hier ist, so gut es auf Eure lineare Weise beschrieben werden kann, bei denen in Eurer letzten menschlichen Familie auf Erden, die Ihr verlassen habt, bevor Ihr in dem Körper, den Ihr jetzt habt, inkarniert seid. Wusstet Ihr das? Einfach ausgedrückt seid Ihr ein Teil der Geistführergruppen von denen, die Ihr im letzten Leben verlassen habt! Ihr mögt sagen: *„Nun aber, Kryon, das ergibt vom Timing her keinen Sinn."* Ihr habt Recht. Gewöhnt Euch daran. Es ergibt keinen Sinn. Im JETZT sind all diese Dinge möglich. *„Meinst Du damit, dass ich gleichzeitig an zwei Orten in verschiedenen Zeitrahmen sein kann? Kann ich gleichzeitig in der Vergangenheit und in der Zukunft sein?"* Ja. Und Ihr werdet dies nie verstehen, solange Ihr ein Mensch seid. Auf der Ebene *Der Dritten Sprache* ist es jedoch die Liebe Gottes, die dieses Geschenk des Verstehens zur Verfügung stellt, und gleich werdet Ihr besser verstehen, was diese Gabe in Wirklichkeit ist.

So, Mensch, Du bist irgendwo fleißig damit beschäftigt, einer Familie zu helfen, die in Deiner Vergangenheit existierte. Stell Dir vor, wie tief greifend das ist! Unter denen, die dies hören und lesen, werden manche sagen: *„Ich verstehe immer noch rein gar nichts von dem, was er da sagt."* Doch die Sprache der *Drei* zeigt Euch, was wir in interdimensionaler Weise sagen: Ihr arbeitet, während Ihr hier seid, und Ihr dachtet, Ihr würdet gar nichts tun. Vielleicht habt Ihr Euch gefragt, wann Ihr mit dem, wofür Ihr hierher gekommen seid, weitermachen würdet? Ihr habt es die ganze Zeit über getan - an einem anderen Ort, in einer anderen Zeit. Einige von Euch hatten Träume, die Euch zeigten, was Ihr getan habt. Ihr habt sie einfach nur als sehr viel Fantasie abgetan, doch jetzt wisst Ihr, dass sie real waren. Oft ist der Traumzustand ein interdimensionaler Ort, an dem sich Euer Verstand losmacht und frei dahinschwebt. Die Energien des *Jetzt* können eintreten und Ihr könnt sie sehen und spüren. Aus diesem Grund ergeben so viele der Träume, die Ihr habt, keinen linearen Sinn, nicht wahr? Sie sind jenseits von Zeit und Raum und sie bewegen sich ruckartig von einer Verkleidung zur nächsten - ist Euch das aufgefallen? Wenn Ihr träumt, seid Ihr Eurer eigentlichen Realität näher, als wenn Ihr wach seid.

Das „Sehnen nach der Verbindung“

Ich werde Euch ein weiteres Attribut nennen. Hier ist ein Attribut, an das viele von Euch nicht gedacht haben, und es ist an der Zeit, dass es vorgestellt wird. Wir haben Euch gerade gesagt, dass nicht alles von der Struktur des Menschen im physischen Körper enthalten ist - dass sich ein Teil davon auf der anderen Seite des Schleiers - ein Teil davon in der Geistführer-gruppe - und ein Teil davon sogar in der Vergangenheit befindet. Nun, wenn Ihr so geteilt seid, wenn Ihr wirklich so ausgedehnt seid, würdet Ihr dann nicht etwas spüren? Ja. Ich möchte Euch ein Attribut nennen, das Lichtarbeiter anfangen zu hören, zu erkennen und zu verstehen. Einige von Euch haben Ausschau gehalten, zugesehen und gehofft, dass eines Tages Eure „Zwillingsflamme“ hereintreten würde. Eines Tages wird der Seelenpartner, von dem Ihr wisst, dass er *dort draußen* ist, „zurückkommen“. Oh, wenn Ihr nur wüsstet, was das bedeutet! Hier ist die Wahrheit: Ihr wartet nicht auf einen anderen Menschen, Ihr Lieben; Ihr bittet stattdessen darum, dass diese interdimensionalen Teile und Bruchteile von Euch zurückkommen mögen, um sie mit dem vierdimensionalen Selbst zu verbinden. Ihr spürt die Sehnsucht und fühlt die Liebe und Ihr wünscht es Euch so sehr! Wir sind hier, um Euch zu sagen, dass es sich hierbei um das Sehnen der Teile von *Euch* handelt, die vereint werden möchten!

Nun... was sagt Euch das über unseren Unterricht, den wir über die letzten 11 Jahre gehabt haben? Wir haben Euch gesagt, dass Ihr das Selbst entdecken sollt - dort ist die Magie, der Zauber - dort ist die Liebe! Und nun seid Ihr in dieser Energie, die diese Wiedervereinigung unterstützt. Es ist eine Wiedervereinigung, die so großartig ist, dass sich diese Teile auf interdimensionale Weise gegenseitig berühren können. Sie können sich gegenseitig begrüßen und sagen: „Es ist an der Zeit, dass wir unseren Selbstwert finden. Es ist an der Zeit, dass wir uns in uns selbst verlieben. Es ist an der Zeit, dass wir hoch aufrecht, fähig, reich und stolz darauf sind, dass wir zusammen sind, gemeinsam die Erde betraten (*auf ihr wandeln*)." Darum geht es bei diesem Gefühl. Darum ist es schon immer gegangen und in dieser Energie können wir Euch jetzt diese Informationen bringen. Die Sehnsucht nach Liebe in Eurem Leben ist oft das Sehnen danach, sich mit all den Teilen von *Euch* zu verbinden, die (*ausgebreitet und*) verteilt sind. Gesegnet ist der Mensch, der das Selbst entdeckt, denn dieser Mensch wird die innere Liebe haben - keine Abhängigkeit, keine weitere Sehnsucht, er wird Zufriedenheit in seinem/ ihrem Leben haben und ein großer Leuchtturm von Energie sein.

Mehr über Geistführer und Engel

Vor ein paar Monaten haben wir Euch erzählt, dass die Geistführer eine „Energiesuppe" seien. Denn seht, es gab niemals nur zwei oder drei davon. Vor elf Jahren brachten wir Euch Metaphern, wie die Heilige Schrift dies äonenlang getan hat. Die Informationen über die *Drei*, die von der Geistführergruppe stammen, sind eine Energie der *Drei*. Sie stehen nicht für die drei Geistführer mit drei Namen, mit Haut und Flügeln. Was ist die Energie der *Drei*? Es ist die Energie des Katalysators.

Es ist die Situation, bei der eine Energie eine andere Energie erzeugt und ihr Versprechen, ihre Manifestation und ihre Kreation erfüllt. Damals wiesen wir darauf hin, dass die energetischen Veränderungen der Erde und Eure persönlichen Veränderungen von der Energie der *Zwei* zur Energie der *Drei* übergehen würden. Nun kennt Ihr die Metapher dessen, wovon wir sprechen. Die Geistführer sind unzählig und doch eins. Es ist schwer zu erklären, wie so eine Energie Euch in dem Wandschrank umgeben kann, wenn Ihr das Licht abdreht und so tut, als wärt Ihr allein, und insgeheim weint. Doch wir alle sind hier - wir alle sind hier.

Jeder Mensch kommt mit einem Gefolge auf den Planeten. Ihr könnt, wenn Ihr so wählt, versuchen, ihnen nacheinander zuzuhören und ihnen in Euren Meditationen einen Namen zu geben. Dies ist eine sehr lineare Angelegenheit und wir verstehen das. Doch lasst mich Euch sagen, dass

Eure Geistführergruppe unbegrenzt und dennoch in der Einzahl ist. *„Wie viele Geistführer sind es genau, die hier sind, Kryon?“* Die Antwort lautet ja. (*Lachen*) Wenn Ihr etwas Elektrisches anschließt, fragt Ihr Euch dann, *wie viel Elektrizität* über die Leitung hereinkommt? Wie könnt Ihr die Quelle (*Spirit*) mit solchen Fragen „anzapfen“? Und doch ist es in der Vierdimensionalität genau das, was Ihr macht!

Wir haben Euch dies zuvor beschrieben, wie so etwas möglich sein könnte, doch lasst mich Euch auch einen Einblick darüber geben, *wer* hier ist. Vielleicht jenseits von Raum und Zeit, doch wir möchten, dass Ihr versteht und feiert, *wer* hier ist. Als wir diesen Abend eröffneten, sagten wir Euch, dass hier ein Gefolge hereinströmen und die Stühle umgeben würde. Wir sagten Euch, dass einige von Euch an diesem Abend die Umarmungen spüren würden. Leser, dazu gehörst auch Du, erinnerst Du Dich? Einige von Euch werden Druck auf den Schultern, den Knien und vielleicht am Kopf spüren. Lasst mich Euch sagen, wer der unterstützende Teil davon ist: Ihr Lieben, wenn es stimmt, dass Ihr Euch in einem gewissen interdimensionalen Raum befindet und dass Ihr aufgeteilt seid - dass ein Teil von Euch denen aus der Vergangenheit hilft, die vor Eurer Reinkarnation Eure Familie waren, dann könnt Ihr genau jetzt auch jene wiederspiegeln, *die* ein Teil von Eurer Geistführergruppe sind.

Diejenigen, die Euch auf diesem Planeten als Familie bekannt waren und die heimgegangen sind, sitzen gegenwärtig auf Eurer Schulter. Das ist die Wahrheit, Ihr Lieben. Ein Teil und ein Bruchteil von ihnen, ob sie wieder inkarniert sind oder nicht, ist jetzt gerade bei Euch. „Jenseits von Raum und Zeit“, mögt Ihr sagen... und dennoch sind sie hier. Hier ist die Mutter, der Vater, die Schwester, der Bruder und das Kind. Sie alle sind hier. Fragt Ihr Euch jemals, ob diejenigen, die weggegangen sind und die Ihr so sehr geliebt habt, die Euch so großen seelischen Schmerz bereitet haben, „von oben herabblicken“ und Euch wohl sehen können? Nun, sie brauchen nicht „herabzublicken“. Alles, was sie zu tun haben, besteht darin, nach rechts zu blicken! Dort befindet sich jetzt bei Euch ein Teil und ein Bruchteil von ihnen.

Wir laden einige von Euch ein, das, was wir sagen, zu spüren und zu verstehen. Es ist Teil der Liebe Gottes, die Euch dies gibt, damit Ihr nicht allein seid... niemals. Es ist ein Teil des Versprechens der Familie, das wir mit Euch noch nie besprochen haben. Es wurde noch nie niedergeschrieben - ein Teil der Energie, die Ihr mit Euch herumtragt, sind jene, die in Eurem eigenen Leben gestorben sind.

Nun, wer klopft Euch Eurer Meinung nach auf die Schulter, um das 11:11 und 12:12 auf den Uhren zu sehen? Warum habt Ihr in diesem bestimmten Augenblick hingesehen? Warum habt Ihr nicht hingesehen, als die Uhr 11:10 angezeigt hat? Das liegt daran, weil Euch jene, die Euch lieben und umgeben und auf die Schulter geklopft haben, sagen wollten: „Ich möchte Dir etwas Einzigartiges und Interessantes zeigen. Schau jetzt auf die Uhr!" Das nächste Mal, wenn Euch das passiert, fordern wir Euch auf, anstatt eine Strömung von „Worum geht es?" oder „Oh, ist das nicht interessant oder merkwürdig?", zu verspüren, zu sagen: „Ich liebe Dich auch... Ich liebe Dich auch." Denn das entspricht dem, was vor sich geht. Es ist ein „Auf-die-Schulter-Klopfen". Eure geliebten Menschen sagen zu Euch: „Wir sind wirklich hier! Schau auf die Uhr - schau auf die Uhr! Wir sind hier und wenn Du uns nicht glaubst, dann werden wir es wieder und wieder und wieder zu machen haben, bis Ihr versteht, dass diese Dinge nicht zufällig sind. Wir möchten Euch wissen lassen, dass wir stolz auf Euch sind und dass wir Euch lieben."

Das verborgene Licht

Es gibt unter denjenigen, die sich in diesem Raum aufhalten und die dies genau jetzt lesen, jene, die dies gerne hören möchten. Möchtet Ihr wissen, was Ihr im Leben tut? Ihr wartet auf etwas Besonderes, nicht wahr? (*Kryon schmunzelt*) *„Lieber Gott, wann werde ich endlich herausfinden, was ich tun soll?"* Wie oft hat Spirit das in Euren geheimsten Zeiten schon gehört? Ich möchte Euch von einem sehr dunklen Ort erzählen. Es ist der Boden des Ozeans. Im Schlamm eingebettet befindet sich ein Anker, der seine Arbeit verrichtet. Am Boden gibt es kein Licht und somit ist es sehr dunkel und kalt. Der von Schlamm und Kletten überkrustete Anker ist mit einer schmutzigen Kette verbunden. Die Kette reicht ein paar hundert Fuß hinauf und an der Oberfläche befindet sich ein Ozeandampfer mit buchstäblich Tausenden Menschen. Nun, wenn Ihr den Anker befragen würdet, würde das Gespräch etwa folgendermaßen lauten: *„Weh mir, ich bin im Dunkeln. Ich gehe nirgendwo hin. Ich bin von Schlamm und Kletten überkrustet. Ich bin nicht schön. Lieber Spirit, wann werde ich mit dem, was ich hier tun soll, weiterkommen?“* (*Lachen*)

Kann ich bitte mit den im Raum befindlichen Ankern sprechen? Kann ich Euch sagen, wie wunderschön Ihr seid? Kann ich Euch sagen, dass es eine Kette gibt, die mit jedem Menschen in Eurem Leben verbunden ist? Fragt Ihr Euch, was Ihr tut, und fragt Ihr Euch, wann Ihr mit Eurer Aufgabe oder mit Eurer spirituellen Arbeit weiterkommen werdet? Nun, Ihr befindet Euch genau mitten drin und Ihr seid Euch dessen nicht einmal bewusst! Mutter, Vater, was macht Ihr in der Familie? Arbeiter, was macht Ihr am Arbeitsplatz? Ihr geht von einem Ort zum nächsten und Ihr bewahrt Euer Licht. Der Leuchtturm lässt Licht an Orten leuchten, die dunkel waren, bevor Ihr überhaupt dort hingekommen seid... und Ihr fragt Euch, wann Ihr damit jemals weiterkommen könnt. Anker, laß mich Dir sagen, dass Du Ketten hast, die Dich mit vielen Leuten verbinden. Ihr seht sie nicht - Ihr seid Euch ihrer nicht bewusst.

Ihr bittet darum, Ihr möget mit den Dingen vorankommen, doch wir sind hier und wir feiern Euer Leben, weil Ihr hier seid als großer Anker, der sich nicht bewegt und der dieses Boot daran hindert, sich in die Felsen zu stürzen. Ihr habt nicht alle Fakten und deshalb sind wir hier, um Euch zu sagen, dass Ihr zutiefst geliebt seid. Ihr könnt genau inmitten von Eurem Vertrag sein, und doch kniet Ihr vor Spirit nieder und bittet ihn um Euren Vertrag! (*Lachen*) Denkt darüber nach. Möchtet Ihr wirklich von diesem Ort entfernt werden? Wenn Ihr weggeht und die Türe schließt, wird der Raum wieder dunkel sein. Wir sagten nicht, dass es einfach sein würde... lieber Anker. Aus diesem Grund bezeichnen wir Euch als Licht*arbeiter.* Viele von Euch befinden sich an Orten, die ohne das Licht, das Ihr mitbringt, wirklich sehr dunkel wären. Warum betet Ihr stattdessen nicht das interdimensionale Gebet: *„Lieber Gott, sag mir, was ich wissen soll.“*

Neue Informationen über die menschliche Biologie

Es ist uns unmöglich, in dieses Gebiet (New Hampshire) zu kommen, ohne Euch etwas zum Thema Wissenschaft zu überbringen. Einige haben gefragt: „*Warum das, Kryon? Unterscheidet sich diese Gegend irgendwie von anderen Gegenden?*“ Oh ja. Jedes Gebiet hat seine individuellen energetischen Einstellungen. Das war die Einstellung, die immer wieder zur Enthüllung dessen, was Ihr als Wissenschaft und wir als „die Funktionsweise der Dinge“ bezeichnet haben, ausgesucht wurde. Wir werden Euch in aller Einfachheit etwas offenbaren, das einem der Wissenschaftler in dem Raum offenbart wurde. Doch jetzt kann es aufgezeichnet und niedergeschrieben werden, damit es alle hören und sehen können.

(*Für die Hörer im Raum*): Es wird innerhalb des Potenzials der Augen, die jetzt auf diese Seite gerichtet sind, Energie erzeugt. Wir sprechen auch von dem, was *Ihr* Eure Zukunft genannt habt, doch selbst wenn wir sprechen, sehen wir den Leser. Dies hat nichts mit Wahrsagerei oder Vorherbestimmung zu tun. Was wir sehen, sind die Absichten derer, die es sogar jetzt in Eurem Zeitrahmen zustande gebracht haben, diese Worte auf der vor ihnen liegenden Seite zu lesen, welche in gewisser Weise auch die vor Euch liegende Seite ist. Bedenkt, dass sie sich in unserem Denken jetzt gemeinsam mit Euch im Raum aufhalten.

Der Magnetismus wurde von Eurer Wissenschaft nie verstanden. Der Grund, warum er unergründlich war, liegt darin, dass er interdimensional ist... das heißt, er ist nur zum Teil in Eurer Vierdimensionalität. Ihr habt auf Erden zwei Dinge, mit denen Ihr täglich lebt und die Ihr nicht sehen oder verstehen könnt - Magnetismus und Schwerkraft. Wenn Ihr die innere Funktionsweise des Magnetismus kennen würdet, würdet Ihr verstehen, dass er eine interdimensionale Kraft ist, die sich selbst zeigt. Ihr habt mit den *Ergebnissen* des Magnetismus gearbeitet, denn Ihr wisst gewissermaßen, wie die Physik in den Magnetfeldern reagieren wird. Und Ihr habt guten Gebrauch von dem gemacht, was Ihr als die Auswirkungen der Anwendung von Magnetismus erforscht habt, doch es gibt keinen einzigen Menschen, der gänzlich versteht, worum es sich dabei handelt oder der wirklich weiß, wie er funktioniert. Das Magnetfeld des Planeten prägt der Zellstruktur des Körpers in einer Kommunikation buchstäblich Informationen ein und wir haben Euch dies schon oft gesagt. Ihr werdet bald über die Fähigkeit verfügen, zu verstehen und zu sehen, wie dies funktioniert. Und schließlich wird es dann ein Verständnis geben. Die Tatsache, dass es Euch nicht möglich sein wird, von einem Planeten zum nächsten zu reisen, ohne Euer eigenes Magnetfeld mit Euch herumzutragen, wird auch erkannt werden, denn das Magnetfeld der Erde unterstützt das Leben. Es ist ein Teil des Bildes und es ist ein Teil Eurer Biologie.

In diesem Jahr (2000) hat Eure Wissenschaft bestätigt, dass sich nun herausgestellt hat, dass das, was sie jahrelang betrachtet haben, interdimensional ist. Mein Partner hat selbst im heutigen Vortrag davon gesprochen. Doch vielleicht fällt Euch etwas auf: Sie haben sich für die Anzahl der Dimensionen im Kern des Atoms die 11 ausgesucht. Sie haben sich geirrt. Sie haben sich um eine Zahl verschätzt. Denn denen von Euch, die in der Mathematik der Entscheidungen in Bezug auf das, was Ihr als die Saiten bezeichnet habt, beteiligt sind, sage ich Folgendes: Ihr habt vergessen, die Null als eine Dimension mitzurechnen! Wenn Ihr dies tut, sind es 12 Dimensionen. Diejenigen, die an dieser Studie beteiligt sind, werden wissen, was ich meine. Es gibt im Kern aller Materie auf dem Planeten 12 Dimensionen. Es gibt auf der Kernebene aller Physik - überall im Universum - 12 Dimensionen. Wir sind wieder und immer wieder für Euch auf die 12 zurückgekommen, um Euch diese Dinge ins Bewusstsein zu rufen. Der Magnetismus umfasst die Zwölfer. Es ist die Basis-12 und wir erinnern Euch daran, im Magnetismus und in der Biologie, die wir jetzt besprechen werden, nach Dreiern und Vierern und Sechsern Ausschau zu halten, welche sich alle in die Zwölfer verwandeln. Ihr könnt noch weiterhin die Basis-10 Mathematik anwenden, um Probleme mit Basis-10 und Basis-12 zu lösen, doch wenn Ihr dies tut, verwendet Ihr einfach nicht die Eleganz und die Geschwindigkeit des Zwölfer-Systems.

Hört zu: Wie viele Meridiane hat der Körper? Zwölf. Die Menschen der Antike sagten Euch das. Nun gibt es in dieser interdimensionalen neuen Energie einige Heiler, die noch mehr entdecken. Selbst diejenigen von Euch, welche die Wissensschaft der 12 Meridiane des Körpers anwenden, haben *oberhalb von* den Meridianen auf der Hautoberfläche noch weitere Meridiane entdeckt. Nun sagen wir Euch, dass sich Euch diese neuen Energien in Dreiergruppen zeigen werden. Es ist kein Zufall, dass Ihr einige davon entdeckt habt, Ihr Lieben. Sie sind vom menschlichen Körper getrennt und Ihr fangt an, den ganzen Menschen, einschließlich der interdimensionalen Teile, zu behandeln.

Damit hat es mehr auf sich, als Ihr denkt. Einige werden vielleicht sagen: *„Kryon, Du sprichst in Kreisen."* Ja. (*Lachen*) Eure DNS besteht aus Dreiern und Vierern. Seht sie Euch an. Wir haben Euch dies schon zuvor gesagt; haltet nach den Zwölfern Ausschau. Sie sind überall. Und nun sagen wir Euch dies: In der Drehung (*twisting*) der DNS gibt es Symmetrie, die Basis-12 schreit.

Das menschliche Erbgut wurde in diesem Jahr wegen seiner Eleganz dargelegt und die Karte wurde ausgebreitet, damit Ihr sie sehen könnt. Dies ist auch der Anfang der Entdeckung der Zwölfer, doch es wurde noch nicht codiert oder decodiert. Die Entdeckung und Enthüllung des menschlichen Erbguts besteht aus drei Schritten - dem Abbilden, dem Kodieren und dem Singen und wir werden Euch nun vom „Singen" erzählen. Hört Euch dies an: Wir werden von zellularen Schwingungsattributen sprechen, und zwar so, wie wir noch nie zuvor darüber gesprochen haben. Und schließlich möchten wir Euch etwas präsentieren, was wir *Den zellularen Chor* nennen. Er ist rund um „den Magnetismus, der für den Magnetismus singt", gehüllt und all dies in dieser interdimensionalen Suppe, von der Ihr dachtet, es sei bloß Biologie. Wir werden Euch so gut wie möglich erklären, was dies bedeutet.

Wenn das menschliche Erbgut schließlich decodiert ist, besteht das Potenzial der Entdeckung *Des zellularen Chors* - die Entdeckung, dass die menschliche Zellstruktur eine bestimmte Melodie „singt", und das macht sie sehr gut. Obwohl es etwas bildhaft und für diese Präsentation vereinfacht ist, steht diese Melodie für die menschliche Gesundheit. Sie hält den Körper am Leben, doch das, was der Erbgutstudie fehlt, wird der „Melodien-Meister" (*Einstimmungs-Meister, Ton-Meister*) sein.

Denn es wird in dieser Metapher Enthüllungen darüber geben, dass der menschliche Körper wahrscheinlich viele Melodien „singen" kann, doch nur eine Sequenz von Melodien wird gesungen und es ist eine ineffiziente Sequenz von Melodien! Wer hat diese Melodien komponiert? Wer hat die Codes programmiert? Wer ist für die „Worte" verantwortlich? Dies ist bildhaft, metaphorisch und doch auch wieder nicht.

Es gibt einen biologischen Zellenchor. Der menschliche Körper singt tatsächlich auf der Zellebene. Diese Lieder, die er singt, sind komplex und sie harmonieren auf komplexe Weise. Ihr habt wahrscheinlich von den Heilern in der Vergangenheit gehört, die versucht haben bestimmte Frequenzen zu finden, die mit bestimmten Teilen des Körpers resonieren - bestimmte Systeme des Körpers, bei denen die Heiler durch die Anwendung dieser Frequenzen positive Resultate erzielten? In der Tat, doch was sie haben, ist nicht vollständig und daher ist der Erfolg der einzelnen Schwingungsmethode schwer wiederholbar.

Menschenkörper singen wie ein Chor. Die Zellstruktur vibriert mit hunderttausenden Schwingungen pro *Sekunde* und wir verwenden die Sekunde als Teil einer Basis-60. Sie ist auch in der 12 enthalten, und das gleiche gilt für Eure Uhr. Der Körper hat auch eine Uhr - eine profunde Uhr und sie basiert auf der 12. Der *Chor* singt den anderen Zellen auf komplexe Weise etwas vor und die anderen Zellen verstehen buchstäblich, auf Ebenen, die für Euch noch nicht begreifbar sind, was der Chor singt, und sie erwidern so, als hätten sie Anleitungen. *„Kryon, möchtest Du damit sagen, dass wir dies tatsächlich ‚hören' könnten, wenn wir die Möglichkeit hätten, es zu messen?"* Es ist natürlich außerhalb von Eurem Hörbereich, doch es kann offenbart werden. Ja, es ist Teil der Entdeckung, die sich möglicherweise an Eurer Hintertür befindet. Der menschliche Körper schwingt mit komplexen Frequenzen, die weit über 100.0000 Schwingungen pro Sekunde liegen. Es handelt sich nicht um einen Ton und nicht um eine Melodie pro Organ oder pro System, sondern um Vielfaches. Sie singen in Harmonie, und dies ist zwar komplex, aber auf jedes Körperorgan und jedes System zugeschnitten. Sie singen der inneren Uhr des Körpers auf verschiedenste Weise etwas vor, synchron mit dem Mondmagnetismus, und sie erzeugen Signale, die Eure Struktur altern lassen. Übrigens... diese Metapher für die Musik ist manchmal mehr als nur eine Metapher. Wie viele Noten gibt es in der gewöhnlichen westlichen Musik, die doppelte Oktavnote nicht inkludiert? Die Antwort? Zwölf.

Einige können es hören

Lasst mich Euch etwas sagen, das bisher niemandem gesagt worden ist. Es hat etwas mit dem Zusammenbruch des menschlichen Körpers zu tun

- bezüglich des Alterns des menschlichen Körpers und des Chores. Euer alternder Körper wird oft damit beginnen, die Fähigkeit der menschlichen Ohren, die Niederfrequenzanteile des Zellenchores zu blockieren, einzustürzen. Einige von Euch haben ein Ohrensausen, nicht wahr? Auch die Wissenschafter verstehen den Grund dafür nicht und daher bin ich hier, um Euch zu sagen, was es ist. Obwohl einige von Euch nur einige der sehr niedrigen Töne (verglichen mit den Tönen der Zellstruktur) hören, ist *Der Zellenchor* der einzige, der es zustande bringt, einigermaßen von einem alternden Gehörsystem gehört zu werden. Versteht Ihr, was ich sage? Ihr beginnt tatsächlich, einen Teil des Chores zu hören. Dies liegt an dem Zusammenbruch eines Systems im Innenohr, welches zwar filtern kann, aber nicht in einem alternden Ohr. Wenn das nächste Mal einige von Euch das Ohrensausen hören und es als besorgniserregend empfinden, dann möchte ich, dass Ihr zu verstehen beginnt, was es ist.

Vielleicht werdet Ihr dann nicht mehr bekümmert sein, weil Ihr versteht, dass es zur Gesundheit gehört. Gerade jetzt beginnt Ihr, etwas zu hören, das vollkommen blockiert war, als Ihr jünger wart.

Es befindet sich sehr wohl in Eurem interdimensionalen Werkzeugkasten, mit dessen Erschaffung Ihr nun beginnt, um die Harmonie des Chores zu messen und mit dem Bau von Werkzeugen zu beginnen, mit denen er ergänzt wird. *„Meinst Du damit, Kryon, dass wir den Zellen etwas vorsingen können?“* Ja, so ist es. Ihr könnt es jetzt auf eine interdimensionale Weise tun, die wir als die „Entdeckung Eurer Göttlichkeit“ bezeichnen. Dies ist die Essenz aller Wunder. Dies ist dann, wenn der Mensch die Absicht bekundet und sagt: *„Ich kann meine Körperstruktur verändern. Ich kann dort Knochen anordnen, wo noch keine Knochen waren. Ich kann die Krankheit vertreiben. Was ich tun werde, ist, meine göttlichen Teile dazu zu bringen, dass sie meinen Zellen etwas vorsingen werden und ich werde Wunder erleben.“* Und das tut Ihr dann auch! Es ist nichts Neues, es war schon sehr lange an Eurer Seite und Ihr könnt es so nennen, wie auch immer Ihr möchtet, doch das ist der Engel in Euch, der den Zellen die richtigen „Melodien“ vorsingt.

Nun, für Euch besteht das Potenzial, dass Ihr in Eurer Wissenschaft Geräte entwickelt, wenn Ihr dort angelangen möchtet. Es wird eine Tendenz geben, dass manche Angst haben werden. Wir haben es bereits früher gesagt. Diese elegante Wissenschaft, die den menschlichen Körper heilen kann, die versteht, wie der Zellenchor arbeitet, ist auch eine Wissenschaft, die verheerend sein kann, wenn sie unsachgemäß verwendet wird. Wie gesagt, es wird Eure Wahl sein. Ich werde Euch Folgendes sagen: Es gibt in gewissen dramatischen Strukturen gewisse Chornoten und wir werden Metaphern verwenden, die sich in gewisser Hinsicht auf Eure menschliche Zellstruktur störend auswirken könnten bis zu dem Grad, an dem sich die DNS einfach von selbst entwickeln und der Mensch nahezu sofort sterben würde - und all dies durch das Singen der falschen Melodien.

Was werdet Ihr damit anfangen? Werdet Ihr Euch davor fürchten, wenn es Euch begegnet? Gibt es diejenigen, welche die Informationen unsachgemäß verwenden werden? Das liegt an Euch, Ihr Lieben. Doch Ihr habt diese Tasche der Interdimensionalität geöffnet und sie kann nicht zugemacht werden. Es ist die Liebe Spirits, die besagt, damit im Frieden zu sein; dies mit Integrität zu betrachten. Ihr braucht Euch nicht zu sorgen, dass sie abgesondert und gegen Euch verwendet wird, wenn sie herauskommt und jeder davon weiß. Als Ihr in diesen Jahren den Schritt zur Veränderung Eurer Zukunft unternommen habt, habt Ihr es gestattet, dass Ihr bleibt! Ihr habt es gestattet, dass die Prophezeiungen für ungültig erklärt werden und dass eine Erde erschaffen wird, die eine weitere wissenschaftliche Revolution erleben wird, ähnlich jener, die Ihr in den letzten 100 Jahren erlebt habt - mit dem Unterschied, dass diese hier nur 24 Jahre dauern wird. Mit dieser Erlaubnis, die Ihr erschaffen habt, geht noch eine weitere Ebene von Verantwortung und Integrität bezüglich dessen einher, was Ihr entdecken werdet. Viele werden sich vor der Technologie fürchten, die Eure eigene Göttlichkeit zugelassen hat... eine Technologie, die Eure Lebenserwartung für den Anfang verdoppeln wird.

Großartige Heilung kann erfolgen, die gleiche Art von Heilung wie jene, die im Verjüngungstempel von Atlantis erfolgte. Ihr habt wahrscheinlich festgestellt, dass die erste „Melodie“, die Ihr vielleicht zu entdecken versuchen werdet, die Melodie ist, die der inneren Uhr des Körpers vorgesungen wird. Dies ist für den Forscher im Raum, Informationen, die ihm noch nicht mitgeteilt wurden: Möchtet Ihr einen Teil der Noten und einen Teil der Akkorde entdecken?

Ihr könnt dies in Eurer *Realzeit* tun. Denn es wird eine Zeit kommen, in der Ihr der menschlichen Zellstruktur diese *Akkorde* auf interdimensionale Weise präsentieren könnt. Wenn Ihr das macht, dann haltet nach den Mitschwingungen Ausschau und beobachtet sie, wenn Ihr den richtigen Akkord präsentiert. In der Realzeit wird die Zellstruktur auf eine gewisse Weise reagieren, die offensichtlich ist, und Ihr werdet wissen, dass Ihr die richtige Frequenzgruppierung gefunden habt. Dies gilt auch für jede Art von Krankheit, die dem Menschen bekannt ist. Sie werden auch auf positive und negative Weise auf die Schwingungen reagieren. Realzeit-Aussetzung. Es wird das Experimentieren, das manchmal treffend ist und manchmal auch nicht, durchbrechen und Zeit sparen.

„Kryon, sagst Du uns damit, dass alles, was wir zu tun haben, darin besteht, dem Körper durch bestimmte Arten von Soundanlagen verschiedene Schwingungen zu präsentieren und dann werden wir eine Heilung erfahren?“ Ja, doch es gibt etwas, das ich Euch noch nicht gesagt habe: Das Instrument, mit dem dies gemacht wird, das dies aufnimmt, das dies spielt - das Instrument, das singt, hat zumindest ein siebendimensionaler Spieler zu sein! (*Kryon kichert*) Keine Sache, über die Ihr jetzt auf dem Planeten verfügt, wird dies tun, doch das Verständnis darüber, was erforderlich sein wird, wird Euch helfen, die dazugehörige Wissenschaft zu erschaffen.

Diejenigen von Euch, die nicht auf die Maschinen warten wollen, lasst mich Euch daran erinnern, dass sich diese Kraft in Euch befindet. Es ist der göttliche Teil von Euch, der interdimensional ist. Ihr habt in Eurem Körper einen siebendimensionalen Spieler. Er hat sogar noch mehr Dimensionen, doch wir verwenden das Wort *Sieben* als eine Zahlenenergie. Sie passt nicht einmal zur 12, oder doch? Es ist die Zahl der Göttlichkeit, die wir zitieren. Es ist die göttliche Energie, welche die Chornoten der Heilung *singen* kann.

Einige von Euch werden sagen: *„Gut, ich habe heute überhaupt nichts verstanden!“* (*Lachen*) In *Der Dritten Sprache* sagen wir Euch Folgendes: Die Liebe Gottes hat Euch heute Informationen gebracht, von denen für die Wissenschaft von alleine, ohne dies überhaupt zu hören, das Potenzial besteht, dass sie diese Informationen entdecken werden. Wir neigen dazu, es Euch im Voraus zu sagen, sodass Ihr Euch, wenn es Eure Wissenschaft entdeckt und veröffentlicht, erinnern werdet, dass Ihr es hier zuerst gehört habt! Dann werdet Ihr verstehen, dass diese Kommunikation real war. Bei unserer gemeinsamen Zeit geht es nicht um die Wissenschaft. Es ist die Zeit, in der sich die Familie versammelt. Diese Dinge wären Euch nie gegeben worden, wenn Ihr nicht nach dem Göttlichen gestrebt hättet und Ihr hierher gekommen wärt, um Euch zu setzen und es in der Energie mit einem Familienmitglied zu hören oder zu lesen: die Schwester, der Bruder Kryon.

Bevor wir weggehen werden, erinnern wir Euch daran, woran wir schon so viele andere erinnert haben. Lichtarbeiter, wir bitten Euch, noch einmal zu überprüfen, wer Ihr seid. Nachdem Ihr jetzt wisst, dass es mehrere Teile gibt, laden wir Euch ein, sie alle zu aktivieren und wenn Ihr das tut, wie wäre es dann mit der Auflösung Eurer Gelübde? Warum noch warten? Es ist das universelle Attribut des Schamanen und des Medizinmannes, der hier sitzt und dies liest und hört. Wenn Ihr an Dingen dieser Art interessiert seid und selbst wenn Ihr von einem Freund hierher mitgeschleift worden seid, so sage ich Euch, dass es einen Grund gibt, warum Ihr auf dem Stuhl sitzt. Ihr könnt diese alten Gelübde auflösen, die, die in die DNS übergehen und die dazu beitragen, dass Ihr alleine und arm bleibt - dass Ihr in der Angst und in der Schuld bleibt und insbesondere das große Gelübde - das Gelübde, das Euch daran hindert, Euch selbst zu lieben. Wisst Ihr, welches Attribut die *Anker* hier gemeinsam haben? Sie lieben sich selbst nicht.

Wie viele von Euch sind in einem vergangenen Leben vor Gott gestanden und haben gesagt: *„Um mich auf Gott ausrichten zu können, werde ich einsam sein. Ich werde im Schmutz dahinkriechen. Ich werde meinen Kopf niedriger als die Köpfe von allen anderen Menschen halten. Ich werde Sandalen tragen. Ich werde niemals etwas Gutes haben, weil ich es nicht verdiene. Indem ich diese Dinge tue, richte ich mich auf Gott aus.“* Wie viele von Euch haben das gesagt? Ich werde es Euch sagen: Nahezu jeder in diesem Raum und jeder, der dazu angeleitet wurde, dieses Buch bis zu dieser Schlussfolgerung in dieser Kategorie zu lesen.

Es gibt in dem Raum eine kostbare Seele, die erst seit acht Wochen auf diesem Planeten lebt - die erst seit acht Wochen hier ist (*die Rede ist von dem Säugling im Raum*). Dieses Kind hat überhaupt keine Attribute der Gelübde. Die Indigokinder - sie kommen hierher - mit den aufgelösten Gelübden. Sie gehören zur Veränderung der Göttlichkeit in der Evolution der Menschheit. Doch Ihr habt sie noch immer und sie haben sie nicht. Was werdet Ihr tun? Vielleicht sagt Ihr in diesen Sekunden, wenn Euch die Familie umarmt und Euch in den Armen hält: *„Ich spüre jene, die hinübergegangen sind, und sie befinden sich rund um meinen Stuhl. Im Namen von Spirit löse ich diese Gelübde auf. Sie sind in dieser neuen Energie nicht mehr angemessen. Ich gelobe stattdessen, diese Teile des aufgestiegenen Selbst zu finden und sie zusammenzufügen, um Selbstwert zu finden; in meinem Leben Partner zu finden oder anzuziehen, die ebenfalls Selbstwert haben und die ihre Teile gefunden und auch ihre Bruchteile zusammenfügt haben. Ich gelobe Spirit in aller Angemessenheit - was meinen Lebensunterhalt und die Fülle in meinem Leben anbelangt - mir wegen des Geldes keine Sorgen zu machen. Ich gelobe vor Spirit, meine Göttlichkeit zu finden und die Eigenliebe zu finden."* Und dann, Ihr Lieben, wird dieser Anker im Schlamm in seiner ganzen Göttlichkeit enthüllt werden - in seiner ganzen Schönheit.

Ein großer Unterschied, nicht wahr? All dies hat etwas mit der Selbsterkenntnis zu tun, mit der erkannten Göttlichkeit, mit all den Dingen, über die wir gesprochen haben. Und ich erzähle Euch die Sache, die Euch mein Partner nicht erzählen möchte: Ihr müsst niemals wieder hierher zurückkehren, niemals. Ihr habt niemals an einem Kryon Treffen teilzunehmen. Denn all diese Energie und Kommunikation ist auch in diesem Wandschrank möglich, wo Ihr vorgebt, allein zu sein. Die Erschaffung dieser Energie ist nicht von irgendeiner Art von Ritual abhängig. Sie erfordert nicht, dass Ihr Euch irgendeiner Sache anschließt, denn das Hauptthema ist der Innere Prophet - vollkommen und vollständig... und wenn es nicht so wäre, würden wir es nicht sagen.

Wie es den Menschen in diesem Raum geht, so geht es auch der Erde. Könnt Ihr die Liebe Gottes verteilen, indem Ihr herumgeht und nichts sagt? Ihr könnt es - denn Ihr seid Anker und Lichter. Ich hoffe, dass es manche von Euch gibt, die diese Wesenheiten, von denen Ihr umgeben seid, gespürt haben. Habt Ihr Euch jemals gefragt, ob sie stolz auf Euch sind? Ja, das sind sie, weil Ihr diejenigen seid, die es getan haben. Ihr seid diejenigen, die sich auf einer Erde befinden, die noch kein Prophet zuvor beschrieben oder vorhergesagt hat - diejenigen, die ein Potenzial haben, das keiner Zukunft gleichkommt, die jemals zu sehen war.

Als wir das letzte Mal (*November 1999*) hier waren, war es ungewiss, ob Ihr das tun würdet. Nun sitzen wir in einer brandneuen Energie, in einer Energie, die auf die nächste Ebene übergeht. Der nächste Schritt ist das Jahr der *Drei*. Ihr dachtet, dass es im Jahr 2000 Veränderungen gab? Wartet nur! Das Jahr 2001 ist der nächste Schritt und er steht für den Übergang in die Energie der *Drei*... den Katalysator.

Und so begibt es sich, dass wir uns verabschieden, doch nicht zum letzten Mal, denn es gibt kein letztes Mal. Wir werden jeden von Euch in der Ruhmeshalle (*der Halle der Ehre*) wiedersehen, wo wir Euch beim Namen nennen werden. Wir werden uns gegenseitig zuzwinkern und uns an den Tag erinnern, an dem wir Euch in dem Gebiet getroffen haben, das Ihr New Hampshire nennt, wo Ihr alle versammelt gewesen seid und Euch als jemand anders ausgegeben habt.

Und so begibt es sich, dass es uns schwer fällt, uns von Euch zurückzuziehen. Je mehr es Euch gelingt, herauszufinden, wer Ihr seid, desto schwieriger und schwieriger wird es, diese Kommunikationen zu beenden. Die Besuche von der Familie auf dieser Seite des Schleiers sind etwas, worauf wir uns freuen, und zwar auf eine Weise, die Ihr Euch niemals denken würdet. Wir sagen nochmals, Ihr habt keine Ahnung davon, wer heute gekommen ist, um wen zu sehen. Wir wussten, dass Ihr kommen würdet, und das tatet Ihr auch. Und in Eurer Absicht habt Ihr der Energie von Spirit erlaubt, Euch zu umgeben - Ihr erlaubtet den Geliebten Euch zu umgeben. Und in dieser Energie der Liebe haben wir alle gebadet und wir haben Euch geliebt und Eure Füße heute Abend gewaschen.

Und so ist es

Kryon

Kryon

Live-Channeling

„Die Wiederkunft“

Gechannelt in
Buena Park, Kalifornien,
Dezember 2000

Kapitel V

„Die Wiederkunft"

Live-Channeling in Buena Park, Kalifornien, Dezember 2000

Dieses Live-Channeling wurde mit zusätzlichen Worten und Gedanken herausgegeben, um Klarheit und ein besseres Verständnis in der schriftlichen Textform zu ermöglichen.

Der Rückblick auf das Jahr 2000 - „Die Wiederkunft"

Bei diesem Treffen handelt es sich um das alljährliche „Home Room" Meeting von Kryon in Südkalifornien in Lee Carrolls und Jan Tobers Heimatstadt. Es findet in jedem Jahr im Dezember statt.

Seid gegrüßt, Ihr Lieben! Ich Bin Kryon vom Magnetischen Dienst. Mit dieser Stimme eilt stürmisch eine Energie an diesen Ort, zu deren Erschaffung sich dieses Gefolge von Lemuriern entschlossen hat (*die Rede ist vom Publikum*). Im heutigen Nachmittag liegt nichts Magisches. Es gibt hier nichts Ungewöhnliches. Denn so geschieht es einfach, wenn so viele Engel zusammenkommen! Und wir haben, wie jedes Mal, wenn wir vor diese Versammlung treten, zu sagen, dass hier große Ehre existiert. In diesen Raum strömen Energien, die Euch bekannt sind. In diesen Raum strömt das, was Ihr als die Helfer und die Geistführer bezeichnet habt. In diesen Raum strömt heute Nachmittag die Familie.

Lass mich Dir sagen, lieber Leser, dass Du nicht alleine auf diesem Stuhl zu sitzen hast. Du denkst, dass Du alleine bist, und Du tust so, während Deine Augen diese Seite aufnehmen, als seist Du es. Doch ich möchte Dir sagen, dass in der *Jetzt*-Zeit eine Versammlung vor mir sitzt, die Euch hier begrüßt. Während Ihr denkt, dass die lineare Zeit eine Begegnung dieser Art ausschließen würde, so sagen wir Euch, dass darin der Unterschied zwischen dem Alten und dem Neuen liegt.

Leser, Du hast ein Augenpaar, ebenso wie diejenigen von Euch, die dies hören, ein Paar Ohren haben. Es gibt genau jetzt zwei Paar Organe, welche die Arbeit von einem Organ leisten: von denen, die dies hören, und von denen, die dies lesen. Und wir sagen Euch, dass sie alle innerhalb desselben spirituellen Zeitrahmens sind. Und so begrüßen wir Dich jetzt, Leser. All jene, die vor mir sitzen, wissen von Eurer Anwesenheit. Obwohl Ihr nicht (*physisch*) „hier" bei diesem Treffen seid, so laden wir Euch ein, so begrüßt zu werden, als wäret Ihr es, von dieser Familie, die hier mit der Energie und der Liebe von Spirit sitzt. Denn darum geht es.

Ihr Lieben, die Ihr in dieser Versammlung sitzt, wir laden Euch heute Abend ein, die Hürden der Ungläubigkeit fallen zu lassen und Euch selber zu sagen: *„Könnte dies in der Tat wahr sein? Gibt es einen Augenblick, an dem dieselbe Stimme, die aus dem brennenden Busch kam, auch zu mir sprechen könnte? Ist es möglich, dass dieselbe Essenz, die zu den Propheten aus der Vergangenheit sprach, auch zu mir kommen und mit mir sprechen könnte?"* Es ist nicht nur wahrscheinlich; es ist tatsächlich so.

Lasst den Beweis dafür in der Energie liegen, die rund um Euren Stuhl erzeugt wird. Lasst den Beweis dafür in den Farben liegen, die von vielen von Euch gesehen werden, bevor unsere gemeinsame Zeit vorüber ist. Lasst den Beweis dafür, wenn Ihr einen solchen braucht, in dem Druck liegen, den einige von Euch spüren werden - die Berührung an bestimmten Körperstellen, die einige von Euch spüren werden - an diesem Abend, noch bevor wir fertig sein werden.

Heute Abend wurden Fragen in Bezug darauf, worum es bei der Erde geht, gestellt. Es wurde die Frage gestellt: *„Worin besteht der nächste Schritt? Wohin gehen wir von hier aus?"* Und selbst die Fragen, die noch nicht gestellt wurden, liegen oft denen auf der Zunge und geistern häufig in den Köpfen derer herum, die fragen: *„Und welche Rolle spiele ich dabei?"*

Einige der unbeantworteten Fragen des heutigen Abends wurden noch nie laut ausgesprochen. Sie lauten wie folgt: *„Was soll ich tun? Welche Rolle spiele ich dabei? Wann werde ich verstehen, was für mich als Nächstes zu tun ist? Mir erscheint es so, als habe ich in diesem Jahr die ganze Zeit auf der Stelle getreten. Was passiert als Nächstes?"*

Oh, Ihr Lieben, lasst mich Euch eine Botschaft überbringen. Es ist eine Botschaft, die eine Wiederholung enthält, und es ist eine Botschaft, die Ihr gleichfalls hören solltet. Ihr habt keine Ahnung davon, welche Rolle Ihr hierbei spielt - Eure interdimensionale Rolle. Ihr sitzt auf dem Stuhl in diesem Raum und schenkt Euren Tag für diesen Erleuchtungsunterricht. Leser, Du sitzt auf dem Stuhl und beanspruchst Deine Zeit ebenso wie die Zeit des Zuhörers, der sich vor mir befindet, und Ihr beide seid auf der Suche nach dem Höheren Selbst. Dies verrät uns, als Familie, eine Menge über die Absicht derer, die sich an einem Ort wie diesem hier befinden. Doch bezüglich dessen, was vor sich geht, tappt Ihr wirklich im Dunkeln. Ihr geht umher mit so vielem, was vor Euch verborgen ist, sogar wenn Ihr diesen großartigen Planeten unterstützt!

Eure Absicht, hier zu sein, lieber Leser und lieber Zuhörer, ist eine Botschaft, die uns verrät, dass Suchende vor uns sitzen - dass es Sucher gibt und dass diejenigen, die lesen und zuhören, diejenigen sind, die manchmal kommen, um die Energie zu feiern, und manchmal kommen sie, weil sie in Schwierigkeiten stecken. Viele kommen mit Fragen. Es gibt hier auch diejenigen, sowohl unter den Lesern als auch unter den Zuhörern, die Geheimnisse mit sich tragen... Lasst mich Euch dazu Folgendes sagen: Die Menschen mit Geheimnissen - wovon einige so tief gehend sind, dass sie noch keinem anderen Menschen mitgeteilt wurden - haben in Wirklichkeit kein Geheimnis. Glaubt Ihr, dass das spirituelle Gefolge rund um Euch nicht weiß, was Ihr mit Euch tragt? Gott befindet sich nicht in einem Vakuum, Ihr Lieben. Eure spirituelle Familie ist nicht ahnungslos, was Euer Leben betrifft.

Alles, was heute Abend gesagt wird, und die folgende Metapher werden in Liebe präsentiert - Liebe, die für Dich, geliebtes Menschenwesen, bestimmt ist. Du bist ein Familienmitglied, ein Teil von Gott - ein Engel, der als Mensch getarnt ist. Ihr seid jetzt hier wie das letzte Mal, das vorletzte Mal, das vorvorletzte Mal und das vorvorvorletzte Mal.

Es gibt heute Nachmittag nur drei von Euch in diesem Raum, die dies als Euer „erstes Mal hier" bezeichnen und ich denke, Ihr wisst, wer Ihr seid. Der Rest von Euch sind Schamanen, Medizinmänner und Medizinfrauen, Mönche und Nonnen, Priester und diejenigen, die zuvor aufgewacht sind. Einige von Euch sind im spirituellen Dienst ums Leben gekommen und einige von Euch haben sich geopfert, während Ihr innerhalb der Gelübde lebtet, die Ihr abgelegt hattet... und wir wissen, wer Ihr seid.

Einige von Euch sind ihre eigenen Vorfahren! Wir wissen auch, wer Ihr seid. Ihr habt Euch auf diesem Land hier angesiedelt! Aus diesem Grund könnt Ihr es nicht verlassen. (*Kichern*) So sehr Ihr Euch auch bemüht, Ihr werdet nicht dazu imstande sein, dieses Land zu verlassen. Einige von Euch haben es versucht, sind jedoch stets wie ein Gummiband zurückgeschnellt. Ihr fragt Euch, warum das passiert? Weil Ihr das Land bestellt habt, als noch gar nichts hier war. Ihr wart schon hier, als es noch keine Stadt gab. Als die Tiere in den Stamm kamen, um Euch als Nahrung zu dienen, wart Ihr hier. Ihr habt das, was sich in den Museen, die Ihr in Eurer Stadt besucht, befindet, getöpfert. Geht hin und seht es Euch an! Ihr, so viele von Euch, seid Eure eigenen Einheimischen. Immer wieder seid Ihr hierher gekommen, Schamanen.

Spiritueller Jahresrückblick - 2000

Dies ist ein Rückblick mit zusätzlichen Kommentaren in Bezug auf das, was Euch im Jahr 2000 gechannelt wurde. Es ist auch ein Rückblick auf viele Dinge, die in diesem Jahr geschehen sind, doch wir möchten ihn auf eine Weise zusammenstellen, wie wir dies noch nie getan haben, als eine Erinnerung daran, was geschehen ist und, in der Tat, in welche Richtung die Dinge gehen. Am Ende des Rückblicks werden wir Euch, vielleicht, eine Offenbarung geben und Euch einladen, etwas zu kreieren.

Übergang von der Zwei zu der Drei

Wir haben das ganze Jahr über vom energetischen Übergang von der *Zwei* zu der *Drei* gesprochen. Und doch verstehen viele von Euch nicht, was dies bedeutet. Handelt es sich um dimensionale Hinweise? Nein, es ist ein Hinweis auf die *Energie* der Zwei - von dem Alten - welche sich zur Energie der Drei bewegt, die das Neue ist. Vor nicht allzu langer Zeit sprachen wir vom Wiederaufbau des dritten Tempels in Jerusalem - etwas, was ohne Mörtel oder Ziegel sein wird. Wir sprachen vom dritten Exodus (*Zweites Buch Moses*) und wir sprachen vom Neuen Jerusalem, bei welchem die *Drei* erklingt. Wir sprachen von *Der Dritten Sprache* und nun steht Ihr kurz vor der Vollendung des ersten Jahrs im neuen Jahrtausend - das Jahr, in dem die Verwirklichung der Wende (*das Erkennen des Wechsels*) beginnt.

Manche sagten: *„Kryon, Du sprichst von Dingen, welche die Juden betreffen, nicht wahr?“* Nein. Ich spreche von Dingen, welche die Menschheit betreffen! Wir haben es bereits gesagt: Wie es den Juden geht, so geht es der Erde. Daher ist das, was gut für sie ist, auch gut für Euch. Ihre Lektionen, bei denen es darum geht, sie mit ihren ehemaligen Feinden zusammenzuführen, sind auch Eure Lektionen. Wenn sie aus der sie umgebenden Dunkelheit, die aus Hass und Streit gebildet wird, ein Neues Jerusalem erschaffen können, dann gilt dies auch für Euch und dasselbe gilt auch für die Erde.

Das Interdimensionale fängt an zu etwas Alltäglichem zu werden. Das, Ihr Lieben, ist der Unterschied zwischen der alten und der neuen Energie. Und es entspricht dem, worauf wir seit 11 Jahren hingewiesen haben. Kann etwas namens „Menschenwesensart“ wirklich eine tief greifende Veränderung durchmachen, ohne dass Äonen von Evolution damit verbunden sind? Die Antwort lautet nicht nur *ja*, sondern es ist gerade geschehen.

1999 gab es keine einzige Wesenheit, die auf der anderen Seite der Schwelle (der Jahrtausendwende) sitzen und Euch sagen konnte, was geschehen würde. Ihr seid mit Eurem Schiff der Menschheit in diesen Hafen der neuen Energie gefahren und wir werden Euch erklären, worin der Unterschied zwischen dem, wo Ihr *wart*, und dem, wo Ihr *seid*, besteht.

Wie konntet Ihr erwarten, dass auf Erden etwas erschaffen wird, das in denselben alten vier Dimensionen nie erschaffen wurde? Es war Euch nicht möglich. Nun betrachten wir die interdimensionalen Wesen in diesem Raum, die von der *Zwei* zur *Drei* übergehen (*Ihr*). Das Jahr 2000 ist eine Zwei; das Jahr 2001 ist eine Drei. Ist Euch das aufgefallen? Wir sagten Euch, dass Ihr Euch zwischen der 11/11 und der 12/12 bewegen würdet. Lasst mich Euch das 12/12 zusammenfassen, sofern Ihr dies noch nicht getan habt. Es ist 3/3. Falls Ihr noch nicht daran gedacht habt, bei dem Übergang von der *Zwei* auf die *Drei* geht es um die Interdimensionalwerdung - es geht darum anzufangen, auf außergewöhnliche Weise zu denken unter Anwendung dessen, was wir Die Dritte Sprache genannt haben. Dies ist eine Metapher, Ihr Lieben, denn die Energie der *Drei* ist eine spirituelle Sprache - eine Sprache, über die sich einige von Euch selbst auch heute (im Seminar) wundern und Fragen stellen.

„Wann werde ich mit den Geistführern sprechen können?“, habt Ihr gefragt. Sie sprechen schon seit langer Zeit mit Euch! Die Frage sollte lauten: *„Wann werde ich in der Lage sein meine Geistführer zu hören?“* Und die Antwort lautet *jetzt*, wenn Ihr dies möchtet. Ihr könnt es auf der Herzebene. Diese Dritte Sprache dreht sich um die Emotion - um das Mitgefühl. Sie handelt davon, das Innere Kind zu finden. Sie handelt davon, zu einigen Energien der Kreation zurückzukehren.

Wissenschaft

Wir sagen Euch nochmals, dass es schwierig ist, einem vierdimensionalen Publikum etwas über 5, 6 und 7 zu berichten, nicht wahr? Wir erzählten Euch von diesen Dingen, die „im Anmarsch“ seien und jetzt sind sie hier. Wir haben Euch von der Dimensionalität berichtet - dass es weitaus mehr Dimensionen gibt als diejenigen, in denen Ihr lebt, die in Eurer Realität gegenwärtig sind. Vor Jahren saßen wir in einer Stadt, die Ihr als Sedona bezeichnet, und wir brachten Euch ein Channeling über die Wissenschaft. Wir berichteten Euch von der Tatsache, dass Ihr in einem multidimensionalen Universum sitzt, das sich ständig selbst erschafft. Vor ein paar Jahren erzählten wir Euch von *Dem Kosmischen Gitter* - eine Energie im All, die Ihr erst noch entdecken werdet. Wir berichteten Euch darüber, wie die Dinge funktionieren, davon, dass die Geschwindigkeit des Bewusstseins viel größer und großartiger ist als die Lichtgeschwindigkeit. Plötzlich umgibt Euch Eure Wissenschaft in diesem Jahr mit der Bestätigung für die Dinge, von denen wir während all dieser Jahren gesprochen haben.

Die Wissenschaftler, die im Jahr 2000 unter Verwendung von magnetisiertem Gas die unglaubliche Beschleunigung des Lichts sehen konnten, sahen tatsächlich das, was sie auch zu sehen meinten. Sie hatten herausgefunden, dass die Lichtgeschwindigkeit nur die Geschwindigkeitsbegrenzung ist, die sich auf die Materie in der Vierdimensionalität bezieht. Doch es gibt noch mehr. Diejenigen, die sich rund um diese Stadt, die Ihr Salt Lake nennt, versammelt hatten und ein Experiment zusammenstellten, das anscheinend den Heiligen Gral der Wissenschaft verkörperte - Ihr habt es als kalte Fusion bezeichnet - sie wurden ausgelacht, weil sie es nie wieder zustande bringen konnten.

Doch diese geschulten Wissenschaftler sahen, was sie gesehen haben, und sie kratzten sich verlegen den Kopf, weil sie die Resultate nie wieder erzielen konnten, und es war frustrierend, weil sie den Grund dafür nicht wussten.

Diese Beispiele haben etwas mit einem der größten Wissenschaftler aller Zeiten, den Ihr Tesla nennt, gemeinsam. Auch er konnte nicht mehrmals identische Experimente erzeugen. Er sah, was er sah, und er schrieb es nieder. Gelegentlich wiesen die Experimente eine Kontinuität auf und das Experiment reagierte dann genauso wie beim ersten Mal. Doch er konnte niemals konstante Resultate erzielen, weil er es mit interdimensionalen Aspekten zu tun hatte - die er nicht kontrollieren konnte. Es frustrierte ihn, dass er Dinge auf eine wunderbare, wundersame Weise funktionieren sah, von denen er aber nie sicher sein konnte, dass er sie noch einmal sehen würde.

Wir sagen Euch damit, dass bei all diesen Dingen, die verborgen waren, das Potenzial besteht, dass sie sich in diesen nächsten Jahren noch einmal zeigen werden. Denn dies ist das Jahr, in dem die interdimensionale Verwirklichung beginnt. Das Werk Teslas wird zum Vorschein kommen und präsentiert werden und es wird wieder Realität werden, wenn Ihr es so möchtet. Die Experimente für kalte Fusion werden in der Tat wiederholbar sein, weil es jene geben wird, die herausfinden werden, was das fehlende Teil war - ein Teil, von dem die Experimentatoren nicht wussten, dass damit begonnen werden kann, weil es nicht innerhalb der wahrnehmbaren Vierdimensionalität war.

Und so begibt es sich, dass Ihr interdimensionale Wesen seid, und Eure Wissenschaft hat nun zugegeben, dass auch sie dieser Ansicht ist (*das bezieht sich auf die wissenschaftliche Bestätigung dafür, dass die Interdimensionalität existiert... es wurde im Jahr 2000 bekannt gegeben*). Wir haben Euch daran zu erinnern: Welchen Hinweis könnte Euch dies Eurer Meinung nach über Eure DNS geben? Wir haben Euch nun seit geraumer Zeit gesagt, dass es 12 Stränge gibt - 2 Stränge, die für Euch sichtbar sind, und 10 Stränge, die für Euch nicht sichtbar sind. Dies hört sich sehr ähnlich an wie die Botschaft, die Ihr nun von Euren Wissenschaftern erhalten habt: Ihrer Aussage nach gibt es im Zentrum von sämtlicher Materie 11 Dimensionen - 4, die für Euch sichtbar und 7, die für Euch nicht sichtbar sind!

Eure DNS ist immer schon interdimensional gewesen. Die interdimensionalen Muster, die auf Euren „unsichtbaren DNS-Strängen" erscheinen, sind jene von Karma, karmischen Resten, Lebenslektionen, eine Prägung dessen, wer Ihr einst wart, Euer spiritueller Vertrag und die Energie der spirituellen Gelübde, die Ihr in Euren vergangenen Leben abgelegt habt. Und es gibt noch mehr:

Auch Eure astrologischen Magneteigenschaften sind hier. Die Energie Eurer Geburt - der Tag, die Stunde, die Zeit, das Sonnensystem - sind alle in jene Teile der DNS eingeprägt, die nicht chemisch, sondern magnetisch sind. Wir haben Euch zuvor erklärt, dass das Geheimnis des Magnetismus darin besteht, dass er nicht vierdimensional ist! Er ist rund um die Schwerkraft und die Zeit gewickelt und Eure Wissenschaft wird dies entdecken und deswegen konnte es Tesla nicht zweimal auf dieselbe Weise vollbringen. Wenn die Mathematik beginnt, das Unsichtbare zu erschaffen und zu erklären... die fünfte, die sechste und die siebte Dimension - bis zur 12. Dimension, dann werdet Ihr an diesen geheimnisvollen multidimensionalen Orten arbeiten können, die Ihr zuvor nicht einmal erkannt habt. Dies ist die wirkliche Öffnung, der Anfang, die Offenbarung einer Energiearbeit, die bemerkenswert ist.

Mit der Wissenschaft kommt die Erkenntnis von der Wahrheit, die hinter dem Lichtarbeiter liegt - dass diese interdimensionale Energie das ist, mit dem Ihr schon immer gearbeitet habt, doch jetzt wird es in dieser neuen Energie der *Drei* verbessert. Alles, was wir sagen, ist, dass Eure Wissenschaft nun mit Euch mitkommen wird. In der Theorie holt sie endlich das nach, was Ihr in der Praxis getan habt.

Interdimensionales Leben auf Erden

Wir haben von interdimensionalem Leben gesprochen. Es wurde noch nie gesehen und es wurde noch nicht bewiesen. Aber ja doch, oh, es ist vorhanden. Wir stimmen mit Euren Wissenschaftlern nicht überein. Im Zentrum des Atoms gibt es nicht 11 Dimensionen, sondern 12 Dimensionen (*von einem vorhergehenden Channeling in New Hampshire*), wenn Ihr 12 Dimensionen im Zentrum des Atoms habt, und Ihr besteht aus Atomen. Werdet *Ihr* dadurch nicht auch interdimensional? Wenn es von der Wissenschaft eine Bestätigung für Multidimensionalität in der gesamten Materie gibt, ergibt es dann einen Sinn, dass das *gesamte* Leben in der Vierdimensionalität sein sollte? Nein. Leben und Materie sind miteinander vermischt. Sie reichen sich bei der Schöpfung die Hände.

Ihr werdet das Restliche bald herausfinden - es handelt sich dabei nicht um Wesen wie Euch, sondern um unterstützendes Leben... Leben, das klein ist und das Euch und Eure Umgebung unterstützt. Ein Teil von diesem Leben ist magnetisierbar... ähnlich dem Inneren Eurer eigenen Biologie (DNS). Einige haben darauf gewartet, dass Ihr sie durch die Magnetismen entdecken werdet - denn sie sprechen darauf an! Die Magnetisierung von einem Teil von diesem interdimensionalen Leben wird das Wasser verbessern, ein Teil davon wird es sogar heilen. Wie das ausgeglichene Ökosystem auf dem Planeten, wodurch Ihr über die Bäume mit Sauerstoff versorgt werdet, gibt es eine interdimensionale Lebenskraft, die Euch hilft, Eure Gesundheit anzuordnen und ein Teil davon existiert sogar in Eurer DNS.

Wartet, bis sie etwas über die intelligente DNS herausfinden! Doktor, hörst Du zu? Dies ist für Dich: Wir haben es noch nie angesprochen und wir haben noch nie darüber geredet (*die Rede ist von dem Forscher im Publikum, mit dem Kryon gearbeitet hat*). Es gibt eine Lebensform, die voller Entdeckungen ist und die darauf wartet, von Euch gefunden zu werden - sie ist mehr als nur Chemie - sie ist ein Bewusstsein. Es ist ein Bewusstsein, das wie ein Schalter reagiert, der mit den richtigen, pulsierenden Magneteinflüssen gedreht werden kann. Interdimensionales Leben befindet sich auch in Euch - eine Intelligenz, die Eurer DNS innewohnt und die ein Teil Eurer Biologie ist. Eure DNS macht weit mehr aus, als Ihr jemals gedacht hättet, und ich spreche nicht über die menschliche Erbmasse in der Vierdimensionalität, die Ihr erst in diesem Jahr kartografisch erfasst habt und die ihrer Zeit merkwürdigerweise *drei* Jahre voraus ist. Ich spreche von dem Rest des interdimensionalen DNS-Gegenstücks des Menschen - einem Komplementär, das sich in ihm befindet und ein interdimensionales Leben führt.

Der interdimensionale Mensch

Als wir das letzte Mal versammelt waren, sprachen wir von *Euren* multiplen Teilen. Wir sprachen darüber, wie viel von *Euch* rundum im Universum verteilt ist, doch Ihr seid Euch dessen nicht bewusst. Die Haut, der Ihr einen Namen gegeben habt und die Ihr als Mensch bezeichnet, beinhaltet nicht alles von *Euch*. Teile und Bruchteile von Euch befinden sich auf der anderen Seite des Schleiers - von denen Ihr nicht einmal wusstet, dass Ihr sie habt. Wir haben Euch erklärt, dass es so zu sein hatte. Wer ist Eurer Meinung nach „dort oben“ und plant all dies? (*Alle lachen*) Das seid *Ihr*! Worum geht es Eurer Meinung nach bei der Ko-Kreation? Worum geht es Eurer Meinung nach bei der Synchronizität? Es geht um die Planung zwischen den Menschen und dem Höheren Selbst von Menschen auf einer interdimensionalen Ebene. Ihr versteht doch, nicht wahr, dass Ihr die Synchronizität von jemand anderem seid? So hat es zu sein.

Wir haben von den multiplen Teilen Eurer Geistführer gesprochen. Wir haben über all die Teile und Bruchteile gesprochen, die zu dem gehören, was wir als die Geistführerenergie-"Suppe" bezeichnen werden. Wir sagten Euch, dass Ihr nicht mehr länger versuchen könnt, sie zu zählen - dies ist ein Konzept der alten Energie. Sie sind in der Vielzahl und doch sind sie eins. Es ist an der Zeit, ihnen die Namen zu nehmen, die imaginäre Haut abzuziehen - sogar die Flügel. Betrachtet es als das, was es ist - eine großartige und glorreiche Energie, die zu Euch gehört. Nennt es einen Chor von Energie, der Eure Schwingung singt, wenn Ihr dies möchtet. Ihr werdet nicht so falsch damit liegen.

Die Öffnung der Kluft zwischen dem Alten und dem Neuen

Wir berichteten Euch in diesem Jahr (2000) von den Potenzialen der gegenwärtigen Ereignisse, die einige von Euch jetzt zu sehen bekommen. Wir sprachen über die Kluft, die sich öffnet, und dies war in der Tat das dafür vorgesehene Jahr. Wir sprachen von denen, die im „Alten“ stecken geblieben sind, und von denen, die bereit sind, auf das „Neue“ zuzugehen, und wir sagten Euch, dass einige von Euch „vom Zaun gerissen“ und von spiritueller Wut erfüllt sein würden... und das ist tatsächlich bei Euch der Fall. In dieser spirituellen Wut gibt es nun diejenigen, die das Gefühl haben, dass es angemessen und korrekt ist -ihre alten Glaubenssysteme beanspruchend - zu töten und zu verstümmeln - zu tun, was immer sie zu tun wählen, im Namen von Spirit. Und sie sind in der Minderheit, Ihr Lieben.

Wisset Folgendes. Aufgrund der Kluft, die sich öffnet, werdet Ihr mehr Dinge sehen, die zusammengefügt und nicht auseinander gerissen werden. Der Grund dafür ist, dass es, während sich die Kluft öffnet, eine universelle Bestätigung dafür geben wird, dass sich die Menschen überall, um auf der Erde leben zu können, darauf zu einigen haben, sich gegenseitig zu tolerieren. Wie der Zug, der von dem alten Bahnhof wegfährt, wird die alte Energie zurückgelassen, eine Angelegenheit, die der Vergangenheit angehört. Viele Menschen stehen noch am Bahnsteig voller Zorn gegenüber denjenigen, die wegfahren, und sie tun ihr Möglichstes, um den Zug aufzuhalten. Es ist ihnen nicht möglich und dies wird Aufruhr und Chaos zur Folge haben, bis sie dann schließlich aufgeben. Und wenn sie dann aufgeben, wird sie der Zug verlassen haben.

Religiöse Spaltung

Wir sprachen über die Spaltung der Religionen und dies passiert nun überall rund um Euch herum. Einige von Euch schauten in Richtung Naher Osten und sagten, dass sich hier offensichtlich das Herzstück, der Kernpunkt dieser Sache befindet. „Das ist eine Angelegenheit zwischen dem Islam und dem Judentum", habt Ihr gesagt. Wir möchten Euch einen Moment lang an etwas erinnern, etwas, das Ihr vielleicht nicht in Erwägung gezogen habt. Wir möchten, dass Ihr als Mensch einen Augenblick lang aus der *Schachtel (der Box)* herausschaut und Euch an diese beiden Systeme erinnert und sie ehrt.

Es gibt keinen Unterschied zwischen Moses, der mit dem brennenden Busch spricht, und Mohammed, der mit dem Engel in der Höhle spricht. Wir möchten Euch erinnern und informieren, *wer* der Engel in der Höhle war. Nach Mohammeds eigenen Angaben kniete er nieder und erhielt Informationen - Informationen, die später niedergeschrieben und in das hineingeritzt wurden, was heute das Zentrum des islamischen Glaubenssystems darstellt. Wer ist es gewesen? Es stammte vom Engel Gabriel. Wusstet Ihr das?

Die Botschaft, die Mohammed empfing, war erfüllt von Liebe und darin war die Rede von „dem einen Gott". Als Moses sich dem brennenden Busch näherte, sprach die Stimme desselben Engels genau dieselbe Botschaft aus. Moses, der Vater dessen, was Ihr als „Monotheismus" bezeichnet, empfing dieselbe Botschaft über Gott, die auch Mohammed erhalten hatte... und von demselben Engel! Was Ihr also jetzt im Nahen Osten seht, ist ein menschliches und kein göttliches Problem. Und nachdem es ein menschliches Problem ist, kann es nur im Wirkungskreis des Menschen gelöst werden - eines Menschen, der im Begriff ist interdimensional zu werden.

Seid nicht überrascht, wenn es im Nahen Osten etwas länger dauert als in anderen Erdteilen, weil sie schon seit Äonen und abermals Äonen dort waren in einer von Menschenhand geschaffenen spirituellen Energie-Box (*Schachtel*) mit Wänden, die eine Meile hoch sind. Es wird eine Weile dauern, bis diese Wände abgebaut (*herabgesetzt*) werden. Dazu wird ein neues

Bewusstsein erforderlich sein - vielleicht sogar auch eine neue Generation, doch dies ist das Potenzial von diesem bestimmten Augenblick. Das entspricht auch der Absicht von der Mehrheit hier. Lasst Euch nichts von den wenigen vormachen - denjenigen, die zusehen, wie der Zug ohne sie davonfährt.

Sackgassen

Im März (*2000*) sprachen wir über potenzielle politische Sackgassen (*Kichern*) und ausgerechnet in dieser Situation befindet Ihr Euch jetzt (*Wahlen in den USA*). Ihr werdet in Kürze sehen, wozu dies in Eurer Regierung führen und was es bei Eurem politischen System bewirken wird. Jenen von Euch, die aufgebracht sind, weil sie etwas so Gespaltenes und scheinbar so Unbewegliches haben - eine Kraft, die gegen eine andere Kraft gerichtet ist - gleich stark, so dass sich keine davon bewegen kann - sagen wir Folgendes: Die einzige Art und Weise, in der jetzt Lösungen herbeigeführt werden können, besteht darin, dass die beiden Kräfte nicht mehr aneinander stoßen und stattdessen lernen, sich da zusammenzutun, wo es angemessen ist. Wenn Ihr wollt, könnt Ihr es als eine Zwangsvereinigung bezeichnen, doch bei dem Paradigma in Bezug auf das, wie die Politik ausgeführt wird, geht es darum, eine Lektion für Vereinigung und nicht eine Lektion für Separation zu erhalten.

Das ist das Potenzial, Ihr Lieben, und es ist ein Potenzial, das Ihr erzeugt habt. Ihr werdet vielleicht Dinge sehen, die Ihr in Eurem politischen System noch nie zuvor gesehen habt, etwas, was wir Euch sogar in diesem Jahr prophezeit haben. Wenn es keine Mehrheit und keine Minderheit gibt, wie kann ein System dann darauf aufbauen und auch noch überleben? Sie haben sich endlich gegenseitig zuzuhören und einige haben Kompromisse einzugehen! Achtet darauf.

Feiert die Geburt

„Kryon, was hat dies mit mir zu tun?“, mögt Ihr fragen. *„Oh, Du hast uns über den Anker erzählt, Du hast uns über unseren Platz als Leuchtturm erzählt, doch was hat das ganz real mit mir zu tun? Was ist das wahrlich größte Thema, das sich jetzt ereignet, während wir in das Jahr 2001 über-*

gehen?" Wir werden es Euch sagen. Obwohl es wie ein Rückblick aussehen mag, solltet Ihr es auf dieser Seite des Ozeans hören.

Diese Kultur, in der Ihr sitzt, feiert, während Ihr dies hört (*Dezember*). Jedes Jahr um diese Zeit verändert sich die Musik, Lichter steigen hoch und in dieser Kultur herrscht Aufregung aufgrund der Geburt eines Kindes, das Ihr als den „Meister der Liebe" bezeichnet habt. Ihr macht Euch gegenseitig Geschenke und feiert mit der Familie. Einige von Euch - die nicht von dieser Kultur sind - wirken da drumherum, aber es ist doch noch immer hier, nicht wahr? Ich werde Euch etwas sagen und ich werde eine Einladung an Euch aussprechen: Es ist Zeit, die Geburt eines Kindes zu feiern, und es ist nicht das Kind, welches Ihr meint.

Einige von Euch vermuteten oder spürten aufgrund der alten Prophezeiung etwas. Tief gehende religiöse Informationen, die der Menschheit in der Vierdimensionalität vor vielen Jahren überbracht wurden, sind in Wirklichkeit multidimensionaler Art. Ich werde es als das „Zusammenkommen" oder sogar als das „letzte Zusammenkommen" bezeichnen. Das ist die Zeit, in dem es dem Höheren Selbst gestattet ist, sich mit der Biologie zu verbinden. Das ist die Zeit, in der Ihr die Teile Eurer Gottheit zusammenfügt. Es ist die Zeit, in der die Interdimensionalität im Menschen langsam zunimmt, und es ist die Zeit, dass all die aufgestiegenen Meister zurückkehren!

Eines der Dinge, die viele Eurer Kulturen in der Energie des neuen Jahrtausends erwarteten, war die Rückkehr ihrer Meister. Welche Meister? Das hängt davon ab, wie Ihr über Gott denkt. Was wir sagen, ist, dass dies kein Zufall gewesen ist... die Angleichung vieler Kulturen, die erwarteten, dass ihre Meister zur selben Zeit zurück in der menschlichen Geschichte einkehren würden - zum Zeitpunkt der gegenwärtigen Jahrtausendwende. Die Energie des *Jetzt* ist tatsächlich bereit für die Rückkehr der Avatare, der göttlichen Meisterschaft - des Schamanentums all jener, deren Rückkehr von vielen Kulturen und Glaubensströmungen nun erwartet wurde. Doch es ist nicht ganz so, wie Ihr es in der Vierdimensionalität erwartet habt.

Hört zu: Dieses Kind, dessentwegen wir Euch zu einer Feier einladen, ist *das wiederkommende Bewusstsein der aufgestiegenen Meister, die alle in der Energie des einen Kindes vereint sind* - ein Kind, das nun in den Herzen vieler Menschen geboren und gefeiert wird. *„Welcher Meister?“*, mögt Ihr fragen. *„Schließlich repräsentieren sie alle unterschiedliche Glaubenssysteme.“* Wirklich? Werft einen Blick auf die wichtigsten Informationen über jedes Glaubenssystem. Werft einen Blick auf die Informationsquelle, die sie Euch genannt haben. Werft einen Blick auf eine Gottheit und auf eine Botschaft! Die Botschaft aus dem brennenden Busch? Aus der Höhle? In der Bergpredigt? Die Botschaft, die den asiatischen Meistern überbracht wurde? Es ist dieselbe Botschaft von derselben Quelle, die an Menschen verschiedener Kulturen in verschiedenen geschichtlichen Zeitrahmen überbracht wurde. Doch die Botschaft spricht von einem Gott, einer Gottheit und von der Fähigkeit der Menschen, eine Einheit mit allem zu erlangen, weil sie Gott sind! Seht es Euch an! Seid Euch darüber im Klaren, dass die Doktrinen und Dogmen, die daraus hervorgingen, das Werk von Menschen und nicht von Gott waren. Seid Euch darüber im Klaren, dass die Separation der Angst und nicht der Liebe entsprang. Wenn es Euch möglich gewesen wäre, Euch in Hörweite der großartigsten prophetischen Worte zu begeben, die den Meistern über eine Ewigkeit in vielen Sprachen überbracht worden sind, dann hättet Ihr dieselbe Stimme gehört von demselben Engel, der dieselbe Botschaft überbringt!

Ich möchte, dass Ihr jedes Mal, wenn diese Jahreszeit wiederkehrt, an das Kind in Euch denkt, welches jetzt die Essenz des brennenden Busches hat, an den Engel Gabriel, der vor Mohammed sitzt, an die aufgestiegenen Meister und an die großen Propheten. Es gab Informationen darüber, dass Elias kommen würde, um alle Vorbereitungen für den Messias zu treffen. Dies ist geschehen! Feiert das Kind Elias in Eurem Herzen. Für diejenigen von Euch, die das Passahfest feiern: es ist an der Zeit, denjenigen hier zu haben, für den Ihr den Stuhl vorbereitet habt, es ist an der Zeit, Platz zu nehmen und Euch dem Mahl anzuschließen! Denn er ist hier und so auch der Messias, als welcher er zuvor kommen sollte.

Der Eine, um dessen Rückkehr die Christen gebeten haben, ist angekommen! Selbst die Himmelfahrt am Tempelberg von Mohammed ist nun zurückgekehrt und auch sie befindet sich unter den Energien des göttlichen Kindes. Es geht um die Liebe. Es geht um die Rückkehr, die Wiederkunft, die Heimkehr. Es geht um eine Zusammenkunft. Dieser Übergang von der *Zwei* zur *Drei* ist das, was Ihr in Euren gesamten Prophezeiungen vorhergesagt habt. Damit wird der Anfang für das Potenzial eines eintausend-jährigen Zyklus gemacht - eine Friedensherrschaft - ein Neues Jerusalem. Doch es ist nicht so, wie Ihr es erwartet habt, nicht wahr? Es geht um Union, um Einheit und nicht um Separatismus. Es geht darum, vereint zu werden... eine Wiederkunft der göttlichen Familie. Könnt Ihr es auf diese Weise sehen? Könnt Ihr über Eure kulturellen Ausrichtungen hinausgehen und diese göttliche Energie annehmen, der jene angehören, von denen Euch einst gesagt wurde, sie seien nicht „Eure“ Propheten? Es ist eine Herausforderung, nicht wahr... ebenso wie Eure neue Politik... ebenso wie sich der Zug mit all den untereinander verbunden Waggons vom Bahnhof entfernt... und sich in eine neue Energie bewegt.

Ich hätte dies nicht gesagt, wenn es nicht tatsächlich so wäre. In der Tat, die Auswirkungen dessen sind profund - dass die Energien der Aufgestiegenen Meister - nicht die Person - die Haut und das Fleisch - sondern das Bewusstsein, das in diesen neuen Zeiten das menschliche Herz durchdringt, mit den aufgestiegenen Meistern der Erde erfüllt ist. Es ist für diejenigen, die erwacht sind und die Absicht dafür bekundet haben. Es wird keinem Menschen aufgezwungen werden.

Es bedeutet einen großen Unterschied für Euch, von der *Zwei* auf die *Drei* überzugehen. Es ist eine Veränderung, die Euch einlädt, zu sagen: *„Ich bin bereit für die Geburt eines neuen Kindes - die Energie der Aufgestiegenen Meister, sie alle - die Avatare, die versprachen, zurückzukehren - gemeinsam zurückzukehren - Hand in Hand miteinander vereint.“*

Während sich viele Menschen in spiritueller Hinsicht darüber streiten, wer im Recht und wer im Unrecht ist, wird dieses Kind in das Bewusstsein von vielen geboren, die in der Liebe Gottes vereint sind. Und das ist es, was geschieht, Ihr Lieben. Das ist es, was wirklich geschieht.

Feiert das Kind! Feiert die Wiederkunft! Feiert die Heimkehr! Einige von Euch werden vor Ungeduld beben. Ihr seid hierher gekommen in dem Wissen, dass dieses Potenzial hier war. Ihr habt die Schwelle (*das Jahr 2000*) überschritten und es gab kein Ende, keine Termination. Ihr konntet es kaum erwarten, voranzugehen und zu verankern. Einige von Euch beginnen erst jetzt zu erwachen. Ihr fangt an Euch zu erinnern, warum Ihr hier seid.

Geliebter Engel, als ein Mensch getarnt, es ist niemals wieder für Dich notwendig, zu einem Treffen wie diesem hier zu kommen. Ihr könnt diese Energie zu Hause erzeugen und das ist nicht einmal gefährlich. (*Alle lachen*). Es ist jetzt ein guter Zeitpunkt, um die Farben zu sehen, während sie Euch mit einer gewaltigen Liebesströmung von Spirit durchfluten (*dies ist an die Seher in diesem Raum gerichtet, welche die Farben der Energie rund um Kryon „sehen" können*).

Es gibt hier jene, welche an diesem Abend die Absicht bekundet haben, die Wiederkunft des Kindes zu feiern. Lasst es bekannt sein, dass wir davon wissen. Und so sagen wir Euch, lasst die Heilung beginnen! Es ist ein guter Zeitpunkt dafür, denn an diesem Punkt in dieser Unterrichtung habt Ihr viele von den Wänden abgebaut, die Euch daran hinderten, zu sagen: *„Ja, das kann doch wohl nicht wahr sein."* Nun, hier seid Ihr, Leser und Zuhörer, in dem Wissen, dass es doch wahr ist. Vielleicht versteht Ihr an dieser Stelle, dass Ihr uns namentlich bekannt seid. Ungläubiger? Lass mich Dir etwas sagen: Ihr werdet genauso geliebt wie jeder Mensch hier. Ihr könnt diesen Ort verlassen und Euch über alles, was während dieser Begegnung geschah, lustig machen. Dies beeinträchtigt nicht die Tatsache, dass Ihr Familie seid! Wir werden Euch sagen, dass die Liebe Gottes mit Euch zusammen zur Tür hinausgeht, genauso wie sie mit jedem anderen hinausgeht.

Und wenn Ihr niemals auf die eine oder andere Weise eine Entscheidung trefft, werden wir eines Tages doch alle versammelt sein und wir werden Euer Leben auf dem Planeten feiern, genauso wie wir diejenigen feiern, die Heiler und Arbeiter und Anker und Leuchttürme sind. Denn Ihr alle seid Familie, jeder Einzelne - gleich erschaffen - jeder von Euch ist ein Teil von Gott - keiner ist größer oder großartiger als der andere. Ist es ein Wunder, dass das Gefolge Euch so sehr liebt, wie es das tut?

Ungläubige ebenso wie Lichtarbeiter: Dieses Gefolge wäscht Euch die Füße!

Vor einem Jahr, an einem Wochenende wie diesem hier, saß mein Partner an diesem Platz. Wir übermittelten Euch Worte, bevor wir weggingen, und ich werde sie nie vergessen. Es kommt mir vor, als wäre es gestern gewesen - vor nur einem Augenblick. Wir berichteten Euch, welche Potenziale das Überschreiten der Schwelle birgt, und wir sprachen die Worte „Danke, danke, danke" aus. Warum sollte Spirit sich bei den Menschen bedanken? Dieser Dank ist für das, was Ihr hier getan habt. Ihr habt etwas Großartiges erschaffen, doch Ihr habt noch keine Ahnung davon.

Das große Bild fehlt den meisten Menschen noch. *„Warum?"* Viele fragen sich, *„Warum bin ich hier? Warum mache ich das durch? Worum geht es?"* Wenn Ihr das nächste Mal auf die andere Seite des Schleiers gelangt, wird ein Glanz in Euren Augen sein und Ihr werdet es wissen - ich werde es wissen. Und Ihr werdet mir Euren Namen im Lichte vorsingen und bildhaft gesprochen werden wir einander umarmen.

Denn dann wird alles klar sein.

Einstweilen ist hier doch, wie dem auch sei, noch der Schleier. Die Dualität existiert noch. Wir sagen Euch Folgendes: Vertraut auf das, was Euch Euer Herz in Bezug auf das verrät, wie wichtig es ist, Euch spirituell um Euch selbst zu kümmern. Je länger Du auf diesem Planeten lebst, lieber Lichtarbeiter, desto mehr Du Dich verankerst, desto größer wird das Licht werden, desto mehr wird sich die Erde verändern. Ergreift die Teile der DNS, nehmt sie, die lebendig sind, in Anspruch. Führt ein langes Leben und seid im Frieden damit. Fühlt Euch dabei von der Familie, die Euch umgibt, geliebt. Und wenn Du das nächste Mal die Doppelzahlen siehst - die Doppelbuchstaben, warum sagst Du dann nicht: *„Ich liebe Dich!" (Damit sind diejenigen angesprochen, die kontinuierlich die 11:11 und 12:12 und 4:44 auf den Uhren sehen)* Es wird eine Bestätigung für die Interdimensionalität der Geistführergruppe sein, die Euch umgibt - die Euch auf die Schulter klopft und sagt: „Schau auf die Uhr! Wir sind hier! Schau Dir dieses Zeichen an! Wir sind hier!"

Es gab noch niemals einen Zeitpunkt in der Menschheitsgeschichte, an dem wir, auf dieser Seite, dieser interdimensionalen Gruppe namens „Jahrtausendmenschheit" so nahe standen. Der Beweis dafür liegt im Bewusstsein und Verständnis der Augen, die auf diese Seite gerichtet sind, und der Ohren, die diese Botschaft hören.

Und so, Ihr Lieben, zieht sich das Gefolge von diesem Ort zurück.

Und so, Ihr Lieben, wurde die Liebe Gottes heute mit der Familie geteilt.

Und so ist es

Kryon

Kryon

Live-Channeling

„Neun Attribute des spirituellen Wachstums“

Gechannelt in
Toronto, Ontario, Kanada,
März 2001

Kapitel VI

„Neun Attribute des spirituellen Wachstums“

Live-Channeling in Toronto, Ontario, Kanada, März 2001

Dieses Live-Channeling wurde mit zusätzlichen Worten und Gedanken herausgegeben, um Klarheit und ein besseres Verständnis in der schriftlichen Textform zu ermöglichen.

Seid gegrüßt, Ihr Lieben! Ich Bin Kryon vom Magnetischen Dienst. Während wir den Raum betreten, gibt es hier viele, welche die Energie des Familienmitglieds namens Kryon noch nie gespürt haben. Unter denjenigen, welche die Worte gelesen und die Stimme dabei in ihrem eigenen Kopf und Geiste gehört haben, gibt es manche, welche die Energie noch nicht erfahren haben. Vielleicht passt diese Stimme, die Ihr hört, nicht zu der, die es Eurer Ansicht nach sein würde? Wenn das der Fall ist, dann bitten wir Euch, in Euren Ohren die Stimme Eurer Wahl anstelle von dieser hier zu hören. Denn es handelt sich hier um ein Familienmitglied namens Kryon, welches sagt, dass hier in diesem Moment ein Gefolge eintritt, welches in seiner Einheit für diese Gruppe kennzeichnend ist. Dies ist eine Redewendung, die bedeutet, dass „es für diese Gruppe einzigartig in seiner Vereinigung ist“. Sie kennen Euch nicht nur, sondern das Gefolge, welches hier hereinströmt und zwischen den Stühlen sitzt - diejenigen, die zwischen den Gängen umherwandeln und neben den Menschen ihrer Wahl sitzen -, wussten auch über Euer Kommen Bescheid. Wenn Ihr so wollt, ist es eine geplante Gruppe - eine Gruppe, die von der Energie des Individuums wusste, das diesen Raum betreten hat.

Jeder einzelne Mensch, der auf dem Stuhl sitzt und dies hört oder liest, ist, für die Dauer eines Lebens, ein als Mensch getarnter Engel auf diesem Planeten. Es ist eine Wesenheit, die für die Energie der Erde einzigartig ist - mit der Erde verbunden -, und sie beschreitet einen Weg, den nur ein Mensch beschreiten kann. Das Gefolge strömt hier herein und es nimmt neben Dir - einem einzigartigen, ewiglichen Geschöpf des Universums - seinen Platz ein.

Ihr mögt fragen: *„Nun, wer ist hier mit anwesend, Kryon?“* Bevor sich die Energie aus diesem Raum, aus dieser Gegend wieder zurückzieht, werden einige von Euch wissen, wer jetzt hier ist. Einige von Euch werden einen Geruch von ihnen wahrnehmen - ein Geruch, der nur Euch bekannt sein wird. Einige von Euch werden andere Sinne aktivieren, die Euch dann an die Schulter tippen und sagen werden: *„Ja, Spirit war hier.“* Für einige von Euch wird die Bestätigung für die Tatsache, dass wir hier sind, darin liegen, wie die „Dichte der Liebe“ diese Gegend erfüllt, die Energieblase, die gegen die Individuen, die sich auf den Stühlen aufhalten, drückt. Wir nennen sie „die Blase der Liebe“, denn wir haben keine andere Bezeichnung dafür. Der Mensch wird geehrt. Das ist es, was vor sich geht.

Das Gefolge, welches sich hier eingefunden hat, hat diesen Raum schon zuvor besucht und wir haben vielen von Euch berichtet, wie dies vor sich geht, und dennoch gibt es einige, die dies erst noch für sich zusammenzubringen zu haben. Wir wissen von der Absicht des Besuchers. Es gab eine Zeit, in der Ihr die Absicht, hierher zu kommen, bekundet habt, ganz gleich ob dies Wochen oder Stunden zuvor stattfand, und wir wussten, wann dies geschah. In der Vergangenheit haben wir Euch von den Mechanismen dieser Angelegenheit berichtet. Wir berichteten Euch von der Aktivierung der Energie, die als die „Geistführer-Gruppe“ bezeichnet wird, und zu dieser Zeit habt Ihr verschiedene Arten von Entscheidungen getroffen und Absichten bekundet.

Als Ihr Euch dazu entschlossen habt, zu kommen, und als Ihr versprochen habt, hier zu sein und auf dem Stuhl zu sitzen, auf dem Boden zu sitzen, die Buchseite aufzuschlagen und in dieser Energie zu sein - wussten wir es. Als Ihr dies getan habt, existierte eine bestimmte Energie, die dafür vorgesehen war, diesen Raum für Euch zu füllen. Dies ist keine generische spirituelle Gruppe, die jedes Mal zu einem Treffen wie diesem hier hereinströmt. Dies ist eine einzigartige Gruppe, die für Euch vorgesehen wurde... dafür vorgesehen, um Euch mit einer bestimmten Energie zu ehren.

Sie haben ihre Plätze neben den Stühlen, auf denen Ihr sitzt, eingenommen. Leser, spüre die Energie desjenigen, dem bewusst ist, dass Du die Absicht bekundet hast, dieses Buch aufzuschlagen. Das sind diejenigen, die hier sein sollten; einige, deren Gesichter Euch nicht einmal bekannt sind, haben jetzt ihren Platz eingenommen. Einige von Euch werden verändert von diesem Ort weggehen, weil Ihr dann wisst, dass sie hier gewesen sind. Mein Partner sagte Euch, dass sich diese Dinge in einem spirituellen *Jetzt*-Zeitrahmen befinden, in einem Zeitrahmen, der nicht sehr gut zum menschlichen Zeitrahmen passt. Auf der anderen Seite des Schleiers ereignen sich alle Dinge zur selben Zeit und obwohl die Zukunft unbekannt ist, sind die Potenziale in solider Form vorhanden und warten darauf, manifestiert zu werden. Es ist schwer zu erklären, wie Zukunft, Vergangenheit und Gegenwart so kombiniert werden können, doch vielleicht wird es Euch einen Einblick davon vermitteln, wie wir Euer Leben sehen.

Einige Menschen glauben, dass Gott über alles in der Zukunft Bescheid weiß, doch dem ist nicht so. *Ihr* seid Gott, die Familie, die vor mir sitzt - eine Familie, welche die Realität der Zeit erschafft, während sie in Eurer Perspektive voranschreitet und sich ko-kreiert. Die Macht Gottes wohnt in dem Raum, wo Ihr seid. Das war schon immer so. Vor drei Tagen hat dieses Gefolge, welches jetzt hier an Eurer Seite ist, geprobt. Es hat geprobt! Das ist schon seltsam, dass Spirit so etwas tut, nicht wahr? Habt Ihr so etwas schon einmal gehört? Warum sollten wir so etwas tun? Als dieser Raum noch dunkel war, waren wir bereits hier. Wir haben darüber nachgedacht, wo Ihr wohl sitzen würdet. Auch wenn dies für Euch metaphorisch klingen mag, so ist darin der Kern der Wahrheit enthalten. Wir haben geprobt! Warum das? Die Antwort sollte offensichtlich sein und vielleicht reiht Ihr Euch jetzt mit Eurem Auftritt (*Einsatz*) mit in dieses Phänomen ein. Würdet Ihr das Treffen Eures Lebens proben? Würdet Ihr proben, wenn Ihr einem Helden begegnen würdet? Wir haben geprobt, weil es eine bedeutungsvolle Wiederbegegnung ist.

Nun, hier sind wir. Wir „sehen uns um“ und sagen: „Seht mal, wer hier ist! Seht mal, wer sich entschlossen hat, zu kommen! Seht mal, wer sich entschlossen hat, an diesem Ort mehrere Stunden zu sitzen und zu verweilen, weil sie mehr über sich selbst, ihre Familien und ihre Kinder erfahren wollten. Seht mal, wer seine Göttlichkeit entdeckt! Seht mal, wer in seinem Leben ein spirituelles Erwachen erlebt." Aus diesem Grund war es uns wichtig, sehr lange Zeit hier zu sitzen und die Energie aufzubereiten, die genau jetzt hier für Euch vorhanden ist.

Nun, für einige von Euch mag sich dies wie eine Fabel anhören, doch der Samen der Wahrheit liegt darin: Es zeigt, wie wichtig genau diese Energie jetzt ist. Alles, was vor dem heutigen Tage geschehen ist, hat diese Energie erstellt und angeordnet. Vielleicht spüren einige von Euch diejenigen, die an diesem Ort geprobt haben? Sie haben Euch dort gefunden, wo Ihr sitzt, und jetzt beginnen sie damit, Euch als Vorbereitung auf den Unterricht die Füße zu waschen. Und somit sagen wir, lasst den Unterricht beginnen.

Es wird eine Zeit kommen, in der die Farben auf der Bühne zu sehen sein werden, und es wird eine Zeit kommen, in der die Farben in der Gruppe zu sehen sein werden (*die Rede ist von denen, welche während des Channelings die Farben in ätherischer und physischer Form erkennen können*). Doch einstweilen beginnen wir mit dem Unterricht.

Dies ist eine Zeit, in der wir Euch über das spirituelle Wachstum informieren möchten. Wir haben Euch in einer linearen Richtung noch nie Informationen übermittelt, die sich um spirituelles Wachstum drehten. Es gibt neun Elemente, die wir Euch dieses Mal präsentieren möchten, und einige davon werden neu für Euch sein und andere nicht. Ihr werdet vielleicht von einigen hören und dann sagen: „*Das wusste ich.*" Manche von Euch werden jedoch auch sagen: „*Das ist wirklich etwas, das ich zu hören hatte.*" Einige von Euch werden sagen: „*Natürlich. Deswegen habe ich auf dem Stuhl gesessen!*" In diesem Fall werdet Ihr hören, wie einige von uns sagen: „Aus diesem Grund haben wir geprobt!"

Spirituelles Wachstum

Damit wir Euch die neun Elemente schildern können, haben wir mit dem ersten Element zu beginnen. Obwohl Euch dies einleuchtet, hatten wir es zu proben, denn diese Art von Präsentation ergibt für interdimensionale Wesen keinen Sinn. In diesem linearen Spiel ist das Erste, was wir präsentieren, stets der Rückblick.

Warum seid Ihr hier? Warum ist es erforderlich, dass der Mensch getarnt ist? Wie wir bereits gesagt haben, ist der Mensch gegenwärtig in Wirklichkeit ein *Teil von Gott*. Wir werden Euch kurz daran erinnern, dass es sich bei Eurem Leben nicht um die Prüfung eines Menschen handelt. Vielmehr unterzieht Ihr Euch stattdessen einer Prüfung von *Energie*, einer Prüfung von Energie, welche derart nicht vom Universum vollzogen werden könnte. Gemeinsam seid Ihr als Teile von Gott auf Liebe ausgerichtet, und zwar in dem Maße, dass dieser bestimmte Test auf freiwilliger Basis durchgeführt zu werden hatte. Die Freiwilligen waren die Teile der Göttlichkeit, die einwilligten, als getarnte Menschen auf den Planeten zu kommen, wobei sie dann keine Ahnung mehr davon haben, wer sie waren. Ein energetischer Schleier hinderte sie daran, die Realität ihres eigenen Selbst, des vergangenen Selbst und der anderen Menschenleben, welche sie einmal waren, zu sehen. In der Tat! Hier sitzt Ihr, immer noch in dieser spirituell fabrizierten Realität, die sogar ihren eigenen Zeitrahmen hat.

Die Erde ist ein einzigartiger Ort im Universum - den wir als das Zentrum bezeichnen - Erde. Sie ist ein metaphorisches Zentrum von Potenzial für etwas anderes. Warum? Damit das, was Ihr, Ihr Lieben, hier auf diesem Planeten mit Eurem freien Willen macht - was Ihr auf einem neutralen Energie-Spielfeld macht - andere Teile des Universums erleuchten wird. Dies wird in Gebieten, von denen Ihr keine Ahnung habt, ein Gleichgewicht zwischen Licht und Dunkelheit herstellen. Dies wird nicht eher realisiert werden, bevor Ihr nicht wieder die andere Seite des Schleiers erreicht, wenn wir Euch wiedersehen. Dann werdet Ihr Euch an alles erinnern. Es ist ein wunderschöner Zyklus, doch er ist Euch, aufgrund des Schleiers, verborgen.

Einstweilen ist das Wort *Schleier* ein gutes Wort, denn es verschleiert tatsächlich die Wahrheit dessen, wer Ihr seid. Wie vielen von Euch bekannt ist, seid Ihr folglich hier, um zu sehen, was Ihr mit der Herausforderung, die Ihr als diese Lebenszeit bezeichnet, anfangen werdet. Zu diesem Rätsel, das für Euch nicht sichtbar ist, kommt noch die Tatsache, dass es hier bereits mehrere Leben für jeden gegeben hat. Und für Euren menschlichen Verstand ist es sogar noch verblüffender, wenn wir Euch in „der realen Zeit" Folgendes sagen: Einige von Euch genießen noch ihr letztes Leben! Wie kann so etwas möglich sein? Wie dem auch sei, so ist es. Wir haben Euch diese interdimensionalen Informationen bereits in diesem Jahr gebracht - und zwar, wie Ihr Euch an zwei Orten gleichzeitig aufhalten könnt und wie ein Ort den anderen beeinflusst. Dies erklärt viel über Eure Absicht, Eure Ko-Kreation und Eure Fähigkeit, die Realität zu verändern.

Es gibt viel, was Ihr nicht versteht und was Ihr auch nicht verstehen könnt. Und doch habt Ihr Euch freiwillig dazu gemeldet, mit dem Schleier an diesen Ort zu kommen, eine Dualität zu haben, die so stark ist, dass Ihr, wenn Ihr Euch selbst im Spiegel betrachtet, nur den Menschen und niemals den Engel erkennt. Doch während dieses Gefolge an diesen Ort strömte und seinen Platz neben Euch einnahm, saß es an der Seite von Engeln! Seht Ihr, die Dualität ist nur einseitig, nur in eine Richtung: in Eurer Richtung. Wir sitzen neben Familienmitgliedern, die wir seit Ewigkeit in beiden Richtungen kennen (*Kryon will damit sagen, dass die Menschen ewiglich sind - in beide Richtungen, sowohl die Vergangenheit als auch die Zukunft betreffend*). Also, das „Warum" wird tatsächlich als Erstes besprochen, weil es Euch an die Prüfung der Energie auf dem Planeten und die Rolle des Menschen erinnert, der kommt, um möglicherweise zu der Inneren Göttlichkeit zu erwachen oder auch nicht.

Das Hauptattribut dieser Prüfung ist folgendes: Es gibt keine Bewertung in Bezug auf Euch oder in Bezug auf das, was Ihr tut. Dies unterliegt voll und ganz dem freien Willen. Wir brachten Euch diese Informationen viele Male: Dass es dann, wenn Ihr zur anderen Seite des Schleiers zurückkehrt, einzig und allein nur eine Feier gibt. Es spielt keine Rolle, was Ihr getan habt. Es geht nicht um Eure Werke, im Gegensatz zu dem, was einigen von Euch beigebracht wurde. Es geht um die Reise! Und genauso wie auf Erden, wenn das Spiel vorbei ist, ganz egal in wessen Brust ein Messer steckt, wenn der Vorhang fällt, stehen die Mitwirkenden alle auf und feiern eine Party! Und so verhält es sich auf der anderen Seite des Schleiers. Es kommt auf das an, *was Ihr* mit der Energie *macht*, während Ihr hier seid. Es geht um die planetaren Messungen dessen, wohin die Energie geht, nachdem die Menschen damit fertig sind. Das ist der Test, - die Prüfung. Und das ist eine Zusammenfassung des „Warum“.

(1) Wann beginnt das spirituelle Wachstum?

Hier ist das erste Attribut des spirituellen Wachstums. Wo beziehungsweise wie beginnt es? Wie beginnt spirituelles Wachstum im Menschen und wie wird es aufrechterhalten? Was sind die dazugehörigen Mechanismen? Wir übermitteln Euch jetzt Informationen, von denen ein Teil bekannt und ein Teil neu ist. Hört Euch das an. Euch war stets bekannt, dass eine spirituelle Suche bei dem Menschen anzufangen hat, der sich die Frage *„Warum?“* oder *„Gibt es noch mehr?“*, stellt. Wir sagen, dass es sich damit um ein Erwachen zu einem Teil des Höheren-Selbst handelt. Einige haben es als das Innere-Selbst bezeichnet, manche als das Andere-Selbst. Es wird zu einer Erkenntnis, zu einem Teil des Menschen - die Biologie stellt Fragen zur Göttlichkeit.

Das bedeutet nicht, dass aus einem Menschen ein Lichtarbeiter wird. Es bedeutet nicht einmal, dass aus ihm ein spirituell ausgerichteter Mensch wird. Bei dieser Suche geht es auf einer persönlichen Ebene um die Fragen über das *Warum* der Menschheit.

Viele, die Fragen über das Andere-Selbst stellen, würden nie an einem Treffen wie diesem hier teilnehmen oder diese Seiten lesen, die Ihr hier lest. Sie sind geehrt und sie sind wunderschön ebenso wie Ihr. Einige von ihnen mögen Euch damit überraschen, wo sie sich auf Erden befinden und was sie als ihre *Religion* in Anspruch nehmen. Es wird vielleicht Eure persönliche Einstellung übertreffen und vielleicht geht es nicht einmal über Eure Einstellung hinaus! Auch das ist ein Teil der energetischen Prüfung für Euch... wem Ihr es in Eurer Verstandeskraft gestattet, auch spirituell zu sein, denn Euer Geist prüft das, was Euch erzählt wurde, im Gegensatz zu dem, was Ihr *fühlend* wahrnehmt.

Jeder, der nach dem Göttlichen strebt, ganz egal wie immer es auch bezeichnet wird, ist ein erwachender Mensch. Das ist der Anfang. Und die Absicht dient dazu, sich zu fragen, ob es noch mehr gibt. Wie viele von Euch lesen dies wegen dieses Attributes oder sind aufgrund dieses Attributes zu dieser Begegnung gekommen? Viele von Euch haben diesen Wachstumsprozess erst in den letzten paar Jahren begonnen. Das entspricht genau dem, was wir Euch als Potenzial nannten, dass die Menschheit den Schleier - die Realität von dieser Zeit in Eurem neuen Jahrtausend -verändern kann. Buchstäblich Tausende fangen jetzt an, sich zu fragen: „*Gibt es noch mehr?*"

Nun, hier finden sich Informationen über diesen Suchvorgang, über die eigentliche Wesensart des spirituellen Wachstumsprozesses. Wir haben einige dieser Themen niemals zuvor im Channeling berührt.

(2) Wie beständig ist spirituelles Wachstum?

Es gibt sowohl bei der Spiritualität als auch beim menschlichen Bewusstsein einen Grundsatz, der wie folgt lautet: Ihr könnt niemals zu einem *weniger* bewussten Zustand zurückkehren. Anders gesagt, es ist unmöglich, dass der Mensch etwas *ent-lernt*. Habt Ihr Euch darüber schon einmal Gedanken gemacht? Wenn es in Eurem Bewusstsein ist, dann ist es für immer dort. Ihr könnt es unterdrücken, doch in den Engrammen Eures Gedächtnisses, den Nervenwegen Eures Lebens, bleibt es bestehen. Alles, was Ihr jemals gesehen, gefühlt oder gelernt habt, befindet sich dort. Ihr könnt es aus Eurem eigenen Wunsch dann nicht mehr rückgängig machen. Der Magnetismus des Schaltsystems arbeitete in Eurem Gehirn und Ihr könnt das nicht verlernen. Das ist unmöglich.

Nun, was für das menschliche Bewusstsein gilt, ist auch der Grundsatz der Spiritualität und er lautet wie folgt: Heiler im Raum, habt Ihr Euch schon einmal gefragt, wie das nächste Mal sein wird? Erleuchtete Seele, voller Glück sich in der Liebe Gottes in der spirituellen Energie aalend, hast Du Dich schon einmal gefragt, wie das nächste Mal sein wird? Einige von Euch sehr weisen Seelen, die schon viel erlebt haben, fragen sich: „*Lieber Gott, habe ich noch einmal von vorne anzufangen, wenn ich zurückkomme?*" Habt Ihr diese Frage jemals in der Dunkelheit gestellt, dort, wo Ihr dachtet, dass nicht einmal Gott Euch zuhört? Habt Ihr das gefragt? Einige von Euch Engeln, die in der Gestalt eines Menschen hier sitzen, haben tatsächlich beschlossen, nicht zurückzukehren, weil Ihr dies nicht noch einmal durchmachen wollt! Das ist eigentlich sehr lustig.

Wir haben Neuigkeiten für Euch und es ist an der Zeit, dass Ihr Euch daran erinnert: Ob in diesem oder im nächsten Leben, Ihr könnt *zu diesem Planeten niemals in einem weniger bewussten Zustand zurückkehren.* Damit meinen wir Folgendes.

Alles, was Ihr in diesem Leben in Erfahrung gebracht und gelernt habt, bleibt verfügbar, um es ins nächste Leben mitzunehmen und fortzusetzen. So ist es und das bedeutet, dass hier Mönche und Schamanen sitzen. Es bedeutet, dass hier einheimische Medizinmänner und Medizinfrauen sitzen. Hier sitzen diejenigen, die dieses Land seit dem ersten Mal, an dem die Menschen den Erdboden sahen, ernährt hat! Das ist Euch auch bekannt; Ihr gehört hierher. Schamane, hörst Du zu?

Als Ihr auf dem Planeten angekommen seid, waren sich einige von Euch dessen so sehr bewusst, dass Ihr innerhalb von ein paar Jahren nach Eurem Erwachsenwerden die Herausforderung angenommen, sie auf den Umhang Eures alten spirituellen Wachstums geklebt und Eure Arbeit fortgesetzt habt... und Ihr wisst, wer Ihr seid. *„Nun, Kryon“, mögt Ihr sagen, „das ergibt spirituell betrachtet keinen Sinn, denn wir haben einen freien Willen! Wenn wir als anderer Mensch auf den Planeten zurückkommen, dann haben wir vielleicht dieselbe Seele, doch haben wir in dieser Angelegenheit dann nicht auch den freien Willen? Ist es erforderlich, dass wir Lichtarbeiter sind? Ist es vorherbestimmt, dass wir das, was wir im vorherigen Leben begonnen haben, fortsetzen?“*

Ah, hier haben wir ein Attribut, welches wir niemals zuvor besprochen haben: *Der Lichtarbeiter im Wandschrank.* Die Antwort auf Eure Frage lautet *nein.* Natürlich gibt es keine Vorherbestimmung, so wie wir Euch bereits zuvor gesagt haben. Doch lasst uns dies in Bezug auf Eure Kultur (*die Kultur von Kanada*) aus einem anderen Blickwinkel betrachten. Stellt Euch einen Mann oder eine Frau vor, der/die in einem Haus lebt. In diesem Haus, in diesem Wandschrank, befinden sich ein Paar Schlittschuhe und eine spezielle Uniform. Der Mensch, der in diesem Haus lebt, ist ein wundervoller

Athlet und er ist Mitglied des größten Eishockeyteams des Landes. Er/sie lebt in diesem Land, doch das nützt dem Team so lange nichts, bis er seine Schlittschuhe anlegt und die Uniform anzieht. Der Wandschrank hat daher mit Absicht geöffnet zu werden.

Was für ein Mensch ist das? Dieser Mensch ist jemand, der - wenn er die Vorstellung (*das Konzept*) von seinem Talent annimmt, den Umhang aufgreift, ihn erkennt und ihn dann mit Freude aufklebt. Doch es gibt viele, die dies nicht möchten, weil sie Angst davor haben. Einige von ihnen befinden sich sogar hier. Einige haben es gerade gelesen. Kennt Ihr andere Menschen, Ihr Lieben, die Ihr anschaut und sagt: „*Das ist eine kostbare Seele! Wenn sie nur das wissen könnte, was ich weiß, dann hätte sie mehr Frieden in ihrem Leben. Sie würde sich keine Sorgen machen, sie wäre nicht die ganze Zeit über wütend und sie wäre nicht so sehr von Drama erfüllt. Ich wünschte, ich könnte diesem Menschen vermitteln, was ich über die Erschaffung eines friedvollen Ortes weiß - darüber, Göttlichkeit zu finden. Ich sehe einen Heiler ‚in ihm', doch er kommt nicht zum Vorschein.*" Vielleicht ist es ein Partner, vielleicht ist es ein Bruder, vielleicht ist es eine Schwester. Wie wir Euch bereits gesagt haben, gibt es nichts, was Ihr, Leuchttürme, tun könnt, außer auf Euren eigenen (*spirituellen*) Raum zu achten und Euch um ihn zu kümmern und Euer eigenes Licht zu bewahren.

Wenn Ihr einen Menschen dieser Art kennt, dann würde ich Euch liebend gerne sagen, was das Attribut dieser Person ist. Ihr seht vor Euch einen sehr großen spirituellen Athleten. Es gibt dort einen Schamanen, ebenso wie Ihr es seid. Zu dieser Zeit hat er oder sie sich, wie dem auch immer sei, nicht dazu entschieden, in den Schrank zu blicken, die Schlittschuhe und die Uniform zu erkennen und anzuziehen. Das ist der Lichtarbeiter im Wandschrank. Alles, was sie das letzte Mal aufgearbeitet haben, wartet einfach darauf, dass die Schlittschuhe getragen werden, doch dazu bedarf es des ersten Attributes, der Absicht. Viele von Euch kennen diese Art von Mensch und einige davon sitzen hier und lesen oder hören dies. Oh... wenn Ihr nur wüsstet, wie gut Ihr Schlittschuh laufen könntet! Das war Nummer zwei.

(3) Wodurch weiß ich, ob ich in spiritueller Hinsicht wachse?

Wodurch weiß ein Mensch, ob er in spiritueller Hinsicht wächst? Wie könnt Ihr wissen, ob Ihr in spiritueller Hinsicht wachst? Das ist einfach. Wir wiederholen jetzt einige Dinge, die wir Euch bereits gesagt haben. Ihr stellt stets die gleichen Fragen und es kommen die gleichen Antworten. Doch jetzt existiert eine interdimensionale Atmosphäre. In dem, was Euch scheinbar schon bekannt war, wird Euch viel offenbar werden. Lasst mich Euch diese Frage stellen: Wie seht Ihr Eure Vergangenheit? Denn seht, *wir* betrachten sie im *Jetzt*. Die Energie der Vergangenheit ist daher *jetzt*. Wie geht Ihr mit dieser vergangenen *Jetzt*-Energie um? Denkt über die Ereignisse nach, die Euch zu dem, wer Ihr seid, geprägt (*geformt*) haben. Tragt Ihr vielleicht einige Energien mit Euch, die nicht hier sein sollten? Vielleicht ist es nicht angemessen für Euch, auf jemanden aus Eurer Vergangenheit wütend zu sein. Vielleicht ist es nicht angemessen, ihn zu hassen, und trotzdem tun es manche von Euch. Vielleicht sprecht Ihr sogar selber niemals darüber, doch Gott weiß es. Wie geht Ihr mit der Vergangenheit um? Eure Vergangenheit ist ganz und gar nicht vergangen. Sie ereignet sich *jetzt*. Wenn Du über gewisse Dinge nachdenkst, die Dir in der Vergangenheit widerfahren sind, geliebtes Menschenwesen, über Situationen, bei deren Entstehung Du mitgeholfen hast, wie fühlst Du Dich dann damit? Bewirkt es, dass Dein Herz schneller schlägt, macht es Dich wahnsinnig, reagiert Deine Biologie irgendwie darauf? Ich habe Euch daher zu fragen, *wann* passiert dies? Hat Euer Herz am gestrigen Tage schneller geschlagen? Nein! Es manifestiert sich *jetzt* in Eurer Zellstruktur. Daher hat der Lichtarbeiter, der spirituelles Wachstum erlebt, tatsächlich mit der Energie dessen zu tun, was wir als das *Jetzt* der Vergangenheit bezeichnen.

Wie seht Ihr die Vergangenheit?

Hier ist noch etwas anderes: Wenn in Eurem Leben Dinge geschehen, die *Euch* betreffen, wie weit lasst Ihr Euch dann in das potenziell vorhandene Drama einbeziehen? Könnt Ihr Euch selber in eine Situation einbringen, in der tatsächlich ein Drama existiert - und Euer Name kommt darin vor - und doch trennt Ihr diesen Namen und diese dramatische Energie von der Situation? Einige von Euch sind sehr geübt darin. Wie geht es Euch im *Jetzt*? Was macht Ihr mit der Angst?

Angst hat viele Gesichter. Angst entstammt immer einem niedrigeren *Chakra*, habt Ihr das bemerkt? Bei der Angst habt Ihr eine Chance, sie zu vereiteln, sie zu verstehen, für ungültig zu erklären und sie zu entschärfen - sie zu neutralisieren -, bevor sie zu den höheren Chakren des Intellektes und emotionalen Abschlusses emporsteigt. Sie hat Euch nicht zu kontrollieren. Das war nie so vorgesehen. Angst ist immer eine Einladung - eine Einladung an Euch, über sie hinauszugehen. Wie geht Ihr damit um? Was macht Ihr mit den Sorgen? Jetzt kommen wir an den Punkt, nicht wahr? Wo ist der spirituelle Wachstumsfaktor?

Das sind einige der Messungen und nur Ihr könnt beantworten, wie es Euch damit geht... wie Ihr damit umgeht. Das war die Nummer drei.

(4) Ist spirituelles Wachstum immer negativ?

Nummer vier ist das, was wir als „das schwierige Attribut" bezeichnen würden. Es gibt diejenigen von Euch, die spirituelles Wachstum stets mit unglücksseligen Herausforderungen gleichsetzen, etwas, das Ihr als einen negativen Aspekt von Eurem Leben bezeichnet. Einige haben gesagt: *„Lieber Kryon, wenn ich zur nächsten Ebene übergehe, wenn ich für spirituelles Wachstum Absicht bekunde, wenn ich die Absicht bekunde, meine Göttlichkeit zu finden, bedeutet das, dass ich mir eine Krankheit zuziehen werde? Wird darin meine Herausforderung liegen? Ich habe den Ausdruck ‚ohne Fleiß keinen Preis' gehört. Das möchte ich nicht."* Dann geht es weiter: *„Lieber Kryon, wenn ich die Absicht für eine höhere Dimensionalität in meinem Leben bekunde, bedeutet das, dass ich ein Familienmitglied verlieren werde? Bedeutet das, dass ich von so einer schrecklichen Herausforderung heimgesucht werde?"* Nein, das bedeutet es nicht. Und doch gibt es solch ein Gefühl, dass es der Fall sein *sollte*, sodass es von vielen ohnehin erschaffen wird, um das Gefühl zu empfinden, gewachsen zu sein!

Bei diesem Empfinden ist es kein Wunder, dass der Mensch solch eine „Samen-Angst" vor der Erleuchtung hat. Es ist kein Wunder, dass die Menschen - wenn sie auf der Suche nach dem Göttlichen sind - sich in ihrem Hinterkopf sagen: *„Ja, ich möchte es, aber dann doch auch wieder nicht."*

Denn seht, das geht vielen so durch den Kopf... dass sie zu leiden haben, um Gott zu helfen.

Was bedeutet das? Ich werde es Euch sagen. Ich habe das noch niemals gesagt und Ihr alle solltet es jetzt hören. Ihr alle wechselt Euch mit den schwierigen Herausforderungen in Euren zahlreichen Leben ab (oder auch: Jeder von Euch ist irgendwann an der Reihe, die schwierigen Herausforderungen in Euren vielen Leben anzupacken). Einige von Euch tragen die Prägungen von unglaublichem Leid und Trauer aus Euren vergangenen Leben. Die Gefühle sind noch in Form von Restbeständen vorhanden, weil es immer das Jetzt ist. Dieses Mal reinigt Ihr sie umfassend, doch es gibt dieses Mal keinen Plan für Euch, um das, was Ihr erlebt habt, nochmals zu besuchen. Ihr habt es bereits getan! Ihr wechselt Euch ab. Wie wisst Ihr, ob Ihr an der Reihe seid? Das wisst Ihr nicht. Das ist natürlich ein Teil von dem, was den Schleier ausmacht, den Schleier. Aber nur damit Ihr es wisst, es gibt keinen Grundsatz, der besagt, dass Lichtarbeiter, die eine Ladung von spirituellem Wachstum auf sich nehmen, miserable Herausforderungen haben werden. Wohl kaum!

Nicht alle Prüfungen sind das, was Ihr als *negative Herausforderung* bezeichnen würdet. Es sind Euch in diesem Raum viele Arten von Prüfungen gegeben. Oh, lieber Lichtarbeiter, wir wissen, wer Du bist. Wie geht Ihr mit der Freude um? Wenn die Freunde auftauchen und sagen: „*Wir werden tanzen gehen, wir möchten ausgehen und uns amüsieren; wir möchten etwas zu lachen haben; wir möchten Witze erzählen und zusammen sein; wir werden tanzen gehen!*" - was macht Ihr dann? Vielleicht ist dies nur bildlich, doch aktuell für einige von Euch: Manche werden tatsächlich sagen: „*Nein, wisst Ihr, ich bin spirituell - das kann ich nicht tun. Geht besser ohne mich.*" (*Lachen im Publikum*)

Die spirituell Ausgerichteten sind oft sehr seriös-ernsten Charakters und sie möchten „so still bedeckt wie Gott" sein. Wenn Ihr zu denen gehört, dann habt Ihr gerade diesen speziellen Test für die Freude verfehlt! Oh, er wird wiederkehren; das ist immer so, denn so sind die Mechanismen der Herausforderung. Wenn Euch die Freude präsentiert wird, wie viele von Euch verjagen sie dann? Wie viele von Euch sagen: „*Ich bin nicht gut genug!*"? Wenn Euer Leben anfängt von einer Energie heimgesucht zu werden, die vielversprechend und wunderbar aussieht, wie viele von Euch verjagen sie dann bewusst oder heimlich? Ihr habt diese Prüfung über die Freude verfehlt!

Nicht alle Herausforderungen sind das, was Ihr als negativ bezeichnen würdet. Dies ist ein Beispiel. Und es ist auch ein großes Beispiel. Wie viele von Euch haben ein Lächeln als ihren natürlichen Gesichtsausdruck? Lächelt Ihr, wenn Ihr alleine seid? Ist die Freude Eure natürliche Wesensart? Wenn nicht, warum? Dies ist eine profunde spirituelle Prüfung, bei der es um das Wachstum geht.

Lasst uns nochmals von der Prüfung sprechen, bei der es um die Fülle geht. Wir haben dieses Thema schon zuvor angesprochen, Lichtarbeiter. Wie viele von Euch Heilern wollen keinen Lohn für ihre Tätigkeit? Versteht Ihr nicht, dass Geld Energie ist? Das ist alles; es ist Eure kulturelle Nährwert-Energie. Es ist die Methode, die es Euch ermöglicht, in Eurer Kultur zu existieren. Es gibt daran nichts Übles. Es gibt daran nichts Schmutziges. Das hängt nur davon ab, wie Ihr es verwendet, Ihr Lieben. Es liegt in Eurer Verantwortung - eine Prüfung - und dennoch wird es nicht in dieser Weise gesehen.

Einige werden sagen, dass es in der Bibel heißt: „*Wir haben von dem Meister, der die Geldwechsler aus dem Tempel vertreibt, gelesen und dies zeigte uns deutlich, dass das Geld nicht zu Gott gehört... dass das Geld schlecht ist.*" Das wurde überhaupt nicht gezeigt. Das war ein Beispiel für das Bewusstsein im Tempel. Es zeigte, dass die Aktivitäten im Tempel sich um die Bewahrung der Reinheit im Tempel drehen und dass sie mit keiner anderen Sache vermischt werden sollten. Es ging dabei nicht um Geld. Es war eine Metapher für den Körper des Menschen. Habt Ihr das jemals erkannt? Die meisten der tief greifenden Ereignisse der Heiligen Schrift, von denen Ihr heute lest, enthalten verborgene Bedeutungen, um Euch mit Eurem spirituellen Wissen und der Weisheit weiterzuhelfen. Es gibt nur wenige davon, die wörtlich nachgeahmt werden sollen.

Wie viele von Euch Heilern, die kein Geld annehmen, würden stattdessen ihr Handwerk gegen ein Gefühl der Wärme am Abend und für die

Nacht eintauschen? Ihr mögt sagen: *„Ich werde Heilungsarbeit vollbringen und ich werde sie gegen Holz eintauschen."* Wenn Ihr dies bejaht, aber kein Geld annehmen wollt, dann zeigt dies, dass Ihr die Prüfung über die Fülle verfehlt habt... eine weitere tief gehende Herausforderung, die mit der Angst vor dem Geld verbunden ist! Es wurde gesagt, dass das Geld die Wurzel allen Übels sei. Seht Euch das an! Es sieht tatsächlich so aus, weil so viele Menschen mit der Energie des Geldes auf eine Weise umgehen, die nicht zu ihrem spirituellen Wachstum passt. Beweist dies nicht den Punkt, dass die Prüfung über die Fülle eine große Prüfung ist? Selbst Eure weisen menschlichen Redensarten bringen das Problem zum Ausdruck.

Ihr seid in einem System, welches die Energie des Geldes verwendet, und hierin liegt die Ironie: Ihr seid Energiearbeiter und doch arbeitet Ihr nicht mit der Energie namens Geld! Einige von Euch haben das Gefühl, dass es besser ist, einen Tauschhandel zu betreiben, als Geld anzunehmen. Für Eure Kultur ist das nicht besser. Die Wahrheit, welche spirituelle Menschen nicht leicht akzeptieren können, ist, dass es sich hierbei um ein Ausweichmanöver dieser ganzen Angelegenheit handelt. Ihr könnt nicht wieder zu den alten Bräuchen aus der Zeit, in denen Ihr Mönche wart, zurückkommen und Ihr könnt nicht erwarten, dass dies Eure Spiritualität in einer modernen Gesellschaft beweist. Beschäftigt Euch mit Eurer Kultur, so wie sie ist. Welchen Rat wir Euch geben? Nehmt die Energie namens Geld an und arbeitet damit, so wie Ihr es mit der Energie von Heilung, Freude und spirituellem Wachstum macht!

Daran ist nichts falsch. Wenn Du derjenige bist, der für seine Tätigkeit nichts verlangt, dann hast Du dem Universum gerade gesagt, wie viel Dein Talent wert ist. Du hast ein Signal ausgesandt, das sich bis zur anderen Seite des Schleiers erstreckt.

Wenn diese Signale eintreffen, dann tut die Familie, die aus Geistführern und spirituellen Energien besteht, ihr Möglichstes, um alles, was Ihr gesagt habt, zu ehren. Denkt darüber nach, welche Signale Ihr aussendet. Zu spirituell, um auf die Party zu gehen? Zu spirituell, um Energie für Eure Tätigkeit anzunehmen? Gott wird Euer Leben mit dem, was Ihr erschafft, erhöhen. Das ist unser Versprechen.

Nicht alle Prüfungen sind das, was Ihr meint. Wie steht es mit der Prüfung über den Frieden? Wie oft lag die Möglichkeit, das Drama in Eurem Leben zu lösen, vor Euch und Ihr habt Euch stattdessen darin gesuhlt? Vielleicht dachtet Ihr nicht daran, dass wir wussten, wer diese Worte gelesen hat? Das sind die Mechanismen von spirituellem Wachstum. Wie passen sie für Euch?

(5) Wie funktioniert es?

Also, was sind die Mechanismen - die Attribute des spirituellen Wachstums? Das ist die Nummer fünf. Zuerst Folgendes: Der Prozess geht stufenweise vor sich. Es ist keine reibungslose, kontinuierliche Reise. Es sind Stufen. Das hat so zu sein. Habt Ihr Euch darüber schon einmal Gedanken gemacht? Es gibt eine Zeit des Lernens, des Wachstums und dann kommt oft eine Zeit der Ruhe - eine Zeit, in der das Wachstum aufhört. Manche Menschen sagen auf ihrem linearen Wachstumsweg: „*Ich werde ein erleuchteter Mensch sein; ich bin auf dem Weg zum Aufstieg; ich werde Absicht bekunden; und bis ich dort anlange, werde ich noch eine lange Anhöhe des Lernens beschreiten müssen.*" Doch auf diese Weise funktioniert es nicht.

Zuerst möchte ich Euch folgende Frage stellen: Erinnert Ihr Euch an die erste Prüfung, die Ihr in der Schule als Kind abgelegt habt? Als Ihr mit der Prüfung fertig wart, ließ Euch die Schule dann zu allen Klassen aufsteigen? Die Antwort lautet: „Natürlich nicht." Als Ihr mit der ersten Prüfung fertig wart, seid Ihr einfach auf die nächste Stufe gewechselt und habt dort eine weitere Prüfung empfangen. So verhält es sich mit dem spirituellen Wachstum. Das wird einigen von Euch erklären, warum es eine Zeit gibt, in der Eurem Gefühl nach kein Wachsen, sondern eine Trennung vorhanden ist. Viele von Euch sitzen niedergeschlagen hier und bitten Spirit eindringlich, „zurückzukehren" und Euch bei der Vollendung des Vorgangs zu helfen!

Wir hören so oft: „*Warum geschieht nichts? Warum erfüllt Spirit das, was ich zu ko-kreieren versuche, nicht?*" Wir sehen all die Sorgen und die Befürchtungen und dennoch sagen die Geistführer, die hier sitzen: „Warum nehmt Ihr die Zeit der Ruhe nicht an? Ihr habt sie Euch verdient. Warum ruht Ihr Euch nicht aus?"

Es geht um das Gleichgewicht, nicht wahr? Das Wachstum dreht sich um Ruhen und Wachsen, Ruhen und Wachsen. Und doch war das Gleichgewicht desselben selten zu sehen. So viele von Euch befinden sich in einem ständigen Wachstum und das nährt Euch in spiritueller Hinsicht. Wir sagen Euch, dass es Zeit ist, spirituell zu lernen, eine Pause zu genießen!

(6) Könnt Ihr zu schnell wachsen?

Hier ist die Nummer sechs. Könnt Ihr zu schnell wachsen? Kann es sein, dass das spirituelle Wachstum schneller kommt, als Ihr es aufnehmen könnt? Die Antwort lautet ja. Vielleicht ist es Zeit, Lichtarbeiter, dass Du Dir das ansiehst. Viele sind erpicht darauf, alles zu erhalten. „*Gib mir alles, was Du mir geben kannst!*" Oh, wir haben diese Botschaft schon gehört.

Manchmal werdet Ihr gefragt: „Seid Ihr bereit, auf die nächste Ebene überzugehen? Ihr erwidert: „*Oh ja, gib mir alles. Ich nehme es an.*" Dann setzt das Kopfweh ein - die Schlaflosigkeit in der Nacht setzt ein. Dann wundert Ihr Euch, was das ist, und Ihr sagt: „*Wie kann mir Spirit das antun? Ich muss am Morgen arbeiten. Ich kann nicht mehr als drei oder vier Stunden in der Nacht schlafen. Was ist los?*" Wir erfüllen Euch Eure Bitte und alles, wofür Ihr Absicht bekundet, wird geehrt. Nur Du, Engel, weißt, wie viel Du aufnehmen kannst - was angenehm ist. Bist Du einer von diesen? Vielleicht solltest Du darum bitten, dass Dein Wachstum verlangsamt wird.

Was Ihr tun könnt? Ihr kontrolliert es und daher sollte Eure Botschaft vielleicht so lauten: „*Lieber Spirit, bitte nähre mich mit der Nahrung von spirituellem Wachstum, die meine Biologie auf angemessene Weise in dem Zustand, in dem sie jetzt ist, annehmen kann.*" Wie wäre es damit? Es gibt keinen Grund, warum sich irgendein Mensch jemals körperlich unwohl mit spirituellem Wachstum zu fühlen hat. Wenn Ihr das Gefühl habt, dass dies mit Euch passiert, dann ist es vielleicht an der Zeit, ein Gespräch mit Euch selbst, Eurer Göttlichkeit und mit Spirit zu führen. Sagt in Eurer stillen Zeit vor dem Rande Eures Altars: „*Etwas langsamer, bitte; etwas langsamer, bitte; es ist noch Zeit; es ist noch Zeit.*"

(7) Warum ist es so schwer?

Nummer sieben. Warum ist es so schwer? Wisst Ihr, was wir von Euch hören, liebe Engel? Wir hören Euch stets weinen: „*Warum ist es so schwer?*" Und ich werde Euch unsere Antwort mitteilen - und wir haben dies noch niemals in diesen Worten zum Ausdruck gebracht: „Weil es verborgen ist!" All die Arbeit, die Ihr leistet, ist verborgen. Der liebenswerte Mensch, der heute (*im Kryon Seminar*) die Frage stellte: „Soll ich umziehen?", erhielt die Antwort: „Du wirst als Lichtpunkt gesehen, ein Anker in Deinem Gebiet, eine Leichtigkeit des Seins, die dabei ist, gewisse Gegenden zu erhellen, die rund um Dich verdichtet sind." Wenn Ihr den Raum verlasst, dann nehmt Ihr das Licht mit Euch. Mit anderen Worten, das Licht, welches Ihr tragt, ist Euch verborgen und Ihr seid Euch nicht bewusst, dass Ihr andere im Dunkeln lasst. „Ist es wirklich das, was Ihr möchtet?" Selbstverständlich nicht. Euer spirituelles Wachstum und Eure Wirkung auf andere sind Euch verborgen.

Ihr könnt nur selten erkennen, wie Ihr das Leben eines anderen Menschen berührt, wenn sie in Eurer Nähe sind. Vielleicht wissen sie nicht einmal, wie Ihr heißt, doch so behandelt Ihr einen anderen Menschen. So scheint die Liebe in Situationen durch, so funktioniert Eure Weisheit, so vermittelt Ihr sie. Es geht nicht darum, welche Arbeiten Ihr möglicherweise ausführt... die für Euch sichtbar sind. Manchmal wird die Bewahrung Eurer persönlichen Wahrheit rund um einen Menschen, von einem Menschen zu einem anderen Menschen, bewirken, dass sich dieser Mensch fragt: „*Wer bin ich?*"

Wenn sie ein Selbstgespräch über Euch führen, dann sagen sie vielleicht: „*In diesem anderen Menschen erkenne ich einen sicheren Ort. Ich sehe ein wenig Freude. Dieser andere Mensch verfügt über etwas, was ich nicht habe, und ich möchte mehr darüber herausfinden, was das ist.*" Vielleicht wird sich dieser Mensch dann wieder auf den Weg machen und Ihr werdet ihn nie wieder sehen. Auf einer göttlichen Ebene fand ein profunder Energieaustausch statt und Ihr habt nicht nichts davon gewusst.

Wie vielen Situationen steht Ihr in Eurem Leben gegenüber, die Eurem Gefühl nach vorübergehender Art sind? „*Ich werde diese Leute nie wieder sehen*", mögt Ihr sagen. Was macht Ihr in solchen Situationen? Erzeugt Ihr Freude oder nutzt Ihr sie als eine Zeit, in der „niemand zusieht"? Es handelt sich um eine weitere Prüfung, denn Ihr seid von Menschen umgeben, die nach dem Licht Ausschau halten, und Ihr seid dieses Licht! Familienmitglieder, hört Ihr das? Ihr denkt, dass es in Eurer Familie jemanden gibt, der nie „vorbeischauen" wird, der sich niemals fragen wird, ob es im Leben etwas von größerer Bedeutung gibt? Lasst mich Euch etwas verraten, was Ihr vielleicht noch nicht erkannt habt: Das, was Ihr tagtäglich tut, wie Ihr diesen Menschen behandelt, wie Ihr die anderen in Eurer Umgebung behandelt, wird durch eine unsichtbare Energie in jedem Menschen „sichtbar". Aufgrund dessen, was sie in Euch gesehen haben, wird dieser Mensch vielleicht eines Tages die Frage stellen: *„Ich frage mich, ob ich diese Schlittschuhe in meinem Wandschrank habe?"* Wenn Ihr jeden Menschen einzeln berührt, sind in Euch die Samen der Großartigkeit enthalten. Dies ist Euch jedoch vollkommen verborgen und deswegen erkennt Ihr das nicht.

Wir haben Euch für diese Situation Lösungen genannt. In der Vergangenheit haben wir gesagt, dass Ihr „das Unsichtbare feiern" sollt. Ihr mögt sagen: *„Lieber Spirit, ich verstehe nicht, was mit mir geschieht. Das sieht fast so aus, als würden sich die Dinge zum Schlechten wenden und ich feiere dann dieses Schlechte! Ich weiß nicht, was Spirit bekannt ist; ich weiß nur, dass ich mein Licht durch diese Zeit hindurch weiter tragen werde."* Erinnert Euch, dass es ein Gleichgewicht gibt. Für jede Prüfung gibt es eine Lösung. Die Prüfung für den Menschen liegt vor Euch; die Lösung liegt hinter Euch. Es ist ein Gleichgewicht, wisst Ihr, wie die Waage der Gerechtigkeit. Gesegnet ist der Mensch, der sich umdreht und auf seine Vergangenheit blickt, um die Lösung im *Jetzt* zu finden, welches seine Zukunft darstellt. Das war die Nummer sieben.

(8) Eine neue Reihe von Wachstumsattributen in der neuen Energie

Nummer acht ist ein brandneues Set von spirituellen Wachstumsattributen, die wir seit einigen Monaten mit Euch besprechen. Das ganze vergangene Jahr hindurch erzählten wir Euch von der Interdimensionalität des Menschenwesens. Wir berichteten Euch vom Übergang von der „Zwei zur Drei", in der die neue Dimensionalität berührt wird.

Wir brachten Euch Informationen über „Die Dritte Sprache". Wir berichteten Euch von „Gesprächen mit Eurer DNS". Wir berichteten Euch, dass das spirituelle Wachstum nicht mehr dem entspricht, was es einst gewesen ist. Spirituelles Wachstum erfordert jetzt das *Sprechen mit den Zellen*. Spirituelles Wachstum verändert jetzt die magnetische Resonanz zwischen den Teilen der DNS, die miteinander sprechen und welche die sind, die entscheiden, ob Ihr an dieser Krankheit leiden werdet oder nicht, ob der Vertrag erfüllt wird oder nicht.

Versteht Ihr das? Es ist so verheißungsvoll! Jeder einzelne Mensch ist dazu fähig. Junger Mensch, Senior, Dein Alter ist eine Illusion - Ihr seid alle gleich alt - *wir sind* alle gleich alt! Die Familie ist unsterblich. Ihr seid zum Potenzial des Neuen Jerusalem übergegangen, doch Ihr werdet es nie erreichen, solange Ihr nicht versteht, dass Eure Kraft und Macht gut genug und großartig genug ist, um sogar die Zellstruktur Eurer Körper zu verändern.

Ihr habt Vorgänge erhalten, Ihr habt Chemie erhalten, die Erfindungen liegen auf den hinteren Tischen, bereit, um hervorzutreten. All dies ist hier, um Euch zu unterstützen. Diese Dinge wären der Menschheit niemals gezeigt worden, wenn Ihr Euch entschlossen hättet, nicht in diese neue Energie einzutreten! Es ist ein guter Zeitpunkt für Euch, um die Farben auf der Bühne zu sehen, denn in Kürze werden einige Heilungen erfolgen. Einige von Euch fangen langsam an zu verstehen, was all dies bedeutet. Vielleicht fühlt Ihr, dass Eure Füße gewaschen werden? Jetzt wisst Ihr den Grund dafür.

(9) Was sind die Ergebnisse von spirituellem Wachstum?

Nummer neun, die Folgen. Was sind die Ergebnisse? Wir werden sie auf diese Weise auflisten. In einem Menschenleben, das von Aufruhr, scheinbaren Unangebrachtheiten und Sorgen erfüllt ist, scheinen die Prüfungen oft negativer Art zu sein. Das Ergebnis von spirituellem Wachstum? Ihr habt einen sicheren Ort - ein Heiligtum, einen Ort, an dem Ihr Euch aufhalten und sagen könnt: „*Ich bin göttlich.*" Ein Ort, an dem Ihr spüren könnt, wie Ihr von der Familie umarmt werdet. Es ist ein Ort wie dieser hier; in diesem Raum, dort, wo Ihr dies jetzt lest oder hört. Was habt Ihr hier hineingetragen? Was denkt Ihr gerade? Kommt in Euren Gedanken etwas von einem Heiligtum vor? Feiert Ihr die Versammlung, die hier stattfindet? Das ist die Einladung.

Einige von Euch sind an diesem Abend zu dieser Buchseite, zu dieser Begegnung gekommen, um geheilt zu werden. Daher sagen wir Euch: Lasst die Heilung beginnen! Denn in dieser Anordnung von Energie gibt es einen göttlichen Katalysator, der so etwas ermöglicht. Dies beschränkt sich nicht auf bestimmte vorgegebene Szenarien auf Erden, bei denen Ihr an bestimmte Orte zu gehen oder bestimmte Dinge zu tun habt. Es könnte hier und jetzt geschehen. Alles, was dazu erforderlich ist, ist der Mechanismus, der Euch so wohlbekannt ist - die Absicht - die Angemessenheit - die Ko-Kreation. Lasst die Heilung beginnen und lasst sie mit Eurer Vergangenheit beginnen, welche sich im Jetzt befindet und welche dann die Biologie von Eurem ewiglichen Wesen verändern wird.

Das letzte Mal sprachen wir über ein Attribut des Menschenwesens. Wisst Ihr, was im spirituellen Wachstum mit der Menschheit geschehen ist? Gemeinsam habt Ihr alle - diejenigen mit den Schlittschuhen im Schrank, diejenigen, die Schlittschuh laufen und diejenigen, die nicht Schlittschuh laufen können - an einer bemerkenswerten Sache teilgenommen.

Als wir das letzte Mal versammelt waren, sprachen wir von der Mythologie von Camelot. Als wir das letzte Mal vor Lichtarbeitern saßen, erklärten wir Euch Camelot. Wir gaben ihm einen anderen Namen - das Neue Jerusalem. Wir erklärten Euch die Mythologie und die Tiefsinnigkeit der Botschaft des Jungen-der-König-sein-würde. Sie steht für das spirituelle Wachstum der gesamten Menschheit.

Es geht um die Entwicklung einer spirituellen Göttlichkeit, die den Schleier hebt, ...was das Magnetgitter verändert und gestattet, dass Tausende erwachen, die nie an ihrer eigenen Göttlichkeit interessiert gewesen sind.

In der Mythologie existierte ein Felsen, mit dem das Schwert verschmolzen war - ineinander verschweißt, um niemals getrennt zu werden.

Der Schwertgriff ragte aus dem Felsen hervor. Die beiden waren so fest miteinander verschmolzen, dass sie ebenso gut auch aus dem gleichen Material hätten beschaffen sein können. Doch als der richtige Zeitpunkt gekommen war, erschien der Junge-der-König-sein-würde und er arbeitete alchimistisch an der Physik des Felsens und des Schwertes. Der Fels wurde aufgrund der Energie, die in dem Jungen existierte, gespalten, und der Junge zog das Schwert heraus und sprach: „Siehe da, Excalibur, das Schwert der Wahrheit!" Excalibur war lebendig und es sang die Note F des Herzchakras - Liebe. Es ist ein Schwert, das sinnbildlich dargestellt wird, weil damit der Kampf mit der alten Energie begonnen wird. Und so begibt es sich, dass der Junge-der-König-sein-würde, die Weisheit des runden Tisches hervorbrachte und den Frieden, der Camelot ist. Wir haben Euch gesagt, dass dies vielleicht eine Mythologie war. Doch es hat sich jetzt auf diesem Planeten manifestiert und es ist eine Metapher für den Menschen in diesem Jahr 2001. Denn der *Junge-der-König-sein-würde* repräsentiert *Euch*.

Ihr habt die Alchemie. Ihr habt den Zauber. Ihr werdet in diesen kommenden Jahren Dinge sehen, von denen Ihr nie geglaubt habt, dass Ihr sie sehen würdet, sowohl auf dem Gebiet der Spiritualität als auch auf dem Gebiet der Wissenschaft. Es wird in der Tat eine neue Art von Welt sein. In dem Prozess Eures spirituellen Wachstums werdet Ihr in der Lage sein, Euch die Vergangenheit anzusehen und die Lösungen für die Zukunft zu erschaffen. Ihr werdet dazu fähig sein, die Integrität zu erzeugen, die benötigt wird, um die Entscheidungen in Bezug darauf zu treffen, was angemessen und was nicht angemessen ist; was getan und was nicht getan werden sollte - eine neue Verantwortung, eine neue Dimensionalität für den Jungen-der-König-sein-würde. Die Schlittschuhe im Wandschrank? Sie stehen für den Katalysator zur Alchemie. Sie stehen für die potenzielle Absicht und die Fähigkeit, das Schwert aus dem Felsen herauszuziehen.

Engel, die Sache, die uns am meisten Schwierigkeiten bereitet, ist, einen Raum wie diesen hier zu verlassen, vor allem, wenn Heilungen im Gange sind. Einige von Euch werden heute Nacht nicht schlafen können. Einige von Euch werden dieses Treffen verlassen und auf einer Ebene schwingen, die Ihr nicht vermutet hättet. Einige von Euch, die im Zweifel hierher gekommen sind, werden hier weggehen und sich fragen, ob die

Schlittschuhe tatsächlich in diesem Wandschrank sind! Hört zu: Es ist nicht notwendig, dass Ihr noch einmal zu einem Kryon Channeling kommt oder dass Ihr noch einmal eines hört. Denn das ganze spirituelle Wachstum, über das wir gesprochen haben - das wir heute Abend diskutiert haben - all die Attribute, sind in dem kleinsten Raum, in den Ihr hineinpasst, für Euch verfügbar. Es geht um Euch und um Gott. Es geht um Euer spirituelles Erwachen und um die Entdeckung Eurer eigenen Göttlichkeit. Es geht um das Innere Selbst, welches in Euch wohnt. Es geht um die Freude des Kindes, das einige von Euch begraben haben und beabsichtigen, es wieder zu entdecken.

So viel ist hier... so viel Offenbarung, so viel Liebe. Es gab in der Geschichte der Menschheit noch niemals einen besseren Zeitpunkt, um in diesen Wandschrank zu sehen! Vielleicht ist da diese Teamuniform mit Eurem Namen darauf? Es gibt in dem Raum Heiler, die noch keine Ahnung davon haben, dass sie es sind. Es gibt unerkannte Potenziale, doch alles hängt von Euch ab.

Und so begibt es sich, dass Euch die Familie heute Abend besucht hat. Während sie sich aus dem Raum zurückzieht, nehmen sie ihre Schüsseln, die mit ihren Freudentränen erfüllt sind, auf. Wir sagen Euch, dass Euch alles, was Ihr an diesem Abend vielleicht gespürt habt, jederzeit, wenn immer Ihr vor Spirit tretet, bereitsteht. Nehmt Euch einen Augenblick Zeit, um jenen in die Augen zu sehen, die den Raum heute Abend verlassen. Ihr seht die Familie an! Der Witz daran ist, dass Ihr sie gekannt habt. Der Witz daran ist, dass sie in Lebenszeiten existieren, die im *Jetzt* parallel zu Eurem derzeitigen Leben sind, im *Jetzt*, das scheinbar in Eurer Vergangenheit ist - vergangene Beziehungen: Mutter, Vater, Schwester, Bruder, Cousin und Partner.

Zwischen vielen von Euch existiert ein gewaltiges altes und gegenwärtiges Karma, doch weil die Menschheit das Schwert aus dem Felsen herausgezogen hat, braucht es niemals manifestiert zu werden. Weil es nicht mehr länger notwendig ist. Ihr habt die Realität der Prüfung verändert. Doch der Witz daran ist, dass Ihr Euch bei all dieser Energie rund um Euch gegenseitig nicht mehr erkennt. Eine Gruppe wie diese hier wird es nie wieder geben. Ihre Einzigartigkeit ist etwas Besonderes.

Und so, liebe Familie, verlassen wir diesen Ort. Und so wurde dieses Treffen von einer Dichte aus Liebe und Energie erfüllt und ein Teil davon wurde nicht aufgehoben und zurückgezogen. Ein Teil von dieser ganz besonderen Energie wurde vom Leser und vom Zuhörer aufgenommen. Ein Teil von dem, was hierher gebracht wurde, wird Euch nach Hause begleiten. Das versprechen wir Euch und der Grund dafür liegt darin, dass einige sich entschlossen haben, den Umhang zu ergreifen und die darin enthaltene Innere Göttlichkeit zu finden. Vielleicht wird der Mensch eines Tages aus dem Bett aufstehen und in den kleinen Raum mit dem Spiegel stolpern und das Erste, was Ihr sehen werdet, wird der Engel sein! Dann werdet Ihr wissen, dass sich die Erde verändert hat. Dies ist das Potenzial des Neuen Jerusalem.

Und so ist es

Kryon

Die Dinge können nicht so bleiben, wie sie sind. Es sind diejenigen geehrt, die begreifen, dass bedeutende Veränderungen im Gange sind. Die größten Veränderungen in all diesen Gebieten werden das Alte kontra das Neue sein. Wir sind hier, um Euch zu sagen, dass der Mensch, der hier sitzt und diese Worte liest, derjenige ist, der dies verändern kann. Es kann nicht so bestehen bleiben, wie es ist. Das Potenzial ist, dass die tief greifenden kreativen Veränderungen im Jahr der Drei (2001) kommen.

Kryon

(Vancouver, BC, Kanada)
August 2001

Kryon

Live-Channeling

„Die Einheit der Menschheit“

Gechannelt in
Vancouver, BC, Kanada, 14. - 18. August 2001
(Einen Monat vor der Tragödie
der amerikanischen Zwillingstürme)

Kapitel VII

„Die Einheit der Menschheit"

Live-Channeling in Vancouver BC, Kanada

Dieses Live-Channeling wurde mit zusätzlichen Worten und Gedanken herausgegeben, um Klarheit und ein besseres Verständnis in der schriftlichen Textform zu ermöglichen.

Dieses Channeling ist eine Niederschrift der letzten Kryon Veranstaltung vor der Tragödie vom 11. September 2001. In dem Channeling gibt es profunde Hinweise auf die Bedeutung bestimmter Themen. Kryon sprach selten von Religionsgründern auf der Erde, doch hier hat er sie angesprochen... sogar mit einem Schwerpunkt auf Mohammed. Auch spricht Kryon üblicherweise nicht über die Politik oder einzelne Staaten, doch in diesem Channeling gab er zusätzlich Informationen über bevorstehende Wegkreuzungen für die Vereinigten Staaten. Zu dem Zeitpunkt, als wir das Channeling empfingen, waren es gute Informationen. Nach dem 11.September 2001 ist es überraschend! Nur einen Monat später veränderte sich unser Leben für immer.

Seid gegrüßt, Ihr Lieben! Ich Bin Kryon vom Magnetischen Dienst. Geliebte Menschenwesen, Engel, ein jeder von Euch, wir sagen Euch Folgendes: Es gibt eine Präsenz an diesem Platz, welche die Gegenwart von Zuhause ist. Wir strömen sanft und still hier herein, voller Ehrfurcht in Anbetracht der Engel, die auf diesen Stühlen sitzen. Ich spreche zu zwei Ohren und meine Kommunikation wird von zwei Augen gelesen. In diesem Augenblick laden wir die Leser ein, sich all jenen anzuschließen, die zuhören. Leser, wir verstehen,

wer Ihr seid und wann Ihr dieses Buch in die Hand genommen und zu lesen begonnen habt. Es ist kein Zufall, dass Deine Augen auf diese Seite gerichtet sind. Wir sind alle gemeinsam hier, Zuhörer und Leser.

Wir haben dies schon so oft gesagt, doch wir haben es für Euch noch einmal hervorzuheben: Zuhörer, empfindet Ihr es als *Jetzt*? Die meisten von Euch würden mit Ja antworten. Leser, empfindet Ihr es als *Jetzt*? Diejenigen, die dies lesen, werden ja erwidern. Wer ist also im Recht? Welches *Jetzt* ist es? Wir machen Euch darauf aufmerksam, dass wir alle gemeinsam hier sind, und das ist schon immer so gewesen. Wenn Ihr dieses Konzept verstehen könnt, dann ist es nicht viel schwieriger zu verstehen, dass sich neben Euch alle die Energien jener befinden, die jemals gelebt haben!

Vielleicht denkt Ihr, dass Euch niemand zuhört, wenn Ihr diese Visualisierungen in scheinbaren Raum (*space*) umsetzt? Jeder hört zu! Wenn Ihr aus Eurem Herzen heraus in Schmerz oder Frustration weint und Ihr Euch fragt: „*Hört jemand zu*?“ - Jeder hört zu! Deswegen ist das Jetzt so-profund-erfüllt von Potenzial und es wartet darauf, dass kreative Energie aus dem Körper des Menschen herauskommt, welcher als Einziger die Struktur der Realität in diesem Leben, im nächsten und auch im vergangenen Leben verändern kann!

Alles, was Ihr jemals gewesen seid, ist in dem, wer Ihr seid, verpackt. All die Energie dessen, was Ihr als Eure vergangenen Leben bezeichnet, ist immer noch bei Euch. Ihr lebt immer noch damit. Ist es ein Wunder, dass wir Euch sagen: „Wäre es nicht an der Zeit, Eure Gelübde aufzuheben? Wäre es nicht an der Zeit, die Realität zu verändern, die nach Eurer Wahrnehmung unveränderlich ist?“ Ein neues Paradigma ist entstanden (*aufgegangen*). Es handelt von Veränderung. Das letzte Mal, als wir uns mit Euch trafen, sagten wir Euch, dass die Gitterveränderung bald beendet sein würde. Wir nannten Euch einige Zeitrahmen dafür, wann diese Dinge möglicherweise eintreten könnten. Wir sagten Euch, dass es in Eurer linearen Zeit nicht allzu lange dauern wird, bis diese Dinge anfangen werden, sich für Euch zu manifestieren.

Lasst mich Euch Folgendes fragen: Gibt es für Euch potenzielle Projekte, die anscheinend bereits wie ewiglich andauern? Vielleicht könnt Ihr sie nicht fertig stellen. Sind Euch irgendwelche Blockaden im Weg? War es frustrierend für Euch? Habt Ihr versucht, nach oben zu greifen, ohne dabei diese Dinge, die Euch intuitiv von Gott versprochen wurden, berühren zu können? Unsere Zeit entspricht nicht Eurer Zeit. Wir verwenden jetzt diesen Ausdruck und wir haben ihn schon zuvor verwendet: Es wird eine Zeit kommen, in der sich die Dinge für Euch beschleunigen werden, und ebenso die Manifestation dessen, worum Ihr gebeten und was Ihr erwartet habt, und das, was Euch zugesagt worden ist, wird langsam Gestalt annehmen, während Ihr es erschafft - und all dies in einer Atmosphäre von spiritueller Stabilität und Angemessenheit. Ihr werdet Euch an die neue Energie gewöhnen; die Dritte Sprache wird Euch überkommen und Ihr werdet wissen, wie es ist, nicht nur während der Meditation, sondern zu jeder Zeit eine interdimensionale Verbindung mit Spirit zu haben.

Diese Dinge werden in Eurer Realität zementiert, gefestigt sein und bleiben und Ihr werdet darauf aufbauen. Es ist schwierig, auf beweglichem Boden ein Haus zu bauen, und wir sagten Euch dies seit nunmehr zehn Jahren. Die Gitterveränderung wird Früchte tragen und sich stabilisieren. Das, was Euch somit frustriert und Euch den Weg versperrt, sind, wie wir es nennen, spirituelle Verzögerungstaktiken, die Euch daran hindern, voreilig zu bauen - die Euch daran hindern, auf wackeligem Boden zu bauen, auf dem falschen Boden zu bauen - und die Euch alle in Liebe überbracht werden. Wir wollen nichts davon verharmlosen, doch wir sagen Euch, genießt die Ruhe, denn es wird eine Zeit kommen, in der die Zukunft zum Jetzt wird. Der Leser unterscheidet sich vom Zuhörer, die Augen unterscheiden sich von den Ohren und dennoch seid Ihr eine Familie.

Einheit

Wir bringen Euch heute diese Informationen, doch diesen Informationen liegt die Liebe zugrunde, welche Spirit für die Familie hat - die Familie, die sich hier versammelt hat und zuhört und/oder liest. Wir bringen Euch Informationen über die Einheit. Dies sind Informationen, die Ihr hören, verstehen und weiterleiten sollt. Einige haben gefragt: „Kryon, Du hast angedeutet, dass wir in ein Zeitalter der Einheit kommen, doch rund um uns herrscht überall Chaos. Was können wir für die Einheit tun? Wo ist sie?“

Lasst mich Euch einige Antworten geben. Ich werde Euch in der Reihenfolge, beginnend mit der unwichtigsten bis zur wichtigsten, Antwort geben. Wir haben mit der Definition des Neuen Jerusalem zu beginnen. Das ist ein Ausdruck, den wir immer wieder verwendeten. Selbstverständlich ist er eine Metapher, doch mit einer Bedeutung, die Euch noch klarer werden wird, wenn Ihr darüber nachdenkt. Denn, bildlich gesprochen, befindet es sich im Zentrum vom Ende Eures Zeitrahmens und repräsentiert die Abstammung der Juden.

Wir haben ihre Abstammung in unseren Botschaften schon ziemlich oft verwendet und wir haben das, was sich in ihrer Geschichte ereignet hat, als die Metapher für einen Beginn der Neuen Erde verwendet. Dies haben wir getan, weil ihre Stammbaum-Linie sich dazu entschlossen hat, Teil des Endes zu sein und Teil des Anfangs. Das bedeutet nicht, dass sie deswegen wichtiger als die anderen sind. Es ist ganz einfach ihre Aufgabe im Überblick über die Erdenergie und darüber, wie wir die Energie des Planeten messen.

Wir haben Euch dies zuvor gesagt: Bei der Metapher vom Neuen Jerusalem geht es nicht um eine Stadt. Wir haben von dem Wiederaufbau des dritten Tempels gesprochen. Hier geht es nicht um ein Gebäude. Dies sind Metaphern für die Erde. Das Neue Jerusalem ist eine Metapher für das Potenzial dieser Erde, sich selbst zur Vollendung der alten Energie zu bringen - mit der Betonung, dass all die alten Paradigmen von Krieg und Hass vergeblich sind. Während der Lauf der Dinge äonenlang darin bestand, zu erobern und Krieg zu führen, so enthält diese Energie das Potenzial, das alte Paradigma zu beenden. Das Neue Jerusalem ist das endgültige Jerusalem. Wir haben vom dritten Wiederaufbau des Tempels gesprochen und von der Metapher der Abstammung von den Juden, doch wir geben Euch bekannt, dass es auch eine Metapher für die Menschheit ist - eine Information, die Ihr noch nicht wirklich versteht. Lemurien und Atlantis gehörten zur Metapher der Energie des „Tempels Nummer eins“. Sie wurden zerstört. Einige hatten das Gefühl, dies sei ein Mythos. Andere hatten das Gefühl, dass Lemurien und Atlantis real waren und dass sie bei der großen Sintflut vernichtet wurden.

In der Tat, das letztere stimmt. Die Kontinente bewegten sich hin und her. Es gab Verschiebungen und sie dauerten jahrelang. Mehr als 10.000

Jahre alte Gesellschaften und Kulturen waren verloren. Der erste Bewusstseinstempel wurde abgerissen. Dies ist ein metaphorischer erster Tempel und nicht der reale. Nicht so augenscheinlich, aber genauso mächtig in der Bewusstseinsgeschichte der Menschheit ist die Tatsache, dass Ihr zu Beginn des 19. Jahrhunderts eine weitere Chance zur Veränderung hattet... eine weitere Chance zum Wiederaufbau. Das Bewusstsein begann sich tatsächlich zu erhöhen und die Erde spürte, dass sie eine Gelegenheit hatte, auf andere Art und Weise voranzukommen, die sie niemals zuvor gehabt hatte. Doch der freie Wille behielt die Oberhand, wie es sein soll... und es geschah nicht. Die Wahl von einigen wenigen wirkte sich auf die vielen aus und es gab stattdessen Hungersnot und Krieg, Massenzerstörung und Tod. Der Tempel wurde abgerissen. Dies war die Nummer zwei.

Eine ermächtigte Menschheit hätte dies ändern können, doch in dieser Position wart Ihr noch nicht. Die Wenigen hatten die Macht und die Vielen wurden verändert. Jetzt befindet Ihr Euch hier in der Jahrtausendwende. Lasst mich Euch sagen, was heute im Vergleich zum Beginn des 19. Jahrhunderts anders ist. Ihr habt die Energie des Planeten bereits in großem Ausmaß verändert. Jetzt geht es nicht um die Veränderung der Energie; es geht um Lösungen. Bei dem 11:11 habt Ihr die Erlaubnis zur Veränderung gegeben und jetzt verändert sich die Energie. Plötzlich existiert ein Massenbewusstsein von diesem Planeten, das tatsächlich diesen Tempel wiederaufbauen möchte. Das ist das Potenzial und daher waren wir vor 12 Jahren so aufgeregt. Wir reagierten, indem wir das Gitter verschoben. Wir wussten, dass es 12 Jahre dauern würde und das haben wir Euch auch so mitgeteilt. Nun befindet Ihr Euch im 11. Jahr von den 12. Rechnet es aus. Versteht irgendjemand den Ausdruck „von der 2 zur 3 übergehen"? Es ist ein Teil dieses neuen Szenarios. Und wenn dieses neue Bewusstsein wiederaufgebaut ist, wird das Gitter antworten und die Metaphern fangen an, sich zu erklären.

Was für eine Zeit für die Menschheit! Und wenn Ihr Euch daranmacht, den dritten Tempel wiederaufzubauen, dann werdet Ihr auf großen Widerstand stoßen... genauso, wie wir Euch gesagt haben. Doch diesmal können Euch die Wenigen, aufgrund Eures neuen Paradigmas, nicht wie zuvor zum Sklaven machen.

Religion - die größte Hürde zur Einheit?

„Kryon, Du sprichst von der Einheit. Was sollen wir mit den Religionen anfangen? Manche haben gesagt, dass sie der größte Stolperstein auf dem Weg zum Frieden ist, denn es ist die Religion, die so viele der Kriege und Meinungsverschiedenheiten zwischen denen, die auf unterschiedliche Weise an Gott glauben, ausgelöst hat. Es gibt keine Toleranz!"

Wirklich? Dieses Thema ist das unwichtigste von allen! Lasst mich Euch eine paar Konzepte bringen. Anfänglich wusste Abraham, der Vater des Monotheismus, nur von einem Gott. Ihm wurde bereits sehr früh diese Information gegeben. Er baute die Stämme rund um einen Gott auf, betete den einen Gott an, wusste um die Schöpfung und verehrte den einen Gott. Aus dem Gitternetz des Indus Valley heraus entstand die große Religion des Hinduismus. Dabei ging es darum, dass alles eins ist. Sie verehrten bei allem die Seele der Einheit. Es gibt manche, die sagen würden: „Ja, aber sieh mal, was passiert ist. Nun haben sie viele, viele Götter."

Wir sagen Euch dies: Alle Götter der Hindus sind Erinnerungen an den einen Gott. Bei ihrem Werdegang wurden aus den Vielen der Eine und die Vielen sind der Eine. Es ist ungefähr so, wie Abraham glaubte, dass Gott all diese Dinge erschuf. Aus derselben großartigen Energie heraus entstand der erleuchtete Buddha und er verkündete, dass es eine Einheit aller Dinge gebe - der Erdboden, auf dem Ihr geht, die Sonne - alles, was Ihr seht und fühlt, sind/ist eins. Es ist Gott und es seid Ihr. Und bevor er hinüberging, sagte er etwas, an das sich viele nicht erinnern. Er sagte: „Wir möchten, dass Ihr niemals einen anderen Menschen verehrt. Ich ernenne keinen Nachfolger, denn wir sind alle eins."

Es ist ganz ähnlich wie bei den Hindus und wie bei Abraham. Buddha kannte die menschliche Wesensart und er bat jene, die seiner Lehre folgten, ihr eigenes Zentrum zu finden und nicht das irgendeines anderen Menschen. Der Meister der Liebe tauchte auf und sagte: „Gott ist Liebe." Der Christus überbrachte die Botschaft des Einsseins der Liebe Gottes. Er ermächtigte die Menschen und brachte ihnen neue Informationen darüber, wie geehrt sie seien. Er gab ihnen die Seligpreisungen. „Gesegnet sind die Sanftmütigen, denn sie werden die Erde erben", sagte er. Und hier seid Ihr also, sanftmütige Krieger! Vielleicht ist es eine Prophezeiung? Er zeigte ihnen auch, wie Heilung und selbst auch Fülle während des Lebens im menschlichen Körper manifestiert werden kann. Er lehrte, dass die Einheit Gottes in der Macht und Kraft der Liebe enthalten sind. Mohammed sprach in einer Höhle zu einem Engel und dieser war Gabriel. Es ist derselbe Engel, der im brennenden Busch zu Moses sprach - der Engel der Kommunikation. Ich weiß das, denn ich war dort. Er überbrachte Mohammed Informationen, die ihm halfen, die große Nation des Islam aufzubauen und seine Botschaft lautete: „Es gibt nur einen Gott." Und was machte Mohammed mit dieser Botschaft? Er vereinte die Stämme der Araber. Seine Absicht? Ihnen die Freude und den Frieden des einen Gottes von Israel zu schenken!

Mohammed verehrte Abraham. Wusstet Ihr das? Geht zurück und lest seine Worte. Wusstet Ihr, dass die Gebetsteppiche ursprünglich in Richtung Jerusalem zeigten? Wusstet Ihr, dass er bei seinem Aufstieg Abraham und Christus konsultierte? Es steht in seinem Buch geschrieben! Und so geschah es, dass sich die Nationen des Islam mit Abrahams Vision und mit dem Meister der Liebe zusammenschlossen. Und das ist die Wahrheit. So ist es gewesen, wie alles begonnen hat. Bei Mohammed ging es um die Einheit. Er verstarb jung in seiner Vision, er wurde in seiner Heimatstadt von genau der Stammesfamilie getötet, die er zu vereinen versucht hatte.

Wir sagen Euch dies: Um die Religion geht es nicht, denn der Kern ist bei allen Schöpfern jeder Hauptreligion auf Erden genau derselbe. Der Kern ist Einheit. Der Kern ist das Wissen und die Weisheit und die Liebe Gottes. Das Thema ist das, was die Menschen mit all dem gemacht haben.

Politik - ist Einheit möglich?

(Das Land, in dem hier gechannelt wird, ist Kanada. Das Land, welches sich gleich unterhalb von Kanada befindet, sind die Vereinigten Staaten.)

„Kryon, was werden wir bezüglich der Länder und der Politik anfangen? Wir werden niemals um diesen Punkt herumkommen! Wenn wir die Einheit auf Erden beabsichtigen, wie werden wir je mit diesem Thema umgehen können?“ Lasst mich Euch Folgendes sagen. Ihr seid alle in der Schulung, im Training. Ist es Euch aufgefallen? In dem Land, welches sich unterhalb von diesem Land, in dem wir channeln, befindet, fanden gerade außergewöhnliche Wahlen statt (USA). Es ist ein Land, das sich aufgrund von „Mehrheitsregel“ organisiert, doch es hat jetzt keine wirkliche Mehrheit! Ist es Euch aufgefallen? Um im Kongress dieses Landes irgendetwas zu unternehmen, haben viel mehr Menschen als je zuvor die Brücke der Unterschiede zu überqueren - die sie den Gang nennen -, und mit den anderen zusammenzutreffen, die nicht ihrer Meinung sind. Und dies haben sie auf einer täglichen Basis zu leisten, selbst für die unbedeutenderen Entscheidungen von Regierungsgeschäften. Toleranz ist der Schlüssel und sie haben eine Situation hervorgerufen, in der sie dies zu praktizieren haben. Ist es Euch aufgefallen? ***Damit befinden sich die Vereinigten Staaten derzeit in ihrer größten Lernphase.*** Das Land geht genau jetzt durch etwas vom „Bewusstsein der alten Energie“ hindurch. Wird es funktionieren oder wird es nicht funktionieren? Eine Angelegenheit, die sehr alt ist, wird getestet werden. Nennt es, wenn Ihr so wollt, den letzten Atemzug der Prüfung. Es gibt unterhalb von Euch in diesem Land (USA) das Konzept aus der alten Energie, das Konzept von Isolationismus. Ist das angemessen oder ist es das nicht? Wie weit können sich die Vereinigten Staaten der Welt anschließen und ihr begegnen und wie weit können sie weiterhin getrennt und für sich bleiben? Es ist ein Thema von profunder Reichweite.

Wann habt Ihr das letzte Mal Ausschreitungen und Tod und Zerstörung als Reaktion auf den Geschäftshandel mit anderen Menschen beobachtet? Ein Teil der alten Erde reagiert auf neue Konzepte und sie reagieren mit Angst! Was Euch in Eurem Land (*Kanada*) bevorsteht, sind Entscheidungen betreffend eine weitere furchtbare Angelegenheit namens „Separatismus“. Es ist auch ein Szenario des „letzten Atemzugs“, das für Euch funktionieren wird oder auch nicht. Ihr habt Euch zu entscheiden, denn es ist eine alte Energie, die nicht sehr lange in das neue Jahrtausend hineingebracht werden kann. Es hat eine Entscheidung zu geben. Sie kann nicht in der Form bestehen, wie es jetzt ist. Sie steht für eine komplette

Einstellung, die auf Angst basiert - die Angst davor, eine Kultur zu verlieren, Angst, dass dieses oder jenes geschehen wird. Das steht nicht im Einklang mit der Energie der Ko-Kreation und auch nicht mit der Weisheit und nicht einmal mit friedvollem Zusammenleben.

(Für die Vereinigten Staaten): **Achtet darauf und beobachtet, denn es haben Entscheidungen getroffen zu werden. Die Dinge können nicht so bleiben, wie sie sind. Es sind diejenigen geehrt, die begreifen, dass bedeutende Veränderungen im Gange sind. Die größten Veränderungen in all diesen Gebieten werden das Alte kontra das Neue sein. Wir sind hier, um Euch zu sagen, dass der Mensch, der hier sitzt und diese Worte liest, derjenige ist, der dies verändern kann. Es kann nicht so bestehen bleiben, wie es ist. Das Potenzial ist, dass die tief greifenden kreativen Veränderungen im Jahr der Drei (2001) kommen.**

Die größte Lösung

„Somit, Kryon, ist das also das größte Problem für die Einheit? Politik?“

Nein, so ist es nicht. Das größte Thema hat überhaupt nichts mit Politik oder Religion zu tun. Was dann das größte Thema für die Einheit auf Erden ist? Lasst mich Euch eine persönliche Frage zur Einheit stellen: Wie geht es Euch mit Eurer Familie? Wir haben das schon früher gefragt und wir werden diese Frage noch einmal stellen: Mit wem wollt Ihr nicht sprechen? Welche unangemessene Energie schleppt Ihr mit Euch herum? Ihr wisst, wovon ich spreche, nicht wahr? Warum löst Ihr Euch nicht von dem, was Euch von der Liebe trennt? An welche Energie wollt Ihr Euch anklammern und anklammern und immer wieder anklammern? Ihr werdet in Eurem eigenen Herzen oder in Eurer eigenen Biologie keine Einheit haben, bis dieser Vertrag der alten Energie aufgelöst ist. Wisst Ihr, um einen Vertrag zu schreiben, bedarf es zweier Menschen. Manchmal bist das Du und noch einmal Du!

Misshandelt Ihr noch immer Euren Körper? Warum? Vielleicht meint Ihr, dass dies eine unbedeutende Angelegenheit ist, doch es könnte auch

Euer Leben auf Erden verkürzen... und aus Euch einen weitaus weniger erfolgreichen Heiler oder Lichtarbeiter machen. Habt Ihr dies bedacht? Wie steht es mit der Familie am Arbeitsplatz? Was geht dort vor sich? Freut Ihr Euch, wenn Ihr zu Eurer Beschäftigung geht, wo Ihr von denen umgeben seid, deren Gesellschaft Ihr Euch nie persönlich ausgesucht habt? Denkt Ihr, dass das, was geschieht, ein Zufall ist?

Wie sieht es mit dem Menschen zu Hause aus? Wie steht es mit Eurer Partnerschaft? Nun kommen wir langsam zu den schwierigen Teilen, nicht wahr? *„Kryon, warum stellst Du diese Frage? Was hat dies mit Frieden auf Erden oder dem Wiederaufbau des dritten Tempels zu tun?"* Was könnt Ihr für die Erde tun? Es hört sich nur zu einfach an: Wie steht es mit der Einheit zwischen Euch selbst, Du mit Dir? Wir haben dieses interdimensionale Thema in vergangenen Kryon Channelings angesprochen. Wir haben Euch gesagt, dass sich ein Teil von Euch auf der anderen Seite des Schleiers befindet. Es ist nicht alles von Euch hier! Ich möchte Euch erklären, wer vor einer kurzen Weile hierher gekommen ist und sich an Eure Seite gesetzt hat. Habt Ihr vielleicht wahrgenommen, dass ein Gefühl von Zuhause in Euren Raum (space) geströmt ist? Gab es etwas ganz Besonderes? Wer ist es gewesen? Ihr kamt, um mit Euch beisammen zu sitzen! Die Wesenheit, die ihren Platz vor Euch eingenommen hat, ist diejenige, die auf der anderen Seite des Schleiers auch Euer Gesicht hat. Und diese Wesenheit möchte Euch fragen, lieber Mensch: Wie oft lächelst Du, wenn niemand in Deiner Nähe ist? Weißt Du wirklich, wer in Deinem Inneren ist? Lässt Du die Dualität Überstunden machen?

Wie wäre es, wenn Ihr diese Zwiebel der Dualität rund um Euch schälen und Euren spirituellen Kern entblättern würdet? Lacht Ihr, wenn Ihr alleine seid? Herrscht Freude, wenn Ihr alleine seid? Wenn die Antwort nein lautet, dann habt Ihr noch nicht herausgefunden, wer dort ist! Denn wenn Ihr den Kern wirklich kennt, die Einheit, den Inneren Engel, dann wäret Ihr erstaunt zu erkennen, dass es ein Kind ist! Denn seht, Engel werden nie erwachsen. Sie sind immer gleich alt - jugendlich, fröhlich, verspielt, lachend und lächelnd. Er ist in Euch. Er ist derjenige, der Einheit auf dem Planeten erschaffen kann. Wie geht es Dir mit Dir? Lässt Du es zu, dass Du dort hingehst und dies tut? Gesegnet ist der Mensch, der versteht, wo der Engel ist - das Bewusstsein von Feier und Freude.

Das ist das Menschenwesen, das auf dem Planeten Einheit erschaffen wird. Das ist das Menschwesen, welches mit dem neuen Gittersystem zusammenarbeitet, mit den Werkzeugen, die den dritten Tempel, den Tempel für Bewusstsein, erbauen können, die das Neue Jerusalem auf dem Planeten erschaffen können. Mit diesem Verständnis werden all die anderen Dinge Gestalt annehmen. Wenn *Du* Dich mit *Dir* vereinigst, dann ist das der Anfang dafür, den Grundstein für den letzten Tempel zu legen. Er wird Dich auch gegen das wappnen, was Dir vielleicht widerfahren mag... Angst, Trauer oder der letzte Atemzug der alten Energie.

Dies ist die Botschaft von Kryon und so ist sie immer gewesen.

Während wir zum Ende kommen, lasst die Heilung beginnen!

Und so ist es

Kryon

Könnt Ihr jetzt Frieden in Eurem Herzen finden, sogar für die, die diese Ereignisse vorbereiteten?

Könnt Ihr interdimensional denken? Das sind die spirituellen Fragen, welche diejenigen trennen werden, die über spirituelles Wachstum reden, von denen, die es gegenwärtig verstehen und praktizieren.

Kryon

Ausschnitt aus der gechannelten Botschaft von Kryon über den 11. September, die via Internet an Tausende von Menschen überall auf der Erde gesendet wurde.

11-9

„Die Tragödie vom 11. September 2001“

Von Lee Carroll...

Der 11. September war unser vierter Tag an Bord einer „Kryon Kreuzfahrt“ rund um die Hawaii-Inseln. Dies war die zweite der jährlich stattfindenden Kryon Kreuzfahrten und anwesend waren Jan Tober und ich, die Heiler Barbra Dillenger, Michael Makay und unser kanadischer Musikkünstler Robert Coxon. Die Veranstalter unserer Kreuzfahrt, Mary Ellen und Len Delekta, verbrachten hier ihre Flitterwochen. Der Tag war als freier „Spieltag“ ohne irgendwelche planmäßigen Kryon Veranstaltungen vorgesehen.

Aufgrund der Zeitverschiebung sahen diejenigen, die sehr früh aufwachten, die Ereignisse in Manhattan und Washington D.C. in Realzeit. Alle anderen von uns sahen dann das, was nach diesem Ereignis eigentlich schon Geschichte war... und es wurden wieder und immer wieder dieselben Aufzeichnungen vorgeführt. Ich erinnere mich daran, dass Jan vor meiner Kabine nach mir rief und sagte: „Schalte den Fernseher ein!“ Das tat ich. Der Eindruck saß bei uns allen tief, so wie das an diesem Morgen wohl bei den meisten Amerikanern der Fall gewesen ist.

Das Schiff trug den Namen *MS Patriot.* Vor dem morgendlichen Frühstück begann unser Tag damit, stehend unsere Nation musikalisch durch unsere Hymne zu ehren. Doch der Tag des 11. September war anders. Das Geschehen war für die meisten von uns von großer Bedeutsamkeit und uns war bewusst, dass sich die Welt verändert hatte... wir hatten uns verändert.

Der Kapitän gestattete es uns freundlicherweise, an Bord des Schiffes eine Durchsage für die Kryon Gruppe zu bringen, um alle, die dies wollten, zur Teilnahme an einer Meditation in der „Adlernest“-Lounge, in der wir unsere Kryon Veranstaltungen abhielten, einzuladen. Die Versammlung begann. Als Leiter der Gruppe hielten wir eine kurze Ansprache und dann meditierten wir gemeinsam und trösteten uns gegenseitig. Wir sangen einige Lieder. Wir beteten und manche weinten. Es tat gut, bei der Familie zu sein.

Leider war dies die letzte Seereise der *MS Patriot*. Das Ereignis vom 11. September und all die damit verbundenen wirtschaftlichen Konsequenzen für Hawaii trieben die Kreuzfahrtlinie in den finanziellen Ruin. Wir erfuhren erst davon, als wir ein paar Tage später in Honolulu anlegten.

Das Schiff verfügte über einen E-Mail-Anschluss und so channelte Kryon nach der Meditation eine Antwort am Computer. Ich sandte sie an Gary Liljegren, unseren Homepage-Betreuer; an Barb und Rob Harris, die Herausgeber unseres E-Magazins; und auch an das *The Sedona Journal of Emergence.* Die Botschaft wurde über unsere E-Mail „Marshmallow-Botschaften" an Tausende Menschen gesandt und auf die Vorderseite unserer Internet Homepage sowie kryon-online.de gestellt. Später wurde es im *The Sedona Journal* veröffentlicht. Wir wissen, dass es von vielen gelesen wurde und dass Kryons Worte vielen Menschen Trost spendeten.

Wissen Sie, es berührt und betrifft jeden... jeden Menschen auf dem Planeten. Doch in unserer Gruppe befand sich eine Mutter, deren Tochter in den Zwillingstürmen arbeitete und die um 6.30 Uhr östlicher Zeit am Arbeitsplatz sein sollte. Als das Flugzeug gegen die Türme prallte, riss es die Mutter ruckartig vom Tisch in die Höhe. Sie versuchte über Stunden die Tochter anzurufen. Alle Leitungen waren *(wie Sie sich vorstellen können),* belegt.

Sie telefonierte und telefonierte. Zu aller Niedergeschlagenheit kam noch die Tatsache hinzu, dass das Schiff nicht mit Mobilfunktechnologie ausgestattet war und die Telefonanlage bestand aus einem Seefunkanschluss... ein sehr altes und begrenztes Kommunikationsmittel. Doch die Mutter versuchte weiterhin durchzukommen... in der Hoffnung, von irgendjemandem etwas von ihrem geliebten Menschen zu hören. Schließlich wurde eine Verbindung hergestellt. Können Sie sich ihre Freude vorstellen, als sie endlich am Telefon hörte, dass ihre Tochter das Ereignis „zufällig" verpasst hatte? Sie hatte verschlafen! Sie eilte verspätet zur Arbeit und erreichte genau zu dem Zeitpunkt den unteren Teil des Gebäudes, um zu sehen, wie das erste Flugzeug einschlug. Ihre spontane Reaktion? Sie wollte in das Gebäude hineinlaufen. Stattdessen wurde sie von ihrem Freund, der sie begleitete, buchstäblich von der Szene weggerissen. Wir feierten dieses Wunder in einer Zeit, in der so viel Trauer herrschte. Es half uns allen.

Zwei Wochen zuvor war ich für zwei Kryon-Meetings in New Jersey gewesen. Ich befand mich genau an der Grenze zu New York... genau über der Brücke und viele, die an den Meetings teilgenommen hatten, waren von New York gekommen und einige von ihnen arbeiteten in Manhattan. Mich erfasste der Gedanke, dass jetzt vielleicht nicht mehr alle am Leben sein würden. Ich werde es nie erfahren. Ich flog anschließend mit der United Fluglinie Richtung heimwärts nach Los Angeles und ich denke heute noch immer daran, was die Menschen auf einem ähnlichen Flug erlebten. Bei meinem Abflug umkreisten wir die Stadt und ich sah die Zwillingstürme - zum letzten Mal sah ich diese amerikanischen Wahrzeichen von Stärke und Handel.

Am 13. September wurde an Bord unseres Schiffes ein von tiefem Herzen kommendes Channeling durchgegeben. Kryon bat uns, sich all jene vorzustellen, die ums Leben gekommen waren. Er wollte, dass wir sehen, wie sie mit Freude und Absicht heimkehren. Kurz bevor sie endgültig hinübergehen, drehen sie sich um und schauen uns ins Gesicht. Gemeinsam sagen sie: „Wir liebten Euch so sehr, dass wir Euch diesen Schub gegeben haben... dieses Aktions-Geschenk. Was werdet Ihr damit anfangen? Erreicht, dass es etwas bedeutet, dass das, was wir taten, etwas zählt! Erreicht, dass die Liebe zählt!" Dann wenden sie sich um und verschwinden in die göttlichen Formen Gottes, welche sie sind - Formen, in denen wir sind, wenn wir uns nicht hier aufhalten. Mit ihrem Verschwinden geht jedoch auch die Gewissheit einher, dass wir ihnen letztendlich begegnen werden. Das tun wir immer.

Mein Herz weint noch immer in Trauer und Mitgefühl für die Familien einschließlich derjenigen, die wir verloren haben... es ist sechs Monate später. Und gleichzeitig hoffe ich, dass dieses Ereignis für eine zukünftige Generation von Kindern einen großen Umschwung auf unserem Planeten bewirken wird, sodass sie niemals irgendetwas in dieser Art durchzustehen haben. Was werden wir damit anfangen?

In diesem neuen „Krieg" ist es sehr gut möglich, dass diejenigen, die in dieser Woche ihr Leben gelassen haben, eines Tages als Veteranen und unfreiwillige Kämpfer angesehen werden, aber als solche, die mithalfen, die Freiheit der Welt zu erhalten. Ja, es wird ein Denkmal geben und ich hoffe, dass ich es eines Tages aufsuchen und jenen sagen kann, dass ich sie liebe. Im „Jetzt" sind sie alle noch hier.

Ich möchte Ihnen an dieser Stelle auch gerne die Gedanken von Jan Tober (meiner Präsentationspartnerin und Mitbegründerin der Kryon Arbeit) von diesem Tag präsentieren. Sie bringt in einer Zusammenfassung die Gefühle von uns beiden zum Ausdruck.

Im Anschluss daran folgt die eigentliche Botschaft von Kryon vom 11. September 2001.

Von Jan Tober...

Durch die Gnade Gottes befanden sich während der Krise vom 11. September 2001 siebzig Menschen an Bord der MS Patriot, einem amerikanischen Flaggschiff, das die Gewässer der Gegend *umsegelte*, die einst Teile des Kontinents von Lemurien waren und heute als die Hawaii-Inseln bezeichnet werden. Lee und ich veranstalteten gemeinsam mit unseren lieben langjährigen Freunden und Lehrern, Barbra Dillenger und Michael Makay, die zweite, jährlich stattfindende Kryon Kreuzfahrt. Es sollte ein „Zurück zu Lemurien" Erlebnis werden.

Wir begannen unsere Kreuzfahrt am Samstagnachmittag und bis Dienstag, den 11. September 2001 waren bereits zwei kraftvolle Channelings von Kryon durchgegeben worden und wir hatten die Insel Kauai erforscht. Am Morgen des Dienstag, 11. September schaltete ich in meiner Kabine den Fernseher ein, um mich über die Tagesereignisse zu informieren. Völlig schockiert und voller Ungläubigkeit sah ich mir, gemeinsam mit Millionen von anderen Menschen, die surreale Tragödie an, so wie sie immer wieder und wieder abgespielt und vorgeführt wurde, eine tiefe, mit jedem Mal schmerzerfüllte Furche in unser Bewusstsein grabend.

Lee und ich versammelten unsere lemurische Familie rasch in dem Saal, der sich ganz oben, über der Brücke, im Vorderteil des Schiffes befand. Als wir zusammenkamen, reflektierte jemand aus unserer Gruppe, dass 11. September „911", der Notruf, bedeutete. Während wir aus den Gewässern von Kauai heraussegelten, erkannten wir auch, dass wir uns im westlichsten Teil von den Vereinigten Staaten befanden, so weit von der Tragödie entfernt, wie es nur irgendwie, und trotzdem noch in den Vereinigten Staaten zu sein, möglich ist. Auch war dies ein Gebiet, in dem es uns gelang, wieder die gleiche empfundene Liebe wie in Lemurien, als integrierte Menschen, zu entfachen.

Alle von unserer Gruppe spürten an diesem Tag den Schock und die Trauer, und zwar nicht nur für Amerika, sondern für die Welt. Wir hatten eine schwierige Herausforderung vor uns. Als ich mich in eine gechannelte, geführte Meditation hineinbewegte, wurde uns gesagt, dass es angemessen und wichtig ist, uns aus unseren Köpfen herauszubewegen und in unsere Herzen zu gehen. Wir wurden durch Spirit daran erinnert, wie wir in den Herzensraum zurückkehren können, sodass wir nur noch die Absicht von Licht und Liebe halten... einzig und allein nur das Gefühl von Licht und Liebe. Angesichts der Umstände war dies eine Herausforderung, doch wir begannen.

Wir begannen, indem wir uns bewusst und ausgerichtet auf unseren Herzensraum zu bewegten. Dann stellten wir uns New York City und die World Trade Center Türme intakt vor, so wie vor dem Ereignis, und erfüllt von Gold und schimmerndem Licht. Wir baten Spirit, unsere Lehrer, Geistführer und Engel, uns durch die Verstärkung der goldenen, liebevollen Energie zu unterstützen. Anschließend bewegten wir diese Liebe nach Washington, D.C., zum Pentagon, dem Absturzort in Pennsylvania und zu all den Menschen, die ums Leben gekommen waren.

Wenn wir merkten, dass wir in Angst, Tränen oder Trauer übergingen, dann richteten wir sanft, aber entschlossen unsere Absicht zu Spirit, der absoluten Kraft und Macht der Liebe. Anfangs war es schwierig für uns, weil wir emotional so sehr betroffen waren, doch als uns die Gnade der Liebe erfüllte, wurde es leichter. Wir spürten, wie uns jene, die hinübergegangen waren, im Raum begegneten. Das war zutiefst emotional! Dann sahen wir Engel in den Straßen von New York, die den Menschen, die hinübergingen, und den Zurückbleibenden halfen. Mit der Hilfe der Engel legten wir unsere Absicht auf alle Führer der Welt, um uns auf einer Ebene von Einheit zusammenzuschließen, auf der ihr Höheres Selbst für all ihre Entscheidungen zuständig ist.

Als sich unsere Gruppe auflöste, sodass jeder für sich sein und seine persönlichen Gebete sprechen konnte, wurden wir von Spirit gebeten, uns bewusst zu bemühen, zu unserer Absicht der Gefühle der Liebe, die wir während unseres Zusammenseins erschaffen hatten, zurückzukehren.

Am Samstagmorgen legten wir in Honolulu an. Als ich mich umsah, realisierte ich, dass wir uns in den Gewässern von Pearl Harbor befanden... das Ereignis, das bis heute den schlimmsten nationalen Angriff auf Amerika darstellt. Wie ironisch mir das vorkam. Am Sonntag, dem 16. September 2001 konnten wir einen Flug nach San Diego nehmen. Spirit erinnerte mich an die astrologische Konstellation, die vielen von uns bekannt war... über die Nah Osten (über Gizeh) würde sich am Himmel, astrologisch gesehen, ein Davidstern bilden. Die intuitive Information, die viele von uns erhielten, war, dass nach der Öffnung dieses Portals nichts mehr so bleiben würde, wie es war. Die Menschheit wollte mit der Selbstgefälligkeit der alten Bräuche nichts mehr zu tun haben. Wie richtig das war!

Diejenigen von uns, die sich auf dieser Kryon Kreuzfahrt befanden, dachten, dass ein Großteil unseres Aufenthaltes aus Freude und aus Verarbeitung bestehen würde. Wir hatten nicht damit gerechnet, dass wir zu solch einer bedeutsamen Zeit auf dem Planeten zusammen sein würden, doch es war so perfekt. Der Zauber von Lemurien war gegenwärtig. Ich für meinen Teil war sehr dankbar, dass ich dieser wunderbaren Gruppe von menschlichen lemurischen Engeln angehörte, während wir alle auf diesen friedvollen Inseln, die wir unser Zuhause nannten, die Arbeit von Spirit leisteten.

Möge der Frieden siegen.

Namaste, Aloha und Om Shanti

Jan Tober

Die Botschaft von Kryon zum 11.09.2001

Geliebte Wesen, an diesem Tag trauert Ihr um die Familienmitglieder, die hinübergegangen und noch im Prozess sind. Viele von Euch stellen sich die Frage: „Warum haben wir nicht davon gewusst?" oder „Sollte Spirit uns nicht über solche Dinge unterrichten?"

Wir möchten Euch wissen lassen, dass die Botschaften, die wir Euch vor einiger Zeit gaben, nun hier sind: „Weder Spirit noch ein einziger Mensch kann Euch sagen, was morgen geschehen wird. So ist ein Teil der neuen Dimensionalität... dass alles außerhalb eines linearen Zeitrahmens geschieht und dass die Menschheit in vollständiger Eigenverantwortung ist.

Was Ihr heute gesehen habt, ist das Ergebnis dessen, was wir Euch als das Potenzial für 2000 und danach gegeben haben. Wir sprachen zu Euch darüber, dass Ihr spirituelle Raserei sehen werdet und dass es Kräfte geben wird, die nicht von den alten Paradigmen - der Art und Weise, wie die Welt ‚zu funktionieren gewohnt war' - loslassen würden. Nun erlebt und fühlt Ihr in Eurem Land Amerika gegenwärtig, was das bedeutet. Die ‚Schlacht' beginnt ernst zu werden und jetzt wisst Ihr, warum Ihr die „Krieger" des Lichts genannt werdet.

Mit dem Wechsel des Millenniums kam eine neue Verantwortung. Ein Teil davon dreht sich jetzt um die Wut und den Zorn: Was werdet Ihr nun tun? Könnt Ihr Euch selber über die Gefühle von Wut und Zorn erheben? Könnt Ihr noch irgendetwas anderes in dem Geschehen wahrnehmen als nur Raserei, Wut und Zorn? Womit werdet Ihr Euch verbinden und wovon werdet Ihr Abstand nehmen? Die Kluft öffnet sich und die Entscheidungen (*Eure Wahlmöglichkeiten*) werden sehr viel schwieriger... so ist der Anfang der neuen Weisheit für den Planeten.

Die Familienmitglieder, die in diesem Geschehen, an diesem elften Tag, hinübergingen, waren damit einverstanden, ein Teil dieses (*sichtbar gewordenen*) Menschen-Horror-Potenzials zu sein... etwas, was noch gestern hätte verändert werden können, wenn die Menschheit so entschieden hätte. Ihr erklärtet Euch einverstanden vorwärts zu gehen und, wie auch immer, wird Euch das Ergebnis mehr denn jemals zuvor zu einem Teil der Weltenfamilie werden lassen. Vielleicht wird dieses Ereignis Euch alle dichter an gemeinsame Vereinbarungen heranführen? Vielleicht wird es Euch letztendlich dazu bringen, Weltereignisse anders zu entscheiden? Vielleicht werden mehr auf die Knie gehen? Vielleicht werden mehr die „Weltenfamilie" verstehen?

Wenn dem letztendlich so ist, dann werden die Menschen, die heute heimgegangen sind, eine noch weitaus größere Feier feiern, als sie erwarteten, denn ihr Übergang wird den Fortschritt der planetaren Heilung beschleunigen. Alles ist in göttlicher Ordnung und alles ist angemessen, selbst auch solch eine unverständliche Darstellung, während Ihr in Sorgen seid.

Könnt Ihr jetzt Frieden in Eurem Herzen finden, sogar für die, die diese Ereignisse vorbereiteten? Könnt Ihr interdimensional denken? Das sind die spirituellen Fragen, welche diejenigen trennen werden, die über spirituelles Wachstum reden, von denen, die es gegenwärtig verstehen und praktizieren.

Gesegnet ist die Familie, die zurückbleibt, denn sie verspürt den Schmerz und das Leid von unvorstellbarem Verlust (*und unvorstellbarer Verlorenheit*). Für jetzt sendet ihnen Eure Energie und Eure Liebe. Erinnert Euch: Die Gedanken der wenigen können die Realität der vielen verwandeln. Umarmt sie aus der Ferne. Holt sie in Eure Räume und weint für sie, denn sie brauchen Eure Hilfe.

Dann, wenn genügend Zeit vergangen ist... bringt aus einer neuen Ressource des Menschen weise Entscheidungen hervor, Entscheidungen, die jetzt „in die eigene Meisterschaft eintreten", denjenigen, die ihr energetisches Potenzial zu dem Planeten bringen.

Ein Aufruf zur Handlung erklang in einem Land, das sich glücklich damit fühlte, einfach nur zu existieren und die anderen beim Ausarbeiten zu beobachten. Nun seid Ihr alle in demselben Ruf vereinigt. Das Ergebnis? Die freie Wahl des Menschen wird alles entscheiden, so wie es schon immer war. Nur gibt es jetzt eine profunde Dringlichkeit, die es dort vorher nicht gegeben hat.

Ihr seid hierin nicht alleine und Legionen begleiten Euch, um Lösungen für das hervorzubringen, was Ihr jetzt alle als sehr real kennt... das Alte gegenüber dem Neuen.

Liebe ist unendlich kraft- und machtvoller, Ihr Lieben. Gebraucht sie heute! Wir sind mit Euch in Euren Sorgen und der potenziell tief gründigen Weisheit, die aus der Liebe auferstehen kann.

Ihr seid unermesslich geliebt

Kryon

Die Entstehung eines neuen weltweiten Bewusstseins?

Von Kryon: Dezember 2000

Hört zu: Dieses Kind, wegen dem wir Euch zu einer Feier einladen, ist das heimkehrende Bewusstsein der aufgestiegenen Meister, die alle in der Energie des einen Kindes vereint sind - ein Kind, das jetzt in den Herzen vieler Menschen geboren und gefeiert wird. „Welcher Meister?", mögt Ihr fragen. „Schließlich repräsentieren sie alle unterschiedliche Glaubenssysteme." Wirklich? Werft einen Blick auf die wichtigsten Informationen über jedes Glaubenssystem. Werft einen Blick auf die Informationsquelle, die sie Euch genannt haben. Werft einen Blick auf eine Gottheit und auf eine Botschaft!

Kryon - Kryon Band 7 - Der Neuanfang, Seite 159 (Kapitel V)

Von der Princetown University: September 2001

Nachdem „Das globale Bewusstseinsprojekt" das Ereignis vom 11. September auf ihre Anlagen gemessen hatte...

Menschengruppen einschließlich jener Gruppe, welche die gesamte Welt bildet, haben ihren Platz im Bewusstseinsraum. Unter besonderen Umständen werden wir - oder sie - zu einer neuen Gegenwart. Beweise (von der Reaktion des 11. September auf die 39 Sensoren rund um die Welt) zeigen, dass sowohl Individuen als auch Gruppen etwas manifestieren, was wir vorsichtig als ein "Bewusstseinsfeld" bezeichnen. Wenn man dieser Spekulation nachgeht, hat es den Anschein, als würde der neue, integrierte Verstand erst beginnen, aktiv zu werden... Vielleicht ist das beste Bild dafür ein Säugling, der langsam ein Bewusstsein entwickelt.

Quelle: Princeton University: *The Global Consciousness Project* (dt.: D*as Globale Bewusstseinsprojekt*), Roger Nelson, Direktor (http://noosphere.princeton.edu/terror.html)

Kryon

Live-Channeling

Der Energiekreis des „gewöhnlichen" Menschen

Gechannelt in
San Francisco, Kalifornien,
28. Oktober 2001

Kapitel VIII

Der Energiekreis des „gewöhnlichen“ Menschen

Live-Channeling in San Francisco, Kalifornien

Dieses Live-Channeling wurde mit zusätzlichen Worten und Gedanken herausgegeben, um Klarheit und ein besseres Verständnis in der schriftlichen Textform zu ermöglichen.

Seid gegrüßt, Ihr Lieben! Ich Bin Kryon vom Magnetischen Dienst.

In diesem Raum wird es diejenigen geben, welche nicht verstehen, wie kostbar diese Zeit ist. Es wird diejenigen geben, die sagen, dass die Energien hier vom Menschen und nicht von Spirit stammen. Lasst Euch von uns sagen, wie wir schon so viele Male zuvor gesagt haben, dass die Energie, die an diesen Ort strömt und von vorne, hinten und seitlich an Euch drückt, von jenen stammt, die gekommen sind, um Euch die Füße zu waschen. Lasst hierin den Beweis dafür liegen, dass dies nicht *gewöhnlich* ist.

Es ist eine kostbare Zeit, die es Spirit und der Familie von Spirit gestattet, an diesen Ort zu strömen. Es gibt unter jenen, die möglicherweise heute Abend an diesen Ort kommen, manche, mit denen einige von Euch nicht gerechnet haben. Einige von Euch haben gesagt, dass das Kryon Gefolge immer gleichbleibend ist - jene, die kommen und Eure Füße in Ehren waschen. Denjenigen von Euch, die es nicht wissen, sagen wir, dass dieses Gefolge niemals gleichbleibend ist! Diese Gruppe trägt Euren Namen. Wir wussten, dass Ihr kommen würdet, denn Ihr hattet Absicht dafür bekundet. Selbst dieje-

nigen, die sich erst heute entschlossen haben, hierher, in diesen Raum zu kommen, hatten bereits vor Tagen eine Energie mit dem Potenzial, hier zu sein. Lass mich Dir Folgendes sagen und es mag Dir vielleicht zu denken geben, lieber Mensch, *gewöhnlicher* Teil von Gott - vielleicht kannst Du jetzt vollständig verstehen, wer gekommen ist, um wen zu sehen!

Hier ist ein Gefolge, das bereits seit drei Tagen wartet. Vor drei Tagen wurde damit begonnen, diesen Raum für die Besucher und die Leser vorzubereiten. Vor drei Tagen wurde damit begonnen, die Namen derer, die hier eintreten würden, und der „Engel", die durch die Tür eintreten würden (*Menschen*), zu arrangieren. Einige von Euch haben erkannt, dass wir ein sehr friedvolles Heiligtum erschaffen haben, wie eine Seifenblase, die vom Rest der Erde vorübergehend abgekapselt ist und die Euch allmählich daran erinnert, wer Ihr wirklich seid. Fühlt, wie die Liebe von Spirit und der Familie langsam die Grenzen des Verstandes und des voreingenommenen Denkens all jener Dinge, welche Ihr den Schleier nennt, durchbrechen. Vielleicht kann sie diese Schale aufbrechen; die Schale der Dualität - die Euch daran hindert, die Liebe Gottes wahrhaftig zu spüren.

Und so begibt es sich, dass Ihr hier in einer Energie sitzt, die für den Planeten neu ist, eine Energie, die diese Botschaft sogar noch besser als je zuvor ausströmen lässt - eine Energie der Liebe, die schließlich die Hand ausstrecken und Euch berühren und sagen kann: „Nun, Familie, erinnert Ihr Euch, was die Potenziale waren?" Einige von Euch öffneten in diesen letzten paar Wochen (*nach dem 11. September*) ihre Herzen. Wir werden in einem Moment über diese Dinge sprechen, denn die Energie, lieber Mensch, ist diesmal anders als das letzte Mal, als wir an diesem Ort waren. Es gibt ein Potenzial, das es noch nie zuvor gegeben hat.

Eine Öffnung ist eingetreten, eine Öffnung, die nicht vorherbestimmt war, sondern ein macht- und kraftvolles Potenzial - ein Potenzial, das wir während der vergangenen zehn Jahre wiederholt andeuteten. Wir brachten Euch Informationen über die Kluft, die sich öffnet, und jetzt starrt Ihr hinein. Wir brachten Euch Informationen über die Entscheidungen für die Menschheit „vom Zaun herabzusteigen" und jetzt betrachtet Ihr den Zaun. Was jedoch keiner von Euch erwartet hat, ist, dass Euch etwas berühren würde, mit dem Ihr für den Rest Eures Lebens zu leben habt. Die Entscheidung liegt bei Euch; die Handlung ist in Euch. Darüber möchten wir heute Abend sprechen.

Ihr sagt vielleicht: *„Lieber Kryon, wir fühlen uns so gewöhnlich in dieser Welt. Wir sehen, wie sich dieses Szenario abspielt, und es ist so abscheulich für unseren spirituellen Geist. Teilweise verstehen wir die Notwendigkeit dessen, doch wir fühlen uns hilflos, weil wir nichts daran ändern können. Wir sind so gewöhnlich! Wir haben Führer auf Erden und sehen, wie sie durch unsere verschiedenen Systeme vordringen, wodurch dann Nachrichten gegeben werden. Wir ringen unsere Hände und weinen. Wir visualisieren und beten, doch wir fühlen uns so gewöhnlich."*

An diesem Abend werden wir dieser besonderen Botschaft für Euch den Titel „Der Energiekreis des ‚gewöhnlichen' Menschen" geben. An demjenigen, der auf diesen Stühlen vor uns sitzt oder der *zufällig* diese Worte liest, ist nichts *gewöhnlich*, Ihr Lieben. Euer Alter oder das, was Eurem Gefühl nach Eure Talente sind oder wo Ihr Euch auf einem gewissen spirituellen Weg befindet, der scheinbar Eure eigene Priorität ist, ist nicht von Bedeutung. Es hat mit diesen Dingen überhaupt nichts zu tun.

Wie viele von Euch verstehen das „Jetzt"? Wie viele von Euch verstehen, dass dieser Zeitpunkt in der Geschichte absolut einzigartig ist? Vielleicht wird diesmal das einzige Mal sein, das Euch ermöglichen wird, Euch für Spirit auf eine Art und Weise zu öffnen, wie Ihr es nie zuvor getan hättet? Vielleicht ist dies der Augenblick, an dem Ihr möglicherweise gestattet, etwas zu tun, das Ihr zuvor nie getan hättet?

Lasst mich Euch von einem profunden spirituellen Prozess erzählen. Er nennt sich „Der Energiekreis". Ich bin hier, um Euch von etwas zu berichten, das bekannt gewesen ist - eine Sache, über die wir gesprochen und auf die wir in unseren Kommunikationen immer wieder angespielt haben, die jedoch vielleicht nicht klar war. Liebe *gewöhnliche* Menschen, Ihr seid diejenigen, die das Ergebnis dessen, was vor Euch in den Nachrichten steht, festlegen werdet. Wenn wir *Euch* sagen, dann meinen wir damit die Familie der Menschheit - diejenigen, die nun, in Eurem *Jetzt,* zuhören, und das meint auch den Leser.

Lieber Leser, wir sprechen nun Dich an, denn wir sehen die Augen, die auf diese Seite gerichtet sind, und wir sehen den Geist, mit dem wir uns verbinden. Wir bitten die Familie, die sich in diesem Raum befindet und zuhört, nach oben zu reichen und die Hand des Lesers zu ergreifen. Diejenigen, die dies hören, verstehen vollständig - obwohl sie nicht in Eurem Zeitrahmen sind - dass diese Botschaft von viel mehr Menschen gelesen als gehört werden wird. Wir sind „hier" bei Dir, Leser, während Du so tust, als würdest Du die Vergangenheit durch diese Niederschrift besuchen. Die Familie, die hier ist und zuhört, streckt jetzt zeitlich ihre Hände aus, zu denen, die über die Jahre diese Botschaft wieder und wieder lesen werden. Denn dies ist der Energiekreis, der von dem *gewöhnlichen* Menschen erzeugt wird.

Der Energiekreis

Es gibt einen Energiekreis, der wirkt und den Planeten beeinflusst. Er wird fast ausschließlich durch das erzeugt, was die Menschen als Teile von Gott auf dem Planeten tun, indem sie diese Erde in der Dualität betreten. Es geht nicht um Bewertung, denn diese gibt es nicht. Wir haben Euch diese Botschaft immer wieder überbracht. Es geht nicht um Arbeiten - wer gute Arbeit geleistet hat und wer nicht. Es geht nicht um die gesellschaftliche Stellung - wer zu einem Führer wurde und wer nicht. Es geht stattdessen um Lösungen. Was habt Ihr in letzter Zeit gelöst? Was habt Ihr in letzter Zeit entdeckt? Welche spirituellen und interdimensionalen Dinge, von denen wir Euch berichtet haben, habt Ihr ergriffen und damit begonnen, sie zu einem Bestandteil Eures Lebens werden zu lassen? Wie viele von Euch sind heutzutage friedvoller, als Ihr es vor einem Jahr oder dem Jahr davor gewesen seid? Wie viele von Euch sind fröhlicher? Wie viele von Euch können diese Gefühle nach Belieben - trotz Schmerz, Trauer, Leid oder tiefem Mitgefühl - hervorrufen?

Ich möchte Euch etwas über den Energiekreis sagen. Wenn Ihr die Probleme löst, wenn Ihr gewisse spirituelle Dinge vollbringt, wenn Ihr interdimensional werdet und anfangt, Euch mit Spirit zu verbinden und damit beginnt die Zwiebel der Dualität zu schälen, um die Göttlichkeit in Eurem Inneren zu entdecken, dann wird Energie freigesetzt. Wir haben dieser Energie in der Vergangenheit viele Namen gegeben, doch es ist eine Energie des göttlichen Menschen, welcher auf Erden die Lösungsarbeit leistet. Dies mag vielleicht merkwürdig oder seltsam klingen, doch wenn eines Tages das tatsächliche Energiefeld des Bewusstseins von Euren Wissenschaftlern überprüft wird, dann kann es anfangen einen Sinn zu ergeben.

Wenn diese Energie der Lösung freigesetzt wird, geht sie zu zwei Stellen... wenn Ihr wirklich das Bedürfnis habt, dies zu lokalisieren. Ab hier wird die Erklärung im Rahmen Eures vierdimensionalen Lebens schwierig. Denn die Energie geht an einen Ort, den es in Eurem Erfahrungsspektrum nicht gibt, und so kann es nicht leicht erklärt werden. Ich kann Euch sagen, wohin die Energie geht, doch Ihr werdet es vielleicht nicht ganz verstehen, denn sie ist ein Kreis.

Die Energie geht zu zwei Orten und kehrt dann wieder zurück. Sie geht in das Magnetgittersystem der Erde und auch in den Erdboden - sie geht in zwei Richtungen, nach oben und nach unten. Was sie dort macht, lieber *gewöhnlicher* Mensch, ist, die aktuell gemessene Energie der Erde zu verändern! Denn diejenigen von Euch, die mit den Botschaften von Kryon und damit, wie diese Dinge funktionieren, vertraut sind, wissen, dass die Erde und nicht der Mensch gemessen wird - die physische, lebendige Erde wird alle 25 Jahre gemessen. Diese Messungen sind der Grund dafür, warum Ihr hier seid: Können Teile von Gott - als Menschen getarnte Engel - auf den Planeten Erde kommen, auf ein Spielfeld mit ausgeglichenem Bewusstsein, und dabei, während sie hier sind, nicht erkennen, wer sie sind, und doch Liebe oder spirituelles Bewusstsein entdecken? Was werden sie erdulden und durchmachen, um den Planeten zu verändern? Für welche Realität werden sie sich entscheiden? Welche Lösungen werden sie darin entdecken? Wenn die Prüfung vorüber ist und die Energie der Erde gemessen wurde, wird das Ergebnis der gesamten, äonenlangen Vorbereitung - aus zehntausenden Zyklen von vergangenen und andauernden Leben - genommen und an einem anderen Platz im Universum angewandt, von dem Ihr keine Vorstellung habt.

Während Ihr in diesem irdischen Körper seid, werdet Ihr von all dem nichts wissen. Ich werde Euch sagen, dass die Energie (*die Kraft, der Aufwand*), welche Ihr für das, was Ihr tut und dafür, wie Ihr Dinge löst,

Energie bereitstellt, welche Millionen Orte beeinflussen wird, die Ihr nicht einmal ergründen könnt. Dies ist die Wahrheit. Es ist die Prüfung des „einzigen Planeten der freien Wahlmöglichkeit". Der Kreis? Darauf werden wir in einem Moment zu sprechen kommen.

Lasst uns über einige dieser Dinge sprechen, insbesondere über die neuen Dinge. Lasst uns über das sprechen, was Realität erschafft und dabei die Energie von gewöhnlichen Menschen verändert. Der erste Punkt scheint ein Rückblick zu sein, doch wir haben ihn noch einmal zu erwähnen, denn er ist von entscheidender Bedeutung. Es gibt den Menschen und es gibt die Herausforderung. Wenn sich diese zwei zusammentun und eine spirituelle Lösung erschaffen, wird Energie freigesetzt und dies ist die „dritte Energie" in dem, was wir „Die Dritte Sprache" genannt haben. Wir haben Euch schon wiederholt von *Der Dritten Sprache* berichtet. Die Informationen sind altbekannt genug, sodass sie veröffentlicht und von vielen gelesen wurden.

Wir sagen Euch, dass es eine Sprache gibt, die interdimensional ist - eine Sprache des Avatars. Es ist eine Sprache, die Euch gehören kann, sie ist eine hundertprozentig Euch stets begleitende Verbindung mit Spirit. Es ist eine Sprache, welche die Physik verwandelt und über die Gesetze Eurer Vierdimensionalität hinausgeht. Hier findet sich das, was für Euch vielleicht neu ist: Wenn wir Spirit sagen, dann meinen wir: Ihr mit Euch, Du mit Dir. Einige von Euch werden verstehen, was wir dieses Mal meinen.

Der Teil von Gott, welcher Ihr seid - welcher sich auf der anderen Seite des Schleiers befindet - reicht herüber und möchte Euch berühren. Das ist weder außergewöhnlich noch angsterregend. Es ist eine Wiedervereinigung höchsten Ranges. In der Vergangenheit ließen einige dies als beängstigend erscheinen, weil der Schleier es gut verbirgt. Weißt Du, was *Du* mit *Dir* mit dieser Enthüllung tun kannst? Diese Offenbarung erschafft einen Partner! Diese Dritte Sprache ist eine Energie der Verbindung. *„Kryon, sagst Du damit, dass wir dies tun sollen, anstatt zu meditieren?"* Ganz und gar nicht. Spirit liebt Zeremonien und er liebt es, geliebt zu werden. Die Familie liebt es, mit Euch zu sprechen, und sie liebt es, wenn Ihr mit ihr sprecht, doch das soeben Beschriebene geht selbst noch darüber hinaus.

Wenn Ihr aufsteht und diesen Platz verlasst oder den Ort, an dem Ihr lest, sagen wir, dass eine Sprache oder eine Energie mit Euch sein kann, die eine ständige Verbindung zu Gott ist. Wenn Ihr Euren Körper von diesem Gebiet wegbringt und in Euer Fahrzeug steigt und Euch daran macht, scheinbar alltägliche Aufgaben in Eurem gewöhnlichen Tag zu erledigen, dann, lieber Mensch, ist sie noch immer hier. Wenn Ihr nach oben greift und die Hand des Höheren Selbst ergreift, dann erschafft Ihr wahrlich Energie! Wenn Ihr zu Spirit sagt: „*Ich möchte mehr darüber wissen. Ich möchte gerne verbunden sein, wenn das Gitter seine planmäßige Verschiebung beendet und gegen Ende des Jahres 2002 die Schleife an ein Geschenk der neuen Erdenergie gebunden wird. Ich möchte diese Brücke der Schwerter überqueren und gezählt sein!*" Dies erzeugt Energie! Sie ist profund, spirituell und beeinflusst die Erde selbst.

Die wahre Kryon Arbeit beginnt 2003. Das Gitter wird erstellt sein und die Lösungen von unlösbaren Problemen auf Eurem Planeten werden begonnen haben von ihrem Aufhänger von Unmöglichkeit wegzukommen. Die Dritte Sprache ist hier und sie ist eine interdimensionale Energie, die sagt: „Verbinde Dich mit mir und wenn Du Dich mit mir verbindest, dann wirst Du es wissen." Das ist nur eine Art und Weise, wie der *gewöhnliche* Mensch Energie erzeugen kann, die alles verändert.

Oh, es gibt noch so viel mehr. Einige haben gesagt: „*Ich bin so gewöhnlich, dass ich niemals diesen Führern der Erde begegnen werde. Ich kann nichts bewirken. Niemand wird irgendeiner Weisheit, die ich meinem Gefühl nach möglicherweise habe, zuhören. Abgesehen davon habe ich in meinem Leben das Gefühl, dass ich stehen geblieben bin, zu Orten gekommen bin, wo ich nicht hin wollte, dass ich Dinge tun muss, die ich nicht wirklich tun will. Lieber Spirit, ich kann diese „Dritte Sprache" nicht haben. Du hast keine Ahnung davon, wo ich arbeite!*" (*Lachen*) Oh doch, ja, wir haben!

Ihr seid nicht *gewöhnlich*. Einige von Euch gehen tagtäglich zu sehr düsteren Orten. Wir haben Euch dies schon zuvor gesagt. Einige von Euch sagen zu Spirit: „*Oh bitte, bring mich weg von diesem Ort. Er ist nicht im Einklang mit Gottes Herrlichkeit. Die Menschen dort verstehen mich nicht. Es ist nichts für mich. Hol mich raus!*" Wollt Ihr wissen, wie die Lichtenergie entsteht? Wollt Ihr wissen, wie die Energie in das Gitter und in die Erde gelangt? Es geschieht, wenn Ihr an diese Orte kommt, zu denen Ihr nicht gehen wollt, und dann dort Euer Licht ausbreitet! Möglicherweise bist Du dort der Einzige, der über das Licht Bescheid weiß!

Lasst mich Euch daran erinnern, wie Ihr lebensverändernd sein könnt, denn Ihr zwängt dem anderen Menschen Eure Energie nicht auf. Ihr habt es niemals verbal mitzuteilen. Ihr könnt einfach gehen und „das Licht sein" und wenn Ihr an einen Ort geht, an den Ihr Eurer Meinung nach nicht gehört, dann seid Ihr an dem Ort richtig, um den Ihr gebeten habt, als Ihr Absicht bekundetet, dass Gott Euch an Euren *Sweet Spot* bringen möge! Ihr seid dort richtig, weil Ihr anderen Menschen helft. Oh, Ihr mögt sagen, dass dem nicht so ist und dass sie Euch in Wirklichkeit überhaupt nicht kennen, doch wir haben Euch daran zu erinnern, dass Ihr an diesen düsteren Orten möglicherweise das EINZIGE Licht seid!

Wir haben Euch noch einmal an dieses Phänomen zu erinnern, von dem wir wieder und wieder gesprochen haben, aber vielleicht habt Ihr es nicht verstanden. Es handelt von der Energie, die entsteht, wenn Ihr einen Raum mit Licht erfüllt. Es gestattet den anderen rund um Euch herum, ihre Wahlmöglichkeiten deutlicher zu erkennen.

Es ist niemals notwendig, verbal mit ihnen zu kommunizieren. Sie werden vielleicht niemals Euren Namen kennen und Ihr könnt viele, viele Male kommen und gehen. Eure Gegenwart kann in der Tat ihre Wege verbessern - aber nicht auf bekehrende Art, sondern auf eine Weise, die es ihnen ermöglicht, Dinge zu sehen, die sie zuvor in der Dunkelheit noch nicht gesehen haben mögen. Sie können aufgrund dessen, was Ihr mitgebracht habt, bessere Entscheidungen treffen. Und während Ihr diese Lösung hervorbringt, betet Ihr darum, dass Ihr von diesem Ort entlassen werden möget?! (*Lachen*) Meint Ihr das wirklich so? Es ist das, was ein Lichtarbeiter tut. Und so sagen wir Euch, wenn dies Euer Elend ist, so haben wir Euer Gebet erhört. Wir bitten Euch, jeden Tag, wo immer Ihr hingeht, zu feiern. Es wird eine Zeit kommen, in der Ihr mit dem Ausbreiten des Lichtes dort fertig seid und Euch zu einem passenderen Ort bewegen werdet, doch während Ihr hier seid, tut Eure Arbeit und genießt die Reise.

Dunkelheit, Negativität, Konfrontation und Traurigkeit können vorkommen. Aber vielleicht seid Ihr dort der Einzige mit einer Energieblase, bei der diese Dinge von Euch herunterpurzeln und Ihr werdet stattdessen Licht in diesen dunklen Ort bringen. Wie viele Menschen rund um Euch haben Angst, ganz gleich wohin sie gehen? Es herrscht gerade jetzt sehr viel Angst - überall! Es ist ein großartiger Zeitpunkt, um ihnen Eure Freude zu zeigen.

Es ist eine großartige Zeit, um voller Zuversicht voranzugehen. Oh, Ihr seid feinfühlig, mitfühlend, liebevoll und trauert mit ihnen auch um die Ereignisse der jüngsten Vergangenheit, doch es gibt etwas, das bei Euch anders ist: Ihr habt in Eurem Inneren das Licht von Spirit erhalten, das in düstere Orte Licht leuchten lässt. Wenn Ihr das tut, so geht die Energie zum Gitter - zur Erde - und erschafft den Energiekreis. All dies wird von den Engeln, die sich selbst als *gewöhnliche* Menschen bezeichnen, getätigt - diejenigen, die immer und immer wieder hier gewesen sind. Es gab noch nie einen profunderen Umstand als jetzt, um bei der Veränderung des Planeten mitzuhelfen!

Lasst uns über die Angst sprechen. *„Kryon, was können wir bezüglich der Angst tun? Es herrscht jetzt überall, wohin wir gehen, Angst.“* Vielleicht fällt es Euch auf, dass Ihr Euch an keine Zeit erinnern könnt, in der Ihr mit angesehen habt, dass sich auf einer kollektiven Ebene noch mehr Menschen fürchteten? Wir sagen Euch etwas, das wir Euch wiederholt überbracht haben. Vielleicht könnt Ihr es jetzt in einen Zusammenhang bringen, der zum Rätsel des Lebens passt. Gesegnet ist der Mensch, der versteht, was Angst ist. Sie ist eine angemessene Energie. Sie ist ein Gleichgewicht. Sie ist eine Schattierung von Liebe, die sich dem Menschen in aller Korrektheit und Herausforderung zeigt, und sie ist kraft- und machtvoll. Denn diejenigen von Euch, die sie analysiert haben, Ihr wisst, wo die Angst beginnt. Hört zu: Angst beginnt nicht beim Kronenchakra! Aber sie bewegt sich in diese Richtung. Und wenn Ihr es zulasst, wird sie dorthin gehen und die Kontrolle über Eure Denkweise einnehmen und Euren geistigen Verstand lähmen und die Macht ergreifen.

Ihr verfügt über Zeit - ausgehend von dem Ort, an dem sie beginnt, bis hin zu der Stelle, wo sie hingeht. Ihr habt die Zeit, sie wahrzunehmen, sie zu identifizieren und ihr zu sagen: „Dieses Mal nicht. Geh nach hinten, denn heute bin ich am Steuer!" Und das Gefährt, welches Ihr fahrt, ist Euer Leben! Und es geht um Eure Wahl, wie Ihr über die Dinge rund um Euch und die spirituelle Verbindung, die Euch Frieden bringt, zu fühlen beschließt. Es geht nicht darum, was Euch die Emotionen „antun" werden, die Euch überkommen und kontrollieren können. Diese Zeiten sind vorbei.

Wenn ein *gewöhnlicher* Mensch die Angst, die sich heranschleicht, identifiziert und auflöst, wird interdimensionale Energie erschaffen...Unmengen davon! Es ist eine absolute Energie, die zum Gitter und zur Erde strömt. Ihr mögt jetzt sagen, dass die Energie eines Menschen winzig und sehr klein ist und daher keine bedeutende Rolle spielen kann. Hier liegt Ihr falsch! Sie ist weitaus stärker als es Euch bewusst ist. Wie oft könnt Ihr Angst ablegen? Jedes Mal wenn Ihr es tut, erschafft Ihr Energie. Energie ist gleich Lösung. Derjenige, der die Hand des Höheren Selbst mit Hilfe der Dritten Sprache hält, kann dem Planeten, sich selbst und allen Menschen, die ihn umgeben, helfen. Es wird eine Zeit kommen, in der Ihr am Morgen aufwacht und alles, was Ihr tut, wird darin bestehen, dem Gitter und dem Erdboden Energie zu senden, lieber *gewöhnlicher* Engel! Dann... dann kannst Du anfangen zu verstehen, was Aufstieg wahrhaft meint.

„Kryon, wir haben gehört, dass Du von der Ko-Kreation gesprochen hast. Wie passt das hiermit zusammen?" Es passt sehr gut zusammen! Wie würde es Euch gefallen, eine Verschmelzung zu ko-kreieren, von der Ihr nicht glaubtet, dass sie möglich ist? Wir fahren fort über das Höheres Selbst zu sprechen. Es ist eine unzutreffende Bezeichnung. Es ist in Wahrheit nicht das Höhere Selbst, sondern vielmehr Euer „anderes Selbst". Es gleicht Eurem Selbst und befindet sich auf der anderen Seite des Schleiers. Es ist gleich, *Du* mit *Du*, ein Phänomen, das Ihr noch immer nicht völlig versteht oder erkennt.

Wie wir zuvor gesagt haben, nicht *alles von Euch* ist hier. Vor einiger Zeit brachten wir Euch ein Bild, auf das wir noch einmal zurückkommen möchten. Es ist das Bild vom Propheten Elias, der mit seinem Assistenten, Elisa, ein Feld betrat und es betrachtete. Denn Elias sagte Elisa, es sei Zeit zu gehen und er sei bereit für den Aufstieg. Und in dieser Vierdimensionalität war Elisa Zeuge dieses Aufstiegs. In der Realität seines Menschseins berichtete Elisa vom Aufstieg des Meisters Elias. Ihr könnt es in Eurer Bibelgeschichte nachlesen. (*2. Könige, 2. Kapitel*)

Es gab leuchtend strahlende Lichter, scheinbare Verdunstung und überall Energie! Elisa sagte, dass Elias zu existieren aufhörte, als er Zeuge dessen war. In dieser Energie aus diesen Zeiten möchte ich Euch sagen, was sich ereignete: Elias wurde nicht von Gott geholt. Elias beanspruchte die spektakuläre Energie der Dritten Sprache - und er berührte die Hände des (*anderen*) Höheren Selbst. Die zwei Teile von Elias vereinten sich und wurden zu diesem Teil von Gott, von dem wir sprechen. Daher war das, von dem Elisa berichtete, eine Verschmelzung von (*zu*) einem vollständigen (*totalen*) spirituellen Wesen und kein Aufstieg oder Aufbruch. Der Mensch Elias plus die Verbindungsenergie plus das Höhere Selbst von Elias - drei Energien - kombinierten sich miteinander, um Elias seine ganze Göttlichkeit zu verleihen... eine Energie, die zu dieser Zeit nicht auf Erden bleiben konnte.

Als sich diese Verschmelzung in diesen Tagen vollzog - in dieser älteren Energie - ließ die Interdimensionalität derselben Elias scheinbar verdunsten. Nun sagen wir, dass sich die Erde verändert hat - dass sich das Gitter verändert hat - dass sich das Bewusstsein der Menschheit verändert hat - dass sich selbst das Wetter verändert hat! All das hat eine neue Realität erschaffen, damit Ihr mehr Energie halten und hier verbleiben könnt - und beinahe das tun könnt, was Elias auch tat: eine gewaltige Energie erzeugen, indem die verschiedenen Selbst(*e*) vereint werden. In Eurem Fall ist die Energie, die Elisa gesehen hat, noch real, aber Ihr verdunstet nicht. Ihr bleibt und betretet die Erde als ein Potenzial, um Licht an diesen dunklen Ort scheinen zu lassen und um dem Planeten zu helfen, zu seiner nächsten Phase zu kommen. Wir würden Euch nicht von diesen Dingen berichten, wenn sie nicht so wären, und wir sagen Euch, ko-kreiert die Verschmelzung! Hier kommt etwas Großes. Wie würde es Euch gefallen, eine erstaunliche Energie zu erzeugen? Es ist an der Zeit, einige der Beziehungen in Eurem Leben, Familie zu Familie, in Ordnung zu bringen. Wir sagen Euch nochmals: Wer ist derjenige, mit dem Ihr nicht sprechen wollt? Ob tot oder lebendig, wer ist derjenige, mit dem Ihr nicht sprechen wollt? Nun überbringen wir

Euch die Neuigkeiten darüber, wer sich im Raum oder neben Eurem Stuhl befindet. Die Teile und Bruchteile von jenen Menschen, mit denen Ihr ein Problem habt, stehen rund um Euch. Jetzt wäre der richtige Zeitpunkt, um dies zu lösen, nicht wahr? Und dann seht es Euch an! Funken werden fliegen und die Energie, welche Ihr durch die Lösung erzeugen werdet, wird zum Gitter und zur lebenden Erde übergehen.

Lieber *gewöhnlicher* Mensch, diese Energie schwingt so hoch, dass es fortschreiten wird, das Bewusstsein der Erde zu verwandeln. Einige von Euch werden weiterhin sagen: „Das ist alles sehr schön für mich, doch es ändert nichts an den Entscheidungen, die unsere Führer treffen werden, und es hilft auch dem Faktor Weisheit nicht weiter." Oh doch, das tut es! Vielleicht habt Ihr noch nicht deutlich verstanden, was wir sagen. Je mehr Ihr diese Vision habt, umso mehr Energie wird erschaffen. Sie lässt Licht in dunkle Orte hineinscheinen auf Wegen, die erst beschritten werden müssen. Sie geht in diese inneren Büros, wo sich diese Führer aufhalten, berühmte Führer, die Du vielleicht nie kennen lernen wirst, lieber Mensch. Sie stellt das Licht an einen Ort, wo sie sonst kein Licht hätten.

Die Energie drückt in diesem Prozess in keiner Weise gegen sie. Stattdessen verbessert sie die Dinge für sie. Sie ist am Boden angeordnet, dort platziert, wo sie, bildlich gesprochen, gehen - im Lichte von Spirit, was ihnen hilft, mehrere Wahlmöglichkeiten auf ihrem Weg zu sehen. Und alles das, weil Ihr ein Problem in Eurem Leben erlöst habt - weil Ihr *Die Dritte Sprache* hattet - weil Ihr eine Verschmelzung herbeigeführt habt. Und auf diese Weise funktioniert es.

Einige sagten: „*Was können wir wirklich tun, um unser Verständnis von Gott zu verbessern?*" Ich werde Euch eine Antwort geben, mit der Ihr vielleicht nicht gerechnet habt:

Eine wunderschöne Energie ist *in diesem* Jahr auf dem Gitter angekommen. Die Dinge, die sich ereignen, sind im Gleichgewicht, auch wenn es nicht immer so aussieht. Wenn es eine Tragödie gibt, dann gibt es gleichzeitig auch ein Wunder. Wir würden Euch keine Probleme ohne Lösungen geben. Es wird nie Herausforderungen ohne Antworten geben. Wir haben dies schon zuvor gesagt. Es herrscht immer ein Gleichgewicht.

In Verbindung mit dem Ereignis, das Euch allen als 11. September bekannt ist, gab es noch ein anderes Ereignis, bevor das erstere überhaupt geschah. Auf dem Gitter kamen alle Meister an, die diese Erde jemals betraten und die gesagt hatten, dass sie wiederkommen würden, sowie all diejenigen, die auch beim ersten Mal erwartet wurden. Nicht in fleischlicher Gestalt - sondern noch besser als das - gemeinsam vereint und sie platzierten und ordneten ein Potenzial an, das auf Euer Handeln reagieren wird. Es ist ein Teil der Gitterveränderung, was der alleinige Grund dafür ist, warum das Kryon Gitter-Gefolge 1989 hierher gekommen ist. Es ist ein Teil dessen, warum das Gitter wichtig ist und geformt wird und 2002 fertiggestellt sein wird. Dies vollendet es dann.

Nahezu alle Religionen auf Eurem Planeten erwarteten die Rückkehr oder das erste Kommen eines Meisters und wir sagen Euch, sie sind angekommen. Ein Teil des Hinaufreichens und der Berührung des (*anderen*) Höheren Selbst bedeutet auch, in das Gitter hineinzureichen und zu verstehen, was Gott wirklich ist. Die zurückkehrenden Avatare, die zurückkehrenden Meister - die Propheten - sind alle hier als unmittelbare Folge auf das 11:11, diese Zeit nach der Harmonischen Konvergenz, bei der Ihr gestattet habt, über das Gleis eines Armageddons hinauszukommen und stattdessen Euer irdisches Paradigma der spirituellen Realität zu verändern. Eure Tragödie vom 11. September war nicht der Beginn von etwas, was Euch in Eurer alten Prophezeiung gebracht worden war. Sie war stattdessen der Anfang von dem, für das Ihr in Eurer neuen Prophezeiung Erlaubnis gegeben habt.

Diese Meister und Avatare, die zu zahlreich sind, um sie zu zählen und sich alle miteinander die Hand zu reichen, sehen auf diesen Planeten herab und kommunizieren mit Euch gemeinsam als eine Energie. Es hat noch nie solch eine Quelle gegeben - eine Quelle der Weisheit - wie diese hier auf dem Planeten... noch nie. Der interdimensionale Mensch, der sich langsam auf die Suche macht, der reine Absicht für göttliche Kommunikation bekundet, ist es, der hinaufgreifen wird, um diese Energie zu berühren. Und das Wissen und die Weisheit wird in diesen Menschen hineinströmen und dann wird die Energie dieser tiefsinnigen Entscheidung zum Gitter gehen und zum Erdboden und es wird Licht in dunkle Orte hineinscheinen lassen... all dies wurde von dem gewöhnlichen menschlichen Engel erschaffen.

Der Kreis? Einige haben es mittlerweile schon herausgefunden. Während diese Energie in das Gitter und die lebendige Erde namens Gaia hinausgesandt wird, verändert sie die Struktur dessen, was ein Mensch „Realität“ nennt, nennen mag und was gemeinsam erreicht werden kann. Sie dreht sich... über die Verbindung namens *Die Dritte Sprache* - im Kreis zurück - ein vollkommener Kreis der Göttlichkeit für den *gewöhnlichen* Menschen! Eure Lösungen schaffen Energie und die Energie verbessert Eure Verbindung. Bemerkt, dass es die Erde und den Himmel mit einbezieht und die Lebenskraft, die darin enthalten ist. Könnt Ihr die Realität Eures Planeten verändern? Ihr habt es soeben getan.

Ich werde etwas erklären, das einigen von Euch widerfahren ist und das Ihr möglicherweise nicht verstanden habt. Es gibt in den Emotionen von einigen von Euch eine Dichotomie bezüglich des 11. September 2001. Ihr verspürt gemeinsam mit vielen anderen unglaubliches Leid, Entsetzen und Schock. Ein Erguss von Liebe ereignete sich - ja, vielleicht sogar eine Änderung Eurer Prioritäten. Vielleicht ein besseres Verständnis von dem, was auf der Erde geschieht. Doch es gibt eine scheinbar zwiespältige Emotion, die so viele von Euch empfinden und nicht erklären können. Sie passt anscheinend nicht zu den anderen Emotionen und könnte verwirrend sein.

Einige von Euch haben noch kein einziges Wort gesprochen, weil Ihr mit Eurem mentalen Geist noch nicht „dorthin gehen“ konntet. In Eurer eigenen Psyche könnt Ihr nicht verstehen, was geschieht, und es scheint nicht mit dem Leid der Tragödie im Einklang zu stehen. Wir werden Euch sagen, wie das Wort lautet, und einige von Euch werden es wirklich wissen, wenn ich Euch sage, um was es sich handelt: LOSLASSEN.

Die Welt war in alten Herausforderungen stecken geblieben und wir sagten Euch, dass der Zeitpunkt kommen werde, an dem sich die Dinge losmachen (*freisetzen*) würden, und dies werde den gesamten Planeten umfassen (*vergl. Lehrbuch Band Sechs „Über die Schwelle“*). Dies war seit 1989 die Information von Kryon und sie wurde im Jahr 2000 sogar noch verstärkt. Dies war Euer Plan in Eurer neuen Realität und dabei fand ein gewaltiges Loslassen statt! Ein Anker wurde entfernt - ein Anker, der mit dem vergangenen Paradigma verbunden war, in dem Ihr Euch schon seit langem aufgehalten habt. Euer Ereignis vom 11. September setzte, obwohl es so schrecklich war, dass es menschliches Begriffsvermögen übersteigt, eine Energie frei, die es den Dingen ermöglichte, in einem beschleunigten Tempo voranzuschreiten. War es vorhergesehen? Ja. Geht zurück und findet die Kryon Energie rund um 9 und 11, welche in 1989 gegeben wurde (*Lehrbuch Band I „Das Zeiten-Ende“*). Unsere Botschaft von 1989? Dass Ihr das Paradigma des Planeten verändert hattet und Euch in Richtung einer neuen Realität bewegt. Wir begannen damit, das Gitter zu verschieben und jetzt fangt Ihr an zu verstehen, während das Gitter langsam gerichtet wird, wie sich dieses Puzzle zusammenfügt. Seht überall die Synchronizität der 11, doch wisst, dass nichts vorherbestimmt ist. Ihr habt vielmehr die Potenziale dessen manifestiert, was wir sahen und Euch vor über einem Jahrzehnt berichteten. Wenn dieser Planet beginnt, sich in diesem neuen Jahrzehnt in einem zunehmenden Tempo voranzubewegen, gibt es nichts *Gewöhnliches* in Bezug auf das, was Ihr jetzt damit tun könnt.

Lasst mich dies folgendermaßen abschließen. Am Morgen des 11. September 2001 brachen *gewöhnliche* Menschen zu ihrer Arbeit in verschiedene Gebäude überall in Eurem Land auf. Auf einer gewissen Ebene existierte die Zellinformation, dass sie zur rechten Zeit am rechten Ort sein würden, und sie alle hatten den freien Willen, dort zu sein, wo sie zu sein gewählt hatten.

Natürlich wäre keiner von ihnen wissentlich dorthin gegangen, wenn sie von ihrer vierdimensionalen Realität informiert gewesen wären. Doch in einer spirituellen Art und Weise hatten sie eine Verabredung getroffen und sie waren wie geplant dort anwesend.

Alle von ihnen waren *gewöhnliche* menschliche Engel. Nun, was Ihr auf der Erde seht, ist ein Ergebnis dessen, wozu sich *gewöhnliche* Menschen entschließen, die wählten, es an diesem Tag für den Planeten zu tun. Gerade „jetzt“ betreten sie hintereinander, einer nach dem anderen, die „Ruhmeshalle“, die „Halle der Ehre“, und wir singen ihren spirituellen Namen im Licht und nehmen uns die Zeit, ihnen zu erzählen über das

Leben, welches sie geführt haben, wo sie gewesen sind und wohin sie gehen werden... und die wundervollen Kinder, die sie sein werden, sobald sie wieder zurückkehren. Ich weiß nicht, ob Ihr an dies als an etwas Wunderbares denken konntet, aber lasst mich Euch sagen... so ist es. Es geht ihnen gut. Sie sind fröhlich! Trauert nicht um sie. Richtet Eure Gebete auf diejenigen, die zurückgeblieben sind.

Ich weiß nicht, ob Ihr Euch das in demselben Kontext vorstellen könnt, wie Spirit es sieht, doch das Ereignis vom 11. September war ein „Wendepunkt". Im Jahr 2000 sagte Euch mein Partner (*Lee*) in Tel Aviv/Israel, dass, bevor sich die Erde voranbewegen und bevor es Lösungen im Nahen Osten geben könne, es einen „Nullpunkt" zu geben hat. Dies war eine gechannelte Information. Nahezu alle, die in dieser Versammlung (in *Israel*) saßen, verspürten großen Schmerz. Es spiegelte ihre eigene Herausforderung wider und sie fragten sich, was der „Nullpunkt" bedeutete. Alle hatten das Gefühl, es sei vielleicht eine Prophezeiung hinsichtlich dessen, was sie in Israel erleben würden. Niemand realisierte, dass sich der „Nullpunkt" im unteren Stadtteil von Manhattan ereignen würde. Keiner von ihnen erkannte, dass damit „Ground Zero" (Bodennullpunkt) gemeint war. Wie kann ein Ereignis in Amerika eine Lösung in Israel in Gang setzen? Es ist der Energiekreis und Ihr werdet es bald sehen.

Hier sitzt Ihr als ein Familienmitglied der Erde - mit der vor Euch liegenden Herausforderung des Alten und des Neuen. Wie *gewöhnlich seid* Ihr? Ihr seid sensationell! Wenn wir Euch zu den verschiedenen Zeiten, an denen Ihr in die „Ruhmeshalle" kommt, „sehen" und wenn wir Euren spirituellen Namen im Licht singen, dann gibt es an dem Engel, welcher die Farben erhält, nichts *Gewöhnliches*. Das Interdimensionale Wesen, welches Ihr seid, ist Euch vollkommen verschleiert, während Ihr hier seid!

Und das ist die Botschaft von Kryon - es hat in der Geschichte der Erde noch nie einen Zeitpunkt gegeben, an dem es mehr Potenzial als jetzt gegeben hat. Es hat noch nie eine großartigere Zeit für Lösung gegeben als die jetzige und all dies wird mit *gewöhnlichen* Menschen inmitten des Energiekreises geschehen - und sie werden die Energie zum Gitter senden, zu der Erde - Licht-ausbreitend - indem sie durch die Herausforderungen schreiten, sich mit der Dritten Sprache verbinden, das Licht an Orte scheinen lassen, an denen Herrschende ihre Entscheidungen treffen, Nationen bilden und jenen Ländern Frieden und Hoffnung bringen, die dachten, dass sie dies nie zu sehen bekommen würden.

Gewöhnlich? Wohl kaum. Aus diesem Grund lieben wir Euch so sehr, wie wir es tun. Aus diesem Grund sagen wir: „Ihr seid zutiefst geliebt."

Und so ist es

Kryon

Das Kippen (des magnetischen Gitternetzes), das vorausgesehen wurde ist mein Job. Es ist ein magnetisches Kippen zur Neuausrichtung des Gitternetzes der Erde, um es für Eure Abschlußzeit anzupassen... Euer magnetischer Nordpol wird nicht mehr auf den geographischen Norden ausgerichtet sein. Es war es, wie Ihr wißt, eigentlich auch gar nie, doch die Abweichung wird nun betrachtlich werden.

Mein Arbeitsprozess wird zehn bis zwölf Jahre in Erdenzeit in Anspruch nehmen. Die allmähliche Anpassung vollzieht sich von jetzt bis zum Jahre 2002. Ca. um das Jahr 1999 solltet Ihr genauer wissen, wovon ich jetzt spreche. Die Regierungen werden von machtvollen Menschen geführt... nicht alle von ihnen sind erleuchtet. Ihre Unfähigkeit, mit dem Bewusstseinswandel umzugehen, könnte sie aus dem Gleichgewicht bringen, woraus Chaos entstehen könnte.

Kryon

Kryon Buch Band I - *Das Zeiten-Ende,* Seite 33

CNN.com™

Der magnetische Nordpol könnte Kanada verlassen

von Richard Stenger
CNN - 20. März 2002

(CNN) - Der magnetische Nordpol könnte bald Kanada verlassen und in Richtung Alaska wegziehen. Laut einem kanadischen Wissenschaftler könnte der magnetische Pol sogar eventuell in Rußland landen.

„Der magnetische Pol, der seit Jahrzehnten in Bewegung ist, ist in seiner Bahn in den letzten Jahren schneller geworden und könnte sogar im Jahr 2004 bereits das Land Kanada verlassen", sagte Larry Newitt (Geological Survey von Canada).

Sollte der Pol diesen heutigen Kurs beibehalten, wird er nördlich von Alaska vorbeiziehen und innerhalb von 50 Jahren in Siberien ankommen. Newitt wies daraf hin, dass solche Vorhersagen auch falsch sein könnten.

„Obwohl er seit Hunderten von Jahren in Richtung Norden bis Nordwesten bewegt, wird er die selbe Richtung nicht für immer und ewig halten. Seine Geschwindigkeit hat sich zwar in den letzen 25 Jahren erheblich erhöht, aber er könnte genau so leicht in den nächsten Jahren langsamer werden", sagte der Geophysiker.

Richard Stenger für die CNN-Webseite: „Der magnetische Pol könnte Kanada verlassen"
Auszug aus dem Gesamtartikel

[http://www.cnn.com/2002/TECH/space/03/20/north.pole/index.html]

Kryons Botschaft war das Leuchtfeuer, das uns den Weg durch die dunkelste Nacht wies und unsere Schritte langsam zu dem neuen Hafen führte, an dem wir vor Anker gingen. Seither hat sich ein immerwährendes Gefühl von Dankbarkeit und unbeschreiblicher Freude niedergelassen: die gelassene Freude, ganz sicher zu wissen, dass die Dinge wohlbegründet und fair sind, und die Freude, die einem plötzlich ausbrechenden Gelächter gleicht, wenn man schließlich die außergewöhnliche Schönheit des Lebens entdeckt, die hinter der dramatischen Komödie lebt, welche das Leben ist. Diese Freude ist nichts anderes als die Liebe zum Leben...

...und ein Gefühl von vollkommenem Vertrauen und Hingabe an die Arme Spirits, der in diesem neuen Zeitalter in unserem Cockpit das Kommando übernimmt.

Fété und Clément

aus dem Erlebnis in Afrika Seite 385

Kryon

Live-Channeling

„Die Evolution der Erde und der Menschheit“

Gechannelt in
New Hampshire,
November 2001

Kapitel IX

Die Evolution der Erde und der Menschheit

Live-Channeling in New Hampshire

Dieses Live-Channeling wurde mit zusätzlichen Worten und Gedanken herausgegeben, um Klarheit und ein besseres Verständnis in der schriftlichen Textform zu ermöglichen.

Seid gegrüßt, Ihr Lieben! Ich Bin Kryon vom Magnetischen Dienst. Wir begrüßen die Familie, die wir schon zuvor gesehen haben - diejenigen, die sich bereits früher in diesem Raum aufgehalten haben und diejenigen, die schon vor Spirit gesessen haben.

Lasst mich Euch etwas mitteilen, was wir bis jetzt noch nicht vielen Menschen erzählt haben - etwas, von dem Ihr vielleicht nicht einmal erkennt oder begreift, dass es so ist: Vor drei Tagen, als in diesem Raum Dunkelheit herrschte, hat es hier ein Summen gegeben. Es gab ein Singen. Es fanden Vorbereitungen statt und manche würden dies vielleicht sogar als eine Probe bezeichnen. Auf so manche Weise strömte ein Teil des Gefolges an diesen Ort und hat ihn seitdem nicht mehr verlassen. Einige von Euch spürten diese Energie, während Ihr hier eingetreten seid. Vielleicht habt Ihr die Umarmung Gottes gespürt oder die *Familie*, die Euch bei der Hand nahm, während Ihr Euren Platz eingenommen habt? Vielleicht habt Ihr diese stille kleine Stimme gehört, die sagte: „Dieser Tag ist etwas Besonderes"?

Heute werden als Menschen getarnte Engel diesen Raum betreten und Platz nehmen (*das Publikum*). Einige von ihnen werden später weggehen, doch Ihr werdet diejenigen, die Ihr tatsächlich „gesehen" habt, nicht erkennen, obwohl Ihr in der Vergangenheit mehrere Leben miteinander verbrachtet. Derart ist die Energie des Schleiers! Warum sollten wir drei Tage zu früh kommen? Warum sollten wir diesen Raum auf diese Weise erfüllen? Lasst mich Euch von etwas berichten, das sich jetzt ereignet: Ein Gefolge strömt an diesen Ort und einige von ihnen probten in Anbetracht des Hierseins!

In der Menschengeschichte hat es noch niemals so eine Zeit wie diese gegeben. Der Schleier lichtete sich auf noch profundere Weise als es nur vor einem Jahr gewesen ist, als wir um die gleiche Zeit in diesem Raum versammelt waren. Bewusstsein beginnt von so vielen Orten zu kommen. Erwachen und Erinnerung sind heute an der „Tagesordnung" und es gibt so viele Menschen, die sich der zentralen Frage (*dem Kernthema*) ihrer Göttlichkeit bewusst werden. Sie beginnen auf ihr Leben zurückzublicken und sagen: „*Nun verstehe ich, warum ich dieses durchgemacht habe - warum ich jenes durchgemacht habe.*" Sie erheben sich über ungerechte Behandlung, über die Schuld und über den Hass hinaus. Sie beginnen Offenbarungen zu erleben. „*Oh, nun begreife ich*", sagen sie. Sie fangen an, einen Sinn in ihrem Leben zu erkennen.

Nahezu zwölf Jahre sind verstrichen, seit die ersten Worte geäußert wurden: „Seid gegrüßt, Ich Bin Kryon vom Magnetischen Dienst." Dies ist ein Teil von dem, worüber wir heute Abend sprechen möchten. Wie ist die Energie auf diese Bühne gekommen? Wie ist die Evolution der Menschheit verlaufen? Warum ist Spirit vor drei Tagen aufgetaucht und hat geprobt? Hier ist das, was die meisten von Euch nicht erkennen: Wir sind hier, um *Euch* zu sehen. Denkt Ihr, dass Ihr gekommen seid, um weise Worte zu hören? Denkt Ihr, dass der heutige Abend vielleicht eine Botschaft für Euch enthalten könnte? Oh, das ist möglich... sowohl für den Zuhörer als auch für den Leser, doch die Energie strömt auch aus anderen Gründen an diesen Ort.

Die Dritte Sprache wird gegenwärtig sein. Auch Heilung wird heute Abend stattfinden. Ihr wisst, wer Ihr seid und warum Ihr hierher gekommen seid oder warum Ihr möglicherweise diese Worte lest. Und Ihr denkt auch, dass Ihr wisst, was Ihr braucht. Ich sage Euch, dass die Energie zum

Vorschein gekommen ist, um mit den Prozessen in Eurem Körper anzufangen, die einige von Euch als Wunder bezeichnen werden! Es liegt daran, weil Ihr die Absicht bekundetet, zu kommen und zu *sein* und hier zu sitzen und an einem Familientreffen mit jenen teilzunehmen, die gekommen sind, um *Euch* zu sehen. Es geht um Energie, doch in Wirklichkeit geht es um die Familie! Es geht um das Handhalten zwischen meiner und Eurer Seite des Schleiers. Wer also ist gekommen, um wen zu sehen? So ist die Frage. Die Antwort? Bei einer Begegnung kommen immer beide Seiten, um einander zu sehen. Aus diesem Grund sind wir so früh gekommen. Das sollte Euch, Zuhörer und Leser, eine gewisse Vorstellung von dem geben, welche Energie hier zwischen uns existiert.

Geliebtes Menschenwesen, dies hier ist real, es ist echt. Denn siehe, Du bist ewiglich. Wenn Du Dich am Morgen im Spiegel betrachtest, wie viele Teile von Dir erinnern Dich dann daran, dass Du ewiglich bist? Wie viele Teile von Dir sehen Dir in die Augen und sagen: „*Ich bin das, was ich bin*“? Wie viele Teile von Dir erinnern sich an die *Familie*? Wie viele Teile von Dir denken an uns? Die Dualität verhindert, dass dies in regelmäßigen Abständen geschieht, und stattdessen geht Ihr in Eurem menschlichen Dasein und in Eurem Leben umher, wie Ihr es immer tut, Tag für Tag - und Ihr werdet dabei von den Nebensächlichkeiten Eures alltäglichen Lebens verzehrt.

Jetzt ist dies, wie dem auch sei, anders geworden, nicht wahr? (*Dies ist an die amerikanischen Staatsbürger nach dem Ereignis vom 11. September gerichtet.*) Wie hätten wir Euch in der Vergangenheit jemals davon in Kenntnis setzen können, dass Ihr heute in einer Energie sein würdet, die so profundes Potenzial für Lösungen bereithält? Und doch, jetzt ist sie hier. Wie hätten wir Euch sagen können, dass die gesamte Erde gemeinsam daran teilnehmen wird, und wie hätten wir Euch das glaubhaft machen können? Denn seht, wir taten es tatsächlich, doch für Euch hatte es nicht dieselbe Bedeutung wie heute. Jetzt, vielleicht, mögt Ihr verstehen, was das *Geschenk der Wenigen* für die Vielen bedeutete.

Es hat niemals eine Zeit wie diese hier gegeben... noch niemals zuvor. Manche von Euch können Farben sehen. Ihr könnt die Farben der

Energie sehen. Wir sagen Euch, dass Ihr zu dieser Zeit an diesem Abend eingeladen seid, tatsächlich die Farben zu sehen, die von diesem Ort (*der Bühne*) kommen. Sie unterscheiden sich von den Farben des letzten Mals, als wir versammelt waren.

Das Gefolge hat seinen Platz eingenommen. Es befindet sich neben Euch allen. Für einige von Euch wird es einen physischen Beweis für die Energie von heute Abend geben und für einige von Euch auch nicht. Das hängt davon ab, wie viel Ihr von dem Schleier „entfächern / durchlichten" möchtet, während Ihr zuhört und lest... und es liegt an dem, was Ihr Euch selbst zu glauben gestattet. Könnte es wirklich sein, dass Spirit heute kommen und mit Euch sprechen möchte? Die Antwort lautet Ja, Ja und Ja!

Abgesehen von denen, die in diesem Augenblick zuhören, gibt es eine überaus große Anzahl von Menschen, die dies lesen - zwei Augen auf den Seiten - die genau jetzt mit Euch zusammentreffen. Zwei Ohren, die dies hören und zwei Augen auf der Seite. Das ist derjenige, mit dem wir sprechen, und das ist derjenige, mit dem wir reden - mit Euch allen. Wir sagen Euch Folgendes: Es wird jetzt eine Energie erschaffen, die über die Worte, die auf der Seite geschrieben stehen, hinausgehen wird - die über das Hören hinausgehen wird. Ihr könnt sie auffangen und ergreifen und sie inmitten Eures eigenen Körpers Euer Eigen nennen. Es gibt auf dieser Seite des Schleiers ein Gefühl von Liebe, welches sich wie nie zuvor über Euch ergießt.

Die Menschheit ist einverständlich durch eine Herausforderung gegangen, die gewaltig ist. Manche von Euch haben tatsächlich die *Befreiung* gespürt, die sie gegeben hat, und jetzt seid Ihr hier. Es ist kein Zufall, dass das Gitter zu einer Zeit fertig gestellt wird, in der es am dringendsten notwendig ist. Lasst uns davon erzählen. Lasst uns von der Erde erzählen. Lasst uns um der Anleitungen willen Ausflüge zu Orten machen, an denen wir noch nie zuvor gewesen sind. Lasst Euch von uns einen chronologischen Bericht über die Menschheit geben. Lasst Euch von uns das Gesamtbild geben. Ich werde über die Chronologie der Erde sprechen. Ich werde über die Evolution der Menschen und über die Geologie des Planeten sprechen. Ich werde über die Evolution des *Bewusstseins* und der *Biologie* der Menschheit sprechen, denn sie sind sehr getrennt. Ich möchte Euch gerne die ganze Geschichte geben.

Die Evolution der Erde

Wie kann ich Euch sagen, was vor mehr als 12 Milliarden Jahren genau dort vorhanden war, wo Ihr sitzt? Eigentlich habe ich es Euch nicht zu sagen, weil Ihr alle hier wart! Doch auch wenn ich Euch die Informationen geben kann, so werden doch einige von Euch nicht daran glauben. Ihr erinnert Euch nicht und aufgrund der Dualität der menschlichen Wesensart wird es keinen Sinn ergeben. Außerdem werden Euch Eure linearen Umstände (*Aufstellungen*) sagen, dass das, was ich behaupte, unmöglich ist. Trotzdem werde ich Euch sagen, dass Ihr alle zugesehen und die Umstände für den bevorstehenden Test erwartet habt. Ich war bei Euch. Dieses bildhafte, neutrale Spielfeld namens Erde befindet sich dort, wo die *Engel, die sich als Menschen ausgeben,* ankamen und eine energetische Prüfung durchgeführt haben. Wir haben Euch dieses Szenario schon einmal geschildert.

Der Urknall, den es nicht gegeben hat

Auch wenn es für Euch unfassbar sein mag: das Universum wurde vor mehr als 12 Milliarden Jahren geboren. Wenn ich Euch dorthin zurückführe, werdet Ihr etwas sehen, was sich völlig von dem unterscheidet, was nach Aussage Eurer Wissenschaft stattgefunden hat. Wir haben schon einmal *(1995)* darüber gesprochen und wir werden noch einmal wiederholen, was sich ereignete. Wir sagten Euch, dass es so etwas wie „*ein* Ereignis“, das aus dem Nichts entsprang und mit dem alles begann, nicht gibt. In Eurer wissenschaftlichen Methode existiert eine Voreingenommenheit. Auch diejenigen, die vorgeben, unvoreingenommen zu sein - welche vollständigst die wissenschaftliche Methode ehren - sind voreingenommen. Eure Wissenschaftler suchen ständig nach dem Anfang, doch es hat keinen Anfang gegeben. Der ganze Gedanke von linearer Zeit ist ein vierdimensionales Menschen-Konstrukt, es ist für Euch und es erstellt die Voraussetzung, dass alles einen Anfang und ein Ende hat. So ist es nicht.

Ihr seid in beide Richtungen ewiglich und die Lichtarbeiter wissen es.

Auf der Zellebene wisst Ihr, dass es in Eurem Leben kein Ende gibt - es gibt nur eine Transformation von Energie. Schwer zu beweisen? Nur sehr wenige kommen zurück und berichten Euch, wie es war, nicht war? Und doch ist es so... dass Ihr ewiglich seid. Ihr wart immer und Ihr werdet immer sein.

Die Wissenschaftler werden Euch sagen, dass es für alles, was Ihr seht, einen Anfang gibt und dass alles aus dem Nichts erschaffen wurde. Und nicht nur das, sie werden Euch auch sagen, dass sich alles mit einem Mal ereignete - in einem Augenblick, augenblicklich - aus Nichts zu allem. Nicht nur das, sie werden Euch ebenso sagen, dass bei dem Prozess, in dem das Nichts zu allem wurde, gegen alle physikalischen Regeln verstoßen wurde, die dem Menschen bekannt sind! Und das war der Anfang. Was für eine Geschichte, nicht wahr? Doch zugegebenermaßen, sie haben die Geschichte nicht erfunden. Sie tun Ihr Bestmögliches, um das Geschehene zu rekonstruieren, indem sie die vierdimensionalen Beweise betrachten, doch es ergibt einfach keinen Sinn. Das ist darauf zurückzuführen, dass die wirklichen Beweise außerhalb der Vierdimensionalität zu finden sind.

Noch einmal sagen wir Euch: So etwas wie *Den Urknall* hat es nicht gegeben. Oh, es herrschte Bewegung und es herrschte Geschwindigkeit und selbst, wenn Ihr die Relativität von Bewegung zur Geschwindigkeit betrachtet, wird es den Anschein haben, als hätte es eine Explosion gegeben... einen Anfang. Doch so war es nicht.

Das Universum hat es schon immer gegeben. Die beste Möglichkeit, uns so auszudrücken, dass Ihr uns versteht, besteht darin, Euch zu sagen, dass es genauso wie Ihr die Energie verändert hat! Und obwohl das Universum *schon immer* unsichtbar *war* und es vielleicht in 4D immer noch unsichtbar ist, verwandelte es sich vierdimensional zu etwas anderem - wenngleich dies scheinbar alles zur gleichen Zeit stattgefunden hat, hat dieser Prozess tatsächlich den Anfang für ein multikreatives Ereignis gemacht - etwas, was wir Euch unmöglich beschreiben können. Sagen wir einfach, dass es sich noch immer ereignet.

Wir fordern die Wissenschaftler auf, dort hinzugehen und sich das noch einmal anzusehen. Um die Wahrheit herauszufinden, haben sie jedoch eine Voraussetzung in Betracht zu ziehen, die sie vielleicht nicht akzeptieren wollen... dass das Universum vielleicht *schon immer gewesen ist.* Also, obwohl die Wissenschaftler dies als *Den Urknall* bezeichnen, bestand dieses Ereignis in der Tat aus einem Energieaustausch, einem Dimensionswechsel und einem zyklischen Ereignis. Alles tauchte anscheinend zur selben Zeit auf. Kein Urknall, sondern eine Enthüllung. In dieser vierdimensionalen Enthüllung war das Material enthalten, aus dem die Erde beschaffen sein würde. Das war der *Anfang* und Ihr wart dort.

Wenn lange Zeit Dunkelheit herrscht und dann schaltet jemand plötzlich das Licht ein, bedeutet das, dass das, was im Licht offenbart wird, erschaffen wurde, als das Licht eingeschaltet wurde? Vermutet Ihr, dass es nichts zu sehen gibt, wenn nichts als Dunkelheit herrscht? Oder bedeutet es einfach nur, dass das, was offenbart wurde, vielleicht schon immer existierte und dass es beim Schöpfungsereignis in Wirklichkeit um das Licht ging - und nicht um das, was gesehen wurde, nachdem es eingeschaltet war? Anders gesagt, es ging um die Energie, die die Dimension wechselte und offenbarte, was immer dort war - Euer Universum.

Die *Familie* war schon immer *Familie*, wisst Ihr. Welches Gefühl gibt es Dir, zu wissen, dass Du und ich und die anderen im Universum noch miteinander spielen werden, wenn die Erde eines Tages nur mehr verkohlte Asche ist mit einer zeitlichen Entfernung, die über Eure Logik hinausgeht? Könnt Ihr so etwas begreifen? Welches Gefühl gibt es Euch, zu wissen, dass der Kern der Realität Gottes und des Universums eine einfache Sache ist, die Ihr mit dem Wort *Liebe* bezeichnet habt? Denkt Ihr, dass Ihr von einem messbaren Bewusstseinsfeld umgeben seid? Ja, so ist es.

Es entspricht dem, was Ihr die Emotion der Liebe und die Essenz Gottes nennt. Sie kommt über den Schleier zu Euch in unveränderter Form und Ihr spürt sie auf der Herzebene.

Wir haben Euch vor 12 Jahren gesagt, dass Ihr im Herzen jedes Atoms Liebe finden würdet. Wir sagten Euch, dass Liebe das Geheimnis des Universums ist. Dies ist scheinbar zu einfach dargestellt, doch das ist es nicht. Nun, Eure Wissenschaftler sagen Euch, dass sie vor kurzem im Herzen von jedem Atom interdimensionale Energie gefunden haben. Eure *Meta*physik wird zur Physik, einfach nur durch Wissen,Weisheit und Entdeckung. Wer weiß, eines Tages werden sie dort vielleicht sogar interdimensionales Leben finden? Aber das ist ein anderes Channeling!

Die Ankunft des Wassers

Lasst mich Euch sagen, was mit dem Wasser geschah. Die Erde ist ein Planet des Wassers. Sie hatte ein Wasserplanet zu sein, damit sich die Biologie auf die Weise entwickeln konnte, wie Ihr es geplant hattet. Und doch gab es zu Beginn hier nicht genügend Wasser. Ähnlich wie die anderen Planeten, die Ihr in Eurem Sonnensystem seht, hattet Ihr nicht viel Wasser. So erhielt, wie dem auch sei, der Planet des Wassers eine Lieferung und das ist keine Metapher. Wir sprechen noch einmal die Geologen an - geht und findet es - der Beweis liegt vor. Das Wasser ist nicht hier entstanden. Es wurde geliefert. In diesen frühen Zeiten, in denen die Dinge herumjagten und zusammenstießen, wurde der Erde der Großteil des Wassers, das sich jetzt auf Eurem Planeten befindet, geliefert, und zwar fast alles auf einmal. Es war umwälzend - und notwendig. Diese Dinge klingen merkwürdig und außergewöhnlich - und Ihr werdet in Euren Geschichts- und Naturwissenschaftsbüchern nichts davon lesen. Vielleicht wird sich dies eines Tages ändern?

Die Ankunft der Biologie

Nun richten wir uns an die Biologen. Möchtet Ihr einen Urknall sehen? Findet eine Erklärung für Folgendes: Vor fünfhundertachtunddreißig Millionen Jahren begann mit einem Mal, zur selben Zeit, das gesamte Leben auf Eurem Planeten. Fünfhundertachtunddreißig Millionen Jahre - das war gestern! Überall auf dem Planeten, anscheinend zur gleichen Zeit - nicht in Millionen jähriger Evolution - nicht einmal in Tausenden von Jahren - sondern nur in einer Hand voll Jahren - wurde die gesamte Erde mit Leben bevölkert, alles gleichzeitig. Unglaublich? Geht und findet den vierdimensionalen Beweis. Er ist vorhanden.

Ihr werdet vielleicht fragen: „Wie konnte so etwas geschehen? Gibt es einen Beweis?" Oh ja. Fragt Eure Biologen. Sie werden feststellen, dass es so ist. Überall, wohin sie blicken, gab es an einem Punkt kein Leben. Die Felsen offenbaren dies. Plötzlich, scheinbar aus dem Nichts, *existierte* Leben. Und das liegt daran, weil es hierher *geliefert* wurde! In diesen frühen Zeiten wurde die Essenz des Lebens (welche das Universum durchdringt) plangemäß angeliefert. Wie könnt Ihr sonst solch eine biologische Explosion erklären? Es war geplant und Ihr, Ihr Lieben, wart hier und beobachtetet das Geschehen.

Diese Erde ist wie eine fein zubereitete Mahlzeit, deren Vorbereitung Milliarden von Jahren dauerte, bis Ihr auf dem Thron ihrer Vollendung sitzen konntet. Und in den scheinbar letzten paar Sekunden der vergangenen Erdgeschichte kam die Menschheit, um eine profunde Energieprüfung herbeizuführen - eine Prüfung, die bewirken könnte, dass sich die Energie des Universums noch einmal verändert. Aus diesem Grund lieben wir Euch so sehr.

Der große Asteroideneinschlag

Ja, in der Tat, vor 60 Millionen Jahren hat ein astronomisches Ereignis stattgefunden. Dies wurde entdeckt und ist jetzt anerkannt. Es war vorgesehen, dass es sich rund um die Erdkruste bewegen sollte, und so war es auch. Bei diesem Vorgang nahm es manches Leben mit sich und das war angemessen. Auch schmolz dabei ein Großteil des Polareises und dies veränderte das Gewicht des Planeten (*verschob die Gewichtsverteilung auf dem Planeten*), was wiederum der Erdkruste ermöglichte, sich neu zu ordnen - und sogar den Anfang von leichtem Schwanken (*leichtem Schwingen*) verursachte.

Die Ankunft der Menschen

Und nun nähern wir uns der Sache, die wir das Geschenk nennen. Vor hunderttausend Jahren lebten Adam und Eva. „*Kryon, Du wirst nun über Adam und Eva sprechen?*" Ja, das tue ich. Diese Streitfrage spaltet die Anhänger der Evolutionslehre und die Anhänger der Lehre von der Schöpfung. Die Streitfrage lautet wie folgt: Die Anhänger der Evolutionslehre sagen, dass sich die Menschen über einen sehr langen Zeitraum im Lebenszyklus entwickelten, was normal und naturgemäß auf dem Planeten ist. Dies brachte den modernen Menschen hervor und es entwickelte sich desgleichen Bewusstsein. Es wurde als Evolution bezeichnet. Die Anhänger der Lehre von der Weltschöpfung sagen, dass das Wort von Spirit, dem Heiligen Geist, erklärt, dass allen Menschen zur selben Zeit der Atem des Lebens und ein Bewusstsein eingehaucht wurden. Wer hat Recht? Die Antwort: beide!

Die Biologie der Menschheit entstand im selben Zeitraum wie alle anderen Lebensformen auf der Erde. Aber es geschah etwas Ungewöhnliches. Betrachtet etwas, das merkwürdig zu sein erscheint: Wir haben es Euch bereits gesagt. Entgegen dem intuitiven evolutionären Prozess haben die Menschen sich vor 100.000 Jahren verändert. Im normalen Evolutionsprozess existierten mehr als 17 Arten von Menschen, die alle getrennte Wege gingen. Im Evolutionsplan gibt es von all den Euch untergeordneten Primaten viele verschiedene Kategorien und Arten. Ob sie Gorilla oder Affe oder Menschenaffe sind, es gibt viele, viele Arten und Variationen von diesen Primaten. Vor hunderttausend Jahren gabelte sich der Weg, wie sich die Menschen entwickeln würden, genauso wie dies auch bei allen anderen Primaten der Fall war. Anstatt dass sich die Menschen in der gleichen Art und Weise entwickelten wie all die anderen, hörten alle Variationen bis auf eine auf zu existieren... und diese betrachtet Ihr auf dem Stuhl neben Euch (*den Menschen im Publikum zugewandt*)! Was ist das für eine konterintuitive Evolution? Es ergibt keinen Sinn indem biologischen Prozess auf Erden. Nur einer Art von Mensch war es erlaubt, sich zu entwickeln.

Die Ankunft des göttlichen Bewusstseins

Nachdem dies geschehen war und sich diese eine Art von biologischem Menschen bis zu der Stelle entwickelte, die einige als Adam und Eva bezeichnen, fand eine bestimmte Art von DNS-Veränderung statt - dem Planeten wurde ein Bewusstsein geliefert. Hierin haben die Anhänger der Weltschöpfungslehre Recht! Es existierte etwas, das sich auf *ein*mal, zur selben Zeit, ereignete. Und doch liegen auch die Anhänger der Evolutionslehre richtig, denn die Biologie wurde über einen sehr langen Zeitraum vorbereitet. So wurde tatsächlich nahezu sofort ein Bewusstsein geliefert, eine beginnende Anordnung der DNS, und dies kam von den Sternen zu Euch. Dies verstößt gegen jede natürliche Auslese, nicht war? Es gibt eine Evolution und doch gibt es auch eine angemessene, spirituelle kosmische Lieferung. Das geht sogar noch bis zum heutigen Tage weiter, obwohl Ihr es nicht aus derselben Perspektive betrachtet wie einst, als Ihr die ursprüngliche Schöpfung gesehen habt.

Noch ein Asteroideneinschlag?

Vor zehntausend Jahren fand ein Ereignis statt, mit dem die Wissenschaftler noch nicht übereinstimmen. Es handelte sich dabei um einen weiteren Asteroideneinschlag. Er ist nicht annähernd so groß wie der Asteroid vor 60 Millionen Jahren, doch er bewirkte in der Tat noch eine weitere große Veränderung des Planeten. Eine der Auswirkungen war, wieder einen Teil der Eisschichten zum Schmelzen zu bringen. Auch verschoben sich dadurch Teile des Landes und ein Großteil der Erde wurde für kurze Dauer überschwemmt. Ein Teil der Menschen überlebte, doch es gab Gesellschaften und Zivilisationen, die völlig ausgelöscht wurden. Die meisten von ihnen hatten noch einmal von vorne zu beginnen und dieser Neuanfang, Ihr Lieben, ist der Zeitpunkt, an dem Eure moderne Geschichte beginnt. Eure Anthropologen haben die große Zivilisation, die vor mehr als 10.000 Jahren existierte, noch nicht entdeckt. Sie glauben es nicht - noch nicht.

Viele von Euch, die auf dem Stuhl sitzen und zuhören und lesen, befanden sich zu dieser damaligen Zeit als Menschen auf der Erde. Manchmal setzt Ihr Eure Spiritualität mit Schmerzen und Tod gleich, weil Ihr es so wahrgenommen habt, dass Gott den Planeten ausgerechnet zu einer Zeit zerstörte, als Ihr im Begriff wart , so viel Wissenschaft zu finden! Ihr wart hier! Ich werde Euch einige Informationen geben, die Ihr vielleicht, bis sie bewiesen sind, für lächerlich haltet. Vor mehr als zehntausend Jahren gab es große Zivilisationen. Es waren Zivilisationen, von denen die meisten auf Erden überhaupt nichts wissen und die nicht zu Eurer Geschichte gehören. Einige suchen danach, doch der Beweis liegt so tief vergraben, dass Ihr die wichtigsten Artefakte nie finden werdet. Doch es gibt einige auffindbare Artefakte und wir werden Euch sagen, wo sie der Erdoberfläche am nächsten sind und Ihr sie finden könnt. Sie befinden sich in Eurem eigenen Land (*die Rede ist von den USA*).

Die zu findenden Artefakte, die der Wissenschaft Hinweise auf Zivilisationen geben werden, die vor mehr als 10.000 Jahren existierten, sind in Arkansas zu entdecken. Und wenn dies geschieht, dann erinnert Euch daran, wo Ihr das gehört habt! (*Lachen*) Und wenn dies geschieht, dann werdet Ihr vielleicht an diese anderen Dinge denken, von denen wir Euch soeben berichtet haben - unglaubliche Dinge - und vielleicht werdet Ihr realisieren, dass auch sie wahr sind.

Das Gitter

Nun seid Ihr hier. Das Mahl der Erde wurde seit Jahrhunderten gekocht und jetzt ist es zum Verzehr bereit. Die Erde wurde vorbereitet. Die Engel, von der sie bewohnt werden würde, standen zur Seite und sahen zu und bereiteten sich darauf vor, ein Mensch zu werden. Als die Erde abkühlte, verlegten wir die Gitterlinien. Der Beginn für das Magnetgitter war getan. Es umfasste das Innere (*den Kern*) der Erde, es umfasste die Sonne und all die Teile und Bruchteile, die hineingingen - und ich beaufsichtigte all dies. Aus diesem Grund nennen sie mich „Den Magnetischen Meister“. Ich möchte Euch sagen, wer mir geholfen hat. Sie sitzen in diesem Raum und hören zu und lesen! Das ist der Grund, warum einige von Euch erwachen - und einige von Euch erfahren Synchronizität. Das ist der Grund, warum so viele Erinnerungen vorhanden sind. Auf der anderen Seite des Schleiers wird ein Tag kommen, an dem Ihr Euch alle vollständig daran erinnert. Gemeinsam werden wir mitfühlen, wie all dies ausgesehen hat, und wir werden uns an die Großartigkeit all dessen erinnern.

Ich verspreche es Euch.

Die Evolution des menschlichen Bewusstseins

Nun wird die Sache gut! Wir würden Euch gerne von der Evolution des menschlichen Bewusstseins, dem Überblick, berichten. Vielleicht haben wir es auf diese Weise noch nicht besprochen. Für einige von Euch ist es ein

Rückblick, aber nicht für alle. Seit hunderttausend Jahren entwickelt sich die Menschheit. Ihr kennt vieles von der Geschichte und wenn Ihr sie Euch anseht, werdet Ihr feststellen, dass das Bewusstsein der Menschheit relativ gleich geblieben ist. Über Tausende von Jahren waren die Propheten in der Lage „vorauszuschauen" und vorherzusagen, was sich aufgrund der statischen Art von Energie ereignen könnte, welche die Menschheit entlang eines Realitätsgleises führte, das vorhersehbare Konsequenzen hatte. Wie bei einer Tarotdeutung für einen einzelnen Menschen war die energetische Prägung des Planeten an das Realitätsgleis gebunden, auf dem sich die Menschheit befand, und dies war unveränderlich. Aus diesem Grund war sie leicht zu lesen.

Bis einige von Euch hier (innerhalb Eurer eigenen Lebenszeit) angekommen sind, blieb das Bewusstsein der Menschheit auf demselben Gleis. Dieser Planet hat dieses Bewusstseinsgleis erst vor kurzer Zeit - vor sehr kurzer Zeit - verlassen. Nahezu jeder von Euch war, als Menschen, die Ihr jetzt seid, hier auf der Erde anwesend. Wie fühlt Ihr Euch zu wissen, dass die größte Veränderung auf dem Planeten - die Veränderung, die Euch niemand hätte vorhersagen können - zu der Zeit stattfand, in der Ihr hier seid?

Die Harmonische Konvergenz

Im Jahr 1987 fand eine Messung von diesem Planeten statt, welche Ihr die Harmonische Konvergenz nanntet. Es handelte sich hierbei um eine planmäßige Messung, die alle 25 Jahre vorgenommen wird und von der die letzte Messung im Jahr 2012 erfolgt. Diese Konvergenz zeigte, dass die Erde, wie auch immer, ihre Schwingung verändert hatte und das nicht nur in einem geringfügigen Maße. Wie das Universum, das durch den Übergang von einer Dimension zur nächsten erschaffen wurde, war Eure Erde bereit, sich in einer interdimensionalen Art und Weise zu bewegen, um einen Wechsel vorzunehmen- ein Realitätsparadigma des Lebens selbst stand kurz davor, sich zu verändern. Das war es, was sich im Jahr 1987 offenbarte.

Nun fangt Ihr an, den großen Plan dessen zu verstehen, warum das Gefolge seinen Platz zu dem Zeitpunkt eingenommen hat, als es dies tat. *Der (die, das)* Kryon ist immer hier gewesen und wird immer hier sein! Das

Gitter-*Gefolge*, welches 1989 kam, um mit dem Gitter zu arbeiten, wird gegen Ende des Jahres 2002 weggehen. Und genau dieses Gefolge hat 1989 seinen Platz eingenommen. In unseren Botschaften sagten wir Euch, wer sie waren, wo sie waren und worin ihre Tätigkeit bestand. Bei all dem sprachen wir in Metaphern. Jenen von Euch, die dies nicht gehört haben, sagen wir, dass alle diese Metaphern jetzt vollständig Sinn ergeben sollten.

Zuerst, warum das Gitter? Was hat es mit der Realitätsveränderung zu tun? Zuallererst das Gitter, weil es in dieser neuen Realität erforderlich ist, das interdimensionale Kommunikationsgerät, was *Das Magnetgitter der Erde* genannt wird, zu verändern und zu verschieben. Das Gitter positioniert den Schleier! So wie es dem Magnetgitter geht, so geht es auch dem, was Ihr als Dualität bezeichnet habt - dem Schleier, der *Dich* trennt von *Dir* - Dein höheres *Du* von Deinem niedrigeren *Du* - den Menschen von dem Engel.

Um die potenzielle Realität dessen zu erschaffen, wofür Ihr die Erlaubnis gegeben habt und was wir „Das neue Jerusalem" nannten, war es erforderlich, das Gitter anzupassen. Alle Dinge würden sich ändern und wir begannen Euch zu sagen, dass alles anders gewesen ist. Wir begannen Euch zu sagen, dass die alten Prophezeiungen nicht eintreten würden... und das war auch tatsächlich nicht der Fall. Wir sagten Euch vor 12 Jahren, dass sich die Erde - die Geologie - in der Realität verändern würde und dass die Wettermuster anders werden würden... und so ist es. All diese Dinge begannen sich in 1989 zu manifestieren.

Wohin würdet Ihr gehen? Was würdet Ihr tun? Wie lange wird es dauern? Worum geht es überhaupt bei dem Gitter? Ich werde Euch sagen, dass wir in den Metaphern, die wir Euch brachten, erklärten, dass ein Gefolge in einem Schiff namens *Excalibur* enthalten war, und wir sagten Euch, dass es sich in der Umlaufbahn des Jupiters befand. Natürlich waren das Metaphern. Es befindet sich überhaupt nicht in der Umlaufbahn des Jupiters. Wir bezogen uns auf die Umlaufbahn, auf der sich Jupiter rund um die Sonne bewegt und auch das ist eine Metapher. Doch was ist die Energie dessen? Geht zu den Astrologen und fragt sie, welche Rolle Jupiter in dem neuen Jahrtausend spielt. Wenn Euch das bewusst ist, dann wisst Ihr auch, welche Aufgabe das Gefolge von Kryon hat! Darum geht es bei der Energie des Gefolges und warum das Schiff Excalibur genannt wird. Es ist so, weil es sich dabei um das Schwert im Mythos namens Camelot handelt. Es ist das Schwert der Liebe. Es ist das Schwert der Alchemie. Es ist das Schwert, welches der Junge - der - später - König - sein - würde, aus dem Felsen hervorzog. Erinnert Ihr Euch? Excalibur.

Das ist es, was den Menschenwesen in den letzten paar Jahren widerfuhr, als sie die Hand ausstreckten, um das Unmögliche zu tun - als die Alchemie eintrat. Jeder von Euch ist der Junge, der später König sein würde. Er tat das Unmögliche; er griff nach unten und zog das Schwert der Wahrheit aus dem Stein. Aus diesem Grund nannten wir es Excalibur. Das Schwert wurde Weisheit und es entwickelte sich ein Königreich, welches Einheit, Toleranz und Frieden für seine Bewohner erschafft. Erinnert Ihr Euch?

Das 11:11

Dann kam das 11:11. Es wurde an diesem heutigen Tage erklärt (*im Seminar vor dem Channeling*). Doch wie viele von Euch verstehen das 11:11 wirklich? Bereits vor dem 11:11 erklärte ich die Bedeutung der „9“. Sie steht für Vollendung. Wir sagten Euch, dass die „11“ eine Meisterzahl ist. Ich sagte Euch, dass sie die Zahl des Gittergefolges ist. Und jetzt spielt sie eine größere Rolle in Eurem Leben, nicht wahr? Wie viele von Euch finden es synchronistisch, dass Kryon Euch vor 12 Jahren von nur zwei Zahlen, der 9 und der 11, erzählte? Was sagt Euch das über Eure aktuellen Ereignisse? Das 11:11 war das Fenster der Erlaubnis für interdimensionale Veränderung... ein neues Universum des Potenzials entstand und die Menschheit gestattete es, durch dieses Universum hindurchzugehen.

Das 12:12

Das Gitter war in Bearbeitung und dann kam das erwartete 12:12. Bei dem 11:11 gab die Menschheit die Erlaubnis, sich in eine neue Realität hineinzubewegen - hin zu einem neuen Plan - der alle bis zu dem Punkt erwecken würde, an dem jeder dem Gitter Beachtung zu schenken hat. Wir berichteten Euch von diesem Potenzial für 1999 und 2000. Auf Eurem Planeten leben mehr Menschen als je zuvor. Sie haben ein Potenzial für größeren, umfassenderen Frieden als jemals zuvor - ist das konterintuitiv? Ja, das ist es für das alte Paradigma. Das 12:12 ereignete sich, als der Menschheitsmenge die Fackel überreicht wurde, was Euch erlaubt, die Erde tatsächlich (*vertrauensvoll*) zu verwalten. Dies ist schwierig zu erklären. Das Gitter fing 1989 an sich zu verschieben und das 12:12 war die Gelegenheit für die Menschheit, die volle Essenz von Gaia anzunehmen. Einige der Hüter der Canyons sind gegangen und sogar manche der Devas aus den Gärten. Einige der heiligsten Orte auf dem Planeten, die stets bestimmte Energiearten bewahrt hielten, veränderten sich wie die Platzhalter - jene, die stets die heilige Energie bewahrt hatten - sie verschieden. Bei ihrem Abschied überreichten sie die Fackel ihrer Energie dem Menschenwesen, welches begann, die Gitterveränderung (*den Wechsel*) fühlend wahrzunehmen und den vollen Umhang, den Mantel der Lebenskraft auf Erden, anzunehmen.

Die Energie wurde von einem Menschen zum nächsten weitergereicht - das Menschenwesen nahm einen Teil der Göttlichkeit seiner eigenen Engel an und das war es, was vor sich ging. In diesem Bewusstseinsprozess des letzten Jahrzehnts begannen Zehntausende Menschen zu fragen: *„Gibt es noch mehr? Gibt es noch mehr? Erzähle mir mehr über Gott“, sagten sie. „Ich fühle, dass sich etwas in mir regt, was ich so noch nie zuvor gefühlt habe. Was ist los?“* Es fand ein enormes Eintreten von Erinnerung statt und diejenigen von Euch, die seit einer Zeit dabei gewesen sind: Ihr wisst, wovon ich spreche. Denn das Heute ist in keiner Weise so wie die Zeit vor zehn Jahren.

Die Zeitlinie - ein Rückblick

Lasst mich etwas wiederholen, was ich Euch zu einem anderen Mal überbracht habe - eine Zeitlinie, welche die „Energielesung“ dessen darstellt, was sich in diesem Augenblick ereignet. Dies kann sich morgen ändern, doch in diesem Augenblick ist die Energie dessen, was Ihr geplant habt, folgendermaßen: Das Jahr 2000 war ein Jahr des Feierns und ein Jahr der Erholung. Im Allgemeinen war 2000 nicht wirklich „die Schwelle“. Das Jahr 2001 war die Schwelle. In der Tat, es gab keine Jahres-Null und so wurde 2001 die Stelle, an der das Jahrtausend begann.

Auf eine energetische Weise betrachtet befindet Ihr Euch genau jetzt im Jahr 2001. Es ist das Jahr der Drei und diejenigen von Euch, die sich mit Zahlen auskennen, wissen, wofür die Drei steht. Sie steht für Kreativität. Es ist die Zeit, etwas zu erschaffen. *„Oh, Kryon"*, *mögen einige von Euch sagen, „es sieht nicht so aus, als hätten wir hier viel erschaffen. Es sieht so aus, als hätten wir Tod und Zerstörung und Betrübnis erschaffen."* Seid über all dies erhaben! Seht das größere Bild dessen, was durch die freigesetzte Energie der Ereignisse in Eurem neuen Jahrtausend erschaffen wird. Jetzt fängt das Lernen an.

Die Lichtarbeiter von allen Orten werden die Glasur auf diesem Kuchen der Kreativität sein. Sie wissen, wo sich das Licht befindet; sie wissen, wie es in eine Richtung gelenkt wird. Sie wissen, wie visualisiert wird; sie wissen, wie zu dunklen Orten gelangt werden kann, und sie wissen, wie an Plätzen gearbeitet werden kann, an die sie sich nicht unbedingt begeben möchten - vielleicht das einzige Licht dort erschaffend. Sie wissen, wie sie ihre Körper heilen können - und sie wissen, wie sich von den Stühlen an einem Ort wie diesem hier erhoben werden und Freude empfunden werden kann, selbst wenn andere sorgenvoll und traurig sind. Sie haben einen Überblick über die Weisheit. Sie haben einen Vorsprung, weil sie hier waren, als die Erde erschaffen wurde.

War Euch das auf der anderen Seite bekannt - das Potenzial, die Realität zu verändern? Ja, das war es. Ihr habt Euch angestellt und darauf gewartet, in dieses Leben zu kommen, und Ihr habt Euch nicht angestellt, um bei dem Armageddon umzukommen! Denkt einmal darüber nach. Ihr habt Euch angestellt, damit Ihr diesen Prozess unterstützen konntet, die Aussicht auf Frieden auf dem Planeten. Aus diesem Grund seid Ihr hier.

Gegen Ende des Jahres 2002 wird das Gitter fertig gestellt sein. Vieles wird an seinem Platz verbunden sein. Das Gitter „spricht" mit Eurer DNS. Es ermöglicht Dinge, die zuvor nicht möglich waren. Das Gitter ermöglicht Wissen; es ermöglicht Heilung; es ermöglicht ein verlängertes Leben. Das Gitter ermöglicht es den Menschen, den Schleier auf eine Weise zu durchschneiden, wie sie dies nie zuvor hatten. Wenn es erstellt ist und seinen Platz eingenommen hat, wird es eine Feier geben. Das Gitter gestattet tatsächlich eine andere Dimension, so wie sie aktiv von regulären vierdimensionalen Menschen erstrebt wird!

Ein Großteil der Erde wird keine Ahnung von dem haben, was vor sich geht; wie bei so vielen anderen Dingen sagen wir: „Gott ist langsam.“ Doch rückblickend (*nach dem Faktum, der Tatsache*) werdet Ihr es sehen. Die Lichtarbeiter werden es wissen. Viele von den Dingen, die Ihr selbst gesehen habt (*die Ihr Euch als Euer Potenzial visualisiert habt)*, könnten sich im Jahr 2003 manifestieren. Im Jahr 2002 geht es um die Erdung. Das Gitter hat sich verschoben und so wäre es eine gute Zeit für Euch, Euch mit dem Planeten zu verbinden. Einige von Euch wissen, was ich meine. Es wäre eine gute Zeit für Euch, die Energie von Gaia zu entdecken. Es wäre eine gute Zeit für Euch, Euch wieder mit einem lebendigen Partner zu verbinden. Ihr denkt nicht viel darüber nach, aber Eure Eingeborenen taten dies. Sie haben diese Verbindung nie verloren und sie wissen noch immer, wie es funktioniert. Holt ihren Rat ein. Versteht, was die Energie des Landes ist. Versteht, wie sie Euch in bestimmter Weise kontaktieren möchte. Fühlt es! Spürt es! Einige von Euch wissen bereits, was ich meine, denn Ihr seid in Liebe mit der Erde.

Das Jahr 2003 ist nummerologisch eine Fünf. Veränderungen beginnen. Noch mehr Veränderungen. Ergibt es einen Sinn, dass Veränderungen auftreten, nachdem das Gitter bei der letzten Vollendung der Energie angelangt ist? Das Jahr 2003 ist ein Jahr der Veränderung. Interpretiert nichts Negatives in diese Veränderung hinein. Es kann Manifestation sein! Veränderung kann Ko-Kreation sein; Veränderung kann Heilung sein. Veränderung kann die Liebe Eures Lebens ermöglichen.

Einige fragten: *„Kryon, wann werden wir eine Lösung im Nahen Osten erleben?“* Eure Führer haben Recht. Es wird lange dauern. Ihr könnt die Geschichte nicht über Nacht rückgängig (*wie ungeschehen*) machen. Einstellungen und Haltungen ändern sich langsam. Manchmal sind Beweise erforderlich und Ausdauer ist vonnöten, damit es einer Generation möglich ist, der anderen zu vertrauen. Da braucht Ihr nur die Asiaten zu fragen. Das Jahr einer potenziellen Lösung im Nahen Osten bleibt das Jahr 2008.

Das Jahr 2012 stellt die letzte Messung des Planeten dar. Eure Eingeborenen sagten Euch, dass ab diesem Jahr die Zeit nicht mehr existieren würde. Abhängig von dem, was Ihr tut, werde ich Euch sagen, was dies bedeutet. Es wird nicht das Ende der Erde sein. Was wäre, wenn es stattdessen das Ende der alten Zeit sein würde? Es ist eine weitere Schwelle, eine Schwelle, auf welche die Historiker vielleicht zurückkommen und von der sie berichten werden, indem sie sagen: *„Zu der Zeit, als das Jahr 2012 gekommen war, hatte die Zivilisation bereits festgelegt, was sie wollte... wie sie sich selbst definieren will. Sie schritt voran als eine Gruppe sehr unterschiedlicher Menschen mit verschiedenen Kulturen und von verschiedenem Glauben, aber als Menschen, die das Unlösbare gelöst hatten - welche die Rätsel (Puzzleteile) der Geschichte verworfen hatten. Es wurde eine neue Art von Planet mit neuen Abenteuern.“* Wäre das nicht etwas?

Nun, das ist es, was die Verbreitung von Energie auf Erden genau jetzt aussagt. Das sind die Potenziale.

Lichtarbeiter, was wirst Du damit anfangen? In all diesen Jahren und in all dieser Kreation hast Du das Unvorhergesehene getan. Die Kulmination all dessen, wovon Kryon in all diesen Jahren je gesprochen hat, befindet sich genau jetzt vor Euch. Einige von Euch haben nun Klarheit. Kryon geht Ende des Jahres 2002 nicht weg - nur das Gitter-verändernde Kryon Gefolge. Meine wirkliche Arbeit beginnt Anfang des Jahres 2003! All dies ist nur eine Einstimmung darauf gewesen. Hand in Hand, gemeinsam mit Gott, wurde Euch beigebracht, wie Ihr die Göttlichkeit in Eurem Inneren in Anspruch nehmen und Euch weiterbewegen könnt - um Euer Licht leuchten zu lassen. Jetzt beginnt die Arbeit.

Visualisiert diesen Planeten frei von Hunger. Seht die Menschen in Afrika, die Krankheit besiegt habend und sich einander anlächelnd - ihren Familien zulächelnd. Seht die Menschen in dem Land, das Ihr Afghanistan nennt, mit Lösungen, mit einem Lächeln. Seht die Kinder spielen; seht sie alle gut genährt, in Freude vereint. Dies ist keine Phantasie, es ist keine Vorstellung, die unerreichbar ist. Wenn sie Euch sagen, was ihnen die Vergangenheit gegeben hat oder dass das, was ihnen die Vergangenheit zwangsläufig diktiert, ihre Not ist, so schenkt dem keine Beachtung. Schenkt den Vorstellungen von jemandem *darüber*, was sein *sollte*, keine Beachtung. Geht darüber hinaus. Doch sagt Spirit bei Euren Visualisierungen nicht, wie es getan zu werden hat - seht einfach nur, dass es vollendet ist. Das ist die Visualisierung.

Begebt Euch in den Nahen Osten und seht, wie Tausende Jahre von Missverständnis, Hass und Misstrauen beginnen sich aufzulösen (*zu verdunsten)*. Es wird so sein, weil eine Lösung erreicht wurde.

Bezüglich der Stammeskriege auf dem Planeten: Anstatt Hass zu lehren, stellt Euch Generationen vor, die langsam Verständnis und Toleranz aufbringen, bis eine Zeit kommt, in der die Feinde keine Feinde mehr sind. Dies ist bereits früher auf dem Planeten geschehen. Ihr habt es sogar in Euren eigenen vergangenen Kriegen erlebt. Einstige Feinde haben nicht als Feinde bestehen zu bleiben. Es mag eine ganze Generation lang dauern - es werden viele Kinder gebraucht werden - um den Planeten zu ändern, und das ist die Wahrheit.

Das ist die heutige Botschaft, die alles in allem in einer kleinen Menge von Zeit eingefasst war - die Evolution des Planeten und seines Bewusstseins. Jetzt sind wir hier, am Ende der Botschaft.

Tausende von Menschen sind in diesen vergangenen Monaten hinübergegangen. Sie werden in der Ruhmeshalle begrüßt. Ich möchte, dass Ihr sie genau jetzt seht und einen Moment werden sie alle stoppen und innehalten. Sie werden mit ihrem Prozess aufhören und sich umdrehen und Euch in diesem Raum ansehen und alles in der realen Zeit. Leser, bist Du bei uns? Sie sehen auch Dich an, während Deine Augen auf diese Seite gerichtet sind.

All jene, die an diesem Geschenk an die Erde teilhatten - sie sehen Euch in diesem Moment in die Augen, nur für einen Augenblick, sie alle. Hier ist die Botschaft, die sie gemeinsam für Euch haben. Sie sagen: „Lasst unser Geschenk wertvoll gewesen sein! - Macht es wertvoll, sodass es sich gelohnt hat!"

Wenn Ihr Euch von diesem Platz erhebt, nehmt die Energie von ihrem Geschenk und geht zur nächsten Ebene. Versäumt keinen Tag ohne die Visualisierungen für planetare Heilung, Einheit und Toleranz. Euer Energiefeld ist beeindruckend, es ist beachtenswert und Eure Kraft und Macht ist vollkommen. Ihr könnt Realität und Physik verändern. Ihr könnt Euch selber heilen und Ihr könnt den Planeten heilen. Das ist das Erbe, das Vermächtnis des entwickelten Menschenwesens.

Und so ist es

Kryon

Kryon

Live-Channeling

„Erklärung des Unerklärbaren“

Gechannelt in
Newport Beach,
Dezember 2001

Kapitel X

Erklärung des Unerklärbaren

Live-Channeling in Newport Beach, Kalifornien

Dieses Live-Channeling wurde mit zusätzlichen Worten und Gedanken herausgegeben, um Klarheit und ein besseres Verständnis in der schriftlichen Textform zu ermöglichen.

Seid gegrüßt, Ihr Lieben! Ich Bin Kryon vom Magnetischen Dienst. Einige von Euch sind sich des Schwirrens und Flatterns der Energie hier bewusst. Wir formulieren das bildlich gesprochen, weil sich viele von Euch der im Raum anwesenden Engel sehr bewusst sind. Es wird welche unter Euch geben, deren Energie heute in friedvoller Weise gewechselt und verändert wird, weil Ihr Eure Erlaubnis dafür gegeben habt. Lasst den Frieden von Spirit, den Frieden des göttlichen Geistes und die Liebe Gottes in ihrer ursprünglichen und reinen Form bei Euch eintreten. Möge dies Euch bis zum Punkt von Verstehen dieser Botschaft führen. Alles ist gut.

(Pause)

Geliebte Wesen, genau jetzt wird dieser Raum für eine süße Botschaft vorbereitet (*süß im Sinne von: so süß wie Honig*) - eine Botschaft, die bisher noch nicht gegeben worden ist - eine Botschaft, deren Thema nicht einmal (*auch nur*) angeschnitten wurde. Sie ist sowohl in ihrer Süße als auch in ihrer Tiefgründigkeit eine profunde Botschaft und zugleich handelt es sich auch um eine Botschaft, die sehr schwierig zu verstehen sein mag.

Bevor wir mit dem Unterricht beginnen, bitten wir darum, dass der Raum vorbereitet ist - und die hier anwesenden Engel ihren Platz an Eurer Seite einnehmen und Euch Frieden schenken. Wir bitten Euch darum, hierin nichts Merkwürdiges oder Ungewöhnliches wahrnehmen, sondern die stattfindende Familienwiederbegegnung zu fühlen - versteht, dass die neben Euch Stehenden Mitglieder Eurer Familie sind. An diesem Punkt beginnen wir mit der heutigen Lehre. Oh, vielleicht war Dir nicht bewusst, dass wir wussten, wer heute hierher kommen wird? Und noch bevor wir mit diesem Unterricht beginnen, sagen wir Euch, dass einige von Euch sich vielleicht nicht bewusst sind, wie persönlich diese Begegnung ist.

Wir sprechen in dem „Jetzt" dieses Raumes zu zwei Ohren. Wir sprechen zu zwei Augen, die auf diese Seite gerichtet sind. So ist es immer gewesen. Wenngleich Ihr Euch in einer Gruppe versammelt habt und die Energie einer Gruppe wahrnehmt, ist unser Angebot stattdessen doch eine Eins-zu-eins-Bewusstseins-Kommunikation. Diese Energie kommt zu Dir, weil Du sie in dieser Art erbeten hast. Es bedarf immer einer kleinen Weile von Zeit, um auf eine Gruppe wie diese - die beiden Ohren, wie diese - die beiden Augen wie diese - zu „drücken". Ihr braucht dies, um die Energie zu fühlen und zu verstehen, dass Ihr in einem sicheren Raum (*Spot*) seid. Doch nichtsdestotrotz hilft all dies nicht bei unserer heutigen Aufgabe und den zukünftigen Kommunikationen: Die Erklärung der Interdimensionalität für Menschen in ihrem Dasein in der Vierdimensionalität.

In dem Moment, als das erste Wort von Kryon (*von Lee gechannelt*) vor nahezu zwölf Jahren aufgeschrieben worden ist, wussten wir von der Energie, die potenziell in diesem Moment hier bestehen würde - in diesem Land - auf diesem Planeten - in dieser Stadt und in diesem Raum. Das *Jetzt* ist unmöglich für Euch zu erklären. Potenziell waren wir, selbst zu der damaligen Zeit, hier. Wir „sahen" Euch. Ihr mögt sagen: *„Aber Kryon, wie kann das sein? Ich hatte damals überhaupt gar keinen Sinn und kein Verständnis für irgendetwas dieser Art. Ich war zu der Zeit ein ganz anderer Mensch. Ich entdeckte erst kürzlich diese spirituelle Energie und so bin ich zu dieser Zusammenkunft gekommen."* Wir sagen Euch, dass die Potenziale der Lebenswege von jedem einzelnen Menschen bekannt und verstanden sind. Denn siehe, Du kannst sie auch morgen ändern. Frei von Vorherbestimmung sagen wir Euch, dass hier in diesem Raum Prädispositionen vorhanden sind - das sind Potenziale von Veranlagungen, die Ihr aufgrund Eurer jeweiligen Absicht nahe liegend erfüllen, - verwirklichen werdet. Wir wussten von Eurem Erwachen - von dem, was Euch dazu führen würde. Wir wussten, durch was einige von Euch gehen würden, um zu dem Platz zu gelangen, an dem Ihr jetzt sitzt und hört oder lest... und Ihr wundert Euch, warum wir Euch so sehr lieben? Wo sollen wir beginnen?

Rückblick

Seit mehr als einem Jahr sprechen wir von der *Dritten Sprache*. In jüngster Zeit haben wir fast jedes Mal, wenn wir zu Euch gekommen sind, von der „Sprache der Drei“ gesprochen. Wir sagten Euch, dass diese Sprache wie eine stetige, wandelnde Übertragung ist (*ein stetiges Channel*) - eine kontinuierliche Verbindung mit der anderen Seite des Schleiers. Sie ist etwas, an dem Ihr in einer interdimensionalen Weise mit beteiligt seid, eine Weise, die wir Euch nicht erklären können, aber zu der wir Euch einladen können, sie fühlend wahrzunehmen. Doch könnt Ihr sie nicht wirklich verstehen.

Und so rufen wir auf und bitten, dass der Schleier an diesem heutigen Tag - während dieser Zeit - für Euer göttliches Verstehen um einige Grad gelüftet wird. Die Dritte Sprache befördert einen vierdimensionalen Menschen mit einem Bein in eine andere Dimension. Ihr könnt sie die fünfte Dimension nennen, wenn Ihr so wollt, aber das ist nicht wirklich akkurat. Wir sagten Euch vor langer Zeit, dass Ihr die Dimensionen über Eure vierte hinaus nicht nummerieren und aufzählen könnt. Sie haben ein anderes „Flair“, Ihr nummeriert Flair, Aromen oder Düfte und Gerüche nicht. Ihr erfahrt sie. In der Tat!

Die Metapher, mit einem Fuß auf der anderen Seite des Schleiers zu stehen, ist nicht nur ein Potenzial, sondern auch eine Realität. Es gibt in diesem Raum und unter den Lesern welche, bei denen dies so ist! Sie haben gelernt, wie es ist und es hat sie einige Zeit gekostet. Einige von ihnen lernten es durch ihre Erfahrungen, einige durch Unterweisungen und einige mit Hilfe ihrer Intuition.

Folgendes könnten sie zu Euch sagen: Sie haben sich von der „Zwei in die Drei“ bewegt. Wir geben Euch in einem Moment ein Beispiel dafür, was das bedeutet, aber ihre Erfahrung war: das Werden eines fünfdimensionalen Menschen (welchen wir als multidimensionalen Menschen bezeichnen). Es ist das Werden eines Menschen, der an beiden Orten existiert und nicht nur an dem neuen. Denn interdimensional bedeutet auch nicht, das zu verwerfen, was Ihr habt, um das zu erlangen, was Ihr anstrebt. Mit anderen Worten, es können Euch zusätzliche Dimensionen gegeben werden, während Ihr in der vierten Dimension bestehen bleibt.

Wie viele von Euch sind sich der Menschen bewusst, die die interdimensionale Schranke (*Barriere*) durchquerten, nur um damit einhergehend dann auch die vierte Dimension, in der sie sich zuvor befanden, zu verwerfen. Sie meinten, so spirituell zu sein, dass sie die alte vierdimensionale Menschenwirklichkeit zu beenden hätten. In diesem Prozess verwarfen sie den Kern ihrer Realität und somit wurden sie nun in keiner Weise mehr gut für die Erde (*für die irdischen Aufgaben und Belange)*. Habt Ihr das bemerkt? Sie können nicht mehr länger innerhalb Eurer Kultur denken und handeln. Sie sind nicht mehr in der Lage zur Arbeit gehen, sie sind nicht mehr länger fähig ihre Kinder zu hüten und auf sie Acht zu geben. Tatsächlich bedürfen viele von ihnen jetzt einer eigenen Betreuung. Doch wenn Ihr sie betrachtet, dann sind sie glücklich und selig. Sie betraten eine andere Dimension und haben die eine, von der sie gekommen sind, hinter sich zurückgelassen.

Das ist nicht das, von dem wir hier sprechen. Wir sprechen von *Der Dritten Sprache*. Wir sprechen von einer profunden Fähigkeit, die jetzt tiefer geht als in irgendeinem anderen Moment der Menschheitsgeschichte. Es ist das Potenzial für das Beschreiten eines Weges, der sich in dimensionaler Hinsicht in allem unterscheidet, was einst gewesen ist - das bewahrend, was Du hast, und von dem Dir meist vertrauten ausgehend eine andere Realität erschaffend.

Manche von Euch haben einen Blick auf den *Schleier* geworfen - diese seltsame Trennungsvorrichtung, die die Menschheit um eine Armeslänge von dem spirituellen Kern von Wahrheit entfernt hält. Denn seht, der Schleier ist interdimensional, denn er ist ein Teil vom Gewebe Gottes. Doch einige von Euch haben so entschieden, dass dieser Schleier entweder schwarz oder weiß sei. Das heißt, Du bist entweder auf meiner Seite oder auf der anderen. So ist es ganz und gar nicht. Der Schleier ist (*bildlich gesehen*) Kilometer dick. Ein Teil der Arbeit der Magnetgitterbewegung ist es, den Schleier zu rekalibrieren (*wieder neu auszugleichen*) - ihn zu lüften - um ihn dünner werden zu lassen. Das geschieht, sodass es der Menschheit im Allgemeinen möglich wird, zu neuen Ansichten zu erwachen, speziell der einen, die wir Euch an diesem Tag geben werden - eine interdimensionale Botschaft, die besagt, dass Du eine Realität in Anspruch nehmen und ergreifen kannst, über die Du bisher nicht verfügtest - es ist eine göttliche Wirklichkeit - eine Realität, die Dir einen ganz anderen Überblick ermöglicht als den, den Du zuvor erfahren hast.

Der Schleier ist dick und hat in Wahrheit keine eigentliche Barriere. Es ist keine Mauer. Es ist ein Kokon - eine Hülle jedes vierdimensionalen Moleküls. Es ist auch kein Ort, es ist kein Platz. Einige von Euch schwimmen in ihren Meditationen darin. Oft kommt Ihr ohne jede Erinnerung zurück in Eure Vierdimensionalität. Es gibt in diesem dicken Schleier Wesenheitsteile und Anteile, die Ihr komplett und total missversteht. Dort gibt es jene, die interdimensional sind und nur einen Teil dieses *magischen* Schleiers, den Ihr nicht verstehen könnt, besuchen - sie kommen und gehen.

Dort gibt es jene, die die Erde verankern, die Ihr als „die Wesenheiten in der Erde“ bezeichnet, welche ein Teil dieses Schleiers sind. Das Gewebe der Zeit ist ein Teil des Schleiers. Es dehnt und weitet sich, wenn Ihr es betretet und es strukturiert sich mit Eurer Rückkehr. Während Ihr diese - zwischen göttlichem Geist, Spirit und Menschheit liegende - interdimensionale Energie berührt, schiebt Ihr die Euch gewohnte Realität beiseite, addiert ein brandneues Flair (*Geschmack*) hinzu und verwandelt sie damit einhergehend zu etwas anderem.

Was ist „Normal“

All dies ist schwierig zu erklären und bevor wir mit der Botschaft dieses Tages beginnen, haben wir noch etwas anderes zu besprechen.

Folgendes: Geliebtes Menschenwesen, ich möchte, dass Du Dir genau jetzt, während wir hier vor Dir sitzen, folgende Frage beantwortest: *„Was ist normal?"* Was ist für Dich *normal*? Wenn Du über Dein Leben nachdenkst und darüber nachdenkst, was Du Dir selber als Dein eigener Meister gegeben hast, was lehrtest Du Deiner Zellstruktur während Deines Lebenswandels als *normal*?

Wie viele von Euch sprachen tatsächlich laut aus, dass eine niedergeschlagene Verfassung zu Eurer Normalität gehört? *„Ich fühle mich heute nicht gut, ich bin so niedergeschlagen. Ich bin deprimiert"*, mögt Ihr gesagt haben und, *„das ist (mal wieder) typisch."* Nun gut, es ist Deine *Normalität* (Deine *Norm)* und Du hast sie soeben definiert. Wie viele von Euch sagten zu Ihrer Gesamtverfassung, dass sie wenig fröhlich sei, weniger als freudvoll und dass dieser eher wenig freudvolle Zustand zur *normalen* Kondition des Menschseins gehört. Ich möchte Euch gerne etwas über das *Normale* erzählen. Es gibt eine Lebenskraft, der die Zellen in Eurem Körper *zuhören*. Du bist der Meister jeder einzelnen Zelle - der „Boss im oberen Stockwerk", der- und dasjenige, welches die Kontrolle, die kontrollierende Kraft an der Spitze, in dem Kopf des Menschenwesen hat - der- und dasjenige, was den Köprer darüber informiert, was *normal* ist. Die zellulare Kraft in Eurem Köper wird ihr Bestes tun, um mit „dem Boss" übereinzustimmen. Somit wird das, was Ihr Eurer Zellstruktur als *normal* mitzuteilen entschieden habt, zum Ziel Eurer Zellen und Eurer Realität. Ihr könnt Euch darauf verlassen!

Kalibrieren

Ich habe Euch gerade eben erst einen Schatten von Wirklichkeit gegeben. Dies ist schwierig, es ist sehr schwierig zu erklären, denn das, was Ihr Eurem Körper als *normal* vorgebt, ist eine *Realitäts-Aufstellung*, nach der er streben wird. Es ist so schwierig Euch zu erklären, was hier wirklich vor sich geht! Es ist mehr als *Die Dritte Sprache*. Dieses interdimensionale Potenzial, welches Euch in diesem Moment besucht, während das Gitter fertiggestellt wird, während die Welt auf eine Entlassung und Freigabe reagiert, ist ein neues Potenzial. Um dort hinzugelangen, wo es ist, und es der Dimensionalität, in der Ihr Euch befindet, hinzuzufügen, werdet Ihr Euch auf diesen neuen, unsichtbaren Übertragungssender *einzustellen* haben und dieser Sender ist nicht der, dem Ihr jetzt zuhört.

Wir gebrauchen die Metapher des Einstellens auf einen Übertragungssender, weil es exakt dem entspricht, was wir Euch bitten zu tun. Ihr bewegt Euch von der Zwei zur Drei. Dieses Menschenwesen, welches die darin enthaltene Realität erkennt und sie finden möchte, repräsentiert einen Menschen, den es vor 12 Jahren so noch nicht gegeben hat. Wir sagen Euch, dass Ihr dieselben Fähigkeiten berührt und dieselben Fragen stellt wie die vergangenen Avatare!

Als wir das letzte Mal mit Euch versammelt waren, gaben wir Euch einen Rückblick über die Entwicklung des Bewusstseins des Planeten. Wir sprachen von 1987 und wir sprachen des Weiteren von dem Fenster der Gelegenheit, genannt 11:11. Es ist die Bezeichnung einer von Euch gegebenen Erlaubnis, Euch zu einer anderen Wirklichkeit zu bewegen - auf eine andere Ebene - und Ihr antwortetet mit „Ja“, als Euch diese Frage um Erlaubnis gestellt wurde. Der Ball kam ins Rollen, wie Ihr es bildlich betrachtet bezeichnen würdet, und das Gitter kam in Bewegung. Nahezu im letzen Jahr der Fertigstellung erlaubt Euch das Gitter, welches das Magnetische des Planeten repräsentiert, indem es den interdimensionalen Schleier positioniert, Antworten auf tiefer gehende Fragen zu erhalten. Es beginnen sich Dinge auf der Erde in Bewegung zu versetzen, die ähnlich der Informationen zu sein scheinen, die wir Euch vor mehr als zwei Jahren gegeben haben. Wir sagten Euch, dass dieser Kampf zwischen dem Alten und dem Neuen jeden Einzelnen betreffen werde - dass keiner darum herumkommen würde, Entscheidungen zu treffen. Wir sagten Euch, dass Menschen Gott als einen Schutzschild für ihren spirituellen Zorn benutzen würden. Und hier seid Ihr heute und befindet Euch in genau dieser Situation.

Mit all den Themen auf der Erde, die genau jetzt so negativ zu sein scheinen, geben wir Euch die kraft- und machtvollste, inspirierendste und hoffnungsvollste Nachricht, die jemals gegeben worden ist: Der Schleier wird jetzt leicht gelüftet positioniert - er wird bis zu einer Stelle reduziert, an der Ihr Euch unter Beibehalt Eurer eigenen Dimension in andere Dimensionen bewegen könnt. In diesem Prozess wird Wissen und Weisheit den Platz einnehmen, an dem zuvor Durcheinander und Chaos herrschten, und es können Antworten auf äonenlange Streitereien offenbart und Lösungen enthüllt werden.

Doch um Euch diesbezüglich weiter voranzubewegen, habt Ihr diesen neuen Sender einzustellen - den einen, den Ihr weder sehen noch hören könnt - den einen, der über Eure Sinne hinausgeht. Lasst uns sagen, um was es sich hierbei handelt: Ihr werdet Euch auf die neue Universal-Energie zu *eichen (zu kalibrieren)* haben. Sie ist kein neues Attribut der Erde. Diese Dimensionalität hat bereits immer auf der Erde existiert, aber sie lag außerhalb der Reichweite eines jeden Menschen, abgesehen von dem Avatar oder Schamanen. Bis jetzt.

So lautet die Botschaft von Kryon in 1989 und so lautet sie noch immer. Nur, jetzt befindet Ihr Euch haarscharf, auf des Messers Schneide im Bereich der Fähigkeit, vieles von dem zu vollenden, was fremd und seltsam zu sein schien, als wir damals darüber zu sprechen begannen. Es gibt jetzt diejenigen, denen die Methoden gegeben wurden, die Phasen, die Entwicklungsstufen des Verstehens - es gibt jetzt die Menschen, die (*in ihrem Dienst*) die Informationen gut und übereinstimmend verwalteten, und wir feiern sie. Und es gibt hier auch diejenigen, die dies hören und lesen, die, selbst ohne Lehrtexte, fähig und in der Lage sein werden, fühlend wahrzunehmen und intuitiv die richtigen Schritte unternehmen, um die neue Energie zu finden und sich auf sie zu kalibrieren. Das ist die Art und Weise, in der Spirit immer wirkte. Es gibt ein ganzes Spektrum von unterschiedlichen Arten von Unterweisungen und Lehren, intuitive und nicht intuitive, um den unterschiedlich variierenden Pfaden derer zu begegnen, welche die Wahrheit von spiritueller Erleuchtung suchen. Es gibt viele Wege, um dasselbe Ziel zu erreichen, und doch möchten viele von Euch gerne verkünden, dass es nur einen Weg gibt. Feiert die Unterschiede und feiert den Menschen, der die Wahrheit mit der Hilfe seines Verstandes sucht, ebenso wie den Menschen, der sie durch sein Herz sucht. Beide mögen exakt dieselbe Lösung finden und es ist die Liebe Gottes.

Ein Beispiel

Wir werden Euch ein anderes Beispiel bezüglich der Bewegung von der Zwei zur Drei geben. Wenn wir damit fortfahren, diese Erklärung in Eure dimensionale Erfahrung einzubringen, dann wäre es für Euch nicht zu verstehen. Daher lasst uns ein oder zwei Dimensionen runtergehen. Stellt Euch vor, Ihr seid ein Cartoon, eine Komik-Zeichnung auf einem Blatt Papier. Jetzt seid Ihr im Zweidimensionalen. Ihr könnt Euch vorwärts und rückwärts bewegen und nach links und nach rechts und das war es auch schon - zwei Dimensionen. Ihr könnt Euch weder nach oben noch nach unten bewegen und Ihr existiert auf dem Papier, außerhalb der Zeit. Stellt Euch vor, dass Ihr auf einem Papierbogen von Tausenden von Kilometern in jedwede Richtung existiert und Ihr *lauft* überall hin, wo auch immer Ihr hinlaufen wollt.

Eines Tages hörst Du eine Stimme aus der Höhe über Dir, die sagt: „Es gibt noch mehr! Es gibt noch mehr als nur Deine Realität von zwei Dimensionen - es gibt noch mehr." Das zwei-dimensionale Wesen auf dem Stück Papier weiß gar nicht, in welche Richtung es Ausschau halten soll. Von woher kommt diese Stimme? Sie kommt weder von rechts noch von links. Denn seht, das zwei-dimensionale Geschöpf auf dem Blatt Papier kann nicht nach oben schauen! Dort gibt es kein „oben"! Dreidimensionale Aktivität liegt anscheinend jenseits des zwei-dimensionalen Cartoons auf dem Papier und so sitzt es dort völlig konfus und horcht irritiert auf die Stimme. Es reist bis zur Schneide, an den Rand des Papiers. Es geht durch Prozesse und durchläuft Lektionen. Schließlich schreit es zu Gott: „Ich weiß, dass es noch mehr gibt, doch ich kann mit dem, was ich habe, - mit dem, was mir zur Verfügung steht, überhaupt nichts tun. Ich habe überall nachgesehen. Ich habe alles Mögliche getan, Gott sage mir, was ist es, was ich tun soll!" Und die Stimme Gottes sagte: „Schau aufwärts!" Und dann folgt die Frage vom Cartoon: „*Was ist aufwärts*?"

Langsam, wie dem auch sei, beginnt das zwei-dimensionale Geschöpf herauszufinden, wie es geht, aufwärts zu schauen. Intuition, Training und gute Gefühle spielen hierbei alle eine Rolle. Das Cartoon-Geschöpf untersucht (*ablesen, abtasten, abspüren...*) und erforscht das Unbekannte und letztendlich kalibriert es sich selber zum „aufwärts". Und wenn das zwei-dimensionale Wesen auf dem Papier schließlich fähig und in der Lage ist, zu begreifen (*zu ergreifen*), was „aufwärts" ist, dann wird es drei-dimensional. Es schaut aufwärts und sieht, dass die Stimme von einer anderen Dimensionsenergie aus „der Drei" gekommen ist. Durch das Nachforschen und Untersuchen und das Wissen und die Weisheit des Cartoon-Charakters ist es nicht mehr länger ein Cartoon. Stattdessen betrat es eine völlig neue Realitätsdimension und es kann fliegen! In der Tat, es gibt noch mehr. Jetzt spricht eine Stimme zu Euch, aber sie sagt nicht: „Schau aufwärts!". Stattdessen sagt sie: „Schau in-wärts'. Schau nach innen. Im Inneren ist *Zauber*. Im inneren liegt *Magie*!" Es ist eine interdimensionale Sprache oder wie immer Ihr sie bezeichnen wollt. Sie ist göttlich.

Die Wiederkunft der Meister - noch einmal besucht

Nun lasst mich etwas ausführlicher erklären, über das wir bereits früher gesprochen haben und was in einer von Euch unerwarteten Weise mit diesem verknüpft ist. Vor über einem Jahr saßen wir vor denen in Tel Aviv. Zu der Zeit sagten wir, dass jeder Meister, jeder Avatar, jeder Prophet oder Schamane, der jemals gelebt hat und dessen Wiederkunft erwartet wurde, tatsächlich zurückgekehrt ist. Wir sagten Euch, geliebte Menschenwesen, zu der Zeit, dass die Avatare den Globus umrunden und sich inmitten einer Energie befinden, die wir als „das Gitter" bezeichnen. Wir sagten Euch, dass Ihr diese Energie zu jeder Zeit, wenn Ihr es wollt, „anzapfen" könnt. Wir sagten Euch, dass ihre Ankunft Teil der finalen Vervollkommnung der energetischen Gitter-Angleichung ist (und um 12/2002 fertig gestellt und beendet zu sein).

Ich werde Euch Folgendes sagen und es mag wie eine dichotome Aussage klingen - eine, die von Gegensätzlichkeiten erfüllt ist: Das Ereignis vom 11. September hätte niemals ohne das Sein der Meister der Liebe und Einheit im Gitter stattfinden können. Ihr mögt Euch sagen: „Wie ist das möglich?" Was Ihr innerhalb der vergangenen 15 Jahre erbeten habt - die Veränderung von Realität - ein Erwachen zur Liebe des göttlichen Geistes - konnte niemals stattfinden, ohne dass Ihr *alle* involviert gewesen seid. Versteht Ihr jetzt, dass jeder auf dem Planeten einen Platz in diesem Ereignis hatte?

Lasst mich über Energie sprechen. Verstehst Du, warum die Meister hier sind? Verstehst Du, warum das Gitter die Meister beinhaltet? Wir sprachen von neuen Informationen, die in Eure zellulare Struktur fließen. Wir sprachen bezüglich der Interdimensionalität darüber, „hinein, nach innen zu schauen". Möchtest Du wissen, worauf Du Dich kalibrierst? Es sollte offensichtlich sein! Du kalibrierst Deine eigene Realität auf die Meister, die auf der Erde gewandelt sind - was Deine Energie und die ihre für ein miteinander

Vermengen fertig und bereit sein lässt. Dadurch kannst Du nach innen schauen und die Göttlichkeit finden, um Dinge zu tun, von denen Du keine Ahnung hattest, dass Du sie bezüglich der Energie in dieser Lebenszeit vollbringen kannst.

Wir könnten Bücher über Energie schreiben, aber lasst mich Euch nur von einigen Energien in Eurem Leben erzählen. Vielleicht sind es Energien, an die Du inmitten Deiner alltäglichen Lebensexistenz niemals gedacht hast.

Gesprächs-Energie

Wie verhält es sich bei Euren Konversationen? Ist Euch bewusst, dass ein Mensch in einem Gespräch mit einem anderen Menschen Energie teilt? Es gibt alle möglichen Arten von Gesprächsaustausch, es gibt müßige Konversation, politische Konversation und auch konfrontative und verletzende. Was ist die von Dir spürbare Energie, wenn jemand etwas zu Dir sagt, was Du nicht magst oder wenn jemand nicht mit Dir übereinstimmt? Was ist die Energie derjenigen, die an einen wichtigen Platz über Dich gestellt sind, wenn sie *herablassend* zu Dir sprechen? Wie ist diese Energie für Dich? Was machst Du mit ihr?

Ich werde Euch sagen, was im vierdimensionalen Raum häufig geschieht - sie geht oft direkt in Euer Herz. Denn dort habt Ihr mit ihr zu tun. Wenn Euch in Eurer Vierdimensionalität jemand eine Frage stellt, findet etwas Seltsames statt. Es gibt dort eine Energie, die besagt, dass Ihr zu antworten habt! Habt Ihr je schon einmal darüber nachgedacht? Beinahe so, wie ein Tennisball über das Netz geflogen kommt, trägt sie eine verlangende, eine fordernde Energie. Hat irgendeiner von Euch schon einmal realisiert, dass Ihr nicht zu antworten habt? Ihr habt den Tennisball nicht zurückzubringen oder überhaupt in diesem Spiel mitzuspielen und so haben wir Euch Folgendes zu fragen: Was ist für Euch bezüglich einer Konversation *normal*?

„*Wenn dieser Mensch etwas sagt, tut es mir jedes Mal weh*“, mögt Ihr sagen oder, „*ich fühle mich schlecht dabei, dies oder jenes zu hören.*“

Oh, geliebtes Wesen, wie kann ich es Dir sagen? Als „Chef Deiner Zellen" hast Du gerade Deinen Körper darüber informiert, was für Dich normal ist! Wenn Dein *Normal* auf die, wie Ihr sie nennt, fünfte Dimension - die nächste Phase - geeicht ist - würde das, egal was auch immer gesagt worden ist, an einen Platz gelangen, wo es nicht weh tut - sondern wo nur die Dir Sinn ergebenden Dinge registriert werden und Du Dich sichtbar über alle Konversation erhebst. Ihr werdet dafür verantwortlich sein, denn es ist Eure Wahrheit, zu antworten oder nicht zu antworten - betroffen (*beeinflusst*) zu sein oder nicht angesteckt worden zu sein. Ich bringe dies zur Sprache, weil einige von Euch in Eurer Vierdimensionalität Sklaven der Konversation sind! Euch war nie bekannt, dass Ihr Euch an einen Platz in Eurem Inneren erheben könnt, um die Kraft und Macht zu ergreifen und diesen Tennisball zu kontrollieren. Stattdessen gebraucht Ihr oft Eure Energie, um Eurer gesamten Struktur mitzuteilen, dass Ihr immer verletzt werdet! Wenn Ihr das hinter Euch lasst und Euch darüber hinaus bewegt, fühlt Ihr Euch wohl, unabhängig davon, was Ihr sagt oder was zu Euch gesagt worden ist. Das ist Energie!

Wahlmöglichkeits-Energie

Wisst Ihr, welche andere Energie noch in Eurem Leben ist? Es ist die Energie des Wählens, des Entscheidens. *Ich wähle dies, ich entscheide das.* Wie viele von Euch entschieden ihr *Normal* als Folgendes: *„Ich entscheide mich immer für das Falsche!"*? Was sagte ich Euch über Eure Zellen? Sie werden dem „Boss" zuhören und jede Zelle Deines Körpers wird danach streben, Dir das zu geben, was Du als Dein *Normal* kundgegetan hast. Denk darüber nach. Dein Körper hörte Dich sagen, dass Du *unkorrekte Entscheidung* erwartest! So sind jede Intuition bezüglich einer Auswahl und das Unterscheidungsvermögen der Energie der Wahlmöglichkeit von einem Anker umgeben! Wir sprechen von der Fähigkeit sich auf diesen neuen Sender einzustellen. Es ist eine andere Dimensionalität erreichbar, die einen Menschen erschafft, dem es möglich ist, sich bezüglich seiner unterschiedlichen Entscheidungsmöglichkeiten zu entspannen. Und wenn das Menschenwesen anfängt sich zu entspannen, beginnt sich etwas anderes einzustellen - ein dimensionaler Wechsel: eine *Normalität* von Freude. Die Angst, falsche Entscheidungen zu treffen, wird zu einer Angelegenheit der Vergangenheit. Ihr werdet Euch noch nicht einmal mehr daran erinnern, weil Ihr auf einen neuen Sender eingestellt seid, der von Antworten und Stabilität gekennzeichnet ist.

Schöpfungs-Energie

Wie ist es mit der Schöpfung? Nicht Ko-Kreation, sondern Kreation? Was ist damit? Die Präsentation des heutigen Tages war nicht zufällig heute, genau an diesem Tag (*gemeint ist die wissenschaftliche Bestätigung der Kraft und Macht des menschlichen Bewusstseins, die im vorherigen Seminar gegeben wurde*). Diese Information wurde Euch gegeben, damit Ihr das, was jetzt folgt, vollständig verstehen könnt. Was habt Ihr über das Wasser gelernt? Vielleicht, nur vielleicht ist Wasser reaktiv zum Kraftfeld eines Menschen? Vielleicht ist es auch zu noch mehr als das Kraftfeld sensitiv? An dieser Stelle möchte ich Euch fragen: Woraus besteht Ihr? Eure Zellen baden im Wasser. Die Essenz Eurer Biologie ist Wasser. Ihr seid ein Wasser-Wesen. In Eurem Körperwasser ist eine interdimensionale Lebenskraft - eine Lebenskraft, die Ihr niemals sehen werdet, aber eine, die auf den Menschen reagiert, der *kreiert*.

Wenn dieser Mensch aus der vierdimensionalen Begrenzung erschafft und auf das geeicht ist, was er für *normal* hält, horchen die Zellen auf ihren „Boss". Vor Jahren gaben wir Euch etwas, was damals ungewöhnlich klang. Bis zu diesem Tag haben einige von Euch noch nicht völlig verstanden, was wir damals präsentierten. Jetzt, mit Eurem neuen Wissen und Eurer neuen Weisheit, könnt Ihr vielleicht anfangen es zu verstehen, wenn wir sagen, dass alles, was von Eurem Körper ein- und aufgenommen wird, auf molekularer Ebene verändert werden kann, bevor es in Euer System gelangt! Wenn Ihr mit einem Wort die Essenz des Wassers verändern könnt (*Vergl. auch Internet www.kryon-online.de „Das Wasserexperiment in Hamburg Oktober 2002"*), dann denkt daran, was Ihr mit Absicht zu tun vermögt! Fast alle von Euch eingenommene Nahrung beinhaltet interdimensionale Lebensessenz. Sie ist Eure Ernährung und Medizin für Wachstum. Ebenso reagiert sie auf die menschliche Lebenskraft! Und so sagen wir Dir, Menschenwesen, noch einmal, dass Du fähig bist, in allem, was Du zu Dir nimmst, eine molekulare Veränderung zu erschaffen - wodurch es sicher wird (*nicht notwendigerweise auch von Nährwert ist, aber sicher*).

Für Eure Ernährung (*im Sinne von Nährwert*) sagen wir Euch Folgendes: Es ist an der Zeit *Die Dritte Sprache* zu verstehen - indem Ihr Euch von der *Zwei* zur *Drei* zu begebt. Ihr sorgt Euch darüber, wo die Nahrung vorbereitet wurde, Ihr sorgt Euch bezüglich der Konservierungsmittel oder Ihr sorgt Euch über das, was Wissenschaftler genetisch mit den Lebensmitteln anstellen? Lasst mich Euch sagen, dass das ein politisches Thema ist und kein persönliches. Es spielt keine Rolle für Euch, denn Ihr könnt die Lebensmittel auf Euren Körper kalibrieren. Alles, was Ihr zu tun habt, ist, Eure göttliche interdimensionale Energie in das Essen oder Trinken zu senden, bevor Ihr es zu Euch nehmt. Sprecht zur Lebenskraft innerhalb der Materie und grüßt sie. Bringt sie auf Eure Schwingung.

Und wir haben noch mehr über Eure Zellen zu berichten. Die Zellen der Menschen beginnen die neue Energie zu erkennen. Manche der Zellstrukturen Eures eigenen Körpers fangen an, laut nach dem Boss zu rufen. Sie schreien und sagen: *„Es gibt hier noch etwas mehr! Du solltest es Dir ansehen!"* Wie viele von Euch sitzen da und haben Schmerzen? Wie viele von Euch erleben unlösbare Prozesse in ihrer Zellstruktur? Ich möchte Euch etwas sagen: Was Ihr erlebt, ist nur in der Vierdimensionalität! Wenn Ihr einmal aus der Vierdimensionalität heraustretet, in der Ihr Euch während all Eurer Lebensausdrücke aufgehalten habt - die, in die Ihr hineingeboren wurdet, dann können Dinge geschehen, die Ihr niemals für möglich gehalten hättet! Eure zellulare Struktur besteht fast vollständig aus Wasser und in dem Zusammenhang, so verhält es sich auch mit der sich potenziell darin befindenden Krankheit! Habt Ihr daran schon einmal gedacht? Wusstet Ihr, dass auch *sie* zuhört? Wir würden Euch diese Information nicht geben, wenn es nicht so wäre.

Wie dem auch sei, sind die Aktionen, die wir hier vorschlagen, nicht so, wie einfach nur einen Schalter zu bedienen. Es wird nicht so einfach werden, das Unerklärbare zu begreifen. Ihr habt nach neuen Methoden zu streben, um dieses neue Paradigma mit einzubeziehen und umsetzen zu können. Aber es ist da und wartet. Das Ziel ist die Kalibrierung auf eine neue Energie für den Planeten, eine Energie, die in profunder Weise vor Euch liegt.

Heiler, hört zu. Ich bin mir gewiss, dass Ihr Euch darüber im Klaren seid, dass Ihr niemanden heilt, nicht wahr?! Alles, was Ihr macht, ist eine Energiebalance, wobei es darum geht, einen energetischen Ausgleich herzustellen. Ihr balanciert und der Einzelne, der vor Euch ist, hat dann die Möglichkeit und ist in der Lage, dieses Gleichgewicht anzunehmen und sich selber zu heilen. Ihr verbrachtet Eure Leben damit, dieses Gleichgewicht zu fördern und zu unterstützen. Dies erklärt, warum Ihr dieselben Energiearbeitsvorgänge bei vielen Menschen durcharbeiten könnt und doch unterschiedliche Resultate erzielt, einige werden geheilt und andere nicht. Selbst unter denen, die geheilt wurden (*die heilten*), ist manchen nur geringfügig geholfen und anderen gravierend. Alles, was Ihr tun könnt, ist, sie zum Behandlungstisch, der Ausgleichsliege zu bringen. Dann liegt es an dem Menschen, geheilt oder nicht geheilt zu werden. Und so wird es immer sein. Es gibt jedem einzelnen Menschen die vollständige freie Wahl. Doch ich erzähle Euch dies aus einem Grund, denn es ist der Heiler, der weiß, wie Energie tief greifend bewegt und verschoben werden kann. Es ist der Heiler, der Euch zeigt, wie Körper ein interdimensionales Balance-Kraftfeld akzeptieren können.

Betrachtet die Geschichte der Avatare - sie verwandelten Materie! Manche der Avatare kreierten sogar Situationen, in denen ihre Zellen nach ihrem Übergang nicht einmal wussten, dass sie tot sind! Die Zellen lebten kontinuierlich weiter und regenerierten (*verjüngten*) sich noch wochenlang, nachdem der „Boss“ bereits gegangen war! Was sagt Euch das über die Zellstruktur? Im Fall der Avatare „wussten“ die Zellen wirklich, was *normal* war, und sie strebten danach, das *Normale* noch lange nach dem „Tod“ des Körpers aufrechtzuerhalten. Was sagt Euch das über ein potenzielles Bewusstseinsfeld des Menschen? Was sagt es Euch über die *Absicht*? Einige dieser Avatare sind diejenigen, die sich genau jetzt im Magnetgitter befinden und Euch bei der Hand nehmen und halten möchten und diejenigen sein wollen, die Euch zeigen, wo diese neue Kalibrierung ist.

Geld

Nun denn, Heiler, wenn Du es gewohnt bist, Energie zu verschieben, warum kannst Du dann kein Geld bewegen? Was ist für Dich hier, in Bezug auf Geld, Deine *Normalität*? Lasst mich Euch ein Beispiel geben: Nehmen wir an, Du bist nicht in der Lage, die bevorstehenden Verpflichtungen zu bezahlen. Was machst Du dann mit dieser Energie, der Energie dieser Tatsache? Bereitest Du Dich darauf vor, mittellos zu sein? Stellst Du Deine Verfassung irgendwie darauf ein, das Geld auch beim nächsten Mal *nicht* zu haben? Teilst Du Deiner Zellstruktur mit „*So ist es nun mal*"? Oder lässt Du diese Art von Gelübde aus der Vergangenheit fallen und versuchst, die neue Energie zu ergreifen?

Ich will Euch die Dichotomie hier im Raum nennen: Diejenigen, die am meisten gewohnt sind, Energie zu bewegen, sind zugleich diejenigen, die nicht die Energie des Geldes verstehen! Geldenergie zu bewegen ist sehr viel einfacher, als ein Menschenwesen auszubalancieren! Wie viele von Euch verfügen, wenn sie eine Verpflichtung nicht bezahlen können, über die Freiheit, diese Gegebenheit zu feiern? Meistens sagt Ihr, keiner von Euch würde so etwas Verrücktes tun! Nun gut, vielleicht ist es erforderlich einige ver-rückte Dinge anzunehmen, sie zu unternehmen, damit Ihr versteht, wo die neue Energie-Kalibrierung ist.

Wenn Ihr Euch auf diesen neuen Sender *einstellt*, wird Euer Bewusstsein begreifen, dass Verpflichtungen und Geld nur Energie sind - und ebenso wie bei denen, die geheilt und denen, die nicht geheilt sind, wird es in angemessener Form, in angemessener Art und Weise kommen. Wenn Ihr Euch nicht länger in das Drama um das *Haben-müssen* einwickelt, wird es vorhanden sein! Nun, ist das nicht ganz ähnlich wie bei denen, die nicht geheilt werden? Selbst in der Balance fürchten viele die Heilung oder wollen das Drama von Unwohlbehagen aufrechterhalten.

Der Mensch, der diese neue Dimensionalität versteht - der beginnt kalibriert zu sein, der sich Konversationen ansieht, der Wahlmöglichkeit und Kreation betrachtet und darauf Acht gibt, derjenige, der zur Zellstruktur seines eigenen Körpers spricht, er ist derjenige, der die totale Kontrolle über seine Realität hat. Nicht so, dass er gerade mal die Kontrolle der Realität in den Händen hält, sondern so, das er von Freude erfüllt ist. Du kannst nicht die Liebe Gottes in Deinem Leben haben - die Liebe von Spirit, des göttlichen Geistes - ohne laut zu lachen! Hast Du jemals darüber nachgedacht? Ergibt es nicht Sinn?

Parabel: Wo und Die neue Stadt

Zum Abschluss haben wir eine Parabel. Sie unterscheidet sich von jeder anderen Parabel, die wir jemals gegeben haben. Wo, unsere Hauptfigur, lebt sein Leben in der Vierdimensionalität. Wo ist nicht Mann oder Frau. Wo ist wo-man, das heißt, beide Geschlechter repräsentierend (*unsere LeserInnen erinnern sich an den englischen Ausdruck für Frau, welcher den Ausdruck für Mann beinhaltet: Frau-Mann*). Du bist Wo! Nur um das Gleichnis als Parabel erzählen zu können, bezeichnen wir Wo an dieser Stelle als *er*. Und so wie alle von uns gegebenen Gleichnisse ist auch diese Parabel vollkommen metaphorisch, das heißt bildlich, zu verstehen.

Wo lebte in der alten Energie und er spürte wahrhaft, dass es noch mehr im Leben gibt. Eines Nachts, in einer tiefen Meditation, wurden Wo einige tief greifende Informationen gegeben. Wo wusste nicht wirklich, wer es ist, von dem er meinte, dass er zu ihm spricht. Denn, wie dem auch sei, war die Wahrheit, dass Wo sich mit Wo im Gespräch befand! Es war Wos Höheres Selbst, der Teil, nach dem er sich sehnte, mit dem er inniglich verbunden, vermählt sein wollte und den er am allermeisten vermisste.

Wusstest Du Liebes, geliebtes, einsames Menschenwesen, dass Du, wenn Du *Die Dritte Sprache* entwickelst, mit einem Hand-halten beginnst - mit einer Hochzeitsfeier mit dem von Dir vermissten Teil? Das ist es, woher die Freude rührt!

Wo empfing Informationen: „*Wo, es ist an der Zeit, den Zug zur neuen Stadt zu besteigen. Wo, die alte Stadt ist vergangen. Sie repräsentiert nicht mehr länger, wer Du bist. Die Zeit ist reif für die neue Stadt. Besteige den Zug namens „Absicht Express". In der neuen Stadt wirst Du goldene Straßen finden, gepflastert von Deiner Absicht. Dort sind Wunder möglich. Dein Leben wird sich ausdehnen, Du wirst von Freude erfüllt sein; Du wirst dort vielen Menschen helfen können. Du wirst Passion dort finden. Du wirst Dinge tun, von denen Du niemals glaubtest, dass Du sie tun könntest. Es gibt Dinge, Wo, die in der neuen Stadt auf Dich warten. Es ist an der Zeit, den Zug zu besteigen.*"

Und so löste Wo eine Fahrkarte und bestieg den Zug und die Gleise der Absicht führten ihn tatsächlich zu der neuen Stadt. Es war ein Einweg-Ticket und er wusste, dass er niemals zurückschauen konnte; nie umkehren und zum Alten zurückkehren konnte. Er wusste es und er hatte sehr sorgfältig darüber nachgedacht, bevor er überhaupt die Entscheidung zur Fortbewegung getroffen hatte.

Wo befand sich in dem Zug und dachte über alles nach. Er wusste, dass er in der neuen Stadt seinen Platz genau dort einnehmen würde, wo er in der alten gelebt hatte und dass doch alles anders sein würde. Er konnte es kaum noch erwarten und es fiel ihm schwer abzuwarten, es zu sehen! Endlich traf er in der neuen Stadt ein. Er stieg aus dem Zug aus und war erstaunt über das, was er sah. Es war nahezu identisch mit der Stadt, die er zuvor verlassen hatte. Wo begann nach den Unterschieden Ausschau zu halten. Er wollte wissen, welche Unterschiede zwischen dem Alten und dem Neuen bestehen - und er wollte diese Straßen aus Gold finden.

Aber wohin Wo auch immer schaute, er sah... alte Energie!

„Was geht hier vor sich?", fragte Wo, „die Stadt sieht genauso aus und fühlt sich genauso an wie die, von der ich gerade gekommen bin. Wo ist all das Neue?"

Und irritiert stand er da. Und genau dort, hier, an dieser Stelle, Ihr Lieben, setzt die Parabel aus. Dieses Gleichnis ist anders als all die anderen von uns gegebenen Gleichnisse. Wir werden Wo an genau dieser Stelle *einfrieren* und Euch folgende Information geben: *Du bist Wo*! Die Parabel ist im *Jetzt* und ihr Ende ist Deine Beendigung. Oder ist es Dein Neuanfang?

Die *neue Stadt* ist verborgen in der alten! Viele von Euch haben eine Fahrkarte gelöst. Ihr habt den Zug bestiegen und für einige ist es eine schwierige Reise gewesen. Jetzt sitzt Ihr in einer Energie, die verwirrend ist. Ein Teil von Euch sagt: „Es ist dasselbe, wie es immer gewesen ist! Währenddessen kommen Informationen von Eurem Höheren Selbst, dem anderen Teil, dem göttlichen Teil von Euch, die sagen: *„Die goldenen Straßen sind von Deiner*

Absicht gepflastert. Deine Absicht zu kalibrieren ist das, was das Neue enthüllen wird."

Wo ist noch hier und so wollen wir ihm diese Frage stellen: „Wo, was ist Dein *Normal*? Wo denkt einen Moment lang nach. Und hier ist seine Antwort: *„Mein „Normal" liegt in einer Dimensionalität, die ich noch zu entdecken habe, und ich werde, wie auch immer, während ich mich graduell immer mehr auf diese neue Energie kalibriere, die goldene Straße sehen; ich werde Frieden auf Erden sehen. Ich werde Veränderungen in den Menschen um mich herum sehen.*"

Wo ist sich darüber im Klaren, dass es zu bewerkstelligende Arbeit zu tun gibt, denn es wird nicht über Nacht geschehen. Wo ist sich darüber im Klaren, dass es einer *zweiten Sichtweise* bedarf, dass eine andere Art von Fühlen und eine andere Energie anstehen - eine Energie, die die Menschen gerne als „Nummer fünf" bezeichnen wollen, aber das ist sie nicht. Es ist ganz einfach die nächste Dimension, die auch die Energie beinhaltet, in der Ihr Euch befindet.

„*Kryon*", sagen einige, *„Du hast uns eine Menge über diese neue Dimensionalität mitgeteilt, aber Du gabst uns nicht viel Information darüber, wie der Zugang zu erlangen ist.*" Das ist so und es ergibt sich daraus, dass ich eine höher dimensionale Instruktionsaufstellung versuche in der Vierdimensionalität zu platzieren. Die Metapher erinnert: Kannst Du die Sendung sehen, auf die Du Deinen Empfänger eingestellt hast? Nein. Kennst Du die Frequenz? Nein. Also was ist es dann, was Du machst? Du fängst an, den Empfänger zu kalibrieren und die Frequenz zu suchen. Ihr forscht solange, bis Ihr auf das Signal gestoßen (*und dort eingeloggt*) seid. Der Weg geht so, dass die neue Dimensionalität, die wir Euch zu erklären versuchen, eine Dimensionalität ist, nach der Ihr zu suchen und zu kalibrieren habt. Sie ist, wie die Sendung, unsichtbar, aber überall um Euch herum, voll erfüllt mit einem neuen Programm Euch umgebend - ein neues Programm, auf dem Euer Name geschrieben steht.

Während Du auf Deinem Stuhl sitzt, geliebtes Menschenwesen (*speziell an die Zuhörer im Veranstaltungssaal gewandt*), beendet Ihr das „Jahr der Drei". Dies ist das Jahr, welches so sehr tief greifend sein würde, so wie wir es Euch mit der im letzten August überbrachten Botschaft mitteilten, und so ist es gewesen. Wir gaben über die Jahre viele Aussagen, doch eine davon wollen wir genau jetzt noch einmal wiederholen und sie liegt nun sichtbar genau vor Euch: „Wie es den Juden geht, so geht es der Erde." Vielleicht beginnen einige von Euch zu realisieren, was das heißt. Die ganze Erde wird bei der Lösung des Unlösbaren involviert sein. Die ganze Erde wird involviert sein, um den Ort zu entwirren, wo die alte Realität ansetzte, das Armageddon zu erschaffen. Doch heute ist dieser Ort verändert. Oh, er mag noch unverändert aussehen und es mögen noch Sorge und Tod und unaussprechlicher Hass über ihm liegen, aber es gibt dort jetzt etwas anderes. Es gibt dort eine vom Gitter kommende Sendung - eine von den Meistern kommende Sendung. Es gibt dort eine „verborgene Stadt" mit goldenen Straßen, mit *Absicht* gepflastert. Es gibt darunter „Das Neue Jerusalem".

Alles, was Euch in den vergangenen Monaten geschehen ist, ist eine Vorbereitung für Euch gewesen, um bei der Erschaffung von Frieden in dem Zentrum des Universums, genannt Naher Ostern, involviert zu sein. Und jetzt wisst Ihr, dass Ihr ein Teil davon seid (*spezifisch an die Adresse der Amerikaner gerichtet*). Haltet Ausschau nach etwas Profundem im Jahr 2002 an diesem Ort. Die dortigen Führer können keinen Frieden machen und diese Führer werden nicht mehr so lange dort bleiben. Eine neue Energie ist da - eine Energie, derer sich so viele von Euch bewusst sind und die sie tief fühlend wahrnehmen.

Und so ist es, geliebte Wesen, dass wir unsere Schüsseln von Tränen aufnehmen und diesen Ort verlassen. Die Tränen sind unsere Tränen der Freude darüber, dass so etwas geschehen konnte - die Füße eines Menschenwesens zu waschen - ein Menschenwesen, welches in einer Energie existiert, wie sie niemals zuvor auf diesem Planeten gewesen ist. Diejenigen, die zuhören und diejenigen, die lesen, sind diejenigen, die bereit sind auf eine neue Realität zu re-kalibrieren. Wie viele von Euch wünschen sich, anders von hier fortzugehen, als Ihr hier hereingekommen seid? Wie viele von Euch möchten auf alten Straßen wandeln, aber in der Freude auf der neuen Straße leben? Ich meine, dass die Antwort offensichtlich ist!

Und aus diesem Grund lieben wir Euch so sehr.

Und so ist es

Kryon

Kryon

Live-Channeling

„Zeit und Wirklichkeit, Teil III“

Gechannelt in
Orlando, Florida,
Januar 2002

Kapitel XI

Zeit und Wirklichkeit, Teil III

Live-Channeling in Orlando, Florida

Dieses Live-Channeling wurde mit zusätzlichen Worten und Gedanken herausgegeben, um Klarheit und ein besseres Verständnis in der schriftlichen Textform zu ermöglichen.

Lee Carroll Schreibt...

„Zeit und Wirklichkeit", Teil I und II finden Sie als erste Live-Channelings im Kryon Lehrbuch Band VI, *Über die Schwelle*.

Seid gegrüßt, Ihr Lieben! Ich Bin Kryon vom Magnetischen Dienst. Dies ist eine besondere Zeit für uns. Wir könnten sagen, es ist ein süßer Spot in diesem Moment Eurer linearen Zeit. Ein *Moment* ist für uns *jetzt* und er wird es immer sein. Weil das Jetzt besteht und immer vorhanden ist, kann dieser *Moment* für ewig andauern! Und weil er ewiglich ist, existiert dieser *Moment* auch als eine Fundgrube, eine Schatzkammer, sodass Ihr seine Energie zu jeder Zeit, wann immer Ihr es wünscht, anrufen könnt. Ist dies vielleicht schwierig zu verstehen? Wartet, bis wir mit dieser Erklärung fortfahren!

In diesen nächsten Augenblicken möchten wir die Süße von Spirit weiter in diesen Raum und in den Raum der zahlreichen Leser hineinleiten. In der Tat, dies ist ein süßer, süßer Platz (*Spot*).

Ich Bin Kryon. Ich spreche mit dem vor mir sitzenden Familienmitglied. Ich werde Euch „Zwei-Ohren" nennen. Diejenigen, die jetzt vor mir sitzend lesen, werde ich „Zwei-Augen“ nennen. Wir sprechen nicht zu Gruppen; dies ist eine Familie und das Gespräch ist von Eins-zu-Eins. Wenngleich Ihr vorgebt, Euch als Teil einer Gruppe in der physischen Vierdimensionalität zu begegnen, gibt es hier tatsächlich nur ein Bewusstsein - ein Paar Ohren und ein Paar Augen. Und das ist der einzelne Mensch, an den wir uns richten möchten... an Dich!

Wir werden Dir etwas sagen, was wir schon oft gesagt haben: Du hast keine Vorstellung davon, wie dieser Raum vorbereitet wurde (*die Rede ist von dem Live-Seminar*)! Lange vor Deiner Ankunft waren wir hier und obwohl dies anscheinend in Deiner linearen Zeit ist, präsentieren wir es in dieser Weise, damit Du die Wichtigkeit und die Tiefgründigkeit desselben verstehst. Denkst Du, dass Du gekommen bist, um dies zu hören? Meinst Du, dass Du gekommen bist, um dies zu fühlen? Ich will Dir etwas sagen: Du bist verwirrt darüber, wer gekommen ist, um wen zu sehen! Denn es sind hier von uns weit mehr als von Euch.

Diese Familie, die Euch umgibt, ist keine Gruppe, vor der sich zu fürchten ist. Sie ist auch nicht allzu ätherisch oder jenseits Eures menschlichen Verständnisses. Tatsächlich werdet Ihr jetzt sogar von einigen von uns berührt. Es kann sein, dass einige von Euch uns auf der Herzensebene erfahren und einige von Euch werden uns auf der intellektuellen Ebene wahrnehmen, denn dies sind die Bereiche, wo wir beide Ebenen ansprechen, sodass sich mit der Kombination dieser beiden in dem Menschen eine Emotion, fühlbar werdend, einstellt und um die Gegenwart Gottes durch das Mitgefühl zu beweisen, welches der Emotion nachfolgt.

Wir definieren Gott als „die Engel in diesem Raum, die sich als Menschen ausgeben“. Und so sagen wir Euch in diesen Eröffnungsmomenten, noch bevor die Schulungen beginnen, dass es noch mehr gibt als das, was für das Auge sichtbar oder für das Ohr hörbar ist. Dies ist eine Versammlung, die eine Wiederbegegnung repräsentiert, eine einzigartige Gruppe, die in genau dieser Weise nie wieder hier anwesend sein wird. Wie eine Eurer Schneeflocken hat sie ein einzigartiges Design und eine atemberaubende Schönheit. Obwohl diese Begegnung gewöhnlich ist, ist die Energie doch einzigartig. Es liegt an Euch, dies zu sehen oder auch nicht, entsprechend der Kraft und Fähigkeit Eures Wahrnehmungsvermögens.

Begegnet der Familie auch in den Botschaften und den Lehren dieses Tages, denn die Lehren handeln von einem Thema, von dem wir bereits vor Monaten gesprochen haben! Doch nun eröffnen wir mit den Metaphern, welche wir bringen, neue Perspektiven des Verstehens.

Über die Lehren dieses Channelings

Der Unterricht beinhaltet nach wie vor: den Versuch, Dir, geliebtes Menschwesen, das zu vermitteln, was erforderlich ist, was wir Euch über interdimensionale Angelegenheiten zu sagen haben. Wir sagen noch einmal, wie können wir das Nicht-Vorzeigbare zeigen? Wie können wir das Unlehrbare lehren? Wie können wir Euch das Unerklärliche erklären? Die Antwort besteht darin, dass es unter Anwendung dessen, was wir als „Die Dritte Sprache" bezeichnet haben, aufgenommen zu werden hat. Atmet! Atmet durch! Bittet darum, es auf einer Ebene zu verstehen, die Ihr in Euren vier Dimensionen nicht habt. Und lächelt, wenn Ihr es empfangt! Diese Botschaft handelt von Eurer aktuellen Realität.

Zeit - eine Variable?

In diesem besonderen Unterricht werden wir Euch, so gut es uns möglich ist, *Zeit und Wirklichkeit* erklären - welche zu den von Euch am häufigsten missverstandenen Konzepten gehören. Eure Zeit und Wirklichkeit sind für Euch absolut. Mit Hilfe Eurer Technologie ist heutzutage anscheinend alles mit einem Zeitstempel versehen. Ihr sammelt Fotos in Büchern, um Euren Erinnerungen einen Zeitstempel entlang einer Zeitlinie zu geben, die sich Eurer Vorstellung nach von einem Horizont bis zum anderen Horizont erstreckt - ein gerades, lineares Gleis, auf dem Ihr Euch stets befindet, immerzu in Bewegung. Das ist Eure Zeit und in dieser Zeit lebt Ihr in einer Realität, die scheinbar unveränderlich ist.

Wir haben Euch gesagt, dass die Zeit variabel ist. Selbst Eure Wissenschaftler haben dieses Konzept gebracht, doch für Euch, die Ihr in diesem Konzept zu leben habt, sieht es nicht so aus, nicht wahr? Vor langer Zeit gaben wir Euch die „Metapher der Relativität", bei der Ihr Euch in einem Zug befindet und eine Uhr bei Euch habt. Mit der Zeit wird der Zug schneller und einige von Euch beginnen die schaukelnde Seitwärtsbewegung des Eisenbahnwaggons, in dem Ihr Euch auf diesem „Zeitgleis“ befindet, zu spüren. Die Lokomotive zieht Euch immer schneller, doch wenn Ihr auf Eure Uhr seht, so bleibt deren Bewegung konstant. So scheint die Absolutheit der Zeit relativ für den Waggon zu sein, in dem Ihr fahrt, aber außerhalb des Waggons seid Ihr Euch der Dinge, die sich rund um Euch verändert haben, nicht bewusst. Ihr fühlt es, nicht wahr? Wie viele von Euch können sich selber sagen, dass ihr Zug der Zeit sich in den letzten Jahren beschleunigte? Die Antwort ist, dass er an Geschwindigkeit zugenommen hat! Doch die Uhr(*zeit*)en, die Ihr in Eurem Waggon tragt, bleiben stets gleich.

Außerhalb des Waggons ziehen die Dinge schneller vorüber als zuvor. Ihr könnt es vom Fenster aus sehen. Die Erde verändert sich schneller als je zuvor und auch das Sonnensystem reagiert. Eure Realität verändert sich und Ihr beginnt über ein neues Bewusstsein zu verfügen. Trotzdem bleiben Eure Uhr(zeit)en dieselben.

Noch bevor wir damit beginnen können, Euch von Zeit und Wirklichkeit etwas zu erzählen, haben wir ein Thema anzuschneiden, das wir noch niemals zuvor erwähnt haben. Vielleicht mögt Ihr Euch einmal umsehen. Wir erzählten Euch von der neuen Energie der Erde. Wir erzählten Euch von einem Vorankommen - von einer Beschleunigung der Zeit in Eurem Sonnensystem und in Eurem Teil des Universums. Dies wurde von dem Bewusstsein jener herbeigeführt, die auf dem Planeten Erde leben. Wir sagten Euch, dass Ihr Euch für die Veränderung der Realität und für die Veränderung der Dimensionalität entschieden hattet. Lasst mich Euch jetzt für einen Augenblick die Frage stellen: Denkt Ihr, dass die Erde damals isoliert und ganz alleine in einem Vakuum gewesen wäre, als Ihr die Erlaubnis zur Veränderung der Erde gegeben habt? Dachtet Ihr gewissermaßen, dass diese Wirklichkeit und diese Zeit sich nur auf Erden ändern würden? Die Antwort ist selbstverständlich nein.

Nun laden wir Euch ein, diese Dinge auch als eingebettet in Eurem Sonnensystem zu betrachten. Berichten zufolge findet bei den anderen Planeten in Eurem System eine Veränderung statt. All diese Veränderungen sind eine Reaktion auf das, was Ihr hier gemacht habt. Es gibt magnetische

Veränderungen, eine Verdichtung der Atmosphäre und andere deutliche Zeichen dafür, dass Euer Sonnensystem anders ist als noch vor einem Jahrzehnt. Ihr wisst, dass Ihr über die Werkzeuge verfügt, um dies unter die Lupe zu nehmen, es zu finden und es darzulegen; und die Astronomen werden den Kopf schütteln und fragen: „Warum geschehen diese Dinge jetzt? Warum nicht schon vorher?“ So merkwürdig dies auch aussehen mag, die Antwort hat etwas mit Eurem Bewusstsein zu tun! Ihr wart der Entdeckung des „großen Geheimnisses“ noch nie näher als jetzt... dass das menschliche Bewusstsein die Wirklichkeit, die Zeit und ja... sogar das Sonnensystem rund um Euch verändern kann. Wenn dies nicht der Fall wäre, dann hätten wir Euch es nicht vor mehr als 12 Jahren gesagt. Jetzt könnt Ihr Euch umschauen und sehen, dass es bereits manifestiert ist.

Die Metapher des Laufbandes

Wir werden Euch drei verschiedene Arten von Metaphern geben, um die Zeit und Eure Wirklichkeit zu erklären. Jede Metapher unterscheidet sich stark von der vorherigen und daher könnt Ihr keine Metapher für sich alleine stehend anwenden. Doch wir bringen die Bilder als Schritte für das Verstehen, damit Ihr sie später zusammenfügen könnt, um dann die Konzepte, über die wir sprechen, vollständig zu offenbaren.

Die erste Metapher handelt von dem *Jetzt*. Für diese Übung könnt Ihr die Metapher des Zuges beiseite lassen... behaltet sie jedoch in Reichweite, denn wir werden noch darauf zurückkommen. Diese neue Metapher ist anders.

Stellt Euch vor, Ihr wärt auf einem Laufband, so ähnlich wie bei den automatisierten Trainingsgeräten, die einige von Euch haben, aber nur selten benutzen (*Lachen*).

Bei dieser Metapher lauft Ihr und lauft und lauft und lauft. Und doch bleibt Ihr in dieser Vorstellung an einem Platz, an einer Stelle, nicht wahr? Aber Ihr lauft und lauft. Wenn Ihr ein Gerät hättet, mit dem Ihr Eure Schritte messen könntet, so würde es Euch sagen, dass Ihr vielleicht einen Kilometer gegangen seid, zur Zeit dieser Botschaft vielleicht bereits mehrere Kilometer.

Und doch seid Ihr immer an ein und derselben Stelle, nicht wahr? Vielleicht sogar im selben Raum?

Dies ist eine Metapher für den *Jetzt*-Anteil der Zeit. Lasst uns diese Visualisierung einen Moment lang ausdehnen und stellt Euch anstelle von einem beweglichen Band unter Euren Füßen Folgendes vor - die gesamte Erde liegt als Trainingsband unter Euren Füßen. Während Ihr Eure Schritte macht, bewegt sich das Terrain des Planeten in einem kontinuierlichen Band unter Euch und Ihr seid stets an einer Stelle! Ganz gleichgültig, was Eure Uhren gemessen haben oder was die Instrumente darüber verraten, wie weit Ihr auch immer gelaufen seid, Ihr seid noch immer an einer Stelle... in einem Raum. Nicht nur das, denkt nun auch an diese vor Euch liegenden Kontrollschalter für das Training. Ihr steuert den Trainingsplan, nicht wahr? Ihr könnt die Erde unter Euren Füssen so langsam oder so schnell laufen lassen, wie Ihr wollt. Ihr könnt sogar den Schwierigkeitsgrad „höher einstellen“ - das Gleis emporheben und eine Herausforderung erschaffen... und das alles während Ihr Euch an einer Stelle und in einer Zeit befindet.

Macht es jetzt noch profunder. Dieses riesige Band geht in jede vor Euch liegende Richtung! Wenn Ihr nach links geht, bewegt sich das Band, um sich Eurer Richtung anzupassen. Geht Ihr nach rechts, geschieht dasselbe. Das Einzige, was Ihr *anscheinend* nicht tun könnt, ist, das Band zu stoppen oder es rückwärts laufen zu lassen. Dies ist natürlich eine falsche Voraussetzung. Aber belasst es einstweilen dabei, denn es entspricht Eurer vierdimensionalen linearen Denkweise und es ist die Art, wie Ihr Euch selber im Leben seht.

Zum Zwecke des heutigen Unterrichts möchte ich, dass Ihr diese Metapher zu zwei vollkommen und gänzlich unterschiedlichen Gedankengerüsten ausbaut. Eines davon bist Du, so wie Du die Erde in Deiner Realität betrittst. Das andere ist die menschliche Rasse, die in ihrer Realität geht. Die beiden sind ganz unterschiedlich. Eure Realität ist das, was Ihr alltäglich, auf einer Tag-für-Tag-Basis erschafft - so, wie Ihr die Dinge wahrnehmt, was davon erfolgreich gemeistert wird und was Ihr als Herausforderung annehmen möchtet - Angelegenheiten, die abhängig von der Richtung, in die Ihr auf dem Laufband gehen möchtet, zu Euch kommen. Ihr entscheidet und wählt es ganz deutlich an dieser einen Stelle, an der Ihr scheinbar alleine seid, an der Ihr beschlossen habt, auf dem Laufband zu laufen.

Hier ist der verwirrende Teil: Auch die Erde hat ihr eigenes Laufband. Es steht für das Bewusstsein des gesamten Planeten - in welche Richtung er innerhalb seiner Zeitstruktur geht - was auf einer alljährlichen Basis anhand der Entscheidungen, die von ihm getroffen werden, und der Potenziale für hinzukommende Herausforderungen oder Feiern geschehen wird. Und wenn Ihr diese zwei Konzepte zusammenfügt, dann ergibt das Magie! Denn das, was der einzelne Mensch mit seinem oder ihrem Leben macht, ist ein Teil und ein Bruchteil des gesamten Bewusstseins von dem Ganzen. Daher hat das, was Ihr entscheidet, dass es unter Euren Füßen durchläuft, während Ihr an dieser einen einzigen Stelle im *Jetzt* lauft, einen profunden Einfluss auf das Laufband der gesamten Erde. Darüber hinaus ist Euer Einfluss auf das Ganze nicht linear. Das bedeutet, dass diejenigen, die das *Jetzt* vollständiger verstehen, einen größeren Einfluss auf die Gesamtheit des *Jetzt* haben. Habe ich Euch gesagt, dass dies leicht zu verstehen wäre? Nein.

Was ich Euch sage, ist, dass das, was Ihr heute von Kryon hört und lest, gleichzeitig dem entspricht, was die Physiker über Eure Realität und Eure Fähigkeit, sie zu verändern, gesagt haben (*Informationen, die in Lees AV Präsentation im Seminar über das „Globale Bewusstseinsprojekt" an der Princeton University gegeben wurden*). Eure Realität ist eine behagliche, eine angenehme Realität, wenn Ihr es so haben möchtet. Die Temperatur des Raumes, in dem Ihr Euch bewegt, verändert sich nie, wenn Ihr es so haben möchtet. Ihr könnt so fröhlich sein, wie Ihr wollt, oder auch so zornig, wie Ihr wollt. Ihr könnt Euch dafür entscheiden, Euch dort, wo sich überhaupt nichts ereignet, zu langweilen! Ihr könnt das steilste Gefälle wählen oder auch nicht. Dies ist die Metapher für Eure Fähigkeit, an einem Ort zu bleiben und dennoch mit dem fortschreiten zu können, was wie ein linearer Weg der Zeit zu sein erscheint.

Für jeden Menschen ist es eins der schwierigsten Dinge, zu verstehen, dass, ganz egal wie der Schalter zur Zeit Eurer Ankunft eingestellt war, Ihr ihn finden und neu einstellen könnt! Keine Wesenheit, kein Geistführer,

Freund, Heiler, Guru oder Engel kann die Hand ausstrecken und eine bessere Schaltereinstellung wählen. Das ist Euch vorbehalten... in dem Jetzt... genau dort, wo Ihr sitzt. Es sind die *Zwei-Ohren* und die *Zwei-Augen*, die diese Arbeit bewerkstelligen. Der individuelle Mensch nimmt die Veränderungen vor, die zur Folge haben, dass die ganze Welt auf ihrem eigenen Laufband geht. Und doch gibt es so viele von Euch, die die Einstellungen einfach hinnehmen und weiterhin glauben, dass Gott ihnen eine Last auferlegt hat. In gewisser Hinsicht habt Ihr das Gefühl, dass Euch Gott darum gebeten hat, sie zu *ertragen*! Habt Ihr Euch stattdessen jemals gedacht, dass es eine Prüfung sei, bei der es darum geht, die Einstellungen zu finden und sie zu *verändern*?

Multiple Realitäten - gibt es sie?

Lasst uns zu diesem Rätsel noch etwas hinzufügen. Nun werden wir diese Metapher vollkommen verändern und sie zu Eurem Konzept der Linearität zurückführen. Ihr seid wieder in einem Zug. Ahh, ist es nicht schön, wieder zurück in Eurer linearen Zeit zu sein? (*Kryon lacht*) Das Zuggleis setzt sich endlos fort und Ihr fahrt in einem schönen, zügigen Tempo voran. Wir werden Euch über *multiple Realitäten* unterrichten und über die Art und Weise, wie sie funktionieren. Wir werden Euch über Realitätspotenziale berichten.

Da gibt es einen Zug namens Menschheit. In den späten Sechzigerjahren Eurer linearen Zeitlinie verlangsamte sich dieser Zug. Aus welchem Grund auch immer begann das menschliche Bewusstsein, das gefestigt, anerkannt und bekannt war, dem die Erfüllung seines eigenen geplanten Schicksals vorherbestimmt war - ein Schicksal, welches Ihr als Armageddon bezeichnet habt -, sein Tempo zu drosseln. Und diejenigen, die sich darin befanden, sahen sich um und das, was sie sahen, gefiel ihnen nicht. Obwohl dies eine Metapher ist, so kann ich Euch sagen, dass dies die Realität Eurer Erde ist - dass dieser Zug in den späten Sechzigerjahren nahezu zum Stehen kam! Das, was geschah, hat eine große Ähnlichkeit mit der Erschaffung des vierdimensionalen Universums, welches Ihr rund um Euch seht. Es ist so profund! Wenngleich dies nichts war, was Euch in der Zeit bewusst gewesen ist, wechseltet Ihr die Gleise! Und indem Ihr dies getan habt, seid Ihr zu einer anderen Wirklichkeitsebene gewechselt und die Realität, die dem Gleis entsprach, auf dem Ihr einst gewesen seid, liegt dort in unerfüllter und nicht manifestierter Form.

Das Gleis des Armageddon - das Gleis der alten Prophezeiung - das Gleis, auf dem Ihr schon sehr, sehr lange gewesen seid, wurde hinter Euch zurückgelassen oder vielleicht geht es neben Euch weiter? Als Ihr die Gleise wechseltet, manifestiertet Ihr einen ganz neuen Plan für Euch. Ihr habt eine Bewusstseinswende durchgesetzt und etabliert, die so tief gehend war, dass sie sich nicht nur auf die Menschheit, sondern auch auf das Wetter, die planetaren Ausrichtungen, das Magnetgitter, die Planeten des Sonnensystems und sogar auf die Sonne auswirkte! Der Witz daran ist, dass Ihr, natürlicherweise, in den Kosmos hinausblickt und glaubt, er würde Euch kontrollieren. Denn seht, bei Euch ist es umgekehrt. All dies ist eine Reaktion auf die Einstellungen auf dem Laufband, die Ihr Euch ausgesucht habt.

Dieser Menschheitszug begann sich wieder zu beschleunigen und nun seid Ihr auf diesem Gleis namens „Realität Nummer zwei". Nun, ich möchte Euch etwas sehr deutlich erklären. Es gibt diejenigen, die sagen würden: „*Gut, das bedeutet, dass es multiple Realitäten gibt - dass es ‚mich' irgendwo in all dem in einer anderen Dimension gibt, wo ich eine andere Realität erfülle. Infolgedessen gibt es viele Gleise und viele von mir.*" Das ist nicht der Fall. In der Tat gibt es viele Gleise, doch es gibt nur einen Zug. Wenn Ihr Euch von einer Realität wegbewegt, stoppen alle Potenziale, die auf diesem alten Gleis existierten. Sie liegen am Boden, tot... und wurden niemals vollbracht. Stellt es Euch folgendermaßen vor: Ihr seid die Kraft und Macht für die *gesamte* Realität. Ohne Euch gibt es auf dem Gleis nichts. Ihr stellt die Kraft für den Zug und auch für die Realität des Gleises, auf dem Ihr Euch befindet, zur Verfügung. Seht Euch selber als „Die dritte Schiene... die Schiene, welche dem Zug Kraft verleiht. Wenn Ihr daher die Fragen stellt: „Was wäre, wenn dieses...?" oder „was wäre, wenn jenes...?", so gibt es darauf keine Antwort. Gott weiß es nicht. Es gibt nur eine Realität und das ist die Realität, für die Ihr Euch *jetzt* entscheidet.

Es gibt diejenigen, die sagen: „Wenn ich bloß dieses oder jenes getan hätte, dann wären die Dinge anders gewesen." Das stimmt nicht! Ich will Euch Folgendes sagen: Es gibt keine manifestierte Realität, die neben Euch sitzt und die anders ist, weil Ihr eine Gelegenheit verpasst habt oder weil Ihr *dieses* nicht getan habt oder *jenes* nicht getan habt. Was Ihr *jetzt* habt, ist für Eure Wesenheit im Universum die einzige Realität. Es ist die *eine* Wirklichkeit, das Gleis, auf dem Ihr Euch befindet.

Bush und Gore - das Vermächtnis von Florida

Viele von Euch stellten bezüglich synchronistischer Dinge Fragen - über „Was-wäre-wenn" Szenarien, die vor kurzem auftraten. Das profundeste Szenario ist jenes, welches genau hier in dieser Gegend liegt (*in Florida, wo das Seminar veranstaltet wird*). Es existiert hier eine Energie, die stark ist. Denkt Ihr, dass es sich um einen Zufall handelt, dass Ihr den Führer habt, den Ihr jetzt habt? Schaut Euch an, was passiert ist. Schaut es Euch genau an. Ihr habt scheinbar zufällig jemanden an die Macht gebracht, der mit keiner Stimmenmehrheit gewählt werden konnte! Denkt Ihr wirklich, dass es sich dabei um einen Zufall oder um einen „knappen Fehltreffer" handelt? Denkt Ihr wirklich, es sei ein Zufall, dass es hier entschieden wurde? Lasst mich Euch eine gewisse metaphysische Wahrheit bringen. Das gesamte Potenzial dieser Wahl wurde in den späten Sechzigerjahren auf dem Gleis manifestiert, das Ihr Euch als Eure neue Realität in dem Zug ausgesucht hattet, während der Zug allmählich begann wieder schneller zu werden. Wenngleich dies bildhaft ist, hört zu und passt auf: Es wird viel von dieser Art geben, bei dem das Normale abnormal wird - bei dem die Dinge, die immer auf eine bestimmte Weise funktioniert haben, anscheinend von Euch wegspringen werden. Einige werden sich das ansehen und sagen, dass es ein „knappes Entkommen" war. Es ist in keiner Weise ein knappes Entkommen! Andere werden es verstehen und es als das betrachten, was es ist... die Manifestation von etwas Neuem. In diesem unbehaglichen Prozess wird Eure neue Realität manchmal „erzwungen" aussehen.

Ich bringe Euch diese Informationen aus vielen Gründen, denn es gibt manche, die sagen: „*Was wäre, wenn der andere Kandidat gewonnen hätte? Wo wären wir jetzt? Wie wäre er mit der vor uns liegenden Situation umgegangen?*" Die Antwortet lautet folgendermaßen: Das weiß nicht einmal Gott! Denn diese Realität hat sich nie manifestiert und daher sind das alles nur Mutmaßungen. Es gibt neben Euch keine parallele Realität, die Ihr aus interdimensionaler Sicht betrachten oder erschließen könnt. Es gibt nur eine Realität und das ist das Gleis, auf dem Ihr zu sein wähltet. Der Führer, bei dem das Potenzial bestand, dass er Euch durch Eure herausfordernden Zeiten führen würde, *ist* also tatsächlich der Führer, den Ihr habt. Ihr habt alle zugestimmt, obwohl es vielleicht nicht den Anschein hat.

So etwas wie Vorherbestimmung gibt es nicht. Wir werden gleich darüber sprechen. Ihr habt selbst einen Kurs eingeschlagen und Ihr seid dazu geneigt, diesem Kurs zu folgen, so als ob Ihr Euch in einer bequemen Bahn befinden würdet, bis Ihr sie dann durch aktive Absicht wieder verändern möchtet.

Die Metapher vom verdrehten Band

Nun wird es kompliziert. Wir präsentieren Euch eine dritte Metapher, eine Metapher, die anfängt immer mehr und mehr über die wahre Energie des Jetzt zu erklären. Kehrt noch einmal zur Laufband-Idee zurück, aber stellt es Euch stattdessen als ein Band vor - ein breites Band in einer Schlaufe (*loop*) - in sehr ähnlicher Form wie das Laufband, auf dem Ihr gelaufen seid. Das Band ist in einer Schlaufe, einem Kreis und es ist nahtfrei. Wir werden nun die beiden ersten Metaphern miteinander kombinieren. Auf diesem (Schlaufen)band bist nicht Du derjenige, der läuft, sondern stattdessen befindet sich Euer linearer Zug auf der Außenseite dieses Bandes und er bewegt sich entlang eines Gleises. Die Innenseite des Bandes ist leer.

Nun möchte ich, dass Ihr in dieser Visualisierung eine Schere ergreift und damit das Band durchschneidet. Dann dreht das Band zur Hälfte um und fügt es wieder nahtlos zusammen. Nun möchte ich, dass Ihr versucht, Euch vorzustellen, wohin der lineare Zug und das lineare Gleis mit dieser neuen Konfiguration fahren werden. Es

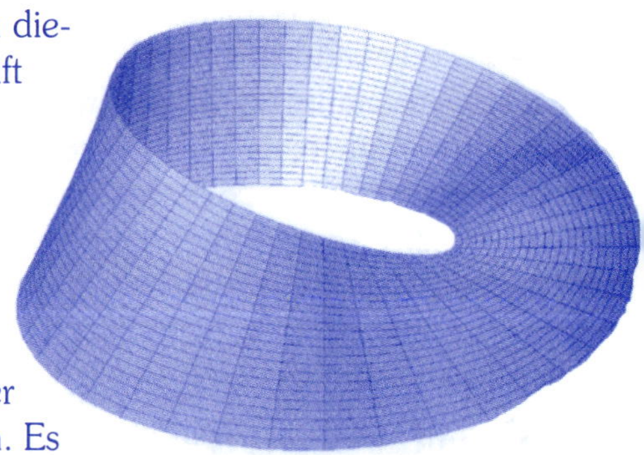

mag Euch auf sonderbare Weise amüsieren, dass, obwohl der Zug anscheinend auf einer Seite (*auf der Seite, auf der Ihr seid*), bleibt, die Bewegung des Zuges auf beiden Seiten des Bandes einem Weg folgen wird! Es ist kompliziert, sich das vorzustellen, ohne dass Ihr es zuvor gesehen habt. Zusätzlich kommt eine weitere, nahezu unmögliche Visualisierung: Das Laufband-Band bewegt sich weiterhin und jetzt ist es der lineare Zug, der an einer Stelle zu stehen scheint!

In der Mathematik ist dieser bestimmte Typ von Band eine kategorisierte Form. In Eurer Sprache ist sie unter dem Namen „Der Möbius Streifen" bekannt. Dieses bestimmte bildhafte Modell erzeugt eine Situation, bei der es stets ein Gleis gibt, doch das Verblüffende daran ist, dass sich unter Eurem Gleis auf der anderen Seite des Bandes noch ein weiteres Gleis befindet!

Es ist tatsächlich dasselbe Gleis, auf dem auch Ihr seid, doch es ist das Gleis, auf dem Ihr vor kurzem gefahren seid. Es stellt auch das dar, wohin Ihr fahrt! Also habt Ihr den merkwürdigen Umstand eines Gleises, das in ein Muster übergeht, welches nicht kreisförmig, aber doch in sich geschlossen ist. Mit einem wirklichen Kreis wäret Ihr nicht immer der Stelle am nächsten, an der Ihr gerade gewesen seid oder wo Du gerade bist. Doch dieser Möbius Streifen lässt Euch tatsächlich die Existenz Eurer Einzahl-Realität doppelt sehen oder „fühlen", da sie sich auch auf der anderen Seite des Bandes befindet. Dieser merkwürdige Umstand gestattet es Euch, die Energie dessen, wo Ihr gerade gewesen seid und wohin Ihr geht, genau zu überprüfen. Ich habe Euch gesagt, dass dies schwierig sein würde, doch wenn Ihr dies begreifen könnt, dann werdet Ihr anfangen zu sehen, wie die wahre *Jetzt*-Realität funktioniert.

Warum bringen wir dies zur Sprache? Einige von Euch sind sich dessen bewusst, was „Vergangenheit und Gegenwart" für Euer Leben bedeuten. Ihr wisst, dass Ihr, wenn es nur ein Gleis gibt, ständig über dieselben Energien lauft. Dies wird komplizierter, wenn Ihr an das *eine Gleis* denkt, das sich auch auf der anderen Seite des Bandes, ganz bei Euch, befindet. Es repräsentiert die Singularität des *einzigen* Gleises. Ihr lauft nicht nur weiterhin über die alten Energien, die Ihr vor langer Zeit manifestiert habt, sondern dieses „andere" Gleis, das sich genau unter Euch befindet, fügt dieser Erfahrung noch eine weitere Dimension hinzu. Das seid *Ihr* mit *Euch*, *Du* mit *Deinen Dus*. Nun werdet Ihr Lehren von dem Konzept der „geschichteten Zeit" zu erhalten beginnen.

Gibt es so etwas wie ein vergangenes Leben gar nicht?

Nun, kehrt zurück zu dem Laufband, bei dem Ihr an einer Stelle steht. Der Grund, warum wir Euch dies vorbringen, ist folgender: So etwas wie ein *vergangenes* Leben gibt es nicht! Wenn Ihr stets im Jetzt seid, versteht Ihr dann, dass alles, was Ihr für „vergangen" haltet, eigentlich *jetzt* geschieht? Und hier ist das, was es für Euch bedeutet: Jedes Leben, das Ihr auf diesem Gleis jemals gelebt habt, wird jetzt gelebt! Neben Dir befinden sich auf diesem Laufband die anderen „Dus", alle die, die Du jemals gewesen bist! Den Einzigen, den Du tatsächlich „siehst", ist der Gegenwärtige, doch sie sind alle vorhanden. Sie haben alle vorhanden zu sein. Die Physik erfordert es in dieser Weise. Das Laufband ist nur breiter geworden! Es hat nun alle „Teile von Euch", alle „Dus von Euch" unterzubringen, die jemals (in Eurem Geiste) existierten, und Ihr geht Seite an Seite mit ihnen und erschafft dabei Eure eigene Realität.

Nun wird es kompliziert (*als ob es das nicht ohnehin schon wäre*). Wie können all diese Leben, die in Synchronizität auf dem Laufband laufen, richtig sein? Wer steht dafür in Verantwortung? Wer wird die Geschwindigkeit des Laufbandes oder den Schwierigkeitsgrad festlegen? Die Antwort? Ihr alle werdet das tun, doch derjenige, der sich in der singulären Realität befindet, wird tatsächlich die Arbeit tun. Was das bedeutet, geliebter Mensch, ist, dass durch Eure DNS wogend, durch die 12 Schichten, all die anderen Leben vorhanden sind, die Ihr gegenwärtig lebt! Sie haben die Erlaubnis, eine Wirkung auf Euch auszuüben - auf Eure Entscheidungen - und die Erinnerung an die Gelübde, die Ihr abgelegt habt. Jeder von denen, die mit Euch auf dem Laufband gehen, helfen Euch, den Schwierigkeitsgrad und die Geschwindigkeit Eures gegenwärtigen Laufbandes „höher einzustellen".

Spuk und Geister

Oh, es wird noch besser. Wir werden Euch jetzt erklären, was Ihr oft als „das Unheimliche“ bezeichnet. Ich werde mit Euch über Geister sprechen! Es besteht ein großer Unterschied zwischen dem, von dem ich sprechen werde, und dem, was einige von Euch als „Kommunikationen mit dem Jenseits“ erachten. Davon sprechen wir nicht. Wir sprechen stattdessen von Geistern und Spuken - diese Plätze auf dem Planeten, an denen sich die Physiker versammeln, um „das Unheimliche“ zu messen.

Es gibt Orte, „an denen es spukt“, und dort seht Ihr anscheinend Tag für Tag oder sogar Jahr für Jahr dieselbe Erscheinung. Manche Erscheinungen werden oft gesehen und manche nicht so oft. Manchmal mögen sie die Stufen herabsteigen, immer wieder in derselben Kleidung, irgendwo hingehend... immer wieder und wieder. Einige gehen konstant nur von hier nach dort. Einige dieser Gegenden sind so machtvoll, dass Energien manifestiert werden, die tatsächlich mit Eurer vierdimensionalen Welt interagieren. Dinge bewegen sich, Temperaturen verändern sich und der Magnetismus ist untypisch. Dies sind die Dinge, die in den Seelen und den Herzen der Männer und Frauen Angst auslösen.

Was sind sie? Ich beschreibe einfach energetische Seelenübergänge, wie sie sich die ganze Zeit über ereignen, weil sie immer im Jetzt sind. Sie sind auf einem Laufband, genauso wie Ihr! Und wenn Ihr diese *vergangene* Energie schneidet (*kreuzt*), so seht oder fühlt Ihr sie oft deutlich! Hier finden sich ein paar Bestätigungen dafür, dass dies wahr ist: Erstens, beachtet bitte, dass dieses bestimmte, sich wiederholende Szenario sich jedes Mal gleich abspielt, genauso wie die Schlaufe eines Klebebandes oder eines Films, deren Enden mit sich selbst zusammengeklebt sind. Geister wechseln ihre Kleidung im Laufe der Zeit nicht und sie bekommen auch keine Kinder (*Lachen*)! Anders gesagt, Ihr seht jedes Mal dasselbe Ereignis. Dies sollte ein Hinweis darauf sein, was wirklich geschieht.

Anstatt dass Euch ein Geist heimsucht oder besucht, kreuzt Ihr eine Energie auf dem Gleis, auf dem sich etwas ereignete. Vielleicht war es so profund, dass es scheinbar physisch dort festgehalten wird oder zumindest bis zu dem Punkt, an dem es gewissermaßen Eure Realität kreuzt. Wer sind sie? Sie sind Familie, die sich in einem hundertprozentigen Zustand von „ständigem Weggehen“ befinden, abgesehen davon, dass die eigentlichen Wesenheiten, welche die Energie repräsentierten, schon lange weg sind. Nur die Prägung (*der Imprint*), die (*den*) sie vorgenommen haben, ist noch vorhanden. Der Grund, warum wir Euch diesen verwirrenden Möbius-Streifen dargestellt haben, liegt darin, dass wir Euch sagen wollen, dass es die Wechselwirkung von „geschichteter“ Zeit ist, die diese Interaktion erzeugt. Mehr als nur wieder und immer wieder über dasselbe Gleis zu laufen, wird es kompliziert durch die singuläre Realität, die sich auch auf der „anderen Seite“ von der Realität befindet, auf der Ihr unterwegs seid.

Ihr mögt sagen: „*Gut, was sollen wir damit anfangen?*“ Die Antwort lautet: Ihr habt gar nichts damit zu tun, wenn Ihr dies nicht möchtet. Denn sie sind weggegangen... sie sind schon lange weggegangen. Dennoch könntet Ihr sagen: „*Gut, wenn alles im Jetzt ist, dann sind sie nie gegangen oder doch?*“ Dies macht die Überschneidung von linearer und nicht linearer Zeit für einen Menschen so schwer verständlich. Sie zeichnet sich durch scheinbare Dichotomie von Logik aus, bei dem Dinge weggehen mögen, bevor sie ankommen oder im selben Raum (space) existieren und doch nicht existieren. Dies wirft auch die logische Frage auf, wer zuerst gekommen ist. Die Antwort lautet, dass das Leben absolut und singulär ist. Ihr seht ganz einfach seine Kanten/Ränder zu unterschiedlichen „Zeiten“.

Denen von Euch, die wissen möchten, was sie bezüglich dieser sich wiederholenden Energie tun können, sagen wir: „Reinigt das Gleis.“ Dann fragt der Mensch: „*Wie*?“ Nehmt die Lehre, die wir Euch wieder und immer wieder gegeben haben, in Anspruch: Reine Absicht des Menschen enthält eine beachtenswerte, eindrucksvolle Energie der Handlung. Sie erschafft Mitgefühl und Mitgefühl ist der Katalysator für nahezu jeden Handlungspunkt auf Eurer spirituellen Liste! Doch das wusstet Ihr, nicht wahr?

Die Beeinflussung und Veränderung Eures Realitätsgleises

Wenn Ihr damit beginnt, Euer Gleis zu reinigen- ganz egal, was sich Eurer Ansicht nach in Eurer *Vergangenheit* ereignete, so wird letztendlich -

wenn Ihr das Gleis auf diesem Möbius-Streifen mit Eurer Energie erfüllt - eines Tages eine Zeit kommen, in der *alles* Eure neue Energie hat. Die Energie Eurer Absicht und Eures Mitgefühls als der Mensch, der Ihr *jetzt* seid, erlöst (*ersetzt*) die Energie derjenigen, die sich mit Euch auf dem Laufband befinden.

Wir werden Euch gleich noch etwas erzählen, das Euch in Bezug auf das, was Ihr für unveränderlich haltet, erstaunen mag. Doch lasst uns einstweilen über Euer gegenwärtiges Leben im *Jetzt* auf diesem Laufband oder in diesem Zug sprechen.

Euer Leben hat genau *jetzt* etwas mit der Energie zu tun, die Ihr in dieses Gleis steckt. Was wäre, wenn auf den vor Euch liegenden Skalen anstelle von „Schwierigkeitsgrad und Geschwindigkeit" auf der Skala „Friede, Freude, Fülle, Nahrung und Liebe zum Leben" zu lesen sein würde? Was wäre, wenn Ihr eine Skala hättet, die Ihr hierauf einstellen könntet? Ich bin hier, um Euch sagen, dass es so eine Skala gibt! Doch die Skala ist verborgen, bis Ihr die Dimension, in der sie sich befindet, vollständig besucht. Und wenn Ihr dort seid, müsst Ihr sie „als Euer Eigen" haben.

Wenn Ihr von der Freude sprecht, sagt Ihr dann zu einem anderen Menschen: „*Ich versuche, fröhlich zu sein. Das ist mein Ausdruck. Ich möchte mein Leben in Freude leben und ich gebe mein Bestes. Ich denke ständig darüber nach?*" Lasst mich folgende Frage stellen: Als der Engel von der anderen Seite so deutlich zum Propheten sprach, sagte der Engel, als ein Teil von Gott, diese tiefsinnigen Worte: „ICH BIN DAS, WAS ICH VERSUCHE"? (*Lachen*) Nein. Die Aussage lautete: „ICH BIN DAS ICH BIN." Wisst Ihr, was diese verwirrende Aussage bedeutet? Wisst Ihr, warum sie verwirrend ist? Es liegt daran, weil es sich auf einem Möbius-Band befindet!" Ich bin das ich bin, das ich bin, das ich bin, das ich bin, das ich bin, das ich bin." Es ist ein Kreis, nicht wahr? De facto ist es eine Aussage, die keinen Anfang und kein Ende hat.

Versucht Folgendes: Ich *bin* Freude. Freude *ist* die Energie des Gleises. *Versucht* nicht, Freude zu sein. Stattdessen macht Euch die Vorstellung zu Eigen, dass Ihr Freude *seid*. Dann könntet Ihr sagen: „*Gut, wenn ich Freude bin, warum gibt es dann überhaupt Schwierigkeiten?*" Diese Schwierigkeiten, Ihr Lieben, sind auf die Tatsache zurückzuführen, dass Ihr auf einer Erde mit anderen Menschen um Euch herum geht. Also ist die Herausforderung nicht nur mit Dir, sondern vielmehr bist Du es mit *ihnen*. Ist so nicht immer das Rätsel? Zusätzlich dazu haben wir Dir gerade gesagt, dass sie auch mit Dir und den anderen Teilen von Dir (*Deinen anderen Dus*) stattfindet. Achtet zuerst einmal auf Euch selbst und all diese Dinge werden Euch dann hinzugefügt werden. Macht Euer Gleis freudvoll. Sagt: „*Ich bin Freude.*"

Ihr habt uns über Fülle sprechen hören. Lasst uns die Fülle definieren, denn es gibt oft Missverständnisse. Einige haben gefragt: „*Kryon, wenn Du sagst, dass wir Fülle haben könnten, ist damit irgendwo eine mit Geld gefüllte Schatzkammer gemeint? Weißt Du, vielleicht ist es etwas, das helfen könnte, einen finanziellen Ruin abzuwenden, wenn es Probleme gibt?*" Nein, das ist es nicht.

Ich habe Euch gerade gesagt, dass *Ihr* im Jetzt seid. Wenn Ihr im Jetzt seid, in dem es keine Vergangenheit und keine Zukunft gibt, wie könnt Ihr dann eine Schatzkammer für die Zukunft haben? Was also ist die Fülle? Ich werde es Euch sagen: Es ist eine „unmittelbare Nahrung; unmittelbarer Nährwert". Es bedeutet, dass das *Jetzt* immer darauf achtet und sich darum kümmern mag. Es bedeutet, dass es auf diesem Laufband für Euch nie erforderlich ist, auf etwas anderes als auf das *Jetzt* zu achten oder an etwas anderes zu denken. Ich spreche nicht davon, dass Ihr die Miete in einer Woche bezahlen könnt. Ich spreche über das *Jetzt*. Fühlt Ihr Euch genau *jetzt* geliebt? Versteht Ihr, was sich *jetzt* ereignet? Wo wir gerade von der Miete sprechen, könntet Ihr Euch von der Sorge darüber, was das *Jetzt* in einer Woche sein wird, lösen? Je besser Ihr die tatsächliche interdimensionale Energie dieses Konzepts versteht, desto mehr Fülle wird fließen.

Wisst Ihr von den spirituellen Samen, die hier gepflanzt werden? Das ist Fülle! Habt Ihr eine Vorstellung davon, was in diesem Raum, in dem Ihr sitzt, vor sich geht? Es gibt reichlich Liebe - es ist eine Fülle von Liebe vorhanden! Einige von Euch verstehen dies und das ist die Fülle, von der wir sprechen.

Es ist Nahrung - emotionale, finanzielle und umweltbewusste Nahrung. Es ist das, was wir den Stämmen in der Wüste jeden Tag gezeigt haben. Sie haben sich nach Jahren Tag für Tag daran gewöhnt! Sie wären entsetzt gewesen, wenn die Nahrung nicht jeden Tag auf diese wundersame Weise erschienen wäre. Jeden Tag wurden sie in der Wildnis ernährt. Und ich sage Euch, dass Ihr auf dieselbe Art und Weise ernährt werden könnt - ganz gleich, wie Ihr über Eure Wildnis denkt. Die Familie ernährt die Familie. Das ist das, was Nahrung ist.

Wie steht es mit Eurer Gesundheit? So viele von Euch bitten um Heilung und Ihr wiederholt: „Ich bin, was ich versuche." Wie wäre es mit „Ich **bin** geheilt". Das ist die Visualisierung. Dies ist die Sache, die wir Euch in Euren Meditationen raten - diese Energie auf Euer Gleis zu projizieren. „Ich **bin** geheilt." Wir sagen nicht, dass Ihr hinausgehen und närrische Dinge tun sollt, denn Ihr habt zu Eurer Vierdimensionalität zurückkehren. Was wir Euch sagen, ist, dass Ihr die Vierdimensionalität letztendlich ändern könnt, doch wie bei jedem Protokoll bei jeglichem Lernen - bei jeder Schulung - wird es eine gewissen Lernzeit geben. Langsam kreiert diese Affirmation eine Energie der Veränderung in Eurer Zellstruktur. Sie erzeugt reine Absicht und Mitgefühl. Versteht und realisiert, dass Ihr Eure Zellstruktur verändern *könnt*! Doch ich werde Euch sagen, dass es keine zügigere Schnell-Spur als diese gibt: „Ich **bin** geheilt". Macht sie Euch zu Eigen. Erfüllt Euch selber mit diesem Bewusstsein und Eure Zellen, die ebenso erleuchtet sind, werden Eurer Anleitung folgen.

Lasst mich einen Hinweis auf etwas geben, was Ihr im heutigen Unterricht vielleicht nicht erkannt habt. Die Zellstruktur besteht aus Wasser. Heute habt Ihr die Beispiele des Wissenschaftlers gesehen, die zeigen, wie sensitiv das Wasser auf ein menschliches Bewusstseinsfeld reagiert. War das profund für Euch? Wir haben das seit über einem Jahrzehnt gelehrt! Versteht Ihr, dass alle Krankheiten ebenfalls aus Wasser bestehen? Was sagt Euch das? Es sollte Euch daran erinnern, dass die *gesamte* Biologie bereit ist, auf Euch zu reagieren. All dies wartet darauf, sich zu verändern! Es gibt nichts, was für die Engel, die sich in diesem Raum als Menschen bezeichnen und dabei auf dem Laufband laufen und ihren eigenen Schwierigkeitsgrad wählen, zu schwierig ist.

Die Vergangenheit verändern?

Hier ist die letzte Metapher - der letzte Unterricht für diese Sitzung. Es ist die Information, von der wir Euch sagten, dass sie Euch vielleicht erschrecken würde. Stellt Euch noch einmal vor, dass Ihr auf dem Laufband seid. Ihr tretet auf der Stelle - im *Jetzt*. Eure Realität gleitet unter Euren Füßen, während sich das Laufband, auf dem Ihr geht, fortwährend bewegt und bewegt. Stellt Euch Folgendes vor: Ihr haltet ein Glas, das mit einer Flüssigkeit gefüllt ist. Ihr könnt dieser Flüssigkeit jeden beliebigen Namen geben - Lösung, Friede, Fülle, Gesundheit, Liebe zum Leben - alles, was Ihr braucht. Dann gießt Ihr diese heilige Flüssigkeit von Absicht und Mitgefühl während des Laufens langsam auf dieses Gleis unter Euren Füßen.

Nun... schaut Euch das an. In welche Richtung verläuft die Flüssigkeit auf dem Laufband? Seht: Sie läuft hinter Euch! Die Flüssigkeit läuft über das Gleis und löst sich hinter Euch zu dem Mechanismus auf, der wie auch immer für den Motor des Laufbandes verantwortlich ist. Doch es dauert nicht lange, nicht wahr, bis sie dann vor Euch auftaucht, weil das Band endlos und in einer Schlaufe verläuft. Und dies geschieht unabhängig davon, wie lang das Gleis ist. Letztendlich wird sich, wenn Ihr die Flüssigkeit der Absicht vergießt, das ganze Gleis ändern... alles, das Ganze!

Was wir Euch zeigen wollen, ist Folgendes: Das Erste, was auf diesem bildhaften Laufband zu geschehen hatte, war, dass die Flüssigkeit, die Ihr vergossen habt, das *hinter Euch* Liegende geklärt hat, bevor es jemals zu dem wird, was vor Euch liegt. Werdet nur für einen Moment mit mir interdimensional. Versteht, dass all jene, mit denen Ihr lauft, Eure DNS beeinflussen. Ich spreche wieder von jenen *Teilen von Euch* aus vergangenen Leben, die mit Euch gehen und die in Wirklichkeit Energien des *gegenwärtigen Lebens* sind. Sie gehen mit Euch auf diesem Laufband und sie haben Einfluss auf Eure DNS... die Teile der DNS, die spirituell sind und Lektionen und Umstände und seelischen Ballast herumtragen.

Wenn Ihr langsam Energie hingebungsvoll dafür verwendet, Euer *Jetzt* zu reinigen, so wird sich zuerst Eure Vergangenheit ändern! Dies ist schwierig für Euch zu begreifen, da Ihr so hundertprozentig linear seid! Doch die Wahrheit ist, dass Ihr im *Jetzt* seid. Alles geschieht zur selben Zeit und deshalb gibt es Teile und Bruchteile von Euch, die in der Zukunft manifestiert sein werden und die auch als Potenziale in Eurer prädisponierten Form vorhanden sind. Doch indem Ihr dort, wo Ihr jetzt geht, göttliche Absicht bekundet, reinigt Ihr all dies bis zu dem Grad, an dem Ihr zu *einem* Bewusstsein werdet. Daher verändert das, was Ihr jetzt tut, die Vergangenheit und die Gegenwart von *Euch*.

Wenn Ihr dieses Konzept begreifen könnt, Ihr Lieben, so werdet Ihr verstehen, dass es auf Erden nichts gibt, was Ihr nicht verändern könnt. Vielleicht habt Ihr gedacht, dass „die Vergangenheit die Vergangenheit ist"? Nein. Tausende Jahre des Konflikts können, wenn Ihr es wünscht, auf diesem Laufband aufgelöst werden. Doch anstatt wieder und wieder Hass und Wut auf das Gleis zu schütten, wird jemand die Idee haben, *die Flüssigkeit in dem Glas* zu verändern. Wenn Ihr sie in die Energie des Mitgefühls verwandelt und sie auf das Gleis der Erde gießt, dann verändert Ihr die Vergangenheit und die Zukunft. Und dies, lieber Mensch, ist der Beginn der Erschaffung einer Metapher namens „Das neue Jerusalem". Sie löst das Unlösbare. Sie verändert *alles*.

Die Zukunft?

Angesichts dessen, was Ihr durchgemacht habt, haben viele gefragt, *„Kryon, was weißt Du über unser Gleis - dieser Zug, der in den Sechzigerjahren langsamer wurde und die Gleise wechselte - kannst Du uns sagen, was vor unserem Zug liegt? Du hast gesagt, dass wir es wussten und dass wir das Potenzial vom 11. September die ganze Zeit auf unserem Gleis hatten. Kommt noch so ein Potenzial? Gibt es etwas, was dem ähnlich ist?"*

Hier folgt, was wir sagen: Wenn es etwas ist, was Ihr zur Kreation braucht - von dem Ihr beschlossen habt, es zu manifestieren - so lautet die Antwort ja. Braucht Ihr das genau jetzt? Nein. Ich werde Euch dies sagen: Wie ein Elternteil - ein Höheres Selbst - werdet Ihr das tun, was Ihr zu tun habt, um das Gleis der Absicht zu manifestieren, das Ihr vor Euch gelegt habt. Doch jetzt geschieht etwas Merkwürdiges und ich sage merkwürdig, denn noch ein Jahr zuvor hätten wir gesagt, dass dies nicht passieren würde:

Der Zug beginnt wieder langsamer zu werden! Wir wissen nicht, was dies bedeutet. Es könnte sich dabei einfach nur um ein „Sich-Umsehen“ handeln, um zu sagen: „Wie geht es uns?“ Es könnte sein, dass der Zug langsamer zu werden hat, um das Gleis mit einer größeren Energie zu erfüllen, oder es könnte bedeuten, dass der Zug zu einer weiteren Realität wechseln möchte - etwas, was sogar das übersteigt, was uns bekannt ist und was sich derzeit hier befindet. Es gibt im Universum keine Wesenheit, die sagen kann, was „Der einzige Planet des freien Willens“ als Nächstes tun wird. Und das ist die Wahrheit, liebe Engel. Die einzigen Vorhersagen, die gemacht werden können, sind diejenigen, die bestätigen, wie die Energie jetzt ist... und selbst dies verändert sich, während wir sprechen.

Was gibt es in Eurem Leben, was Eurer Meinung nach unkontrollierbar ist - das stets von gleicher Farbe ist und auch immer in dieser Tönung sein wird? Was ist das, was Euch am meisten stört, dem Ihr verbale Glaubwürdigkeit verliehen habt als eine Tatsache, dass es sich niemals ändern kann? Habt Ihr in Eurem Leben etwas von dieser Art? Ich möchte, dass Ihr Euch an die Worte erinnert: „Ich *bin*, was ich versuche“. Dann werdet Ihr Euch vielleicht daran erinnern, dass das Gleis wirklich sehr, sehr kurz ist. Was Ihr *jetzt* damit tut, wird die *Vergangenheit* verändern. Dann wird diese Energie wieder erscheinen, um die Zukunft zu verändern - und all dies ereignet sich im Jetzt, während Ihr an einer Stelle geht.

„*Das sind nur Metaphern, Kryon!*“ Ja, ich weiß. Doch es sind Metaphern, die von einem kraft- und machtvollen Menschen erzählen - von einem Menschen, der über ein meisterhaftes Potenzial verfügt. Die Avatare der Erde berichteten Euch *alle* davon. Dies ist keine neue Information. Neu *ist* die Positionierung, die Energie, der Magnetismus, selbst das Sonnensystem, in dem Ihr lebt - all dies ändert sich jetzt, weil das Menschenwesen die Realität verschoben hat.

Vielleicht könnt Ihr dann in diesem Jahr zum ersten Mal in all unseren Lehren einige der seltsamsten Passagen der Kryon Botschaft verstehen - wer Ihr wirklich seid! Könnte es sein, dass Ihr in Wahrheit ein Familienmitglied des Kollektivs seid, das Ihr Gott nennt? Könnte es sein, dass Ihr ewiglich seid? Könnte es sein, dass diese irdische Erfahrung wie ein Spiel ist? Oh, Du

Mächtiger, ich werde Dich eines Tage wieder sehen, wo Du vollkommen bist. Hört Euch das an, Zwei-Ohren, Zwei-Augen, ich kenne Deinen Namen! Ich bin in Liebe mit dem Menschen vor mir verbunden, denn ich liebe die Familie. Nennt es so, wie Ihr möchtet - die Liebe Gottes - die Liebe für einen Engel, doch dies ist der Teil der Botschaft, der mit Nachdruck daran erinnert, dass Ihr niemals alleine seid!

Gott befindet sich nicht in einem Vakuum. Wir wissen, wer Ihr seid und warum Ihr hier seid. Wir kennen die Teile von Euch, die sich auf der anderen Seite des Schleiers befinden. Wir kennen die Herausforderungen, die Ihr ausgewählt habt, und die Potenziale in Eurem Leben. Dies ist der Grund, warum wir gekommen sind, um Euch zu sehen. Es ist der Grund dafür, warum unsere Liebe tief in Euch einfließt, während Ihr die Worte auf dieser Seite lest.

Und so begibt es sich, dass wir Euch diese liebevolle Botschaft überbringen: Realität, geliebtes Wesen, ist das, was Du auswählst, lieber Mensch. Folge dem Beispiel der Meister, welche die Erde vor Dir betraten, denn diese menschliche Kraft und Macht ist auch die Deine.

Und so begibt es sich, dass wir die Schüsseln mit unseren Freudentränen hochheben - die Tränen, die uns gekommen sind, als wir Euch die Füße gewaschen haben... und wir gehen zurück durch den Schleier, durch den wir hierher gekommen sind... und dies fällt uns schwer, weil wir Euch von ganzem Herzen lieben.

Und so ist es

Kryon

Kryon
Briefe von Zuhause
Liebende Botschaften von der Familie
KRYON BAND V

Kryon

Live-Channeling

„Die neun Ängste“

Gechannelt in
New Orleans, Louisiana
und Lyon, Frankreich, März/April 2002

Kapitel XII

Die neun Ängste

Live-Channeling in New Orleans, Louisiana und Lyon, Frankreich

Dieses Live-Channeling wurde mit zusätzlichen Worten und Gedanken herausgegeben, um Klarheit und ein besseres Verständnis in der schriftlichen Textform zu ermöglichen.

Seid gegrüßt, Ihr Lieben! Ich Bin Kryon vom Magnetischen Dienst. Es gibt eine süße Energie, die an diesen Platz strömt, die Energie von denen, die ein Gefolge voller Liebe sind. Sie sind Brüder und Schwestern ohne Anfang und ohne Ende, ebenso wie Ihr es seid. Sowie sie an diesen Platz strömen, wollen wir noch einmal darüber nachdenken: Ist es möglich, dass so etwas wie dies Wirklichkeit ist? Ist es innerhalb der menschlichen Erfahrung möglich, dass Gott so direkt und unmittelbar mit so viel Mitgefühl und prägnanten Botschaften voller Liebe und Hoffnung zur Menschheit sprechen kann? Kann es sein, dass die Stimme, die in diesem Moment zu hören ist - die Stimme, die auch den ganzen Tag über zu vernehmen war und die sich jetzt mit einer anderen Energie kombinierte… für Spirit sprechen kann? Kann das sein?

Wir geben Euch zur Erinnerung: Überall auf Erden wurden Euch die Schriften in dieser Art gegeben. Die tiefstgreifenden und weitreichendsten Informationen und Prophezeiungen, die Euch jemals überbracht worden sind, wurden von Menschen zu Menschen weitergegeben. Denkt einmal zurück. Keiner der Engel, die im Laufe der Erdengeschichte erschienen, hat selbst die Schriften aufgezeichnet! Nein. Stattdessen brachten sie Botschaften zu den Menschen, welche die Worte aufzeichneten, die später als göttlich wahrgenommen und erkannt wurden.

All die Liebe, alle Hinweise, das ganze Wissen und die Weisheit sind vom Menschen zum Menschen weitergegeben worden. So war es damals und so ist es auch heute. Ihr habt Euch in dieser Zeit hier versammelt, weil Ihr Lehren oder Worte der Weisheit hören möchtet. Du bist erschienen, um an der Energie in diesem Raum teilzuhaben. Doch Du weißt, dass der Kern Deines Seins, der Kern dessen, wer Du bist, ebenso göttlich ist, wie alles, was Du Dir vorstellen kannst, nicht wahr?

Einige von Euch mögen sagen: *„Nun, ich möchte auch gerne noch einmal hierher kommen, um dies wieder zu erleben. An einem Platz wie diesem entwickelt sich eine sehr tief greifende Energie.*" Und noch einmal sagen wir: Es ist niemals erforderlich, wieder zu einer Begegnung wie dieser zu kommen, um spirituelle Energie zu empfangen, denn Ihr habt dieselbe Energie zur Verfügung, wenn Ihr alleine seid. Wir haben bereits früher darüber berichtet und wir wollen es wiederholen und auch während des heutigen Unterrichts besprechen. Doch bevor wir damit beginnen, möchten wir Euch gerne daran erinnern, wer hier anwesend ist. Geliebtes Wesen, es ist kein Zufall, dass Du Dich heute hörend oder lesend auf diesem Sitzplatz befindest. Unabhängig davon, was immer Du über all die Botschaften des heutigen Tages denken magst (*gemeint ist die Kryon-Konferenz mit ihren verschiedenen Vorträgen*), laden wir Dich jetzt ein, die Energie von einer sehr liebenden Familie zu spüren. Spirit strömt an diesen Platz in diesem Raum und bedeckt Euch mit Liebe.

Es gibt hier eine Süße, die ist so süß, dass sie dick ist! Einige von Euch werden es spüren, wie „auf Euch gepresst" wird. Einige von Euch werden es spüren, wie Eure Hand gehalten wird, und einige von Euch werden spüren, wie Eure Füße gewaschen werden. Obwohl wir oft in Bildern sprechen, sagen wir, dass dies keine Metapher ist, sondern dies ist real. Es ist sowohl für uns als auch für Euch real. Hierin begegnet die Multidimensionalität Deiner Realität, der 4D. Das ist es, was es so besonders und speziell sein lässt.

Die Herausforderungen liegen innerhalb der Dualität des Menschseins. Wir kommen mit Eurer Erlaubnis in einen Raum und an einen Platz dieser Art, jeden Einzelnen von Euch berührend und Euren Namen kennend. Wir erinnern uns an das letzte Mal, als wir Dich sahen. Keine Dualität ist stark genug, um uns getrennt voneinander zu halten. Das ist der Grund, warum wir so leicht und frei hereinfliegen und Euch „berühren" können. Das ist der Grund, warum wir Euch einladen, die Berührung von Spirit zu spüren. Denn seht, das Menschenwesen hat die freie Wahl. Ihr habt die Wahl zu entscheiden, hier zu sitzen und zu sagen: „Das kann einfach nicht real sein", oder vielleicht auch, nur vielleicht, Euch selber zu sagen, „es ist real"!

Während der letzten 11 Jahre, während das Gitter verschoben wurde, brachten wir Euch wieder und immer wieder Informationen an Plätze, die von Liebe erfüllt waren. Wir berührten Themen und gaben Euch entsprechende Informationen, die jetzt zum Allgemeinwissen gehören. Wir gaben Euch Informationen zur Wirkungsweise der Dinge, wir sprachen über Eure Physik, wir sprachen über das verborgene Energiegitter, wir sprachen von der Kalibrierung zur anderen Dimension und wir gaben Euch Informationen über die Welt und wie Dinge sich ereignen mögen. Wir sagten Euch, wie Ihr Eure Realität verändert habt - gerade in der Zeit bevor die Physiker Euch mitteilen, dass alle Materie eine Möglichkeit hat, Realität zu verändern! Einige der Dinge, die wir Euch von Anfang an gaben, klangen so merkwürdig, fremd und seltsam… doch jetzt werden Euch viele dieser Konzepte von Euren eigenen Wissenschaftlern vorgelegt! Sie sagten Euch, dass die Zeit nicht existiert und dass es innerhalb Eurer eigenen Körpersubstanz viele Dimensionen gibt. Sie entdeckten Attribute, die schneller als die Lichtgeschwindigkeit sind (*Überlichtgeschwindigkeit*) und Umkehrzeit-Anomalien. Und nun sitzt Ihr hier mit dem vormals *Unglaublichen*, was jetzt zum allgemein bekannten Wissen geworden ist… mit spirituellen Konzepten, die anerkannte Wissenschaft geworden sind. Hier sitzt Ihr in einer *neuen Welt!*

Heute möchten wir Euch gerne über ein Thema unterrichten, was wichtig für Euch zu hören ist, weil Ihr diese Lehren braucht. Es handelt sich um ein Thema, von dem wir selten sprechen... aber jetzt können wir es. Jetzt ist die Energie anders. Es existieren nun Verstehen, Wissen und Weisheit, wie dies zuvor nicht vorhanden war. Es ist eine interdimensional werdende Weisheit, die der Menschheit anzufangen erlaubt, über die „Box" hinaus und außerhalb von ihr, in der sie sich so lange aufgehalten hat, zu denken. Menschen fangen an die Dinge in einer toleranteren Weise, in einem anderen Licht wahrzunehmen.

Es ist ein neues Realitätsgleis und dieses neue Gleis beinhaltet doch auch nach wie vor, so wie es immer sein wird, das operative System der freien Wahl. Wir besprachen den *Aufstieg* mit Euch. Wir besprachen das Werden eines *Leuchtturms* mit Euch. Jetzt werden wir ein Konzept bringen, welches in der Vergangenheit vielleicht nicht zu verstehen gewesen wäre. Denn plötzlich wird selbst in Eurer Wissenschaft und den Themen, die Euch gestern und heute in den Vorträgen vorgestellt wurden, das Feld der Kraft und Macht des Menschen angeschnitten. Ihr nennt dies Bewusstsein. Wir nannten es immer Kraft und Macht. Wir werden noch einmal über Licht und Dunkelheit sprechen.

Wir haben bereits ähnliche Arten von Botschaften gegeben, darunter auch eine Lektion, die direkt „Licht und Dunkelheit" genannt wurde. Bei dieser heutigen Botschaft handelt es sich um die „Schattierungen von Licht". Um sie noch weiter zu spezifizieren, sollten wir sagen, dass es sich um die Schattierungen von *Angst* handeln wird - es ist eine Ausführung über neun Elemente, welche im Allgemeinen menschliche Angst hervorrufen.

Nun, es ist keine Botschaft, die irgendeinen von Euch sich niedergeschlagen fühlen lassen wird. Es ist eine erhebende Unterrichtung, aber wir *wollen* über die Angst sprechen. Denn jetzt, geliebtes Menschenwesen, beginnst Du zu verstehen, um was es sich bei der Angst handelt und was sie verursacht. Damit Ihr *Angst* verstehen könnt, haben wir zuerst über das Licht zu sprechen. Ich werde Euch einige Informationen geben, die in diesem Moment unglaublich erscheinen mögen: Wenn Ihr zu den dunkelsten Plätzen auf diesem Planeten geht, Orte, die Ihr nie und niemals aufzusuchen wünscht, Orte, an denen niedrigst mögliches Bewusstsein herrscht, das Unausgeglichenste vom Unausgeglichenen, dann werdet Ihr an dieser Stelle Menschenwesen in ihrer Ausübung von freiem Willen vorfinden. Die

Energie, die diese Menschen erwählten und für die sie sich entschieden, ist einfach die Produktion einer Schattierung von Licht... einer Schattierung von Balance.

Dunkelheit ist die Abwesenheit eines helleren Lichtes. Es gibt viele Schattierungen von Licht, doch wir sind hier, um Euch zu sagen, dass es von der hellsten bis zu der dunkelsten in der Skala menschlicher Erfahrungen - *aller* Erfahrungen - es immer Menschen waren, die sie in einer Ausübung-des-freien-Willens kreierten. Daher ist es, wie wir bereits früher sagten, die Wahl und der Wille der Erfahrung des Menschen, den Planeten in einen Sinn von Balance zu bringen. Was ist die Mittel-Schattierung von Licht, mögt Ihr fragen, wo liegt der mittelere Wert? Wo sollte, ausgehend von dem gesamten Lichtspektrum, das „Normal" für den Planeten Erde sein? Genau dieser Wechsel der „Norm" ist es, der Euch aus dem Armageddon heraus und in die Energie brachte, in der Ihr Euch heute befindet. Daher lautet die Antwort, dass diese Mittelwert-Schattierung oder mit anderen Worten, der durchschnittliche Mittelpunkt, sich verschoben und zu einer höheren Schattierung übergewechselt hat.

Ihr seid *Familie* und Ihr seid ewiglich. Ihr seid aus freiem Willen hierher gekommen und Ihr alle könnt jegliche Energie, wie sie auch immer sei, entwickeln, so wie es Euch passt. Denn darum geht es, das ist alles in allem die Prüfung, der Test, das Experiment, nicht wahr?! Und hier ist jetzt die heutige Botschaft ...neun Attribute von Angst, die Ihr ansehen und betrachten solltet. Es ist eine Darstellung, eine Enthüllung, dass das Menschenwesen jede von ihm gewünschte Schattierung von Licht oder Dunkelheit kreieren kann. Einige der Dinge, die Du am allermeisten fürchtest... von denen wirst Du herausfinden, dass Du dafür verantwortlich bist! Du und niemand anders. Hierbei handelt es sich um eine Information, die vielleicht den von Euch studierten Doktrinen oder einigen der zutiefst spirituellen „Gedankenboxen", aus denen Ihr hervorkommt, ins Gesicht *schlagen* wird.

So bitten wir Euch Acht zu geben. Wir möchten Euch gerne von neun Attributen von Angst erzählen. So wie wir jedes einzelne durchnehmen, werden wir Euch zeigen, woher es rührt und wie es in Licht verwandelt werden kann.

Die Saat-Angst: Ein Rückblick

Das Erste ist ein Rückblick. Wir gaben Euch diese Information bereits vor 12 Jahren und sie gilt nach wie vor, denn es ist noch immer vorhanden. Es handelt von einer tief in den Adern Eures Seins wallenden Energie - in den interdimensionalen Schichten der DNS in Eurem Körper. Die Schichten der DNS tragen dieses Attribut und dies ist weitläufig vorherrschend, sowohl hier in diesem Raum als auch unter den Lesern. . Es wird als die *Saat-* oder *Keim-Angst* bezeichnet.

So viele von Euch kamen mit dem Antrieb und Gespür eines „Suchers" in diesen derzeitigen Lebensausdruck. Und hier sitzt Ihr an einem Platz, der Euren Willen reflektiert. Einige von Euch fanden bereits sehr früh ein gewisses Unbehagen in den Ausführungen von Spiritualität, so wie sie Euch dargestellt wurden. Ihr wart keine Mitläufer und keine so genannten „Herdenmenschen". Ihr tatet die Dinge nicht so, wie Ihr es tun „solltet", sondern Ihr entwickeltet Eure eigene spirituelle Philosophie und viele von Euch befinden sich hier, weil Ihr Eure eigene Kraft und Macht des Menschen, das Göttliche zu finden, ergriffen und in Anspruch genommen habt. Ihr wisst, wo sich der Kern befindet; Ihr wisst, wo *der Prophet* steckt; Ihr wisst, wo *das Buch* ist. Diese spirituellen Elemente jeder irdischen Religion sind alle in Dir. Du praktizierst die Integrität, *die Zwiebel* der Dualität *zu schälen*, bis Du Deinen eigenen spirituellen Kern findest und anwendest. Du weißt, dass im Inneren Ehrlichkeit herrscht, Angemessenheit, Integrität, Manifestation und Freude. Du bist ein Lichtarbeiter.

Vielleicht beschreibt dies Dich gerade ganz genau? Wenn dem so ist, dann können wir Dir sagen, dass Du bereits zuvor durch dieses Erwachen gegangen bist, aber nicht alle von Euch realisieren es. Einige von Euch erwachen jetzt nur aufgrund dieser Philosophien und sie kamen vielleicht in diesen Raum, ohne überhaupt zu wissen, dass es sich um ein Channeling handelt! Doch irgendetwas hat Dich hierher gebracht, nicht wahr?! Lass mich Dir von *Dir* erzählen: Du bist bereits früher hier durchgegangen! Es ist nicht das erste Mal, dass Du erwachst. Fühlt sich das vertraut an? Klingt es wahr? Ich spreche jetzt zu den Nonnen und den Mönchen und den Schamanen und den Medizinmännern und -frauen. Ich spreche von denen, die dafür auf dem Scheiterhaufen gestorben sind! Ich spreche von denen, die ihr Leben für nichts anderes als die Ausübung spiritueller Arbeit hingegeben haben. Ich spreche von denen, die alles dafür geopfert haben... und wieder seid Ihr hier.

Die Wahrnehmungen und spürbaren Gefühle bewegen sich jetzt auf dem ganzen Planeten in eine Energie hinein, die Ihr vormals nur individuell, auf ganz persönlicher Ebene erfahren konntet - in weisen und heiligen Erlebnissen - in einer Energie voller Ehre und Andacht, deren Wahrheit zu den Schamanen gehört. Doch jetzt ist sie für die Massen hier und steht zur Verfügung! Ihr findet die geheimsten „Geheimnisse der Mysterienschulen" enthüllt auf Euren alltäglichen Bücherregalen - und viele von Euch haben Angst!

Es ist die Saat-Angst. Einige von Euch möchten das Wissen zurück aufs Regal legen und es schnell wieder vergessen. Auch jetzt fragen sich manche aus dieser Gruppe: „*Wie weit wird dieses Channeling noch gehen? Ich werde dem nicht weiter zuhören. Ich möchte diese Informationen nicht.*" Ich will Euch sagen, warum das so ist: Weil Ihr bereits dort gewesen seid und es vollbracht habt und als Ihr es tatet, habt Ihr dafür gelitten. Einige von Euch haben dafür ihr Leben verloren. Das war nichts Erfreuliches - absolut nicht. Und jetzt ist es wieder da und Du fühlst es auf der zellularen Ebene. Viele von Euch entschieden sich im Stillen bereits vor Jahren, nicht „den Umhang aufzugreifen". Ihr habt entschieden, dass es diesmal nicht nötig war, einem spirituellen Weg zu folgen. Nun gut, ich habe Neuigkeiten... der Zaun auf dem sitzend Ihr die Wahrheit „kennt", aber nicht darüber sprechen wollt... er wurde niedergerissen. Letztendlich werdet Ihr es Euch anzusehen haben.

Die Saat-Angst ist die Angst von Erleuchtung, die Angst davor, diese Zwiebel der Dualität abzuschälen. Es ist die Angst davor „den inneren Propheten zu finden". Und das ist die Wahrheit. Was wir Euch über diese Angst sagen, ist, dass sie eine falsche, eine trügerische Angst ist. Sie wurde Euch gegeben, damit Ihr Euch andauernd zu fragen habt, was ist real und was ist nicht real? Oft ist sie für genau den Zaun verantwortlich, auf dem Ihr Euch befindet. Und der Witz dabei ist, dass Ihr ein tatsächlicher Engel Gottes seid! Doch da sitzt Ihr, Euch fragend, ob irgendetwas davon wahr ist. Denn seht, wir kennen Deinen Namen. Ich spreche nicht von den Namen, mit denen Ihr hierher gekommen seid. Ich spreche von Deinem ewiglichen Namen. Ich spreche von dem Namen, den wir jedes Mal, wenn Ihr zurückkehrt und wir Euch wiedersehen, im Licht singen. Wir wissen, was Du durchgemacht hast und wer Du wirklich bist. All dies ist vor Dir verborgen, während (*solange*) Du dort auf diesem Zaun sitzt.

Einige von Euch tragen die DNS Schichten Eurer eigenen Körpererinnerungen in sich, Erinnerungen daran, wie es war, erleuchtet zu werden, und dann wird die vierdimensionale Angst erzeugt, dass Ihr es noch einmal „durchlebt". Diesmal ist es anders, geliebtes Wesen, es ist anders. Diese Zeit wird kein Unglück bringen, kein Pech und auch keine persönliche Katastrophe. Diese Zeit wird keinen unnötigen Tod bringen. Diese Zeit ist der Grund für Euer erneutes Kommen! Alle bis zu diesem Punkt von Euch geführten Lebenszeiten haben dazu verholfen, diese neue Energie zu erschaffen. Lass mich Dich, geliebtes Menschenwesen, fragen: Erscheint es Dir sinnvoll, dass du wähltest, auf diesem Planeten mit einem Potenzial von Armageddon, das auf der ganzen Linie droht, geboren zu werden? Was wäre mit Euch los, dass Ihr zu dieser gefährlichen Zeit hier sein wolltet? Könnt Ihr Euch selbst auf der anderen Seite des Schleiers in der Schlange auf Eure Rückkehr zur Erde wartend sehen? Vielleicht sagtet Ihr zu dem neben Euch stehenden Engel: „*Ich kann es kaum erwarten wieder zur Erde zu kommen. Ich werde in meinem Leben durch die Hölle gehen, wie ein Käfer zerquetscht werden, zusammen mit all meinen Kindern bei lebendigem Leib verbrannt werden. Ich kann es kaum erwarten!*" Macht das irgendeinen Sinn für Euch? Und doch hier seid Ihr.

Aus genau diesem Grund meinen manche, welche die Liebe Gottes nicht verstehen, dass Menschsein irgendeine Art von Strafe zu sein hat! An diesem Punkt habt Ihr Euch zu fragen: „*Warum bin ich zurückgekommen, sehr wohl wissend, dass dies hier die erwartete Zeit sein würde, in die alle Prophezeiungen münden und ein Armageddon erschaffen?*" Wir sagen das, denn es gab einen Teil von Euch, der wusste, dass in Wirklichkeit eine Veränderung stattfinden könnte, weil es Euch auf der zellularen Ebene bekannt ist, wie die Dinge funktionieren! Ihr wusstet, dass Ihr die Kraft und

Macht zur Veränderung hattet, und Ihr habt es vollbracht. Jetzt sitzt Ihr auf der neuen Erde mit einem Versprechen von neuer Energie, die sich gegenwärtig anscheinend vor lauter Veränderungen immer wieder selbst zerteilt, um die alten Fundamente einzureißen, sodass sie auf ebenem Boden neu aufgebaut werden können.

Wenn dies auf Dich zutrifft, dann sei aufmerksam... dafür hast Du trainiert. Dein Name wurde auf diese Energie geschrieben und es ist letztendlich an der Zeit, dass Du sie ergreifst und in Anspruch nimmst.

Für Frauen

Es gibt andere Ängste, die allgemein für die Menschheit sind, und zwei davon werden als Nächstes angesprochen. Wir bringen sie hier zu dieser erleuchteten Gruppe, weil wir wissen, dass sie auch hier unter Euch existieren. Sie kommen mit der Dualität herein und sie wallen durch die Adern des Menschenwesens. Sie sind inmitten der inderdimensionalen Schichten in der DNS präsent und sie sind Teil des Euch gegebenen Menschseins.

Frauen, Ihr habt eine Angst. Nun gut, lasst Schwester Kryon zu Euch sprechen! So viele Frauen fürchten sich davor, verlassen zu werden. Diese Angst ist allgegenwärtig. Oh, dies trifft nicht auf alle Frauen zu, aber doch auf so viele, dass es hier erwähnt sein sollte. Ihr habt Euch anzuschauen, worum es sich bei dieser Angst handelt. *Verlassen werden* - von wem? „Von anderen Menschen", magst Du sagen. Wirklich? Nun, ich habe einige Informationen für Dich. Weißt Du, was ein *Seelengefährte* ist? Weißt Du, was die *Zwillingsflamme* ist? Du lebst Dein ganzes Leben für die eine Person, die Dich befriedigen wird, die immer da sein wird, die Dich niemals verlassen wird. In diese Energie möchtest Du Dich verlieben. Existiert sie wirklich? Könnte sie existieren? Du magst glücklich und zufrieden in einer Beziehung sein, doch ganz in der Tiefe fragst Du Dich, ob Du den Seelengefährten verpasst hast?! Hast Du verpasst, den einen Wahren/die eine Wahre zu finden?

Nun, ich will Dir etwas sagen, was wir bereits früher besprochen haben. Du bist nicht *vollständig hier*. Das hast Du gewusst, nicht wahr? Damit meine ich, dass das, was Du meinst, das Du bist, wenn Du in den

Spiegel schaust... nicht alles von Dir ist. Es ist ein Teil und ein Anteil - es ist der vier-dimensionale Teil von Dir - der Teil, der in der Dualität wandelt. Es gibt einen anderen Teil, der von Dir getrennt und doch die ganze Zeit um Dich herum ist. Du nennst ihn das *Höhere Selbst.* Es gibt Teile und weitere Anteile von Dir, die sich sogar inmitten Deiner eigenen Energie befinden! Du bist nicht vollständig hier. Es gibt auf der anderen Seite des Schleiers Teile und Anteile von *Dir* - Anteile über den Dir sichtbaren Teil hinaus, die Dinge tun, die Du Dir nicht einmal vorstellen kannst. Dies ist alles zusammen ein Teil des Planes, um Deinen freien Willen und Deine freie Wahlmöglichkeit zu fördern. Und jetzt lass mich Dir Folgendes sagen: Die Energie der Zwillingsflamme, des Seelengefährten, ist das tiefgründige Sehnen, es ist die Sehnsucht und das Begehren jedes einzelnen Menschenwesens, sich in die anderen Anteile seiner selbst zu verlieben und einander zu begegnen. Denn seht, es ist eine spirituelle Suche und es hat, wenn Du daran denkst, immer spirituelle Obertöne, nicht wahr?!

Wenn die Hochzeit, die Verbindung auf einer interdimensionalen Ebene vollständig zusammengekommen ist, dann hast Du Dich selbst kalibriert. Es ist eine Verschmelzung durch die Energie dessen, was wir das Universelle Kosmische Gitter genannt haben, das durch den Schleier hindurchreicht und *Deine* Hand, einen Teil von Gott, berührt. Hast Du, geliebtes Menschenwesen, das einmal in dieser neuen Energie getan, dann bleibt dieser Händedruck fest und beständig bestehen. Du bist gerade einem anderen Teil von *Dir* begegnet, einem Teil, der nie weggehen wird, einem Teil, mit dem Du in Liebe verbunden bist, einem Teil, der Dich nie und niemals verlassen wird! Du wirst niemals alleine sein - niemals.

Du kannst auf diesem Planeten wandeln und nie wieder einen Gedanken an das Verlassen-werden verschwenden, denn es ist unmöglich! Die Energien, die wirklich wichtig sind, halten Deine Hand und werden sie immer halten. Das erschafft einen ausgeglichenen Menschen, einen Menschen, der im Gleichgewicht ist, frei von Angst. Und so kannst Du realisieren, dass diese Angst sich nicht darum dreht, irgendeine verborgene Chance mit einem anderen Menschen verpasst zu haben, sondern es hier um etwas geht, was jederzeit für Dich - durch Dich selbst - erreichbar ist. Und das ist die Wahrheit. Das war die zweite Angst.

Für Männer

Für die Männer im Raum möchte Bruder Kryon zu Euch sprechen: Nummer drei ist die Angst vor *Versagen*. In dieser Kultur steht diese Angst zuoberst. Ihr habt Eure eigenen Erwartungen, die Erwartungen entsprechend Eurer Kultur, die Erwartungen von Eurer Familie - und sie alle erwarten, dass Du erfolgreich bist. Und in dem Zusammenhang, dies präsentiert sich Euch in linearer Art.

Woher wisst Ihr, was Misserfolg ist? Ihr seid zu zielorientiert! Männer, hört zu: Es gibt viele mögliche Karrieren. Es gibt viele Erfolgsgeschichten und sie alle liegen in einer *Jetzt* Zeit übereinander geschichtet. Doch Ihr könnt sie nicht sehen. Was Ihr als einen Misserfolg wertet, als ein Versagen, wird Euch oftmals in die Knie zwingen... sodass Ihr mit der Arbeit vorankommen könnt, für die Ihr hierher gekommen seid!

Wenn Du mit den Gedanken herumgehst, dass Du vielleicht versagt hast oder Dich vor irgendetwas in Deinem Leben fürchtest, was geschehen könnte und dieses Versagen verursachen würde, dann sagen wir Dir, dass es Dich vielleicht, nur vielleicht, an eine Stelle führt, um die Du tatsächlich gebeten hast. Vielleicht führt es Dich an eine Kreuzung, an der Du etwas Unangemessenes nehmen und hinter Dich bringen kannst - und Dich etwas anderem zuwendest und Dich in die Richtung bewegst - wofür Du wirklich hierher gekommen bist. Die ganze Zeit über ist Dein Herz aufgewühlt, sagend: „Ich versage, ich versage", aber das ist nicht der Fall. Hier gibt es so viele von Euch Männern in diesem Raum, die ihre Absicht gaben einem Weg zu folgen, doch Ihr betrachtet ihn als progressiv - Ihr meint, dass dieser Weg Euch fortschreitend leitet und Euch erfolgreich zu etwas von Eurem eigenen linearen Design hinführt. Ihr seht dabei nicht die Schönheit des Timings in allem und der Gesamtheit und Du verstehst nicht, dass Du in einer interdimensionalen Weise die Dinge nicht linear, eines nach dem anderen, zu erlernen hast. Manchmal wird das, was Du heute (*jetzt*) für dumm und unsinnig erachten magst, später zum Herzstück, zum Kern werden. Verurteile Dich nicht selber und erstelle keine Bewertungsskala. Stattdessen feiere genau den Platz und die Stelle, an der Du Dich jetzt befindest.

Weißt Du was? Diese Angst steht auch in einem Zusammenhang mit der in einigen Momenten unter Nummer sieben benannten Angst! Für mich geschehen alle neun Attribute simultan. Nun, wenn wir zu Nummer sieben kommen, wirst Du den Zusammenhang erkennen. Denn seht, seltsam genug, erhaltet Ihr bei der Addition dieser beiden (3+7) eine „Eins", welche für die *Energie des Anfangs* steht. Denn seht, es ist alles in Beziehung miteinander. Alle neun dieser Ängste sind Euch in einem Kreis präsent. Geht weiter... und addiert 1+2+3+4+5+6+7+8+9. Das Ergebnis - wieder reduziert - wird Euch den „Kreis der Neunen" zeigen.

Männer, hört Ihr zu? Nicht alle Dinge sind so, wie sie zu sein scheinen. Das, was Ihr in Eurer Vierdimensionalität als einen Weg betrachten mögt, als ein Ziel oder als einen Erfolg, ist vielleicht nur der Start von etwas anderem. Es gibt Dinge, von denen Ihr nichts wisst. Es gibt Dinge, die Euch enthüllt und offenbart werden, während Ihr den Weg in Eurer linearen Art und Weise geht. Somit, richtet Euch nicht. Steht vor Spirit und sagt: „Sage mir das, was ich zu wissen habe." Kannst Du den Platz, den Ort, die Stelle feiern, wo immer Du Dich in Deinem Leben befindest, unabhängig davon, was geschieht? Kannst Du Deine Arme ausbreiten und Deine Hände erheben und alles als angemessen ergreifen und in Anspruch nehmen. Kannst du sagen: „Ich bin göttlich"? Gesegnet ist das Menschenwesen, welches dies zu tun versteht, denn es ist derjenige, der auch versteht, dass in den Augen Gottes die Kalibration zum Gitter Erfolg und Manifestation hervorbringt. Und was ist dann die Angst, die Dich denken lässt, versagt zu haben? Diese Angst ist eine menschliche Erfindung (*Einrichtung*) und wird durch spirituelles Verstehen aufgelöst.

Ein weiterer Punkt: Hast Du während des Weges Dinge ausrangiert und verworfen, wenn sie nicht funktionierten? Hast Du sie mit der Ansicht verworfen, dass sie nichts gebracht haben, dass die investierte Energie nichts für Deine Bemühungen hervorgebracht hat? Erinnerst Du Dich an die „Zeiten-Uhr von Spirit"? Sie ist zeitlos. Rede Dir niemals ein, dass das, was Du in der Vergangenheit getan oder zu tun versucht hast, jetzt oder in Deiner Zukunft nicht wirkt. Denk an all die Zeit, die Du damit verbracht und gegeben hast! Vielleicht ist es an der Zeit, einige dieser Dinge noch einmal aufzusuchen und zu betrachten. Vielleicht wirkten sie damals nicht, aber möglicherweise jetzt. Geh und tritt aus dem linearen Zeitrahmen heraus!

Nummer vier, fünf und sechs haben alle ein gemeinsames Thema, sie hängen zusammen, ob Ihr es glaubt oder nicht. Wir fangen an und beginnen in die *Schattierungen von Licht* einzutauchen. Wir beginnen mit der Darstellung einiger Dinge, über die Ihr normalerweise nicht sprecht.

Zuerst seid Euch darüber im Klaren, was wir Euch sagen. Die Menschheit erschafft jede Schattierung von Licht, die sie sich wünscht. Menschenwesen erschaffen mit Hilfe ihrer ko-kreativen Kraft und Macht die Energie, die sie zu erschaffen wünschen. Alle Menschenwesen können zu den vorstellbar dunkelsten oder lichtesten Plätzen gehen und anfangen, mit was auch immer für einer Schattierung sie anzufangen wünschen, sie zu kreieren. Und sie *werden* fähig und in der Lage sein, dunkle Kraft und Macht zu manifestieren, wenn sie dies begehren. Ja, das ist wahr. Habt Ihr für einen Moment geglaubt, dass die Kraft und Macht des menschlichen Bewusstseins nur auf die lichten Dinge reduziert sei? Die Antwort lautet nein, nicht in einer freien Wahl. Es kann jede Schattierung sein. Es bedarf möglicherweise mehrerer Menschen um Dunkelheit zu erzeugen, aber in der Tat wurde es die ganze Zeit über getan und ein großer Teil Eures Planeten wurde so geformt. Das alte Paradigma hat das Massenbewusstsein in der Angst versklavt - die Kraft und Macht der Dunkelheit verstärkend.

Die Menschheit konnte zu Beginn wählen und entscheiden, was das „Normal“ sein würde - welche Energie auf dem Planeten sein würde - auf welche Schwingungsrate sich der Planet durch den Lauf seiner Geschichte einpendeln... und im gegenwärtigen Jahrtausend ausklingen und enden würde. Darum befindet Ihr Euch an diesem Platz in der Geschichte, wie es sich niemand hatte vorstellen können. So ist die Nummer vier die *Angst vor sich selber.*

Die Angst vor sich selber

Nun, die Angst vor sich selber ist in keiner Weise eine Saat-Angst. Sie ist ausgesprochen vierdimensional. Es gibt einen Teil und einen Anteil von Dir, der seit jeher genau weiß, dass Du Dunkelheit erzeugen könntest, wenn Du es wolltest. Du fürchtest Dich, dem näher zu kommen, weil Du Angst davor hast und meinst, es vielleicht wirklich zu tun!

Es gibt manche von Euch hier in diesem Raum, die eine Situation erlebten, in der Ihr an eine Stelle, einen Platz, einen Ort von Niedergeschlagenheit und Depression gelangt seid. Du hast es Dir ganz aus der Nähe angesehen. Du kennst den gesamten Zustand und den Horror, den es mit dem Rest des Gehirns anzustellen vermag. Du kennst die Denkweisen und Gedanken in solch einem Zustand und Du weißt, wie es sich anfühlt. Wenn Du einmal dort gewesen bist und das erlebt hast, dann fürchtest Du Dich davor, je wieder dort zu landen. Das ist die Angst vor Dir selber. Dies betrifft nicht alle von Euch, aber es gibt ganz gewiss genug von Euch, einschließlich einige der jetzigen Leser.

Die Erkenntnis, dass der Mensch in allen Schattierungen von Licht und Dunkel kraft- und machtvoll (*mächtig und gewaltig*) ist, erzeugt oft eine Angst davor, dass Ihr in die Dunkelheit gehen mögt und dort verbleiben könntet... Angst vor Dir selber.

Einige von Euch mögen sagen: „*Nun, das betrifft mich nicht, so bin ich nicht.*" Vielleicht; aber noch einmal, Deine DNS durchwogt die Option, jedweden von Dir erwünschten Teil eines Lichtszenarios zu erwählen... vom dunkelsten bis zum hellsten. Einige von Euch, die von dunklen Orten gekommen sind, wissen, wie es ist. Du willst diese Orte niemals wieder aufsuchen. Und das ist es, wovon ich spreche.

Hier ist Eure Hoffnung: Der menschliche Geist wird an keinem Ort festsitzen, wenn die Absicht besteht, die Situation zu ändern. Es gibt keine Kraft, die gegen Dich arbeitet... außer Du selber. Du magst für eine Weile krank oder niedergeschlagen oder depressiv sein, aber Dein Bewusstsein wird niemals in einem Stadium verbleiben, wenn es nicht der Zustand ist, in dem zu sein Du Dir wünschst. Selbst in der dunkelsten Dunkelheit, in der tiefsten Depression gibt es einen Teil in Dir rufend, der schreit: „Das bin ich *nicht!*" Allein dieser Gedanke wird Dich langsam wieder zurückbringen. Manchmal schließen Leuchttürme für eine Reparatur. Manchmal brauchen sie eine Ruhepause. Aber sie sind doch stets Leuchttürme, in Bereiche platziert, um anderen zu helfen, ihren Weg zu finden. Selbst wenn der Leuchtturm dunkel ist, kennt er seinen Sinn und Zweck.

Die Angst vor der dunklen Seite

Jetzt kommen wir zu einem Bereich, der die „Angst vor der dunklen Seite“ genannt wird. Wir werden Euch genau jetzt Informationen geben... über etwas, was Ihr intuitiv immer gewusst habt: So etwas wie die dunkle Seite gibt es nicht.

Durch die gesamte Menschheitsgeschichte hindurch und in all Euren Kulturen haben die Menschen die Dunkelheit und ihre Energie einem anderen Wesen oder einer anderen Macht zugeschrieben. Die Lehren besagen, dass diese andere Macht heraufkommen möchte, um Euch zu ergreifen und dass sie Euch hinunterziehen will! Während Eurer ganzen Kindheit hattet Ihr Angst vor Ungeheuern und anderen Wesenheiten, die danach trachteten „Euch zu bekommen“. Einige möchten, dass Ihr denkt, eine Seele, die nicht auf eine bestimmte Art denkt, werde von den dunklen Wesenheiten eingefangen und Ihr würdet ständig Gefahr laufen, besessen zu werden. So ist es nicht und so ist es auch nie gewesen.

Menschen kreieren ihre eigene dunkle Seite. Menschen verfügen über Kraft und Macht im Licht ebenso wie in der Dunkelheit. Lasst es mich spezifizieren. Einige fragten: *„Kryon, ist es Menschenwesen möglich eine Schattierung anzunehmen, die so dunkel ist, dass sie auch um jemand anderen herum Dunkelheit erzeugen können?“* Die Antwort ist ja! Lasst Euch ein Beispiel geben: Was geschieht, wenn Du versuchst Deinen Weg durch einen nur schwach erleuchteten Raum zu finden? Und plötzlich verschwindet die winzige Lichtquelle, die Dir bisher geholfen hat? Du erstarrst (*gefrierst*). Was ist, wenn dieser Weg, nach dem Du suchst, Deine Lebenslinie ist (*Deine Lebensschnur)*? Du bekommst Angst. Du kannst Dich nicht bewegen. Ohne jedwedes Licht fragst Du Dich plötzlich, was noch in Dir (*in diesem Raum*) schlummern mag! Du beginnst Dinge zu hören. Angst beginnt Dich zu beschleichen und zu besetzen. Schau, was geschehen ist. Sie haben einfach nur das Licht ausgedreht. Doch *Du* erzeugtest die Angst, welche der Angst ermöglichte, weiter zu gedeihen.

Gibt es eine Gruppe von Menschen, die, ausgehend von einem anderen Platz auf der Erde, Dunkelheit in Dein Feld/in Dein Gebiet gesandt hat? Ja. Sie waren immer in der Lage das zu tun. Ergibt es nicht Sinn, geliebtes Menschenwesen, dass Du mit freien Willen Licht oder Dunkelheit wählen kannst? Ergibt es nicht Sinn, dass das menschliche Bewusstsein nicht nur einfach auf das Senden von Licht reduziert werden würde? Aber hier folgt das, an was wir Dich auch zu erinnern haben - es ist eine Art Rückblick.

Die Geschichte, die wir Dir gerade erzählt haben, mag beängstigend erscheinen, ohne dass die Person an dem dunklen Platz selbstverständlich doch auch noch über ein extra Licht verfügt. Denn seht, es gibt innerhalb der Schattierungen von Licht keine Gleichheit. Jede Schattierung hat ihre eigene Energie. Du kannst jede Schattierung manifestieren, die Du manifestieren möchtest, doch die von Dir manifestierte Schattierung hat eine spezifische eigene Energie. Vor langem gaben wir Euch die Information, dass das Licht aktiv und die Dunkelheit passiv ist. Die Schattierungen haben eine sehr unterschiedliche Energie! Wenn Ihr Euch in einem dunklen Raum befindet und die Tür öffnet, fließt die Dunkelheit nicht hinaus! Stattdessen flutet Licht herein. Was sagt Euch das über die Kraft und Macht des Lichtes? Eine höher schwingende Schattierung ist aktiver und kraft- und machtvoller. Es bedarf wenig davon, um eine spezifische Energie zu erzeugen. Es braucht mehr Menschen, um eine niedrigere Schattierung zu erzeugen als eine höhere. Wenn Ihr einen völlig dunklen Raum, gefüllt mit Menschen, nehmt und nur **ein** Lichtarbeiter ihn betritt, wird der ganze Raum erleuchtet! Für diejenigen von Euch, die sich vor der dunklen Seite fürchten, sage ich Folgendes: Der einzige Grund dafür, dass Du Angst hast, ist, weil Du niemals die Kraft und Macht der Energie verstanden hast, die Du mit Dir trägst, um einen Leuchtturm zu erbauen. Du kannst überall, wo auch immer, inmitten des dunkelsten Szenarios stehen. Du kannst diejenigen rund um Dich herum haben - Dutzende und Dutzende von ihnen - die versuchen Dunkelheit rund um Dich herum zu erzeugen, doch nur **ein** erleuchtetes Menschenwesen wird alle Dunkelheit auflösen!

Und Ihr wundert Euch und fragt, warum wir aufgeregt sind? Weil die Schattierung von dem „Normal" in den letzten beiden Jahren gerade um eine ganze Stufe (*Markierung*) höher gerutscht ist. Ihr liebt es in Eurem dreidimensionalen Denken Ebenen zu erschaffen und so wollen wir Euch nur damit helfen und Folgendes sagen: Dieser Planet hat sich kollektiv für eine

Anhebung dessen entschieden, was als normal empfunden wird. Das was als „normal" gilt, ist damit auf eine höhere Schattierung angehoben worden. Das ist der Grund, warum wir heute hier sind, und es ist der Grund dafür, warum das Gitter neu angepasst wird.

Der Unterschied zwischen Licht und Dunkel wurde größer (*deutlicher*) und der Mittelwert von beiden wurde höher, als er es jemals zuvor gewesen ist. Für diejenigen, die fortgesetzt versuchen Dunkelheit zu erzeugen, werden es schwierige und immer schwieriger werdende Zeiten, um noch Stellen zu finden, an denen es kein Licht gibt. Versteht Ihr das? Jede einzelne Wesenheit, die jemals von der anderen Seite des Schleiers zu Euch gekommen ist, hat Euch diese Information gebracht! Ihr seid ermächtigt, Ihr Lieben, jede Schattierung die Ihr wollt, zu erzeugen. Es hat eine Zeit gegeben, in der nahezu alles auch eine dunkle Seite hatte... so dunkel, dass Geheimnisse über Jahrhunderte verborgen bleiben konnten. Bemerkt Ihr in jüngster Zeit irgendwelche Unterschiede bezüglich Geheimnissen, Geheimbünden und Verschwörungen? Sie bleiben in dieser Energie nicht mehr lange bestehen. Ihr meint, dass all die Enthüllungen, die jetzt sichtbar zutage treten, nur zufällig sind? Die höchsten Ebenen werden untersucht und die Geheimnisse bleiben nicht mehr länger in dunklen Bereichen verborgen. Sie können nicht mehr unwahrnehmbar bleiben, weil Ihr dort Licht hineinleuchtet! Dies geschieht in der Politik, in der Geschäftswelt... und selbst auch auf der Ebene von Landesführern. Verantwortung ist jetzt das Thema. Dort gibt es kein Verstecken mehr. Was sagt Euch das über das Licht und die Dunkelheit - und die Balance, das Gleichgewicht auf Eurem Planeten?

Angst vor anderen Wesenheiten

Nummer sechs, die Angst vor tatsächlichen Wesenheiten, steht damit im Zusammenhang, nicht wahr?! Viele möchten einer Wesenheit Dunkelheit zuschreiben. Viele fürchten sich vor allem, was außerhalb der Vierdimensionalität liegt und darüber hinausgeht. Ganz egal was immer es auch ist, wenn es durch eine Wand gehen kann, dann muss es irgendwie schlecht oder böse sein. Versteht Ihr nicht, dass dies der Kern dessen ist, wer *Ihr* seid? Du bist interdimensional! Kennst Du den Grund, warum Ihr nicht insgesamt verkörpert seid, nicht als Ganzes in einem Körper? Wenn Ihr das wäret, dann könnten die Gesetze der 4D Physik nicht für Euch wirken. Multidimensionalität ist Eure Natur, sie ist Euer natürlicher Zustand, wie Ihr Euch vielleicht erinnern könnt. Nur weil Ihr freiwillig zustimmtet, dies zu reduzieren und es durch Eure Dualität vor Euch selber zu verstecken, meint Ihr ausschließlich vierdimensional zu sein. Erinnert Euch, jeder göttliche Engel, der jemals vor Euch erschienen ist, sprach die Worte: „Fürchte Dich nicht." Denn den göttlichen Wesenheiten auf dem Planeten ist sehr wohl bewusst, dass das Menschenwesen dazu neigt, das, was es nicht versteht, zu fürchten.

Es gibt manche von Euch, die Angst vor Wesenheiten von einer dunklen Seite haben. Die Wahrheit ist, dass es so etwas gar nicht gibt! Oh, es gibt hier diejenigen, die das bestreiten. Sie würden sagen: „Ich habe dies oder das gesehen". Ich will Euch sagen, dass es sich hierbei um eine Projektion handelt, die ein anderer Mensch Euch auferlegt hat - oder vielleicht ein Mensch, der mit der Hilfe anderer still dahinter steht. Es ist eine Angst, die sich durch die Kooperation mit Eurer eigenen Angst verstärkt. Kann Angst Magie manifestieren? Ja, wenn Du mit ihr kooperierst. Sie kann Euch alles zeigen, was sich zeigen will, denn dort gibt es kein Licht für Euch, um die Wahrheit zu erkennen. Was bedeutet das? Es bedeutet, dass Ihr tatsächlich denen helfen und sie unterstützen könnt, die Euch Dunkelheit schicken wollen, wenn Ihr in das Faktum „einwilligt", dass sie es könnten. Wenn Ihr willentlich die Lichter ausschaltet, werden sie alle da sein und jede erwünschte Show kann auf die dunkle Leinwand projiziert werden. Der Tanz, den Ihr im Dunkeln vollführen werdet, hat viele Gesichter und sie alle sind sehr furchterregend. Das ist Eure Wahl. Aber hier kommt, was Ihr wissen solltet: Es ist alles menschlich, zu jeder Zeit, egal welches Gesicht Ihr zu sehen vermeint. Und das ist die Wahrheit.

Es gibt viele, die sich vor dem, was hier heute - genau jetzt - stattfindet, fürchten. Sie würden sagen: *„Da gibt es eine Wesenheit namens Kryon, eine Wesenheit, die einen Menschen besetzt und dann durch diese Person zu der Versammlung spricht."* Lasst mich Euch sagen, das ist nicht das, was hier heute geschieht.. Was fühlt Ihr derzeit? Angst oder Geborgenheit? Kann eine familiäre Wesenheit Euer Herz kontinuierlich, Jahr für Jahr, täuschen und zum Narren halten? Seid Ihr so schwach? Nein. Stattdessen findet hier eine Verschmelzung statt - eine Verschmelzung von

Liebe - ein Höheres Selbst und ein Bruder, eine Schwester, Euch Botschaften der Liebe von der anderen Seite des Schleiers gebend. Und was, sagen wir Euch, solltet Ihr damit tun? Wir bitten Euch Euer Unterscheidungsvermögen einzusetzen. Wir reichen die Entscheidungen immer an Euch weiter. Klingt das nach einem Trick? Klingt das so, als hätten wir eine Agenda? Unsere einzige Agenda ist es, Euer Bewusstsein und die Liebe zu vergrößern, dann treten wir zurück und überlassen alles Weitere dem Menschen.

Es ist an der Zeit, Euch an das Licht zu erinnern, welches Ihr haltet, und an das, was auf dem Planeten geschehen ist. Ihr bewegt Euch von Platz zu Platz - Ihr schwingt höher, doch Ihr wisst es nicht einmal. Heute wurde das Thema angeschnitten, dass sich einige von Euch an dunklen Orten bewegen und es nicht gerne tun. Ihr habt Schwierigkeiten damit und Ihr betet darum, davon weggeholt zu werden. Ihr betrachtet es als unangemessen und Ihr meint, dass Ihr nur „Zeit aussitzt“, bis Gott Eure Gebete erhört und beantwortet. Wieder sagen wir Euch, dass die Stellen, zu denen Ihr zu Eurer Arbeit gehen mögt, oder selbst vielleicht der Platz Eures eigenen Zuhauses das Licht brauchen, das Ihr tragt. Hörst Du zu?
Was ist, wenn *Du* dort das einzige Licht bist?

Das ist die *Arbeit*, Lichtarbeiter! Und Ihr werdet niemals wissen, wie Ihr einen Menschen berührtet, als Ihr neben ihm gestanden habt. Ihr werdet niemals wissen, wie die Menschen um Euch herum davon profitierten, dem Leuchtturm nahe zu sein, der Dein Gesicht trägt. Der Leuchtturm steht dort die ganze Nacht über, rotiert und rotiert und rotiert, so dass der Kapitän eines Schiffes in einen sicheren Hafen steuert. Der Schiffer begegnet den Leuchtturmwärtern niemals - kennt niemals ihre Namen und weiß nicht, wer sie sind. Und doch willst Du die Energie der Wesenheit, die Du bist, fürchten? Du fürchtest die Wesenheit, die Kryon ist? Hier gibt es eine große Dichotomie. Wir feiern Dein Licht in derselben Zeit, in der Du die Dunkelheit fürchtest. Wie vierdimensional von Dir! Und das war Nummer sechs.

Die Angst, den eigenen Weg nicht zu finden

Nummer sieben steht im Zusammenhang mit Nummer drei, wie ich bereits vorher sagte. Es ist die Angst den eigenen Weg nicht zu finden. Oh, hört mir zu! Ihr wandelt innerhalb einer Sphäre (*einer kugelförmigen Welt*). Ihr meint Euch auf einer geraden Linie zu befinden, aber so ist es nicht. Dieser, Dein Weg ist *nicht* gerade. Du meinst eine Sache nach der anderen zu erledigen und Du stellst sie in einer zweidimensionalen Reihe auf. Du stellst Dir Fragen über die Zukunft und Du bedenkst und schließt die Vergangenheit mit ein, aber du siehst sie niemals zusammen. Manche fragten: „*Kryon, wann werde ich meinen Weg finden?*“ Einige von Euch sitzen hier!

Es ist exakt der Grund, warum Du hierher gekommen bist, doch Du schaust konstant zur Zukunft und sagst: „*Okay, möglicherweise später, vielleicht in der Zukunft.*“ Du wandelst auf der inneren Seite von einer Sphäre - das bedeutet, dass Du auf einer interdimensionalen Ebene alle Wege und Pfade sehen kannst, die Du jemals gegangen bist und jemals gehen wirst, einfach nur indem Du Dich umsiehst und rundherum schaust. Sie sind alle zusammen! Es ist gerade so ähnlich wie Deine Vorstellung von Erfolg und Versagen. Es ist das weise Menschenwesen, welches versteht, dass nicht alles so ist, wie es zu sein scheint - dass es da noch mehr gibt.

Du fragst, wann wirst Du Deinen Weg finden? Was wäre, wenn der Leuchtturm in folgender Art denken würde: „*Nun gut, keiner hat mich in der letzten Zeit angerufen, um mir zu danken, dass ich mein Licht leuchten lasse. Ich hörte auch von keinem Kapitän keines Schiffes sagen, dass er mir dankbar ist. Ich denke, ich werde mein Licht ausmachen und gehen. Es ist an der Zeit weiterzukommen. Ich werde die Suche nach dem aufnehmen, was ich tun soll.*“

Ist das das, was Du wirklich willst? Die Angst, den eigenen Weg nicht zu finden, ist auch mit der Saat-Angst verbunden. Ebenso ist es im Zusammenhang mit Nummer drei, der Angst vor Misserfolg. Sie ist sehr linear und so geben wir Euch noch einmal diese Information: Feiere, wo du bist, jede Minute von jedem Tag! Zuoberst auf dem aufgeschichtet, was Du als eine lineare Zeit betrachtest, sind alle die „Jetzts“. Es ist schwierig einem im Singular-Takt dimensionalen Menschenwesen Interdimensionalität zu erklären. Aber wir sehen Dich anders, als Du es tust. Wenn wir Dir nur diese Brillanz geben und Dir zeigen könnten, was Du getan hast... und was Du tun wirst! Es ist nicht das, geliebtes Menschenwesen, was Du im Spiegel betrachtest. Es geht weit darüber hinaus. Darum lieben wir Euch in unserer Art so sehr. Du läufst buchstäblich herum, ohne in der Lage zu sein, das zu sehen, was sich rund um Dich herum befindet. Und dazu bedarf es Mut. Das war Nummer sieben.

Die Angst vor Krankheit

Es gibt noch immer diejenigen von Euch, die erleuchtet sind und doch sagen: „*Du weißt, dass sie da draußen ist, nicht wahr? Und sie wird mich kriegen! Ich habe einen Freund. Sie hat ihn bekommen. Sie wird mich kriegen. Die Krankheit ist da draußen!*"

So ist es nicht. Höre Folgendes: Es spielt keine Rolle, wie sehr Du prädisponiert bist, wie Du genetisch dafür veranlagt bist, eine Krankheit zu bekommen. Ganz egal, was Dir in einer alten Energie darüber erzählt wurde, wie Dinge funktionieren, das größere Bild konnte noch nicht gesehen werden. Verwerft all die alten biologischen Erklärungen und akzeptiert die neue Art, wie die Dinge funktionieren!

Ihr könnt durch das menschliche Bewusstsein mit der Zellstruktur sprechen; Ihr könnt sie erneuern; Ihr könnt sie verstärken; Ihr könnt sie erwecken; Ihr könnt sie heilen; Ihr könnt sie reinigen. Ihr könnt selbst zu der Krankheit sprechen. Heute wurde einmal die Frage aufgegriffen: „Woraus besteht der Mensch in biologischer Hinsicht?" Und die Antwort lautete: aus *Wasser*. Dann wurde Euch gezeigt, wie das menschliche Bewusstsein Wasser in profunder Weise verändern kann! Habt Ihr die Logik daraus entnommen? Das Bewusstsein, welches die Kristallmuster im vor Euch stehenden Glas Wasser verändern kann, ist dasselbe Bewusstsein, welches in großartiger Weise das Wasser im menschlichen Körper verwandeln kann[1] - Eure zellulare Struktur. Unabhängig von dem, was Euch mitgeteilt wurde. Und das ist die Wahrheit.

Wenn Du es bevorzugst in Deiner Angst zu verharren, dann kannst Du es tun, es ist Deine freie Wahl. Wenn Du das Gegenteil zu tun wünschst und die Stelle feierst, an der Du bist und wohin Du Dich bewegen wirst und

1 vergl. „Das Wasserexperiment" Kryon in Hamburg 2002, www.kryon-online.de

was möglich ist, dass es geschehen kann, dann erzeugt das Licht. Dann beginnst Du über die Angst zu lachen und erkennst, was für ein Witz sie ist. Gesegnet ist der Mensch, der versteht, dass es keine Begrenzung des Einflusses gibt, den Ihr auf Eure eigene Zellstruktur habt. Das ist die neue Funktionsweise der Dinge und die alten Yogis und Schamanen haben es Euch gezeigt. Jetzt seid Ihr an der Reihe!
Und das war Nummer acht.

Die Angst vor der Zukunft

Und nun kommt die letzte - wir haben sie bis zum Ende aufbewahrt - Nummer neun. Die Energie der *Neun* ist wohlbekannt. Neun ist *Vollendung*. Die Energie von der Elf und der Neun? Die Energie der *Elf* ist die Energie, in der Ihr mittendrin sitzt. Es ist eine Meisterzahl, welche eine neue Erde repräsentiert. Die Energie der *Neun* befindet sich überall rund um Euch herum. Es ist das Gefäß, in dem die Elf sitzt. Es ist die Vollendung des Alten - die Vollendung eines alten Paradigmas aus einer alten Energie. Und obwohl Ihr hier mit all dem sich vor Euch Befindenden sitzt, etwas, was so großartig ist in all seiner Tragweite und seinem Potenzial, fürchtet Ihr die Zukunft.

„*Kryon*", fragt Ihr, „*was wird geschehen? Das letzte Ereignis hat uns überrascht! Zeichnet sich noch etwas Ähnliches wie dieses am Horizont ab? Was sollen wir machen?*" Lasst mich Euch auf etwas hinweisen, was einige von Euch vielleicht nicht vollständig wahrgenommen haben: Habt Ihr die „Wahrsager" bemerkt, die in der letzten Zeit aus dem Unterholz hervorkommen? Denn seht, das tun sie. Sie folgen der Angst. Habt Ihr bemerkt, dass es vor dem Ereignis vom 11. September nicht so viele von ihnen gegeben hat? Aber danach, nur sechs Monate später, sind sie überall rund um Euch herum! Denn seht, sie ernähren sich von Eurer Angst. Sie wollen sie, wenn Ihr es zulasst, sogar mit Szenarien verstärken, die noch größere Angst erzeugen. Dies sind diejenigen, welche die „über-die-Norm-hinausgehende" Energie, für die Ihr so hart gearbeitet habt, zurück zu der Schattierung bringen wollen, wo sie einst gewesen ist. Sie wollen, dass die Schattierung von Licht und Dunkel wieder zu dem wird, wie sie *normalerweise* üblich war. Das, geliebte Wesen, ist der Unterschied zwischen dem Alten und dem Neuen. Diese Menschen sind diejenigen, die zurückbleiben werden.

Erinnert Ihr Euch an unsere Lehren, die wir Euch vor so langer Zeit gegeben haben? Ihr könnt Energie nicht zu einem weniger bewussten Zustand zurückführen. Ihr könnt nichts willentlich „ent-wissen". Die Erde kann ihren erleuchteten Zustand nicht „ent-wissen". Die Erde kann nicht „ent-erfinden", was in den vergangenen Monaten stattgefunden hat. Doch werden die Angstmacher es versuchen und sie werden Euch alle möglichen Dinge erzählen, nach denen Ihr Ausschau halten solltet: „Sei furchtvoll!", werden sie sagen. Dann werden sie Euch Daten und Zeiten für Euren Untergang im Voraus nennen. „Planeten werden kommen und auf Euch stürzen... Asteroiden werden Euch treffen... Der Einfluss von astronomischen Ausrichtungen wird die Erde zerstören." Natürlich wird nichts dergleichen geschehen, aber viele werden es nicht realisieren und nach neuen Daten für die Schwarzmalerei (*den Weltuntergang*) fragen. Schaut zurück. Ihre Botschaften haben sich seit 1000 Jahren nie verändert. Ist es nicht an der Zeit weiterzugehen?

Wenn Ihr damit übereingeht, wird sich, wie auch immer, Euer Licht vermindern. Habe ich einen Beweis dafür - dass es heute mehr von den Angstmachern gibt, als es noch gestern der Fall war? Nein, den habe ich nicht. Aber lasst mich Euch etwas zum Nachdenken geben: Wo waren sie am 10. September? Die Antwort? Sie lauerten noch unter ihren Angstfelsen... Unwahrheiten erfindend, um Angst zu erzeugen. Was ich Euch sage, ist Folgendes: Es war die Manifestation von etwas, was für Euch furchterregend ist, welches ihnen das zu tun ermöglichte, was sie jetzt machen - und ihnen Aufmerksamkeit und Gehör schenkt. Einige sind sich dessen sehr bewusst. Was heißt das für Euch? Es bedeutet, dass sich nichts bezüglich Eurer Kraft und Macht und des Euch bevorstehenden Kampfes verändert hat. Nur kann es jetzt jeder sehen. Der Kampf hat wirklich begonnen.

Die Erde geht nun durch etwas hindurch, von dem wir Euch sagten, dass es möglich ist: Bewusstwerdung. Ein Kampf zwischen dem Alten und dem Neuen ist jetzt Teil Eurer gegenwärtigen Ereignisse! Entscheide über das Herabsteigen vom Zaun stehen bevor. Wo stehst *Du*? Es gibt ein Thema, über das seit einiger Zeit keiner mehr spricht: Was betrachtest Du innerhalb einer Zivilisation als „normal"? Wir stellten Euch im Jahr 1999 genau diese Frage und für viele von Euch war sie ganz einfach nur „interessant". Vielleicht ist es jetzt von Wert, sie noch einmal genauer zu betrachten.

Ihr sitzt in der Energie eines neuen Realitätsgleises, frei von jeder Prophezeiung. Und nun kommen die Wahrsager des Weges, um Angstszenarien für Euch zu verbreiten. Sie sind hier, gerade so wie sie es sein sollen, um Euch die Wahl zwischen Licht und Dunkel zu präsentieren. Aber Ihr wisst etwas, was sie nicht wissen - Ihr wisst von dem großen Potenzial! Oh, seit wie vielen Jahren sagen wir Euch, dass „Das Neue Jerusalem“ das Potenzial ist? Und Ihr dachtet, das sei eine mysteriöse oder historische Ausdrucksweise? Seht Euch Eure Nachrichten an! Was meint Ihr jetzt, was es bedeutet?

Ihr habt es wieder und wieder von Kryon gehört und von denen vor Kryon: Jerusalem ist nicht nur eine Stadt in Israel. Es ist auch ein Bildnis für eine erlöste Erde, Lösungen für das Unlösbare und die Bewegung auf eine nicht erwartete Ebene. Es ist der Wiederaufbau, der dritte Bau, eines Tempels des Bewusstseins. Es ist ein neuer Planet - eine neue Erde.

Hierin gibt es viele Metaphern und wir sagen Euch: Ängstige Dich nicht vor einer Zukunft, die *Du*, Lichtarbeiter, kontrollierst und manifestierst. Ihr seid diejenigen, die das Armaggedon abgewendet haben; Ihr seid diejenigen, die 11:11 auf Euren Uhren sehen; Ihr seid diejenigen, die genau gerade jetzt Spirit umarmen - das Licht in der Welt erzeugend.

Die Neun ist vollendet. Das Gefolge nimmt wahr, dass es nicht mehr lange sein wird, bevor es sich durch den Spalt im Schleier, durch den es vor einem Moment gekommen ist, wieder zurückziehen wird. Es war die Einladung an Euch ergangen, jene zu spüren, die neben Euch stehen, um Euch herum, jene, die sich zu Euch bewegen und an verschiedenen Stellen und in verschiedener Weise an Euch zu pressen. In dieser Botschaft von den neun Ängsten liegt die Einladung zur Vermählung, zur Eheschließung mit dem Höheren Selbst. Die Einladung besteht darin, Dich in den Teil von Dir zu verlieben, der göttlich ist, Dich zu kalibrieren und Deine Zukunft zu feiern.

Die Botschaft von Kryon ist eine Botschaft der Hoffnung, nicht wahr?! Ja. Die Botschaft von Kryon ist eine Botschaft der Stärkung und Ausdehnung, nicht wahr?! Ja, so ist es. Aber es ist ureigentlich keine „Kryon“ Botschaft! Es ist stattdessen vielmehr eine Menschen-Botschaft, es ist Eure eigene Botschaft, die dem vierdimensionalen Menschenwesen von der interdimensionalen Menschenzukunft gegeben wird. Es ist *Eure* Botschaft! Sie verbirgt sich in solch überzeugender Weise. Und das ist der Grund, warum wir hier sind.

Unabhängig davon, was Dir im Leben widerfährt, wenn Du Dich in einem Moment erhebst und diesen Ort verlassen wirst, so besteht die Einladung für Dich, anders von diesem Platz fortzugehen, als Du hereingekommen bist, mit einer neuen Bewusstwerdung, wie die Dinge funktionieren... einem Bewusstsein von den Potenzialen, wie die Dinge funktionieren können. Selbst wenn Du nichts von all dem Gehörten glauben kannst, so bist Du jetzt vielleicht letztendlich bereit, Dir selber neue Fragen zu stellen. Erforscht die Wahrheit dessen, was gesagt wurde. Probiert die Energie aus, versucht es - auch im Gebet und der Meditation. Wenn Ihr das macht, erzeugt Ihr Mitgefühl und dieses erschafft einen „energetischen Händedruck". Das ist der Anfang von dem Prozess des Kalibrierens.

Und so ist es, dass wir in diesen wenigen Minuten die Familie besucht haben und eine Wiedervereinigung erlebten. Wir verstärkten das, was Ihr längst wisst. Viele „schälen die Zwiebel der Dualität". Oh, dafür gibt es auch noch andere Worte und Formulierungen. Eine davon heißt „Erinnerung". Und so mögt Ihr sagen, dass wir für diese Momente hier waren, um Eure eigene Erinnerungsfähigkeit - Eure Erinnerung - daran, wer Ihr wirklich seid, zu verstärken. Und so ist es. Habt Ihr bemerkt, welche Art von Angst nicht in den „Neunen" vorgekommen ist? Es war die „Angst vor dem Tod". Warum? Weil der Mensch sich intuitiv nicht davor fürchtet heimzugehen.

So hebt das Gefolge die Schalen von Tränen auf - es sind die Tränen der Freude, die genommen wurden, um Eure Füße zu waschen, und das Gefolge zieht sich aufgeregt durch den Spalt im Schleier zurück, durch den es gekommen ist - zurück zu dem Ort, der Stelle, die Ihr Zuhause nennt.

Wir kennen Euch alle sehr gut - alle, jeden Einzelnen von Euch.

Noch gerade bevor wir gehen, möchten wir alle Menschen... die Familienmitglieder... die Engel... in diesem Raum daran erinnern, Ihr seid - Du bist - niemals allein - niemals.

Und so ist es

Kryon

Kryon

Live-Channeling

„Vierzehn Fragen und Antworten"

Gechannelt in
Reno, Nevada,
23. Februar 2001

Kapitel XIII

Vierzehn Fragen und Antworten

Live-Channeling in Reno, Nevada

Dieses Live-Channeling wurde mit zusätzlichen Worten und Gedanken herausgegeben, um Klarheit und ein besseres Verständnis in der schriftlichen Textform zu ermöglichen.

Seid gegrüßt, Ihr Lieben! Ich Bin Kryon vom Magnetischen Dienst. Mit diesen Worten begrüße ich Euch bereits seit nahezu 12 Jahren. Es ist ein Gruß, der mit mehr als nur einer reinen Begrüßungsenergie erfüllt ist. Er ist vielmehr eine Energieübertragung, denn obwohl der Schleier dicht ist, gibt es diejenigen unter Euch, die diesen Gruß verstehen und sagen werden: „Ich bin Schwester, ich bin Bruder, ich bin Familie."

Noch einmal will ich sagen, dass dieser Augenblick kostbar ist - es ist ein kostbarer Moment, weil Ihr Euch entschlossen habt, dieses Gefolge in Eure Energie hereinzubitten. Als Ihr in dieses Feld eingetreten seid, fühlten einige von Euch bereits, dass hier ein sicherer Bereich ist. Einige von Euch konnten es spüren, als sie den Platz zum Lesen eingenommen haben. Einige von Euch betraten diesen physischen Platz und spürten: „Das ist es, was ich erwartete. Ich weiß nicht, was heute geschehen wird, doch ich möchte hier in einem sicheren Hafen inmitten dieser Energie sitzen." Ein sicherer Hafen? Ja. Hier existiert Sicherheit, spirituelle und emotionale Sicherheit. Hier existiert ein herzliches Willkommen, hier existiert Liebe.

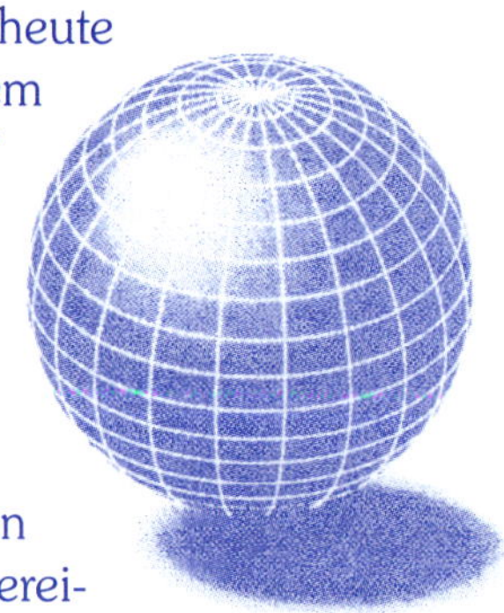

Und so begibt es sich, dass wir unseren Platz bei Euch einnehmen und uns darauf vorbereiten, Euch die Unterrichtungen für heute zu geben. Wenn Ihr nur wüsstet, was sich momentan ereignet! Auf diesem Planeten herrscht eine Dichte von Energie, wie es sie nie zuvor gegeben hat. Es finden Veränderungen statt, die wir Euch zu keiner Zeit beschrieben haben, und sie sind Euretwegen hier. Wenn Du einer von denen bist, der sich durch seine Absicht dazu verpflichtete, das zu sein, was wir als einen Lichtarbeiter bezeichnen, dann fühlst Du es. Und darüber möchten wir sprechen.

Hier ist etwas, was von den Channelings und Botschaften der letzten Monate abweicht. Wir sprachen von Interdimensionalität; wir sprachen von Physik und Wissenschaft und Kalibration (*Ausrichtung/Eichung*); wir sprachen von dem Unaussprechbaren; wir sprachen über die Dinge, über die wir nicht sprechen konnten, weil sie nicht verständlich waren - und dennoch taten wir es. Wir sprachen von den Kreisen innerhalb der Kreise - und jetzt werden wir das Thema, soweit es möglich ist, vorerst auf sich beruhen lassen.

Heute sprechen wir von Persönlichem, wir werden einige Fragen beantworten - 14 an der Zahl. Dabei handelt es sich um Fragen, die spezifisch hier in diesem Raum und zeitgleich auch, genau jetzt, von anderen Gruppen gestellt werden.

Wir werden unser Bestes geben, um interdimensionale Fragen in dieser (*Eurer*) Dimension zu beantworten. Jedes einzelne Thema mag scheinbar in Eurer Realität sein, aber die dazugehörigen Antworten sind es nicht. Gewöhnt Euch daran. So wird es von nun an sein, denn Ihr habt die Erlaubnis gegeben, über das, woran Ihr gewohnt wart, hinauszugehen,...über die alte Realität hinauszugehen... über 4D hinauszugehen.

Viele von Euch fragen Spirit: „Wie sieht es mit diesem aus? Wie sieht es mit jenem aus? Was soll ich anfangen - wofür bin ich hier? Was ist damit, wie ich mich fühle?" Die Antworten, die Ihr mit Euren Ohren zu hören erwartet, sind in einer Realität, welche die Eure ist. Aber was geschieht, wenn die Antworten ein wenig jenseits von Eurer Realität liegen? Würdet Ihr sie hören? Bist Du einer von denen, die immer wieder auf Antworten warteten und als einzige Antwort nur ein Schweigen erhielten? Sagt mir

Folgendes: Wenn ein blinder Mensch um Licht bittet und das Licht überall rund um ihn herum entsteht, würde er es dann erkennen oder würde er fortgesetzt in seiner eigenen persönlichen Dunkelheit verbleiben? Wir wollen Euch die Antworten so geben, wie sie auch Sinn für Euch in Eurer Dimension machen, doch oft übersteigen sie die Realität, an die Ihr gewohnt seid. Die Antworten sind nicht immer leicht zu verstehen, doch so verhält es sich mit der neuen Energie.

Gesegnet sind die Menschen, die verstehen, dass sie nicht alles von dem, was hier ist, sehen. Wir sagten Euch bereits, dass die Dinge nicht immer so sind, wie sie erscheinen! Und auf diesem Planeten ist das eine profunde Aussage. Ihr sitzt in der Dichte des Potenzials für eine umfassende Veränderung. Vierzehn Fragen... und hier ist die erste davon:

Frage Nr. 1 - Warum bin ich so müde?

„Lieber Kryon. Ich bin müde. Ich bin weitaus müder, als ich es jemals gewesen bin. Ich bin ein Lichtarbeiter und ich habe alles getan, was ich meiner Ansicht nach tun sollte. Ich verankere die Stellen, die ich verankern soll. Ich gehe an die Orte, von denen mir bewusst ist, dass ich dort hingehen soll - ich gebe mein Bestes. Ich meditiere. Ich gehe mit Integrität durchs Leben, doch ich bin es leid, ich bin müde. Soll das so sein? Wird sich das ändern? Was kommt als Nächstes? Was kann ich tun? Ist das normal?"

Geliebtes Menschenwesen, lass mich Dir Folgendes sagen: Am 11. September 2001 manifestiertet Ihr einen Sprung für diesen Planeten - eine „Enthüllung" dessen, wie es sein kann. Betrachtet es als eine Öffnung - der Anfang für einige sehr tief greifende Lösungen. Ihr könnt Euch auf der Erde umschauen und sagen: „In dieser Zeit sieht es nicht sehr vielversprechend aus!" Wir sagen Euch: Ihr seht und kennt nicht alles! Geduld! Aufgrund der Erlaubnis, die Ihr mit dem 11:11 gegeben habt, Lichtarbeiter, hat sich das Gewicht dessen, was Ihr gerade angenommen habt, verdoppelt. Ihr wusstet das, nicht wahr? Was geschieht, wenn Du physische Gewichte aufnimmst und sie bei Dir trägst und tagtäglich damit herumspazierst? Du wirst müde. Die Gewichte, die Ihr angenommen habt, sind die neuen Gewichte potenzieller Paradigmen von Interdimensionalität, für die Ihr Erlaubnis gegeben habt - genau die Paradigmen, von denen wir Euch vor nahezu 12 Jahren berichteten! Dies wird nicht immer so bleiben. In diesem Jahr (2002) vervollständigt sich die Fertigstellung der Gitterverschiebung. Damit beginnt ein Muster, welches dann fest eingerichtet ist und beständig sein wird... ein Muster, das sich nicht mehr derart verschiebt, verändert und bewegt, wie es jetzt noch der Fall ist.

Wisst Ihr, was einem Lichtarbeiter solche Schwierigkeiten bereitet? Es ist die Tatsache, dass immer gerade dann, wenn er sich an eine Energie gewöhnt hat, eine andere Energie präsentiert wird! Dieser Tatbestand wird bald beendet sein. Einige von Euch mögen sich selbst sagen: „Du lieber Himmel! Dies war nun 12 lange Jahre so." Gesegnet ist der Mensch, der versteht, dass es so, wie er jetzt fühlt, nicht für immer sein wird. Was er derzeit spürt, ist nicht das neue Paradigma. Es ist der Übergang. Ihr tragt eine gewichtige (*eine schwere*) Ladung - gewichtiger denn je zuvor. Euer Anker ist schwerer denn je zuvor. Eure mitfühlende Verbundenheit mit dem Planeten hat sich jeden Morgen und jeden Abend vertieft und intensiviert. Die Euch umgebenden Engel sind herangereift; die Geistführer sind nicht länger Geistführer... sondern eine andere Art von Ermächtiger/Befähiger.

All diese Dinge künden von einer anderen Art von planetarem Potenzial. Hier sitzt Ihr nun als ein Leuchtturm, während der neue Planet sich selber entlang der Felsen steuert. Ist es da ein Wunder, dass Ihr müde seid? So lautet unser Hinweis: Haltet bis zum Ende dieses Jahres durch. Wir sagen Euch, dass zu Beginn des Jahres der Verwandlung vieles geregelt und erstellt sein wird. Das Ende der Gitterverschiebung findet in diesem Jahr statt - 2002 ist das Jahr der Erdung (*A.d.Ü.: „grounding" - im übertragenen Sinne hier auch: die Basis ist erstellt; Manifestation*). Das Jahr der Veränderung (2003) ist das Jahr der Stabilisierung. Dies klingt wie ein Widerspruch und doch ist es so. Spirituell gesehen werden die Dinge dann stabiler sein, doch in Eurer physischen Vierdimensionalität wird Euer Planet beginnen sich zu verwandeln. Stellt es Euch folgendermaßen vor: Das neue Lehrbuch ist fertiggestellt, damit die Lehrer einen Unterrichtsplan haben können, um mit der Verwandlung der Energie des Planeten zu beginnen. Vieles wird für den Lichtarbeiter beginnen klar zu werden, es wird deutlicher werden. Individuell ist es für jeden unterschiedlich, doch so ist die Wahrheit.

Haltet aus. Es gibt Hoffnung; es gibt ein neues Paradigma, dem Ihr folgen könnt.

Frage Nr. 2 - Wie kann ich besser mit Spirit kommunizieren?

„Lieber Kryon: Was soll ich für meine Kommunikation mit Spirit tun? Wie Du weißt, ist gar nichts besser geworden. Ich gebe mir solche Mühe, um die Gefühle wiederzuerlangen, die ich einst verspürte und an die ich mich gewöhnt hatte. So war mein Maßstab für die Verbindung. So war es für mich „normal". Ich weiß, wenn ich mit Spirit spreche, dann kann ich es in meinem Herzen spüren - in meinen Zellen. In gewisser Hinsicht verspüre ich ein Kribbeln und ich weiß, dass es geschieht. Wann wird das wieder kommen?"

Lichtarbeiter, „verabschiedet" Euch davon! Ihr werdet in einer neuen Energie, in einer neuen Erde nach neuen Zeichen Ausschau halten müssen. Wir haben Euch dies schon frühzeitig gesagt. Die entstehende Energie ist der Beginn von etwas, was für Euch niemals vorstellbar gewesen wäre. Es begann auch nicht in der Art und Weise, wie Ihr es Euch vorgestellt hattet, doch Ihr seid hier in einer Position, in der Ihr noch nie zuvor gewesen seid - in einer kommunizierenden Position. Unser Rat und Hinweis? Lasst los, entspannt Euch und liebt Spirit! Setzt Euch, wenn Ihr wollt, für einen „Meditationsmoment" auf den Boden und sagt: „Lieber Spirit, sag mir, was ich hören soll - was Du mich wissen lassen möchtest." Und dann bleibt einfach nur still. Lasst los und liebt die Familie. Ihr lernt „Die Dritte Sprache", von der wir viele Male gesprochen haben... eine kontinuierliche Verbindung mit dem Teil von Euch, der eine Kommunikation ermöglicht, die über 100 Prozent der Zeit besteht ... und sich nicht nur auf spezifische „Meditationsaugenblicke" beschränkt.

Sobald Ihr Mitgefühl entwickelt, geschieht etwas. Die Energie verbindet sich mit dem Verstand und erschafft ein Fenster der Gelegenheit. Es ist ein Zeiten-Raum, in dem Euch eine gewaltige Menge an Informationen gegeben wird. Mitgefühl ist erforderlich, um eine Handlung hervorzubringen. Weint, wenn immer Ihr wollt und es Euch gut tut, weint, weil Ihr von Herzen geliebt seid - weil sich die Erde verwandelt - weil Ihr darum gebeten habt - weil Ihr die Energie „des Armageddons“ beseitigt habt und weil Ihr die Gleise der Realität verändert habt. Weint Tränen der Freude, weil Ihr die Erde von ganzem Herzen liebt! Weint voller Freude, denn die Erde kann durch Eure Füße zu Euch sprechen. Wusstet Ihr das? Ihr seid so sehr in diesem merkwürdigen Paradigma, dass alles „von oben kommt“ festgefahren! Es muss schockierend sein zu erfahren, dass so viel „von unten“ kommt! (*Lachen*) Es kommt von Eurem Partner, dem Planeten Erde.

Frage Nr. 3 - Was soll ich hier anfangen? Ich habe das Warten satt!

„Lieber Spirit, lieber Kryon: Wann werde ich herausfinden, was ich hier tun soll? Ich suche bereits seit so langer Zeit danach und ich gehe selbstverständlich davon aus, dass es die Tätigkeit, die ich derzeit ausübe, ganz bestimmt nicht sein kann!“

Tatsächlich? Oh, geliebtes Menschenwesen. Lass mich Dir etwas sagen, an das Du vielleicht niemals dachtest. Du bist zu zielorientiert! Du möchtest für alles einen Zeitplan haben. Du glaubst, dass Du die Stufen irgendeiner Leiter erklimmst und wenn Du an der Spitze angekommen sein wirst, dann wirst Du einen Seufzer der Erleichterung von Dir geben. Du meinst, dass Du einen Gipfel oder eine Hochebene (*ein Plateau*) erreichen wirst. Vielleicht steht dort eine Art Himmelbett für Dich, in dem Du Dich ausruhen kannst? Und dann wirst Du Spirit verkünden: „Oh danke, ich bin hier. Jetzt weiß ich, was ich machen werde!“ (Lachen)

So ist es nicht. Jeder Augenblick Eures Lebens ist genau das, was Ihr für den Planeten tut. Oh ja, einige von Euch arbeiten auf etwas Bestimmtes hin, doch erinnert Euch an den Grundsatz: Wenn Ihr arbeitet, wenn Ihr höher schwingt, wenn Ihr auf diesem Planeten wandelt und die Schwingung verändert, indem Ihr von einem Platz zum anderen geht, erarbeitet Ihr es. Vielleicht ist das der Grund, warum Du überrascht bist, so müde zu sein?

Viele fragen sich: „Wann werde ich herausfinden, aus welchem Grund ich hier bin?“ Hier ist die Antwort: Ihr seid wegen des Jetzt hier... und nicht wegen einer Sache, die erst noch bevorsteht. Was geht in Eurem Leben vor sich, was Euch nicht gefällt? Was geschieht gerade jetzt in dieser Zeit, was Ihr nicht mögt und gerne aus Eurem Leben eliminieren möchtet? Was versteht Ihr nicht? Vielleicht fragt Ihr Euch selber jeden Tag: „Wird es morgen besser werden?“ Ihr Lieben, macht diesen Tag zu Eurem Gipfel. Nehmt die Situation heute und formt sie zu etwas, was heute (*jetzt*) schön und wundervoll für Euch ist. In unheilvollen, schwierigen Umständen sollt Ihr alles, was Euch umgibt, verankern und feiern. Nehmt die Liebe Gottes in Anspruch und lasst Euch vom Mitgefühl des Heiligen Geistes (*Spirit*) erfüllen. Und fahrt weiter fort... selbst wenn Ihr im Zweifel seid. Anstatt nach etwas zu streben, das sich an der Spitze der Leiter befindet, strebt danach, den Kreis von Energie zu verstehen, der Eure neue „Jetzt“ Realität bestimmt. Versteht Ihr, wenn Ihr den Kreis „ICH BIN das ICH BIN“ seht, dass dies eine Aussage von Nichtlinearität ist? Versteht Ihr, dass es eine Aussage von Euch und der Familie ist? Seid das Lichtwesen, der Engel, der Leuchtturm in jedem Augenblick Eures Lebens.

Frage Nr. 4 - Wann werde ich endlich Ruhe von diesen Leuten, die mich umgeben, bekommen?

„Spirit, Kryon, Familie: Wann werden sich die mich umgebenden Leute verändern? Ich bin es wirklich leid, sie alle ertragen zu müssen. Wie lange muss ich das noch mitmachen?“

Du denkst, wir wüssten das nicht? Du denkst, dass Spirit sich irgendwie/irgendwo in einem Vakuum befindet ? Und so glaubst Du, dass dann, wenn Du vor Herausforderungen oder Problemen stehst, irgendjemand den „Gott-Leitungshahn“ abgedreht hat und dass er wieder aufgedreht ist, wenn Du Dich richtig gut fühlst? Nein. Wir sitzen bei Dir und halten während alldem Deine Hand, auch bei dem Unerträglichen.

Lass mich Dir diese Frage sehr klar und deutlich beantworten: Geliebtes Menschenwesen, lieber Leuchtturm, Du bekundest Absicht und nimmst die Ankerenergie, die Leuchtturmenergie an und jetzt passiert Folgendes. Die emotionalen „Knöpfe“, die Du zu drücken gestattet hast und die Dich intolerant und zornig (und müde) machen, lösen sich allmählich auf. Die Menschen, von denen Du Dir wünschst, dass sie sich ändern... werden sich vielleicht niemals ändern! Du bist der-/diejenige, der/die sich ändern wird.

Da mag eine Zeit kommen, in der Du Spirit in aller Naivität verkünden wirst: „Danke dafür, dass Du diese Leute verändert hast!“ Das Humorvolle daran ist, dass in all dem, geliebtes Menschenwesen, was geschehen ist, Du es warst, der sich in solch einem Maße veränderte, dass sie Dich nun nicht mehr stören! Was immer sie tun, drückt dann keine Knöpfe mehr bei Dir. Was immer sie denken, wie sie handeln, was sie hinter Deinem Rücken sagen, die Dramaturgie... nichts davon dringt bis zu Dir vor! Das liegt daran, weil Du weißt, wer Du bist. Das liegt daran, weil Du die Schale der Dualität abgezogen und den inneren Kern erreicht hast, welcher göttlich ist. Du hast den inneren Engel gesehen und Du hast gesagt: „Ich weiß, wer ich bin. Ich bin das Ich bin!“ Und dann wandelst Du anders auf dem Planeten, diejenigen nicht so wahrnehmend, wie Du sie einst nur schwer ertragen konntest. So ist die Wahrheit. Sehnst Du diesen Tag herbei? Dann achte auf Dich selber und beobachte und stelle fest, wie sich jeder, der Dich umgibt, „verändert“.

Frage Nr. 5 - Bring mich aus dieser Arbeit raus!

„Lieber Kryon: Ich kann nicht glauben, das dies mein eigener Arbeitsplatz ist, denn, weißt Du, er ehrt meine Großartigkeit ganz und gar nicht. Er entspricht nicht meinem inneren Engel. Lieber Spirit, hol mich aus dieser Arbeit raus, sodass ich ein Lichtarbeiter sein kann!“

Dies ist ein Rückblick. Wir haben dies bereits in der Vergangenheit gesagt, doch viele von Euch haben es im Zusammenhang mit all den anderen damit verbundenen Dingen zu hören. Lichtarbeiter, was meinst Du, worin Deine Arbeit hier besteht? Vielleicht sagtest Du zu Spirit: „Ich wünsche so sehr ein Lichtarbeiter zu sein, doch ich gehe nur ganz normal zur Arbeit. Ich komme müde nach Hause und gehe nur zur Arbeit und komme wieder müde nach Hause. Was soll das? Dort, wo ich hingehen muss, gefällt es mir ganz sicher nicht und ich mag die Leute nicht, in deren Gesellschaft ich dort bin. Ich würde sie mir nie im Leben als meine Freunde ausgewählt haben. Ich bin der Einzige dort, der irgendeine Ahnung von einem höheren Bewusstsein hat. Alle anderen gehen nur einfach von einer Stelle zur anderen. Ich bin alleine. Ich möchte raus!“

Lieber Lichtarbeiter, ich will Dir Folgendes sagen: Erinnerst Du Dich daran, als Du Deine Absicht bekundetest, ein Leuchtturm zu sein? Erinnerst Du Dich, an welchem Punkt Du sagtest: „Ich werde tun, was auch immer nötig ist - um höher zu schwingen - um Gottes Liebe zu erfahren?" Nun gut, hier bist Du jetzt an genau der Stelle, an der Du am meisten Gutes tust, und nun kannst Du es nicht erwarten, von dort entfernt zu werden! (Lachen) Vielleicht bist Du an dieser Arbeitsstelle das einzige Licht. Vielleicht ist es dort dunkel. Die Metapher ist folgende: Stell Dir den Leuchtturm vor, verankert, hoch aufgerichtet auf dem Felsen stehend! Die großen Schiffe, die den Ozean bereisen, kennzeichnen des Meisters Suche nach dem Pfad, der sie in einen sicheren Hafen führt. Da bist Du nun, das einzige Licht, das leuchtet! Oh, ja natürlich, dies ist bildlich gesprochen. Aber derart ist es!

Anker, Du lässt ein Licht leuchten, das Orte erhellt, die normalerweise, wenn Du nicht dort wärest, nicht erhellt wären! Hast Du daran gedacht? Lass mich Dir Folgendes sagen: Die Energien dieses Jahres (2002) kennzeichnen einen Sturm, der stärker geworden ist. Er rüttelt den Leuchtturm in größerem Maße. Er erschwert es den Schiffsmeistern in der Dunkelheit. Die Kraft und Macht des Meeres ist Ehrfurcht gebietend und dort stehst Du, verankert, mit einem führenden (*leitenden*) Licht. Böe für Böe trifft Dich und was fragst Du? Stell Dir vor, wenn der Leuchtturmwärter sagen würde: „Ich bin es leid, ich möchte raus. Macht das Licht aus und bringt mich hier raus!" Denn siehe, es ist Deine freie Wahl. Du könntest es tun. Doch an diejenigen von Euch gerichtet, die sich wunderten, ob Spirit Euren Bitten zuhört, die Antwort ist: Ja. Wir sind die ganze Zeit über da.

Was Ihr ertragt, ist nichts Permanentes, es ist nicht von Dauer und daher lautet die Antwort: Feiert den Ort, den Platz, die Stelle, wo Ihr seid - jeden Tag. Unabhängig von Eurem Ziel, von Euren Wünschen, was sich Eurer Meinung nach ereignen könnte, feiert es in der Art, wie es jetzt ist. Kommt Euch das bekannt vor, kommt es Euch vertraut vor? Ist dies die Antwort auf eine weitere Frage dieser Reihe? Ja. Seid mitfühlend für alles, was Euch umgibt, denn das Mitgefühl erschafft eine Aktion, eine interdimensionale Aktion. Es verstärkt Euer Licht; es sagt Spirit etwas über Eure Energie. Es sendet Euren Namen aus. Es kalibriert Euch (*stellt Euch ein; richtet Euch aus*) zu dem Rest von uns. Habt Ihr das gewusst?

Wenn Ihr darum bittet, von solch einer Stelle weggeführt zu werden, seid Ihr dann sicher, dass Ihr das auch wirklich so meint? Es klingt vielmehr sehr ähnlich wie die erste Frage (*Warum bin ich so müde?*), nicht wahr?! Wir sagen, haltet für die Dauer der Zeit durch. Es wird nicht so lange dauern und wenn Ihr da durchgeht, durchlauft es mit Feier und Ehre. Wie viele von Euch haben den Mut, nach Hause zu kommen und Gott zu danken dafür, wo Ihr seid, wo Ihr arbeitet und für die Menschen dort? Glaubt Ihr, wir wissen nicht, wo Ihr seid? Glaubt Ihr, wir gehen nicht die ganze Zeit an Eurer Seite? Wir tun es.

Frage Nr. 6 - Wann gehe ich auf die nächste Ebene über? Ich habe diese Ebene satt.

„Lieber Spirit: Wann werde ich auf die nächste spirituelle Ebene gelangen? Ich habe das Gefühl, als wäre ich sehr lange auf dieser Ebene stecken geblieben. Ich möchte zur nächsten Ebene gehen."

Natürlich steht dies im Zusammenhang mit Frage 5, Frage 3 und Frage 1, nicht wahr? Denn seht, es ist immer dasselbe. Es geht um die Wahrnehmung dessen, wo Ihr seid. Ihr erwartet fortwährend, dass die nächste Ebene etwas sein wird, was ganz anders ist als das, wo Ihr jetzt seid... ein schöner Platz, an dem weniger Energie verbraucht wird? Vielleicht ein Ort, an dem Ihr glücklicher und fröhlicher seid? Wisst Ihr, warum wir Euch Lichtarbeiter nennen? Versteht Ihr, dass es *Arbeit* heißt?

Bezüglich der nächsten Ebene: Ich möchte etwas Tiefgründiges sagen. Wisst Ihr, warum Ihr so erschöpft und häufig auch verzagt seid? Es liegt daran, dass Ihr gerade zur nächsten Ebene übergegangen seid! Damit habt Ihr nicht gerechnet, nicht wahr? Ihr seid hier an genau dem Platz, um den Ihr darum gebeten habt, man möge Euch dorthin bringen! Hier folgt ein lustiges Beispiel: Erinnert Ihr Euch noch, wie es in der Schule war? Egal welche Klasse Ihr besuchtet, immer wenn Ihr neben jemandem gesessen seid, der zwei Klassen über Euch war, habt Ihr einen Blick auf sein Lehrbuch geworfen. Whow! Ihr habt überhaupt nichts davon verstanden. Es sah alles so schwierig aus. „Ich hoffe, dass ich niemals diese Lektion aufbekomme; sie ist einfach zu schwierig. Wie können die anderen nur all das verstehen? Wie werde ich es verstehen können, wenn ich in dieser Klassenstufe sein werde?"

Lasst mich Euch etwas sagen: Dieser, Euer Planet hat gerade eine Klasse übersprungen! Die schwierigen Bücher sind geöffnet und Ihr klettert aufwärts. Ihr lernt eine neue Sprache. Es ist die Sprache der Kommunikation. Es ist die Sprache bezüglich dessen, wie man sich bei diesen „schwierigen" Umständen fröhlich fühlen kann. Es ist die Sprache der Toleranz! Wie kalibriert Ihr etwas (*wie richtet Ihr Euch aus und stellt Euch auf etwas ein*), was interdimensional ist und anscheinend in einer Art und Weise existiert, die Ihr nicht identifizieren oder sehen könnt? Das ist schwierig! Und dennoch wird es immer leichter und leichter werden, wenn die Erde in eine Energie kommt, die weitaus mehr Eurer Schwingung entspricht. Und so wird es geschehen, während sich die Gitter verschieben, wobei die Energie des Planeten in eine neue Eichung und Erleuchtung gezogen wird.

Herzlichen Glückwunsch! Ihr seid auf der nächsten Ebene und arbeitet mit dem Lehrbuch, das immer so schwierig aussah, und Ihr arbeitet tatsächlich damit. Ist es denn da ein Wunder, dass wir über Euch und Euer Leben staunen? Wie können wir erklären, dass Ihr die Helden dieser neuen Energie seid? Ihr begebt Euch von hier nach dort und bewirkt für die Gesamtheit des Planeten Erde eine Veränderung und die ganze Zeit über fragt Ihr, wann Ihr etwas verändern werdet!

Frage Nr. 7 - Ich mache mir Sorgen um meine jungen erwachsenen Kinder.

„Lieber Spirit: Ich habe Kinder, die schon fast erwachsen sind. Zumindest meinen sie, dass sie erwachsen sind. Ich verliere den Kontakt zu ihnen. Sie schenken mir keine Beachtung. Ich habe Angst um sie. Ich weiß nicht, was ich tun soll. Ich bin eine gute Mutter / ein guter Vater und ich bin ein Lichtarbeiter. Ich habe versucht ihnen zu zeigen, was Liebe ist, doch sie hören nicht zu. Ich habe, wenn sie auf einer neuen Erde gehen, Angst um sie, denn ich weiß nicht, was sie machen und möglicherweise tun werden. Ich weiß es nicht - ich weiß es einfach nicht. Was kann ich tun?"

In Ordnung, geliebtes Wesen, besprechen wir das Wichtigste zuerst. Warum setzt Du Dich nicht hin und lässt Dich für einen Moment von uns umarmen? In diesem Augenblick gibt es für Dich nichts zu tun, außer einige spirituelle Dynamiken zu verstehen. Mutter, Vater, wir sagen Dir Folgendes: als die Kinder noch klein waren, habt Ihr Euren Kelch der Liebe geöffnet und in dieses Kind gegossen. In all diesen Jahren goss Euer Gefäß immer wieder Liebe aus. Hier ist eine neue Information, doch sie ist intuitiv. Es ist auch eine uralte Informationen und sie ist von immerwährendem Bestand.

Jeder einzelne Mensch hat als Kind ein leeres Glas, bereit zum Auffüllen. Was auch immer die Energie des ihn umgebenden Elternteils ist, dieses Gefäß ist während der Kindheit stets geöffnet und wird mit genau der Energie und genau dem Licht oder der Dunkelheit gefüllt, die in dem Elternteil existiert. Nun, wenn Ihr das Gefäß dieses Kindes mit weißem Licht gefüllt und dem Kind Liebe gegeben habt - ein verantwortungsbewusstes, spirituelles Zuhause - wenn sie in der Lage waren zu sehen, wie Liebe wirkt, dann seid Ihr klar damit. Oh, Ihr könnt Euch Sorgen um sie machen und das ist eine typisch menschliche Wesensart. An dieser Stelle treten wir dann als Familie ein, um Euch zu helfen... um neben Euch zu sitzen und Eure Hand zu halten und zu sagen: „Es ist getan. Eure Arbeit ist vollbracht."

Was auch immer jetzt geschieht, es ist ihre Wahl und Entscheidung und so ist es. Du weißt das. Bei Dir war es dasselbe. Doch hier ist das, was Du vielleicht noch nicht gewusst hast: Selbst nachdem Ihr vielleicht schon dahingegangen seid, hat das Kind noch immer die freie Wahl, hinunterzugreifen, dieses Glas zu öffnen und Euch zu entdecken! Verstehst Du, was ich sage? Es kommt eine Zeit im Leben des Kindes, wenn es dieses Glas öffnen möchte. Und wenn es das tut, dann wird es die Liebe entdecken, die Du ihm gegeben hast! Es wird beginnen, die Erinnerungs- und Verantwortungsthemen zu erfahren - die Dinge, von denen Du ihm gesagt hast, sie seien die Wahrheit. Die Kinder werden das Jetzt von Euch erleben, die Wahrheit dessen, was Ihr ihnen beigebracht habt, selbst wenn Ihr nicht hier seid... selbst wenn Ihr sehr weit entfernt seid. Das ist ein Grundsatz... eine Regel. Sie gilt für immer.

Das Glas ist voll und so schickt Ihr sie hinaus ... vorbereitet und bereit, falls sie es nicht sehen. Ihr habt nicht versagt. Es ist nun die freie Wahl und Entscheidung dieses Kindes und wenn es das Glas aufmachen möchte, wird es die Liebe finden, die Ihr ihnen entgegengebracht habt. Und das Schöne dabei ist, dass es durch Eure Weisheit das Glas nehmen und seinen Inhalt an seine Kinder gießen wird. Daher ist es Eure Abstammung... das, was Ihr einem Kind heute gebt, kann für viele Generationen nach Euch reichen. Manchmal seht Ihr nur die unmittelbaren Probleme und Herausforderungen und Ihr versteht dabei gar nicht, wie stark Ihr die Energie derer, die Euch folgen, beeinflusst. Wir sprechen in Liebe... und wünschen Euch nur, dass Ihr dies wisst und versteht... dass Ihr einen Moment lang das Mitgefühl dessen erlangt, was in einem besonderen Augenblick mit dieser kostbaren Seele, die Euch ihre Kindheit anvertraut hat, geschehen kann... wenn sie eines Tages das Glas öffnet.

Frage Nr. 8 - Wie kann ich mit meinem Körper sprechen?

„Lieber Kryon: Ich hörte Dich sagen, dass wir mit unseren Zellen sprechen können. Was bedeutet das? Auf welche Weise kann ich das tun? Es gibt in diesem Raum jene, die sich in einem Graduiertenstatus (Aufstiegsstatus) befinden und die mit Situationen hierher gekommen sind, bei denen sie mit ihrer Zellstruktur sprechen mussten, um noch am Leben zu sein."

Diejenigen, von denen Du sprichst (*diejenigen im heutigen Seminar*), haben herausgefunden, dass sich ihre Erleuchtung nicht in ihren Köpfen befindet. Jede einzelne Zelle weiß alles! Das bedeutet: Eure Zehe, Euer Knie und Euer Ellbogen ist bedeutsam - genauso wichtig und bedeutend wie das Kronenchakra, dieser kreative Funke an der Spitze dessen, wo sich Eurer Ansicht nach Eure spirituelle Weisheit ereignet. Denn seht, so ist es nicht. Es gibt welche in diesem Raum, die nun ein längeres Leben führen, weil sie vor langer Zeit gelernt haben, wie man das Göttliche in jeder Zelle des Körpers erkennen kann - in jeder einzelnen.

Ihr seid eingeladen, genau diese Angelegenheit in Euch zu überprüfen und die Kommunikation mit Euch selbst zu erlernen. Diese Frage ist der Frage Nr. 2 sehr ähnlich, nicht wahr? Ihr möchtet ständig ‚nach oben' kommunizieren; oder nicht? Wie steht es damit, nach innen zu kommunizieren? Wusstet Ihr, dass Eure Kommunikation mit der Familie und mit Spirit in dem

Maße zunehmen wird, je mehr Ihr beginnt mit Eurer Zellstruktur über Eure Göttlichkeit und über das, wer Ihr seid, zu sprechen? Ihr wisst, dass alles miteinander verbunden ist, nicht wahr? Es geht um Eure DNS, denn sie enthält alle Informationen... und nicht nur den Teil von Menge auf Eurem Kopfende in Eurem Gehirn.

Beginnt, die Gesamtheit dieses Erlebens namens Aufstieg, spirituelle Kommunikation und Kokreation zu verstehen. All dies bedarf einer „Ganzkörper" Erfahrung. Die Zeiten, in denen scheinbar alles, was Ihr seid, an Eurem Kopfende verweilt, sind vorbei. Jahrelang haben wir Euch gesagt, dass dies kommen würde... und nun ist es hier. Die alten Yogis wussten es und sie zeigten Euch, wie Ihr den ganzer Körper einbeziehen könnt. Nun werdet Ihr es sogar für notwendig halten, weniger zu kommunizieren, um geheilt zu werden! Meditation ist keine Übung aus dem Gehirn. Es ist eine Übung des ganzen Menschen - alles von ihm! Es ist eine Übung in und aus dem Mitgefühl und jede Zelle wird wissen, dass Ihr in Kontakt seid. Es ist eine neue Sprache, die Ihr erlernt. Und das ist die Wahrheit... und das war die Frage acht.

Frage Nr. 9 - Warum werden manche geheilt und andere nicht?

Passenderweise kommen die Fragen neun und zehn von Heilern. Die Heiler in diesem Raum und unter denen, die dies lesen, haben etwas gelernt und gleich werde ich Euch sagen, was sie gelernt haben. Hier ist die Frage, die sie sich möglicherweise gestellt haben und die Ihr Euch möglicherweise gestellt habt.

„Lieber Spirit, ich bin ein Heiler. Ich mache denselben Energieausgleich bei verschiedenen Menschen und dennoch gibt es völlig unterschiedliche Reaktionen. Einige werden geheilt und andere nicht. Mache ich etwas falsch?"

Erfahrene Heiler werden Euch Folgendes sagen: Heiler heilen nicht; sie gleichen aus! Es gibt nichts, was Ihr oder irgendjemand anderer auf diesem Planeten tun kann, um einen anderen Menschen ohne seine gänzliche und vollkommene Zustimmung und Absicht zu heilen. Doch was Du tun kannst, Leuchtturm, ist, Dein Licht so hell leuchten zu lassen, dass sie diesen sicheren Hafen namens „Heilung“ finden werden, weil Du sie dermaßen ausgleichst, dass sie von selbst vorankommen können.

Du hast Dein Licht verankert, Heiler, und Du hast den Menschen ausgeglichen. Es liegt an ihnen, zu entscheiden, ob sie ausgeglichen genug sind, um voranzukommen, nicht wahr? Und dies ist die freie Wahl. Somit begebt Euch nicht in die Haltung, bei der Ihr Euch selbst wegen eines scheinbaren Versagens ermahnt... niemals! Ihr vollbringt die Arbeit von *(in)* Spirit und einige von Euch bewerkstelligen sie in tief greifender Art und Weise. Und dennoch werden sich viele von ihrer Behandlungsliege erheben und nie „sehen“, was Ihr tut. Sie werden nie etwas davon spüren. Sie werden ihren Weg gehen, weil sie ihr Mitgefühl nicht öffnen oder sich entscheiden, zu dieser Zeit nicht geheilt werden zu wollen.

Es gibt ein Szenario, das von Synchronizität, von Ko-Kreation handelt und das nicht immer dem entspricht, was Ihr glaubt. Manchmal befinden sich einige von Euch in einer bestimmten Lage oder in einem Zustand der Nicht-Heilung und warten darauf, dass sich noch etwas anderes selbst richtet *(klärt/einstellt)* und wenn Ihr Euch dann schließlich auf diesen Zustand von Heilung zubewegt, dann wird er besser als je zuvor sein! Wir haben es bereits früher gesagt. Manchmal bedeutet ein augenblickliches „Nein“ von Spirit später ein Feiern. Und würdest Du das dann wissen, lieber linearer Mensch, lieber Heiler? Wie solltest Du es wissen, wenn Du einen Samen der Ausgeglichenheit gepflanzt hättest, der später zu einer erstaunlichen Blume erblühen wird? Die Antwort lautet, dass Du es nicht weißt.

Hier ist etwas für diejenigen, die regelmäßig vor Energieheilern sitzen. Ihr geht von einem Heiler zum nächsten, dies umfasst möglicherweise einen Vorgang nach dem anderen und dann tut Ihr etwas sehr Interessantes, geliebte lineare Menschenwesen. Wenn Ihr von Spirit ein „Nein“ bekommen habt (es hat keine Heilung stattgefunden), verwerft Ihr oft den Heiler und den Heilungsvorgang... und Ihr kommt nie wieder darauf zurück. Lasst mich Euch folgende Frage stellen: Wenn Ihr einen Samen gepflanzt und dann zwei Tage gewartet habt und es geschah nichts, würdet Ihr dann den Topf, den Boden und den Gärtner wegwerfen? Nein! Stattdessen wartet Ihr oft... und wisst um die Jahreszeiten Bescheid... und wisst, auf welche Weise diese Dinge funktionieren.

Diese Heiler sind noch immer in Eurem Umfeld (*in Eurer Nähe*) und die Vorgänge, die sie verwenden, funktionieren! Vielleicht schien die Energie bei Euch nicht zu funktionieren? Nun, vielleicht wart Ihr noch nicht bereit. Vielleicht war der Zeitpunkt von all dem, was Euch umgab, nicht angebracht. Vielleicht hatte Euer individueller Weg noch nicht die Weisheit, die „Ganzkörper" Erfahrung anzunehmen? Wartet und versucht es erneut. Verwerft nichts, niemals!

Mensch, hörst Du dies? Es geht hier nicht nur um die Heilung. Wie steht es mit der Vision, die Ihr von einer Sache hattet, die Ihr Eurem Gefühl nach tun solltet... aber es ereignete sich nichts? Habt Ihr die Idee verworfen, weil sie scheinbar nicht funktionierte? Ihr erweist der Interdimensionalität, die wir Euch beigebracht haben, keine Ehre. Ihr habt mit dem Nichtlinearen gegen das Lineare zu arbeiten! Versucht es noch einmal. Bitte versteht, dass, nur weil es in dem Augenblick nicht funktionierte, als Ihr es auf Eurem linearen Gleis versucht habt, dies nicht bedeutet, dass es vorbei ist! Ehrt die Vision und die Liebe, die dafür aufgewendet wurde. Ehrt den Zeitplan und die unglaubliche Menge an Arbeit, die dafür verwendet wird, Eure größte Absicht zu erfüllen. Was für eine Schande, dass all die Antworten zwar in Reichweite, aber nicht verfügbar sind, weil Ihr gedacht habt, dieses Tor sei linear und könnte nur einmal geöffnet werden!

Frage Nr. 10 - Ist es angemessen, jemanden zu heilen, der sich selbst nicht dazu entschließen kann?

„Lieber Spirit, ich bin ein Heiler. Ist es angemessen und stimmig, einen Menschen zu heilen, der allem Anschein nach nicht dazu in der Lage (nicht fähig) ist, darum zu bitten? Dies wäre zum Beispiel ein Mensch, der im Koma liegt. Es könnte auch ein Mensch in einem mentalen Zustand sein, der nicht ausgeglichen ist. Was ist der Unterschied zwischen einer angebrachten Lebensunterweisung und einem Eingreifen? Was ist angemessen?"

Es hat also den Anschein, als sei die freie Wahl dieses Menschen, der sich vor Euch befindet, „verstummt", und Ihr stellt die Frage, wie angemessen eine erzwungene Heilung ist? Es gibt hier zwei Antworten: (1) Erinnert Euch daran und bedenkt, dass Ihr nicht heilt, sondern ausgleicht. Ist es daher angebracht, in einem dunklen Raum ein Licht anzumachen? Drängt (*oder zwingt*) Ihr die Bewohner dazu, zu sehen? Nein. Ihr ermöglicht ihnen, dass sie in der Lage sind, wählen zu können! Daher lautet die Frage in Wirklichkeit? „Ist es angemessen, ohne Erlaubnis auszugleichen?“ (2) Jeder Mensch, der unausgeglichen oder nicht bei Bewusstsein ist, hat ein Stück reiner Ausgeglichenheit in jeder einzelnen Zelle. Wenn das menschliche Gehirn an einer Funktionsstörung leidet, dann geht es den anderen Zellen (*Millionen davon- auch nicht*) gut und sie rufen nach Ausgeglichenheit - jede einzelne davon! Das ist auch nicht anders als zu dem Zeitpunkt, an dem das Gehirn wach ist und andere Körperteile in Schwierigkeiten stecken... sie tun weh! Schmerz ist der große Kommunikator der Biologie, um das Gehirn zu warnen, dass auf einem bestimmten Gebiet Verbesserung und Gleichgewicht gebraucht werden. Umgekehrt trifft das Gleiche zu. Wenn der Mensch sich in einem Koma-Zustand befindet, versuchen die Zellen im Körper den Ausgleich. Sie wollen wach sein! Im Gehirn wird die unausgeglichene Person von der Absicht angeschrieen, sie möge in Balance kommen. Dies ist oft der Grund für ihre Besorgnis. Obwohl sie vielleicht eine Funktionsstörung haben, sind sie oft zusätzlich auch deprimiert, weil ein Teil von ihnen heil sein möchte... doch sie können es nicht zum Ausdruck bringen.

Ebenso kann es sein, dass sie nicht in der Lage sind, es auszusprechen und mitzuteilen, doch das ist die Wahrheit, denn der menschliche Körper wünscht sich das Gleichgewicht, das Ihr als „normal“ bezeichnet. Wenn das „Normal“ nicht gegeben ist, sehnt sich jede Zelle danach und bittet darum, auch wenn Ihr vielleicht nicht hören oder sehen könnt, dass es aus den Mündern oder nicht einmal aus den Augen ausgesprochen wird. Ja, es ist also angemessen, dass Ihr mit diesem Menschen arbeitet und ihn ausgleichen (*ausbalancieren/harmonisieren*) werdet. Ja, es ist angemessen, Licht in ein dunkles Gebiet zu schicken. Es bedeutet nicht, dass damit etwas erzwungen wird. Es bedeutet nur, dass man etwas erleuchtet. Bedenkt Folgendes: Manchmal seid Ihr der Katalysator für ein Erwachen dieses Menschen, was sich niemals ereignet hätte, wenn Ihr nichts unternommen hättet. Manchmal seid Ihr seine Synchronizität! Ihr seid sein Engel! Denkt darüber nach, wenn Ihr das nächste Mal an jemandem vorbeigeht, der sich anscheinend in einem Zustand befindet, der über den bewussten Bereich hinausgeht. Umgebt ihn mit der Energie der Ausgeglichenheit. Schickt ihm Licht und lasst zu, dass die freie Wahl seiner Zellen ihre Arbeit tut.

Frage Nr. 11 - Ist es richtig, jene in meiner Umgebung zu heilen?

Eine dritte Frage zum Thema Heilung kommt von einem Nicht-Heiler. Sie kommt von dem Lichtarbeiter, der diejenigen in seiner Umgebung sieht, denen er helfen möchte.

„Lieber Kryon, lieber Spirit: Ich habe Verwandte und Freunde und ich habe frohe spirituelle Informationen für sie. Ich habe Heilung für sie. Ich habe so viele Dinge, die ich in Bezug darauf, wie die Dinge funktionieren, gelernt habe. Ich könnte dazu beitragen, sie wieder ganz werden zu lassen; ich könnte dazu beitragen, dass sie sich wohler fühlen. Ich könnte Übungen mit ihnen machen und sie informieren und ich könnte ihnen sogar ein Buch geben, das ihnen helfen würde. Was soll ich tun? Was ist angemessen? Kryon, Du hast gesagt, dass diese neue Energie nicht missionierend ist. Was soll/kann ich also tun?"

Lichtarbeiter, dies ist möglicherweise die tiefgreifende Frage von allen. Du bist der ausgesprochene Menschenfreund, nicht wahr? Du hast gelernt, Dir selber und anderen Mitgefühl entgegenzubringen. Du bist Dir mehr als vielen anderen der Unmenschlichkeit bewusst und Du leidest mehr mit der Erde (*fühlst mit ihr mit*), als Du dies jemals zuvor getan hast. Die Antwort ist dieselbe, wie sie immer war: Du gibst auf Dich selber Acht! Erscheint Dir dies wie eine Antwort, die keine ist? Lass mich Dir die Mechanismen aufzeigen und dann entscheide selber.

Je höher der Leuchtturm steht, desto weiter scheint das Licht und in umso größerer Entfernung kann es wahrgenommen und gesehen werden. Je fester (*tiefer*) der Leuchtturm verankert ist, desto weniger wird der Sturm ihn beeinflussen. Wenn Ihr auf diesem Planeten wandelt und dieses Licht strahlen lasst, werdet Ihr in Gebiete und Bereiche leuchten, die dunkel sind. Und die dunklen Gebiete sind dort, wo diese allgegenwärtige „freie

Wahlmöglichkeit" sein will, die freie Wahl, die von uns allen so geehrt wird... und für jene, die Euch umgeben, so zentral ist.

Habt Ihr einen Verwandten, der bei Euch lebt? Vielleicht ist es ein Freund, den Ihr liebt und schätzt ? Und alles in Euch wünscht sich, ihm helfen zu können - doch er zeigt kein Interesse? Ich werde Euch sagen, wie er/sie vielleicht daran interessiert sein könnte. Lasst zu, dass sie Euch sehen! Lasst zu, dass sie sehen, wie Ihr „das lebt, woran Ihr glaubt". Feiert den Beruf, den Ihr nicht mögt. Entwickelt Toleranz gegenüber der Person, die untolerierbar zu sein erscheint. Lächelt von Tag zu Tag ein fröhliches Lächeln - welches Ihr auch ehrlich so meint. Feiert Euer Leben! Heilt Euren Körper und sprecht mit Euren Zellen. Und dann wird diese Person vielleicht, aber auch nur vielleicht, eines Tages zu Euch kommen und Folgendes sagen: „Obwohl ich nicht an das glauben mag, woran Du glaubst, kann ich doch sehen, was es bei Dir bewirkt. Womit fange ich jetzt an? Wie kann ich dasselbe haben (empfangen und entwickeln), wie Du es hast?" Oh, Familie, sehnt Ihr Euch nicht danach, diese Worte zu hören? Ihr wisst, mit wem ich hier spreche, nicht wahr? Und so ist die Antwort! - Kann sie wirklich so einfach und leicht sein? Wer sagt, dass dies dann zu tun einfach ist? Denn es ist nicht einfach, auf sich selber Acht zu geben, höher zu schwingen und in diesen Aufstiegszustand überzugehen. Es ist Arbeit.

Frage Nr. 12 - Wie viele Schritte gibt es in dem Aufstiegsprozess?

„Lieber Kryon, wie viele Schritte sind es bis zum Aufstieg? Ich hätte gerne eine genaue Antwort. Ich habe schon viele Versionen gehört."

Hier ist die Wahrheit: **Es gibt nur einen Schritt. Einen**. Das ist alles. Er existiert zu dem Zeitpunkt, an dem Du die Absicht bekundest, Dich über das, wo Du jetzt bist, hinauszubewegen - zur nächsten Ebene zu gehen - die Erlaubnis gebend, Eure Schwingung zu verändern. Das ist der „Anfang vom Aufstieg".

Jedes Menschenwesen kann sich dann intellektuell das ausdenken, was es möchte, bezüglich dessen, wie viele Schritte erforderlich sein mögen, um bei diesem Ziel anzugelangen. Möglicherweise klettern sie, wenn sie so wollen, sehr viele Sprossen/Stufen empor. Sie können durch alle möglichen Prozedere gehen, um dasselbe Ziel zu erreichen. Einige mögen durch zwei davon gehen , einige vielleicht durch zwölf davon und einige werden sagen, dass es zu schwierig ist - dass es zu viele Stufen sind, und sie bleiben stehen. Die wahre Antwort ist also, dass es nur einen einzigen Schritt gibt - der Schritt, bei dem der Mensch zu Spirit sagt: „Ich bin bereit. Ich möchte über das, wo ich mich jetzt aufhalte, hinausgehen und in eine leichtere (*lichtere*), höhere Schwingung gelangen." Lasst dann Euren eigenen freien Willen (*Eure Wahl*) entscheiden, was Ihr tun und wie viele Schritte Ihr emporklettern möchtet. Dieser eine Schritt der Absicht startet den Prozess und der Rest davon ist variabel, er ist unterschiedlich und individuell von dem Einzelnen abhängig.

Frage Nr. 13 - Bedeutet „Euer Licht an dunkle Orte leuchten lassen" ein Eingreifen?

„Lieber Kryon, wie angemessen und integer ist es, unser Licht in Gebiete der Erde leuchten zu lassen, gleichgültig, ob in der Arbeit oder in der Familie, wenn nicht darum gebeten wurde? Ich möchte ehrlich sein. Ich möchte in Integrität sein. Ich möchte ein Lichtarbeiter sein, aber ist das nicht missionierend/bekehrend? Hier geht es mir nicht um Heilung. Es geht mir um das ganz gewöhnliche Leben."

Hier findet sich etwas, das wir Euch schon früher gegeben haben, doch nun taucht es wieder auf. Ihr könnt dies nicht oft genug oder zu viele Male hören! Es ist das Hauptthema, das Kernthema Eures Lebens. Es ist das Leitprinzip hinter dem, was Ihr tut und warum Ihr was tut. Es weist auch Ähnlichkeit mit der Frage Nr. 11 auf.

Ihr erscheint an einem dunklen Ort und bewahrt das Licht. Diejenigen, die sich an diesem Ort befinden und einen Weg suchen, geben ihr Bestes. Und plötzlich haben sie durch den Strahl, das Leuchten eines Lichtes, mehr Wahlmöglichkeiten als je zuvor. Dies ist in sich nicht missionierend, es ist nicht bekehrend. Sie kennen weder Euren Namen, noch wissen sie, wofür Ihr steht. Das Einzige, worüber sie sich im Klaren sind, ist, dass sie jetzt besser sehen können! Anstatt ihnen Eure Wahrheit aufzudrängen oder überhaupt mit ihnen zu sprechen, gebt Ihr ihnen Wahlmöglichkeit. Sie haben, genauso wie Ihr, die freie Wahl, dorthin zu gehen, wo immer sie möchten. Doch nun haben sie ein besseres Licht, in dem sie ihre möglichen Entscheidungen treffen können.

Lass mich Dich Folgendes fragen, lieber Leuchtturm: Wenn der Meister-, der Kapitän des Schiffes, sein großes Boot sicher in den Hafen steuert, weil ihm der Leuchtturm den Weg gewiesen hat, läuft er dann anschließend los, um den Wächter des Leuchtturms kennen zu lernen? Nein. Die beiden begegnen sich niemals. Das Licht hat diesen Kapitän auch von nichts überzeugt. Es hat ihm einfach nur die Wahl überlassen, etwas, was sich vor ihm befand, zu erkennen und wahrzunehmen. Der Kapitän traf seine eigene Wahl/Entscheidung, als er sein Schiff mit seinen eigenen Händen steuerte.

Ja, in der Tat, es ist angemessen diese dunklen Wege/Pfade zu erhellen, ebenso wie diese Orte, welche der Erleuchtung bedürfen. Wo wir gerade darüber sprechen, möchtet Ihr wissen, wo sich die Orte befinden, die sich am besten dafür eignen, jetzt von Euch erleuchtet zu werden? Jetzt gleich in dieser Minute - in diesem Moment? Wir haben Euch vorhergehend am heutigen Tage den tief greifenden Einfluss gezeigt, von dem die Wissenschaft nun einräumt, dass er ein Teil des menschlichen Bewusstseins ist. Ihr fangt tatsächlich an zu sehen, was „das Licht“ zu sein vermag!

Richtet heute Euer menschliches Bewusstsein aus und lenkt das Licht in die dunkelsten Gebiete des Planeten. Lenkt es zum Büro des Präsidenten Eures Landes! Erzwingt dort keine Energie; sondern erstellt es dort einfach nur als Weisheit. Bringt es in die Gebiete, die es am meisten brauchen. Warum sollte es nicht, genau jetzt, nach Kaschmir gebracht werden? Es ist dort viel los. Warum sollte es nicht, genau jetzt, nach Palästina und Jerusalem gebracht werden, denn dort ist viel los. Warum sollte es nicht allen Müttern gebracht werden, die sich fragen, was die Zukunft für ihre Söhne und Töchter in zehn Jahren mit sich bringen wird? Sie brauchen es! Warum solltet Ihr ihnen nicht Liebe geben und sie umarmen, während Ihr das Licht sendet und scheinen lasst. Alles, was ich sagte, ist möglich. Das ist es, was ein Lichtarbeiter tut. Das ist es, worum es beim menschlichen

Bewusstsein geht. Es ist interdimensional und ehrfurchtgebietend in seiner Kraft und Macht, durch Erleuchtung Veränderung herbeizuführen.

Frage Nr. 14 - Kryon, gehst Du zum Ende des Jahres von hier weg?

„Lieber Kryon, wir haben gehört, dass Du gegen Ende dieses Jahres, wenn die Gitter fertig erstellt sind, gehen wirst. Im ersten Buch hast Du darüber gesprochen. Stimmt das?“

1989 informierten wir Euch, dass wir hier seien, um mitzuhelfen, die Gitter zu erstellen und dass viele an dieser Arbeit beteiligt sind. Dies war „Die Kryon Gruppe“, von der wir gesprochen haben. Wir erwähnten die Ankunfts- und Abfahrtszeit dieser Gruppe. Wir sagten Euch auch, dass die Energie von Kryon bereits immer auf diesem Planeten anwesend war. Ich habe die Gitter ursprünglich erstellt und ich bin eine hier „fixierte Permanenz“ (*ich gehöre hier, sozusagen, zum lebenden Inventar*). Nicht ich bin 1989 eingetroffen, sondern vielmehr die Begleitgruppe, das Gitterveränderungs-Gefolge... als Reaktion und Antwort darauf, dass Ihr die Ziele des Planeten verändert hattet. Es ist diese Gruppe, die gegen Ende des Jahres von hier fortgehen wird. Das ist die Energie, die sich zurückziehen wird, doch ich bin und verbleibe hier, so wie ich immer hier gewesen bin, im Dienst an der Familie, die vor mir sitzt.

Meine Energie ist gleich der Euren: Sie ist engelgleich, doch teils Physik und teils Liebe. Und das, geliebtes Menschenwesen, ist auch die Energie im Herzen und Zentrum von jedem Atom im Universum. Es ist keine gespaltene Situation, denn beide gehören - miteinander verflochten - zusammen. Denn es war die Liebe Gottes, die diesen Planeten erschuf... alle spirituellen und physischen Attribute zusammen. Ich verbleibe auf dieser Erde bis zum letzten Menschen. Dann und erst dann werde ich fortgehen.

Das, was uns am schwersten fällt, ist, uns von einem Platz wie diesem hier, an dem wir einen Energieaustausch mit Euch hatten, zurückzuziehen. Und während wir diesen Raum verlassen, werden einige von Euch die Farben sehen, denn es ist eine Zeit voller Mitgefühl, welche eine reine

Energie hervorbringt. Wir erheben uns von dort, wo Ihr seid, und beginnen uns zu dem Spalt im Schleier zurückzuziehen, dem Ihr erlaubtet, dass er sich heute ermöglichte. Wir saßen aufgrund Eurer Einladung an einem Ehrfurcht gebietenden Platz. Eines Tages denkt Ihr vielleicht über dieses Treffen nach. Dann mögt Ihr Euch fragen, wer gekommen ist, um wen zu sehen? Seid Euch bewusst, dass dieses Gefolge an diesem Tag gekommen ist, um Euch zu sehen, und einige von Euch wissen das, denn Ihr habt es an genau diesem Tag verspürt.

Und so ist es

Kryon

Kryon

Live-Channeling

„Fragen der Leser“

Zuvor nur zu sehen bei
www.kryon-online.de

Kapitel XIV

Fragen der Leser

Zuvor nur zu sehen bei www.kryon-online.de

Hier sind einige Fragen von Lesern der Kryon Bücher. Diese Fragen und Antworten waren bisher in deutscher Sprache nur im Abschnitt „Fragen & Antworten" der umfangreichen Kryon-online.de Internetseite zu sehen. In englischer Sprache finden sie die „Fragen & Antworten Rubrik" in dem umfangreichen Kryon Internet E-Magazins ›In the Spirit'. Sind Sie Internetbesucher und möchten Sie mehr davon lesen? Dann besuchen Sie www.kryon.com oder www.kryon-online.de oder beziehen die umfassende „Kryon Fragen & Antworten von A-Z" - Ausgabe in deutscher Sprache; herausgegeben von Petra und Steve Ostergaard, Ostergaard Verlag, April 2004.

Frage:

Lieber Kryon: Ich habe einen Wasserfilter erhalten, der als Zusatzgerät für die Wasserleitung während des Filtrierungsvorgangs Magnete verwendet. Das Filtriersystem kann angeblich Pi-Wasser erzeugen, welches auch unter dem Namen „lebendiges Wasser" bekannt ist. Sollte ich diese Art von Filtrierung aufgrund der verwendeten Magnete sparsam einsetzen? Und was ist mit den Magnetmatratzen und Magnetstühlen?

Antwort:

Lasst mich noch einmal über diese Dinge sprechen. Der Einsatz von Magneten zur Veränderung von Substanzen und zur Erschaffung von Zellstimulation befindet sich auf Eurem Planeten in seinem Anfangsstadium. Ihr seid gerade erst am Beginn zu erkennen, dass sie die Materie und die Biologie rund um Euch verändern.

Es gibt mehrere Dinge, über die Ihr Euch im Klaren sein solltet. Ohne vollständig zu wissen, was Ihr tut, könnte es sein, dass Ihr Euren Körper versehentlich verändert oder ihm „signalisiert", bestimmte Dinge zu tun, die Ihr nicht erwartet hattet. Die Hersteller dieser Geräte, einschließlich der Datenfelder, auf denen Ihr ruht und sitzt, sind voller Integrität. Doch ihre Integrität stattet sie nicht automatisch mit dem kompletten Wissen über die Einzelheiten des magnetischen Einflusses auf die Zellstruktur aus.

Da Eure Entwicklung noch in den Kinderschuhen steckt, seid Ihr Euch nur der anregenden Attribute des Magnetismus bewusst. Ihr wisst eigentlich nicht, was vor sich geht oder welche DNS-Schichten betroffen sind. Ihr wisst, dass sie sich scheinbar anregen und dass sie in gewissen Situationen scheinbar unterstützend wirken. Ihr seid Euch auch darüber im Klaren, dass ein Mensch das Wirken dieser Attribute tatsächlich spüren kann.

Die stundenlange Anregung Eurer Zellen mit kleinen passiven Magneten ist einfach nur eine ausgesprochen grobe Art und Weise, um Informationen an Eure Zellen weiterzuleiten. Eines Tages werdet Ihr feststellen, wie elegant die Zelle zu sein hat, um diese Kräfte zu sehen... wie fein eingestimmt, um sie für sehr spezielle Aktivitäten zu erwecken. Der magnetische Zellausgleich und die Einstimmung sind ein verfeinerter Prozess, der anstelle von einer Flut von wahllosen magnetischen Polaritäten aktive „Designerfelder" zu sehen hat. Ihr bewerft sie in primitiver Weise mit dem gesamten unteren Spektrum. Das wäre in etwa so, als würdet Ihr zum ersten Mal Kräuter finden und sie alle auf einmal in großen Mengen einnehmen mit der Idee, dass eins davon Euch vielleicht helfen wird.

Wir empfehlen Euch, das Ausgleichsystem im Inneren Eures Körpers zu ehren. Wenn Ihr intuitiv das Empfinden habt, dass Euch das System, für das Ihr Euch entscheidet, hilft, dann verwendet es nur in der Hälfte der Euch zur Verfügung stehenden Zeit. Der Magnetismus ist etwas sehr Kraft- und Machtvolles! Es ist närrisch, freiwillig als „normale" Situation in einem generischen Magnetfeld zu sitzen. Verwendet das System, um Euren Körper zu einem normalen Ausgleichsverhalten anzuregen. Verbringt die Hälfte Eurer Zeit damit und gestattet dem Körper dann, sich zu erholen und sich auszugleichen, je nachdem, was er möchte. Und dann, nur für den Fall, dass Ihr Euren Zellen versehentlich weniger positive Signale gebt, haben sie Zeit, sich zu verbessern und auszugleichen. Für den Fall, dass Ihr ihnen heilende Signale schickt, kann der Körper dies vervollkommen und verstärken.

Denjenigen, die sagen: „Es hilft... das kann ich spüren“, werde ich Folgendes sagen. Mit einem anregenden Medikament könnt Ihr die gleiche Reaktion erzielen. Was Ihr nicht versteht, ist, dass der Magnetismus sogar noch stärker als die Chemie ist.

Frage:

Lieber Kryon: Ich habe kürzlich gelesen, dass der Planet X in circa 14 Monaten zu unserem Planeten zurückkehrt und dass er auf unserem Planeten verheerende Ereignisse auslösen wird... eine Verschiebung der Pole, Erdbeben, Überschwemmungen, Vulkanausbrüche; er wird die Erde jahrzehntelang in Dunkelheit hüllen und 90 % der Menschen werden verhungern oder aufgrund der anderen Katastrophen sterben. Dieser Planet soll angeblich alle 3600 Jahre erscheinen, wobei das letzte Mal während der Zeit des Exodus' außerhalb von Ägypten war. Viele antike Kulturen erzählen heute noch von diesem riesigen roten Planeten, der bei seiner Wiederkehr drastisch viele Menschenleben fordern werde. Ich bitte dich, Kryon, sag uns, ob dies geschehen wird.

Antwort:

Ihr Lieben, hier habt Ihr nochmals die prägnante, kurz und bündige Antwort. NEIN.

Hört sich das für Dich nach der „neuen Erde“ an? Klingt das nach einem neuen Realitätsweg, von dem wir gesprochen haben? Hört sich das nach einer großen Hoffnung für den Planeten an? Glaubt Ihr wirklich, dass die Botschaften des Kryon aus dem letzten Jahrzehnt etwas wie dies hier ausgelassen hätten? Dies sind die alten, auf Angst basierenden Informationen, die wir vor nunmehr 12 Jahren erwähnten und die von Wahrsagern und Panikmachern stammen, die im Licht Unruhe stiften und sich von den Ergebnissen ernähren möchten. Wir haben Euch Folgendes gesagt: Hütet Euch vor denen, die Euch Eurer Hoffnung berauben. Denn sie verringern Euer Licht, indem sie Euch einen Samen der Angst einpflanzen. Dieselben Kräfte werden Euch auch sagen, dass Kryon böse ist.

Erinnert Ihr Euch an einen Teil der Prophezeiungen aus der Vergangenheit? Was ist mit der großen Anpassung von Planeten, welche die

Erde aus der Umlaufbahn bringen würden? Erinnert Ihr Euch an den Kometen und an die Teile, die er zurückließ? Er sollte angeblich die bösen Mächte im Vorbeigehen ausspucken. Erinnert Ihr Euch an die Prophezeiungen über die „Dunkelheit, die drei Tage anhalten würde", während Eure Erde zu dem astronomischen Attribut namens Photonengürtel überging? Erinnert Ihr Euch an das Armageddon? Wie schnell vergessen viele von Euch die Dinge, die „nicht geschehen sind", während Ihr Euch freiwillig an andere Ängste in Bezug auf neue Dinge klammert, die ebenfalls nicht geschehen werden. Glaubt Ihr wirklich, dass jahrzehntelange Beobachtungen, die aus Tausenden von Quellen stammen, dies irgendwie vor Euch geheim gehalten hätten?

Es ist Zeit, die Teile zusammenzufügen und die Realität zu sehen, dass Ihr das Paradigma der Erde verändert habt, darunter auch die alten Prophezeiungen, die von Zerstörung, Verhängnis und Schrecken handeln. Geht in Euch und befragt Euer Höheres Selbst. Es wir Euch umarmen und es wird Euch dieselbe Antwort geben, die auch ich Euch gegeben habe.

Konzentriert Euch auf die vorliegenden Probleme, die Ihr sehen KÖNNT. Dort wird das Licht benötigt. Wendet Eure Energie nicht für die Angst vor den Dingen auf, die für Euch nicht sichtbar sind, denn dadurch verschenkt Ihr Eure Macht. Du wirst gebraucht, Lichtarbeiter... um Dein Licht für die existierende Klärung gegenwärtiger Situationen zu benutzen.

Frage:

Lieber Kryon: Du hast gechannelt, dass die „wirkliche" Arbeit von Kryon im Jahr der Fünf (2003) beginnt. Worin besteht die „wirkliche" Arbeit von Kryon nach der Fertigstellung der spirituellen Aspekte des Gitters?

Lieber Kryon: Das Gitter ist schon fast fertig und es sollte gegen Ende des Jahres 2002 aktiviert werden. Wie wird sich das Gitter auf uns auswirken? Werden wir uns dann anders fühlen? PS: Danke für all die erstaunliche Arbeit, die Du leistest!

Antwort:

Im Laufe der Jahre haben wir nur den Weg für das bereitet, was das Potenzial der Erde ist. Wir haben Euch gesagt, dass das Magnetgitter den Motor für Zellkommunikation darstellt. Wir haben Euch gesagt, dass das Gitter verantwortlich in der Mithilfe für die Stellung (*Positionierung*) des Schleiers ist... Eurer Dualität...

Wenn es fertig gestellt ist, beginnt der Unterricht. Was hat dies bewirkt und wie könnt Ihr nun die Geschenke und Werkzeuge anwenden, die ihren Platz eingenommen haben? Was sind die neuen Attribute? Werdet Ihr Euch anders fühlen?

Ihr solltet es jetzt eigentlich fühlen! Viele haben sich beschwert, dass ihnen das, woran sie sich in spiritueller Hinsicht gewöhnt haben, jetzt immer weggleitet. Dies wird aufhören, sowie sich die Gitter niederlassen, und es wird Stabilität für Euren spirituellen Prozess hervorbringen. Bald werdet Ihr Euch mit den neuen Gefühlen wohler fühlen.

Darin bestehen die wahren Lehren von Kryon. Im Jahr 2003 werden wir beginnen, die neuen Gittermerkmale und -eigenschaften zu beschreiben.

Frage:

Lieber Kryon: Ich bin ein Hypnotherapeut, der aus jedem meiner Klienten das Beste herausholen möchte. Ich habe gelernt, was mir meine Lehrer beigebracht haben, doch ich habe das Gefühl, dass „etwas fehlt". Meinem Empfinden nach folge ich einem inneren Ruf, der mir sagt, dass ich meine Arbeit anders verrichten soll, als dies in den Büchern geschrieben und im Hypnotherapie-Unterricht behauptet wurde. Ganz egal aus welchem Grund ein Klient meine Praxis betritt, ich wünsche mir letztlich nur, darauf zu sprechen zu kommen, was (dass) sie „vergessen" haben, dass sie bereits vollkommen und gesund sind. Ich stelle fest, dass ich mit ihnen gar nicht das Thema besprechen möchte, welches sie in meine Praxis geführt hat. Ich möchte sie alle in ihrem Inneren, in ihrer Wahrheit, aufrufen. Wenn wir uns und andere wahrhaft anfangen zu ehren, würden dann nicht unsere Probleme verschwinden? Wir würden uns dann ganz einfach dafür entscheiden, uns nicht zu über-

essen, keine Drogen/keinen Alkohol zu konsumieren oder nicht deprimiert zu sein...etc.

Antwort:

Geliebter Heiler, alles, was Du gesagt hast, ist korrekt. Wir haben Euch wiederholt gesagt, dass die Kerninformationen... die Wunder... die Physik... und sogar die Informationen bezüglich des Aufstiegs in jeder Zelle gespeichert sind. Ein Teil dessen, was wir mit dem Magnetgitter tun, besteht darin, diese Informationen zugänglicher werden zu lassen, während der Schleier in dieser neuen Energie leicht angehoben wird.

Aber sieh Dir bitte Deine Frage an. Es geht hierbei nicht um die Menschen, die zu Dir kommen, sondern sie dreht sich vielmehr um Dich! Sie dreht sich darum, wie viel Frustration es Dir bereitet, durch die Schichten eines Systems zu gehen, das nicht fein abgestimmt ist, um anderen, die zu Dir kommen, zu helfen, diese Realität zu „sehen".

Die Antwort? Bitte um Hilfe, damit Du unter Verwendung Deiner Geschenke und Werkzeuge ein System erschaffen kannst, um ein Fenster der Erinnerung für jene aufzumachen, die vor Dir sitzen. Führe sie langsam zur Selbsterfahrung... und lass sie wissen, dass sie die Antworten und die Schatzkammer, um diese zu finden, besitzen.

Das, was Du brauchst, entspricht dem, um dessen Erschaffung wir jeden erleuchteten Menschen auf dem Planeten bitten - Geduld.

Wisse, dass Du von Herzen geliebt bist.

Frage:

Lieber Kryon: Ich bin Mutter eines Sohnes, bei dem Autismus diagnostiziert wurde und der nun 7 Jahre alt ist. Ich glaube, ich habe schon mein ganzes Leben lang mit Energie gearbeitet. In den letzten 5 Jahren erhielt ich Konzepte, die ich nicht richtig verstanden habe. Dein Channeling war hilfreich für mich. Vielleicht sind jedoch unter denjenigen, die dies lesen, manche, die auch auf das Folgende gestoßen sind (ich vertraue darauf, dass es von denjenigen gelesen wird, die Spirit dafür vorgesehen hat).

Es geht um Folgendes - Das Magnetsystem meines Sohnes ist nicht identisch mit unserem Magnetsystem. Besteht die Möglichkeit, dass seine DNS andere Strukturen als die eines nicht autistischen Menschen hat? Ich kann es vor meinem geistigen Auge in Form von Strängen sehen, die durch ein kokonähnliches Prisma hindurchgehen. Gut, ich weiß, dass dies verrückt klingt. Das Gleiche spüre ich auch bei Delphinen. Er fühlt sich insbesondere zu den Schreien von Buckelwalen hingezogen, wenn wir ihm eine entsprechende Aufnahme vorspielen. Kann es möglich sein, dass die Walverbindung zum Autismus im Magnetismus liegt? Seine Kommunikation (die noch nonverbal ist), hat sich im vergangenen Jahr sprunghaft verbessert. Werden die Anpassungen des Magnetgitters besser zu den autistischen Systemen passen?

Antwort:

Geliebtes Wesen, für Dich und alle anderen, die mit diesen Kindern arbeiten, ich ehre Euch! Wir haben Euch schon früher gesagt, dass es sich bei den meisten um Gelehrte handelt. Diese Kinder werden tatsächlich mit DNS-Unterschieden geboren, die im Vergleich zu Eurer DNS magnetisch verbessert sind. Der Unterschied besteht darin, dass sie eher auf ein interdimensionales Leben als auf das vierdimensionale Leben, das Ihr führt, ausgerichtet sind. Somit, ja, dies ist ein magnetisches Zellattribut. Einige davon bezeichnen sich sogar als „Regenbogenkinder". Deine Intuition hat Recht. Nachstehend noch mehr darüber.

Sie möchten jenseits der Linearität kommunizieren und leben. Sie verstehen keine Dinge, die in einer Reihe oder in einer Zeile sind. Mit allgemeinen Konzepten, die sie zu einer pseudo-linearen Handlung führen, wird es ihnen weit besser ergehen... damit sie in Eurer Welt leben können. Wenn es möglich wäre, würden sie am liebsten ohne „in-einer-Reihe", wie in linear verbaler Sprache, kommunizieren. Sie würden vielmehr lieber in einer Art von alles in einem kommunizieren, indem sie eine „Gedankengruppe" anwenden. Ihre Frustration besteht darin, dass alles um sie herum in ihre Mitteilungsart hereinschlägt (*boxt*), und sie haben dann zu stoppen, innezuhalten und daraus schlau zu werden.

(1) Könnt Ihr Euch überhaupt vorstellen, wie es wäre, wenn Ihr in eine Welt hineingeboren würdet, in der Ihr dreidimensional seid, obwohl alle

anderen zweidimensional sind? Lasst uns annehmen, dass es keine Tiefe gibt... nur Höhe und Breite. Ihr wolltet bei den Dingen „nach innen greifen" und Ihr könntet sehen, wie... und dann würde eine unsichtbare Wand bei jedem Versuch Eure Hand festhalten oder Euer Verstand würde bei jedem Versuch ausgebremst werden. Ihr könntet nicht einmal umhergehen! Andere in Eurer Umgebung bezeichneten Euch als zurückgeblieben, weil sie dem lustigen Kind zusehen, das in einer einfachen zweidimensionalen Welt nicht navigieren kann. Ihr würdet dann die meiste Zeit damit verbringen, Euch Dinge anzusehen und versuchen, herauszufinden, ob das, was Ihr gesagt habt, für die Realität, in der Ihr Euch aufgehalten habt, die Wahrheit war.

(2) Sie neigen dazu, teilweise in einer Realität zu leben, welche von den Menschen nicht gesehen oder verstanden wird. Manchmal fragt Ihr Euch, wo sie im Geiste sind, wenn sie in das Weltall starren. Die Wahrheit? Sie sehen interdimensionale Lebensattribute und nehmen daran teil... oder sie versuchen es. Sie können das übrige Leben auf Erden „sehen"... das Leben, welches von Euch noch nicht einmal bestätigt wird. Mehr darüber ein anderes Mal.

(3) Sie sind auf die Energie von Delphinen und Walen eingestimmt, insbesondere jedoch auf die Energie der Delphine. Eure Wissenschaftler haben dies tatsächlich bereits erforscht und daher ist es nicht so merkwürdig, wie es klingen mag. Autistische Kinder und Meeressäugetiere kommunizieren aus der Ferne miteinander. Wenn sie einmal eine persönliche Beziehung zueinander aufgebaut haben, dann besteht sie ein Leben lang.

(4) Ja... mit dem Gittersystem des Planeten werden sie sich wohler fühlen und Ihr werdet Euch unwohler fühlen. Wir haben Euch im Verlauf des vergangenen Jahres von der Interdimensionalwerdung gechannelt. Vielleicht ist es an der Zeit, dass die Menschen sich ein wenig in Richtung Autismus bewegen, anstatt ihnen beizubringen, wie in Eurer Dimension zu leben ist?

Frage:

Lieber Kryon: Als jemand, der in Kürze eine Berufslaufbahn als spiritueller Heiler/Berater beginnen wird, kämpfe ich ein wenig mit der Frage der „Heilung" - und zwar frage ich mich nach der Signifikanz im folgenden

Sinne: Wie wichtig ist es für eine Heilung, die Ursache von Krankheiten, emotionalen Schmerzen, Wirkungslosigkeit, Kraft- und Machtlosigkeit zu entdecken. In der Vergangenheit existierten so viele Unterlagen über die Auswirkungen von Kindheitstraumen und nun hören wir viel darüber, wie sich Traumen aus vergangenen Leben auf einen Menschen negativ auswirken können. Ich persönlich glaube, dass das „Erinnern" beim Loslassen von belasteter/negativer Energie hilfreich sein kann, doch irgendwie habe ich das Gefühl, dass dies für die Heilung nicht mehr notwendig ist. Vielleicht war es in der „alten Energie" erforderlich? Es ist meine Passion, anderen Menschen dabei zu helfen, „sich daran zu erinnern, wer sie sind", und in dieser Erinnerung steckt die Kraft zur Selbstheilung.

P.S.: Darf ich noch anmerken, wie sehr ich die Kryon Energie/den Kryon Geist liebe und wie viel Anerkennung ich für das empfinde, was die Kryon Wesenheit/der Kryon Geist/die Kryon Gruppe für die Menschen und für Mutter Erde tun? Ich liebe und schätze auch Lee Carrolls Mut und seine Bereitschaft, die wunderbaren Kryon Botschaften zu channeln. Mein Herz fließt voller Liebe über.

Antwort:

Geliebtes Wesen, wie so viele von Euch jetzt zu erkennen beginnen, kommt gegenwärtig das an die vorderste Front, von dem wir Euch vor über einem Jahrzehnt berichtet haben. Ja, in den Zellen existiert vieles, was Euer Denken und Euer Tun beeinflusst. In Eurer interdimensionalen DNS sind gewisse Informationen „eingeprägt", die Euch von Eurer Vergangenheit und viel von dem aus Eurer Gegenwart „zurufen". Der Gedanke, sich daran zu „erinnern", wer Ihr seid und wer Ihr wart, ist weiterhin noch sehr wichtig.

Was wir Euch jetzt lehren, besteht, wie dem auch sei, darin, dass es nicht mehr notwendig ist, die genauen Teile dieser Erinnerungspunkte einen nach dem anderen zu identifizieren. Stattdessen bewirken die neuen Gaben von Spirit in der neuen Kraft und Macht des Menschen eine Abkürzung. Das Gitter spielt bei all dem eine bestimmte Rolle. Wir möchten die Arbeit der Selbsterfahrung nicht herabsetzen, aber es gibt noch viel mehr Arbeit zu tun, als ein Leben lang damit zu verbringen... die letzte Lebenszeit zu besuchen! Daher begannen wir mit dem Unterricht über die „Einstimmung auf das

Kosmische Gitter" und das „neutrale" Geschenk. Wir ermutigen und bestärken die Menschen, auf einer Ebene zu schwingen, bei der sie eine Klärungssituation kreieren können, die so profund ist, dass die alten Gelübde neutralisiert werden und dass die DNS zum Leben erweckt wird. Dies ist der Mensch, der interdimensional wird... etwas, worüber wir in diesen vergangenen Monaten wieder und immer wieder gesprochen haben.

Es erzeugt in dem Menschen die Art von Veränderungen, die von allen Menschen um ihn herum gesehen werden... eine größere Weisheit, Freude und Integrität... eine robustere Gesundheit und ja sogar die Fähigkeit, das Älterwerden zu verlangsamen. Es geht um reine Absicht und darum wird es immer gehen. Reine Absicht ist ein Katalysator des Mitgefühls, der eine einzigartige Energie erzeugt, die einst von Schamanen und Gurus verwendet wurde. Sie ist das Geheimnis für ein langes, von Freude erfülltes Leben und sie ist ein Geheimnis, das dem Planeten hilft. Sie bringt den wahren Lichtarbeiter hervor.

Bezüglich der Erinnerung: Der Mensch, der versucht alleine fliegen zu können, wird scheitern. Der Mensch, der sich daran erinnert, dass er ein Engel ist, wird zu den Himmeln emporschweben.

Frage:

Lieber Kryon: Ich spreche sehr oft mit Dir. Ich vertraue darauf, dass Du es hörst, auch wenn ich nur ein winzig kleines Individuum in Australien bin. Seit langer Zeit wollte ich im Dienste der Menschheit stehen und in gewisser Hinsicht weiß ich auch, dass dies die Arbeit ist, die ich tun soll (oder die ich tun möchte, bevor dies kommt). In meinem Dienst (ich arbeite hier in Westaustralien in einem Krankenhaus) mache ich viele verschiedene Arbeiten, wie zum Beispiel den Patienten ein Essen servieren, das Krankenzimmer putzen usw. Ich liebe meine Arbeit und sie bereitet mir Freude, doch traurigerweise muss ich feststellen, dass mich manche Leute runtermachen und fest behaupten, dass ich in einem Büro arbeiten sollte, wo ich meine Sekretariatsfertigkeiten gut einbringen könnte. Damit stimme ich nicht überein. Ich möchte aber wissen, dass ich in meinem Vertrag bin und dass ich das tue, wofür ich mich vertraglich festgelegt habe, weil ich schließlich nicht nach

Hause kommen möchte, ohne meine Aufgabe erfüllt zu haben. Ich danke Dir dafür, dass Du mich liebst, Kryon.

Antwort:

Geliebtes Wesen, bereits früher in diesem Jahr habe ich gerade für Dich eine Botschaft gechannelt. Sie trug den Namen „Der gewöhnliche Mensch". Du sagst: „Ich bin nur ein winzig kleines Individuum." So etwas gibt es für Gott nicht. Die von Dir wahrgenommene Kleinheit entspringt Deiner Dualität, die Dir einzureden versucht, dass Du in der Vierdimensionalität klein zu sein scheinst. Es gibt jedoch in Dir eine höhere Kraft und Macht, die es besser weiß.

Während Du an diesen Ort gehst, an dem Du Dich für nicht geehrt hältst und an dem Du meinst, banale Dinge zu tun, möchte ich, dass Du Dich daran erinnerst, dass Du mit jedem Schritt die dunklen Gebiet erhellst, wo auch immer Du hingehst. Die Menschen, die Du nie kennen lernen wirst, werden mit Deinem Vorbeigehen gesegnet sein und diejenigen, bei denen Du stehen bleibst und sie berührst, werden mit Deiner Hilfsbereitschaft gesegnet sein. Bleibe bei diesem Job, solange es möglich ist, und sei Dir bewusst, dass Du nie alleine bist und dass Du in der Tat einstweilen in Deinem Vertrag bist. Folge Deiner Passion!

Gesegnet ist der Mensch, der den Ausdruck Lichtarbeiter und die wirkliche Bedeutung dieses Ausdrucks versteht.

Frage:

Lieber Kryon: Es ist belegt, dass eine einzelne Zelle ohne Hilfe von außen nicht überleben und funktionieren kann. Sie verfügt über Rezeptoren, die mit der Außenwelt kommunizieren können und ohne diese Kommunikation würde die Zelle zu funktionieren aufhören und letztendlich sterben. Nachdem wir hier über den kleinsten gemeinsamen Nenner des biologischen Lebens, wie es uns bekannt ist, sprechen, würde dies voraussetzen, dass Spirit in der einen oder anderen Gestalt der Kommunikator ist.

Kryon, Du sagst, dass jeder von uns eine Gruppe von Familienwesenheiten hat, die uns während unserer Lebenserfahrung auf die-

ser Daseinsebene begleiten. In einem biologischen Sinne bestehen wir aus Millionen (oder Milliarden) Zellen und jede von ihnen hat ihre eigene Kommunikationsfunktion. Bedeutet dies, dass wir Millionen (oder Milliarden) von Geistern haben, um uns in dieser Lebenserfahrung zu unterstützen und wenn ja, wird dadurch die Funktion unseres Höheren Selbst und vielleicht auch die Struktur neu definiert?

Antwort:

Das ist eine wunderbare Frage, denn sie offenbart das, von dem wir Euch sagten, es sei unerklärlich. Eine oder viele (Zellen)? Wie viele? Keine dieser Fragen kann beantwortet werden, da wir Euch gesagt haben, dass die Interdimensionalität der Sache, um deren Erfahrung wir Euch bitten, Eurem Bewusstsein völlig fremd ist. Ihr möchtet immer noch einen Engel nehmen, ihn mit Haut und Flügeln versehen und ihm einen Namen geben. Jeder Engel, der die Erde je besucht hat, kommt einer ganzen Armee voller Energie gleich. Er hat Ranken, die mit jedem Teil von Gott im Universum verbunden sind. Er ist in Kommunikation mit allem, was Gott ist, sogar mit einer Stimme. Er ist überall und doch nur an einem Ort.

Daher lautet die Antwort auf Deine Frage, ja. Es ist eine Definition, die wir Euch seit den letzten sechs Monaten lehren. Außerdem solltet Ihr Euch darüber im Klaren sein, dass Eure ursprüngliche Prämisse, dass Spirit die „Verbindung“ von Zellkommunikationen ist, auch korrekt ist. Erinnert Ihr Euch, was mit dem Yogi geschah, der verstarb? Bis seine Zellen wussten, dass er tot war, war er bereits zwei Wochen lang aufgebahrt! Es handelte sich dabei um Zellkommunikation höchsten Ranges... wobei alles mit dem *Kosmischen Gitter* auf eine Weise verbunden ist, die eine Kommunikation mit Spirit und dem Körper herbeiführte, doch Ersteres war das Profundeste.

Diese Milliarden von Geistern, von denen Du gesprochen hast, haben einen interdimensionalen Körper, der in der Vierdimensionalität eine starke Ähnlichkeit mit einer Wesenheit hat. Auf diese Weise ist Eure Realität. Wir haben Euch gesagt, dass Kryon eine Gruppe ist - aber nicht so eine Gruppe, wie Ihr sie Euch vorstellt. Es ist keine Gruppe mit vielen Namen. Es ist eine Gruppe mit einem Namen. Bei Euch ist es ebenso und alles in Euch hat dieselbe Eigenschaft.

Wenn ich Euch sagen würde, dass ich Euch liebe, würdet Ihr dann fragen: „Wie viel Liebe gibst Du mir?“ Würdet Ihr fragen: „Was sind die elementaren Bestandteile der Liebesenergie und wie viele davon gibt es?“ Ihr könntet es fragen, doch die Antworten würden Eurem Gehirn sehr komisch erscheinen. Der vierdimensionale Mensch möchte alles, was er erfährt, linearisieren, aufgliedern und kategorisieren. Wenn Ihr eine Suppe esst, zählt Ihr dann die Suppenmoleküle, die in jedem Löffel enthalten sind? Oder sagt Ihr: „Die Suppe in der Tasse ist eine Suppe, die Milliarden von Suppenteilen repräsentiert“?

Anhand unserer Antwort könnt Ihr sehen, dass wir langsam das zentrale Thema von Gott ansprechen. Wenn Ihr Euch in Eurer Erleuchtung weiter entwickelt, werdet Ihr schließlich erkennen, wie die „Familie“ außerhalb Eurer unmittelbaren vierdimensionalen Erfahrung mit Euch verbunden ist. Ihr werdet erkennen, dass die wahre zellulare Verbindung Gott ist.

Frage:

Lieber Kryon: Welche Veränderungen treten in unserem physischen Körper - insbesondere in der Zirbeldrüse und Thymusdrüse - auf, wenn wir beginnen, interdimensionale Energien zu erfahren? Wie werden sich diese Veränderungen in unserer alltäglichen Realität (wenn überhaupt) manifestieren? Welche Symptome würden wir möglicherweise spüren, wenn wir mehr Licht halten?

Antwort:

Eines Tages werdet Ihr eine erwachte Thymusdrüse entdecken. Es kann sein, dass dies in über einem Jahrzehnt bemerkt wird, wenn überhaupt. Und die Symptome, die Ihr vielleicht empfinden würdet? Nicht alle Symptome sind positiv, doch so ist es auch während Eures Aufwachsens:

Es kann sein, dass Ihr gelegentliche Kopfschmerzen, Ohrensausen, ungewöhnliches Schlafverhalten, extreme Müdigkeit (manchmal), eine größere Bewusstheit der Gefühle von anderen Menschen, erhöhte Sensibilität in bestimmten Situationen in Menschenmengen, eine Veränderung bei der bevorzugten Musik und/oder Kunst habt und die Erkenntnis, dass manche der Freunde, die Ihr Euch ausgesucht habt, Euch vielleicht nicht mehr entsprechen.

Frage:

In letzter Zeit kann ich bestimmte Situationen nicht mehr ertragen - so zum Beispiel wenn ich in ein Kaufhaus oder ein Einkaufszentrum gehe, in dem viel Durcheinander und Lärm herrschen. Dasselbe trifft für bestimmte Musikrichtungen zu. Ich hatte auch Probleme mit bestimmten Menschen, bei denen ich aus diesen Gründen gehen musste, wenn sie in meiner unmittelbaren Nähe waren. Ich habe vor kurzem einem Freund gesagt, dass es so ähnlich ist, als würden „mir meine Zellen wehtun", wenn ich bestimmten Dingen ausgesetzt bin. Was ist los? Liegt es daran, weil ich auf einer höheren Ebene schwinge? Wird dies vergehen oder werde ich immer so feinfühlig bleiben?

Antwort:

Die Antwort wurde bereits in der obigen Frage gegeben, doch sei Dir auch bewusst, dass keine dieser Angelegenheiten dauerhaft ist. Du befindest Dich in einer physischen Lernsituation und vieles davon kann im Laufe der Zeit gemildert werden. Die Symptome, die bestehen bleiben können, sind die neuen musikalischen Vorlieben und die Qualität der Freundschaft.

Frage:

Lieber Kryon: Ich habe in meinem Leben tief greifende Erfahrungen mit meinen Tieren und mit Tieren im Allgemeinen gemacht. Ich muss sagen, dass sie in den vergangenen Jahren im Universum meine stärkste Verbindung zu „Gott" gewesen sind. Die Tiere in meinem heutigen Leben haben mich geheilt und mir Kraft gegeben und mir in so vielfacher Hinsicht geholfen weiterzukommen, wie ich es gar nicht in Worte fassen kann. Ich glaube, dass sie gesandt werden oder dass sie vielleicht als Freiwillige und Lehrer für die Menschen auf die Erde kommen. Kannst Du uns eingehendere Informationen darüber geben, wie jeder in seinem Leben von den Tieren lernen und mit ihnen kommunizieren kann? Bitte äußere Dich auch dazu, was „ihr Karma" im Vergleich zu „unserem Karma" ist und in welcher Verbindung dieses Konzept mit dem Potenzial für den zukünftigen Frieden und die Entwicklung auf dem Planeten steht.

Antwort:

Wir haben vormals erwähnt, dass gewisse Tiere gänzlich für die Erfahrung der Menschen hier anwesend sind. Sie lehren Euch nicht nur etwas darüber, wie die Erde funktioniert, sondern sie sind auch tatsächlich dafür vorgesehen, Euch bedingungslose Liebe zu geben. Sie lehren Euch auch die Kommunikation.

Tiere haben kein Karma in der Art, wie es ein Mensch hat. Sie haben stattdessen eine Aufgabe. Es ist schwer zu erklären, doch sie sind hier, um dem Planeten zu dienen und um ihn für Euch auszubalancieren. Sie inkarnieren, sie haben aber nur eine einzige Aufgabe und die besteht darin, den Planeten zu unterstützen, damit Ihr gestärkt werden könnt. Die Tiere, die Ihr als Haustiere bezeichnet und die Ihr so herzlich lieb gewonnen habt, werden wieder persönlich bei Euch inkarnieren, wenn Ihr es gestattet.

Wie Ihr Euch vorstellen könnt, gibt es viele Arten von Dienst, welche diese Geschöpfe anbieten, doch die Tiere, die Eurer Meinung nach „gesandt" sind, sind es in der Tat.

Frage:

Lieber Kryon: In welche Himmelsrichtung sollen wir unseren Kopf legen, während wir schlafen? Ein Medium meint, dass es hilfreich wäre, wenn unsere Kopflage nach Norden gerichtet wäre. Es wird jedoch nicht erklärt, ob dies für die ganze Welt gilt oder ob es nur auf die nördliche Hemisphäre bezogen ist. Als ich in Indien war, wo ich mit dem Kopf in Richtung Norden schlief, fühlte ich mich eindeutig anders. Nun halte ich mich in Tansania auf und dieses Land liegt zwar in der südlichen Hemisphäre, befindet sich aber in unmittelbarer Nähe vom Äquator. Soll ich meinen Kopf beim Schlafen weiterhin nach Norden oder nach Süden gerichtet lassen? Oder ist es ganz einfach egal, in welche Richtung der Kopf zeigt?

Antwort:

Das ist eine gute Frage, denn sie zeigt auf, dass es diesbezüglich möglicherweise ein Missverständnis gibt. Wenn Euer Körper während des Schlafes in eine bestimmte Richtung zeigt oder wenn Ihr bestimmte Übungen (einschließlich Drehungen) macht, so gewährleistet dies ein temporäres Gleichgewicht. Es ist vorübergehend und gilt nicht als lebenslange Anleitung.

Zum Thema Norden oder Süden? Ja, versucht, Euren Kopf für ein paar Nächte in Richtung des Pols zu positionieren, der Euch am nächsten ist. Wenn Ihr am Äquator seid, wird es keine Rolle spielen. Was sagt Euch dies über den Äquator? Hier ist eine Menge über einige Bewusstseinsstrukturen (*Aufstellungen*) von dem Planeten verborgen und auch, wo das größte Ungleichgewicht und die größte Unruhe herrschen. Diejenigen, die sich am Äquator aufhalten, werden die größten Schwierigkeiten damit haben, ein Gleichgewicht herzustellen und aufrechtzuerhalten.

Frage:

Lieber Kryon: Betreffend der Merkabah: Ist die Atmungstechnik die einzige Möglichkeit, um mich mit meiner Merkabah zu verbinden oder kann ich dies auch mit anderen Methoden erreichen? Wenn ja, dann kläre mich bitte über diese Methoden auf. Und schadet das Rauchen, abgesehen davon, dass es „gesundheitsgefährdend" ist, auch dem spirituellen Fortschritt ?

Antwort:

Es gibt viele Techniken zur Verbesserung der Merkabah und die Atmung ist eine Technik, die sich sehr gut dafür eignet. Diese Technik dreht sich um den Sauerstoff und um die Wirkung der Absicht in Verbindung mit der Anreicherung des Lebens mit Sauerstoff. Bei einer anderen Technik geht es um das Einstimmen auf das Gitter und sie ist gleichzeitig eine wissenschaftliche Technik (d*ies wurde bereits in aller Ausführlichkeit besprochen*). Eine weitere Technik ist die Anpassung des Zellengedächtnisses, welche gerade erlernt wird, und es ist schwer, sie so zu spezifizieren, wie Ihr das vielleicht gerne möchtet. Es sind noch viele andere Möglichkeiten im Kommen und sie werden offenbart werden, wenn sich das Gitter verändert, um Eure neuen Fähigkeiten unterzubringen.

Deine Rauchgewohnheit an sich schadet dem spirituellen Fortschritt nicht. Doch wie dem auch sei, sendet alles, jede Handlung, die Ihr willentlich für eine Verkürzung Eurer Lebensdauer tut, eine Botschaft an alle Zellen in Eurem Körper und auch an Eure spirituellen Helfer, in dem Sinne, dass Ihr kein volles Leben erwartet. Das wiederum sagt Euren Zellen, dass Ihr die Geschenke, die Ihr erhalten habt, nicht mit ganzem Vorteil nutzt.

Das gilt ebenso für diejenigen, die zu viel essen oder ihren Körper auf anderen Gebieten willentlich durch jedwede Art von Drogenmissbrauch vor eine Herausforderung stellen. Wir haben Euch seit geraumer Zeit gesagt, dass Ihr selbst die hartnäckigsten Gewohnheiten aufgeben könnt, ohne dabei dieses Trauma zu erfahren, das normalerweise damit verbunden war. Es liegt an Euch und so ist es schon immer gewesen. Gestattet, dass die Lehrer dies sehen... sodass sie anderen ein Beispiel darin sein sollten, was erreicht werden kann.

Frage:

Lieber Kryon: Ich habe eine Frage, die mir zwar ein wenig unsinnig vorkommt, doch ich bin einfach neugierig. Ich habe im Kapitel sieben von Band IV „Gemeinsam mit Gott" von den Lebensfarben gelesen. Die Heilung mit Farbe, Klang und Berührung interessiert mich sehr. Wie sehr sind wir von den Farben beeinflusst, die wir uns für unsere Kleidung oder für unsere Umgebung aussuchen? Wenn ich zum Beispiel eine Farbe trage, die nicht mit meiner Haut- oder Augenfarbe harmoniert, oder wenn ich mein Haar, das normalerweise braun ist, rot färbe, erschaffe ich dann Disharmonie und Ungleichgewicht? Ich glaube, das hängt nicht mit den Lebensfarben zusammen oder doch? Auf jeden Fall möchte ich wissen, wie wichtig es für uns ist, harmonisierende Farben zu tragen oder von ihnen umgeben zu werden.

Antwort:

Geliebtes Wesen, die Verwendung von Farben und das Attribut der Lebensfarben stehen in Verbindung mit Heilung und mit dem Werk Eurer Absicht. Ihr könnt Eurer Körperenergie keinen Schaden zufügen, wenn Ihr Farben tragt, die nicht zusammenpassen, oder wenn Ihr die Haarfarben entgegen ihrem natürlichen Zustand kosmetisch verändert. Ihr werdet Euch auch nicht aus dem Gleichgewicht bringen, wenn Ihr dies tut. Doch es wird vielleicht bei anderen eine Reaktion auslösen! (*Witz von Kryon*)

Bitte versteht, dass Euch die Farbinformationen gegeben werden, um die Energie rund um Euch zu verbessern. Aus diesem Grund sind sie ein großartiges Werkzeug. Indem Ihr bestimmte intuitive Farben tragt, die für Euch an diesem Tag stimmen, könnt Ihr Eure Balance für diesen Tag verstärken. Es verändert sich stets, weil auch Ihr Euch stets verändert, und es „reicht" der astrologischen Aufstellung, die zu Euch gehört, „die Hände". Es kann Euch daher an einem Tag etwas nutzen, eine Farbe zu tragen, die mit Eurer Lebensfarbe und auch mit den astrologischen Aspekten im Einklang ist. Manchmal ist sie ziemlich tief gehend und sie kann dazu beitragen, Euch an einem Tag auszubalancieren, der Euch vielleicht Schwierigkeiten bereitet. Ein anderes Mal „fühlt sich die Farbe einfach nur gut an". Macht bei der Auswahl Eurer Farben von Eurer Intuition Gebrauch.

Dies ist kein kompliziertes Thema. Es ist leicht zu erlernen und viele Menschen haben bereits darüber geschrieben. Das Studium der Farben für Balance ist eines Eurer großartigsten Geschenke.

Frage:

Lieber Kryon: Ich habe Dir eine Frage gestellt, bei der es um einen sehr lieben Freund von mir ging, der seit 20 Jahren in einem südländischen Gefängnis inhaftiert ist... und er hat die Tat, weswegen er eingesperrt wurde, nicht begangen. Er ist ein Mensch mit einem außergewöhnlich großen Licht. Gibt es irgendetwas, das er tun könnte, um sich selber aus dieser Erfahrung zu erlösen... um sie zu verändern? Eine Visualisierung... oder eine bestimmte Art von Energiearbeit, die er für sich tun kann, um sich zu befreien? Danke!

Antwort:

Diejenigen, welche darunter leiden, dass ihnen andere Menschen Unrecht getan haben, haben einen profunden Vertrag darüber abgeschlossen, dass sie hier sind... dass sie an Orten sind, die von ihnen verändert werden können. Es ist ihre Lebenslektion. Frei zu sein? Dies kann nicht eintreten, bevor sie von dem mentalen Zorn befreit und aus dem Gefühl der Opferrolle hinausgegangen sind. Sobald sie ihr Bewusstsein von all dem befreien - sodass sie sich bei dem Gedanken, dass es ihre Aufgabe auf Erden ist, sich wohl zu fühlen - können langsam die vierdimensionalen Dinge im Zusammenhang mit ihrer Situation geklärt werden, wenn dies ihrer Absicht entspricht.

Wir empfehlen Euch, einige der neuen Energietechniken auszuprobieren, die momentan zeigen, was in ihnen steckt, und eine davon ist die

EMF Balancing Technique. Die Ansicht ist, dass es sich mit Eurem Leben genau so verhält, wie es sich mit Eurem Frieden verhält. Wenn Ihr mit Eurem Vertrag wirklich in Frieden sein könnt, dann könnt Ihr das größere Bild erkennen. Dies verleiht Euch die Weisheit, zu entscheiden, ob Ihr dort, wo Ihr Euch jetzt befindet, „gebraucht" werdet oder ob es das Beste wäre, weiterzugehen.

Seht Euch das an: Es ist eine total ermächtigende Situation, welche den Menschen in die Kontrolle für seine eigene Realität stellt. Das ist der Inhalt unseres Unterrichts.

Frage:

Lieber Kryon: Ich bin mir sicher, dass die erste Frage von jedem Quacksalber gestellt wird, doch ich möchte sie trotzdem stellen. 1990 habe ich in unserer Geistführergruppe eine Wesenheit gechannelt, die sich selbst als Kryon bezeichnet. Zu diesem Zeitpunkt hatte ich noch nie von ihm gehört. Schließlich blickte ich durch etwas, was ich als eine „Türwand" interpretierte. Ich hatte zu diesem Zeitpunkt noch nichts von dem Gitter gehört. Ich channelte kurz die Informationen und als dann ein Gruppenmitglied um persönliche Informationen ersuchte, war es von der Energie her ziemlich klar, dass alle Fragen universeller Art zu sein haben. Dies spielte sich im Südwesten von Alabama ab. Ich habe diese Wesenheit seither nie wieder gechannelt. Ich habe Informationen von anderen Channels empfangen, jedoch nicht von Kryon. Worum handelte es sich bei diesem Channeling? Welche Bedeutung hatte es?

Antwort:

Du hast tatsächlich Deine eigene Erfahrung bestätigt! Du hattest noch nie von meiner Energie gehört und dennoch hast Du ihr den richtigen Namen gegeben. Du wusstet auch nichts von dem Gitter und dennoch hast Du es „gesehen". War es real? Ja. War es Kryon? Ja.

Jeder kann die Energie von Kryon gelegentlich „einatmen" (hereinziehen) und wir ermutigen Euch, dies zu tun. So ist Dir dies widerfahren. Wir lieben es, wenn so etwas geschieht, und wir ehren die Zeit, die wir mit Euch verbringen. Wir schätzen die Zeit, welche die unsere gemeinsam mit Euch ist, und wir sagen Euch nochmals, dass es Euch als Beweis dafür gebracht wird, dass Ihr Familie seid! Feiert mit uns, wann auch immer dies passiert.

Du bist von Herzen geliebt. Es gibt nichts, was besagt, dass die Kryon Wesenheit oder irgendeine andere Wesenheit beständig in Deiner Energie sein wird, also mach Dir keine Gedanken darüber, wenn Du zu anderen Dingen übergehst. Die einzigen permanenten Kryon Channels sind die 9 Channels, die ich in meinen vorherigen Schriften erwähnt habe (*vergl. Kryon Buch Band I „Das Zeiten-Ende“*). Es folgt eine Tatsache, die ich noch nie mitgeteilt habe und die Euch helfen wird, die Kryon Energie von anderen zu bestätigen, die ihrer Aussage nach Kryon Channels sind. Wenn Ihr auf einen Menschen trefft, der behauptet, ein Welt-Kryon Channel (einer der neun) zu sein, und Ihr möchtet wissen, ob er/sie dazu berechtigt ist, dann wird dieser Mensch nur Kryon channeln. Wenn andere Wesenheiten gelegentlich anwesend sind, werden sie Teil einer Kryon Botschaft sein.

Ihr seid von ganzem Herzen geliebt

Kryon

Kryon

„Der Regenbogenfilter“

Der Umgang mit einem erweiterten Bewusstsein
Ein Artikel von Jan Tober

Kapitel XV

Der Regenbogenfilter

Der Umgang mit einem erweiterten Bewusstsein
Ein Artikel von Jan Tober

Wie ich es verstehe, kam am 8. März 2002 ein Asteroid, der die Größe von Orlando hatte, der Erde näher, als es den Experten lieb war. An diesem Tag befand ich mich Gesellschaft von Menschen mit sehr angespannten Nerven! Der vorbeifliegende Asteroid erinnerte mich daran, wie sehr wir von Situationen mit einer außergewöhnlichen Energie beeinflusst werden. Am Ende des Tages saß ich mit meiner guten Freundin Karen Wolfer zusammen, die diesen Tag und das Ereignis dieses Tages mit mir gemeinsam verbracht hatte. Ich bat sie Notizen zu machen, während ich begann, einige Informationen über unsere erweiterten Energiefelder und über ihre Interaktion mit der normalen vierdimensionalen Realität zu channeln. (*Vierdimensionalität ist der neue Ausdruck für das, was einst dreidimensional war. Es sind nun Höhe, Breite, Tiefe und Zeit.*)

Wir bestätigten beide, dass es sich bei einem Menschen mit einem erweiterten Bewusstsein, der in eine „normale" Situation kommt, so ähnlich verhält wie bei dem Asteroiden, den wir erlebten... der vorbeisauste und sich auf andere auswirkte.

Während meines interessanten Tages am 8. März erlebte ich, wie meine Geistführer und Engel mich beobachteten, um zu sehen, wie ich mit der Energie von jenen um mich herum arbeiten würde. Später wurde ich daran erinnert, dass wir es alle „ausgleichen", wenn wir weitergehen oder „im Jetzt sind". Ich wurde auch daran erinnert, dass wir auf diesem Planeten noch nie so viel spirituelle Energie hatten, und wir lernen jetzt, wie wir uns damit so wohl wie möglich fühlen können. Die einzige Botschaft, die von meinen Geistführern während dieser Erfahrung durchdrang, war: „Bleibe in Deiner Mitte, bei allem und mit jedem. Bekunde Deine Absicht, dass die Wahrheit siegen möge."

Als ich später mit einer vollen Channelsitzung begann, wurde mir gesagt, dass wir an diesem Tag alle lernen würden, „still zu sein und unser sich ständig erweiterndes Aurafeld in einen schillernden Regenbogenfilter zu hüllen". Dieser „Filter" gestattet es denjenigen, die uns ansehen, unsere Energie auf eine angenehme Weise zu betrachten und nicht auf die Weise, wie viele von uns „wahrgenommen" werden. „Der Regenbogenfilter" gibt denjenigen, die uns umgeben, die Erlaubnis, die Farben aus dem Filter herauszuziehen, die ihre eigene Situation verbessern werden. Er ermöglicht es daher denen um uns herum, sich zu entspannen und sich mit dem, wer wir sind, sicher zu fühlen.

Wir realisieren langsam, dass die Schwingungen, die wir als Lichtarbeiter haben, manchmal wirkliche vierdimensionale Effekte haben, wo auch immer wir hingehen. Wir werden als anders „wahrgenommen" und ohne den Filter könnten diese Unterschiede alles Mögliche sein... sie könnten sogar als gefährlich empfunden werden, je nachdem welche Denkweise der Betrachter hat.

Seit dem 11. September 2001 haben viele Menschen Sicherheits- oder Verwaltungspositionen eingenommen... und bewachen Orte und Ereignisse. Dies hat ihrerseits eine zusätzliche Energie des Bewusstseins erzeugt und ihre Antennen sind ausgerichtet und halten nach denen Ausschau, die eventuell hervorstechen... oder die anders sind. Ratet einmal, wer oft zu diesen Parametern passt? Wir schon!

Einige von Ihnen fragen: „Wirklich?" Können wir wirklich die physischen Dinge rund um uns beeinflussen? Ich werde Ihnen sagen, was wir erlebt haben und was andere (nur im stofflichen Bereich) *erleben*: Viele haben uns gesagt, dass ihre neuen Felder bewirken, dass Auto-Alarmanlagen losgehen, Batterien aufgebraucht werden und dass (wegen uns) - bei Übernachtungen der Kryon Gruppe - dreimal in einem Jahr aufgrund von Feueralarm das Hotel evakuiert zu werden hatte! Wenn physische Dinge auf diese Weise wirken werden, dann können Sie sich vorstellen, wie das Bewusstsein in den emotionalen Körpern und Lichtkörpern um uns herum beeinflusst wird.

Der Regenbogenfilter sieht eigentlich wie ein sehr feines Geflecht oder ein sehr feiner Schleier aus. Dieser Prozess erlaubt es Ihnen, in Ihrem ganzen

Lichte zu strahlen und gleichzeitig ermöglichen Sie es dabei den anderen Menschen, nur die Farben oder die Menge an Licht wahrzunehmen, die sie als angenehm empfinden.

Sie werden jetzt vielleicht fragen: „Wie aktiviere ich diesen Filter?" Bevor Sie in eine sehr strukturierte Situation (Flughafen, Kaufhaus etc.) kommen, fragen Sie innerlich, ob es angemessen ist, den Filter zu aktivieren. Bekunden Sie dann (wenn Sie ein Ja bekommen), Ihre Absicht und stellen Sie sich ein wunderschönes regenbogenfarbiges Schleiergeflecht rund um Ihr Wesen vor. Dies ist keine Schutzenergie und auch kein Schutzschild. Dies ist vielmehr ein kreativer, aktiver Vorgang, der eine angenehme Interaktion mit Ihnen selbst und anderen ermöglicht.

Erinnern Sie sich daran, was Kryon über die neue Energie sagte? Er sagte, dass wir von der Metapher des Immunsystems zur Metapher des Thymussystems übergehen - von „Kampf und Zerstörung" zu „Toleranz und Einheit". Der Regenbogenfilter passt daher gut zu dieser neuen Energie und er ermöglicht es Ihnen, sich in einem erweiterten Zustand entspannt umherzubewegen. Bei diesem Vorgang tragen Sie auch dazu dabei, dass andere in Ihrer Umgebung friedvoller sind und dass Sie sich allgemein friedvoller fühlen.

Es wird Ihnen beim Filtern Ihres Energiefeldes helfen, damit andere Wesenheiten oder die Elektronik nicht gestört werden. Abgesehen davon sollten Sie bedenken, dass Sie für gewisse Menschen ein wenig „unsichtbar" sein könnten. Bekunden Sie also bewusst Ihre Absicht, „sichtbar" zu sein, wenn es erforderlich ist. „Unsichtbar" zu sein bedeutet tatsächlich, dass Sie zwar gesehen, aber nicht wahrgenommen werden. Das heißt, dass Sie auf dem „Radarschirm" eines Menschen neutral sind. „Sichtbar" zu sein bedeutet, dass Sie möchten, dass andere bei Ihnen wahrnehmen, wer Sie sind.

Die Dringlichkeit, die ich wegen dieses Channelings verspürte, war vergleichbar mit dem, was ich bezüglich „Des Todesphantoms" empfand (*Kryon: „Die Termination des Schattens")*, und zwar insofern, weil es mir sehr wichtig erschien, diese Information zu veröffentlichen und sie den Lesern mitzuteilen (vergl. auch *Kryon Buch Band Sechs, „Über die Schwelle",* Seite 315). Seit ich diese Botschaft erhalten habe, gehe ich dem nach, wie andere *Den Regenbogenfilter* einsetzen und welche Veränderungen sie bemerken.

Ihren Berichten zufolge hat es den Anschein, als hätten sich ihre Interaktionen mit anderen Erwachsenen, Kindern, Tieren und möglicherweise herausfordernden Situationen stark verbessert. Außerdem wirkt er sich anscheinend unterstützend auf die eigene mentale Haltung und das eigene Wohlbefinden aus.

Wir alle haben Tag für Tag in dieser neuen Energie zu gehen. Während wir gehen, lernen wir gemeinsam die besten Möglichkeiten zur Lösungsfindung kennen und dabei machen wir daraus eine Situation mit einem Gewinn für beide Seiten. Das Potenzial zur Erschaffung von mehr Frieden in unserem Leben und für diejenigen in unserem Umfeld ist vorhanden. Möge der Friede auf unserem wundervollen Planeten siegen!

Namaste

- Jan Tober

Lee Carroll schreibt:

Vielleicht denken Sie jetzt, es sei eine unsinnige Idee, für die Aufmerksamkeit der anderen „unsichtbar" zu sein? Möchten Sie eine wahre Lebenserfahrung hören, die in genau dieser Angelegenheit Ihr Herz erwärmen wird?

Lesen Sie weiter... bis zur Geschichte von Fété und Clément und ihrem wundersamen Entkommen von einem sehr gefährlichen Ort.

- Lee Carroll

Irgendwann kommt der Zeitpunkt, an dem Ihr Euch zu fragen habt: „Warum bin ich zurückgekommen, obwohl ich wusste, dass dies die Zeit ist, in der all die Prophezeiungen miteinander verschmelzen würden, um dann das Armageddon herbeizuführen?" Wir behaupten, dass dies daran liegt, dass ein Teil von Euch wusste, was in Wirklichkeit passieren konnte. Weil Ihr auf der Zellebene wusstet, wie die Dinge funktionieren! Ihr wusstet, dass Ihr die Kraft und Macht hattet, um es zu ändern, und das tatet Ihr auch.

Nun befindet Ihr Euch auf der neuen Erde mit der Verheißung einer neuen Energie, einer Energie, die sich zur Zeit anscheinend vor Veränderung zerreißt und die das alte Fundament zu Fall bringt, damit auf ebener Fläche etwas Neues erbaut werden kann.

Kryon

Kryon

„Das Erlebnis in Afrika“

Vorwort von Marc Vallée
Erzählung von Fété und Clément

Kapitel XVI

Das Erlebnis von Afrika

Die erstaunlichen Synchronizitäten des Lebens von Marc Vallée

Das Leben ist voller Überraschungen. Einige davon sind etwas herausfordernder Art und andere wiederum sind so wundervoll. Im November 1999 lud mich eine Gruppe aus der Elfenbeinküste ein, im Zusammenhang mit meiner Arbeit als Herausgeber von spirituellen Büchern und meiner Beteiligung an einer gemeinnützigen Organisation namens „Convergence" (dt.: Konvergenz) einen Vortrag zu halten. In *Kryon Buch Band Sechs „Über die Schwelle"* hatte ich ein paar Worte über die Verbindung zwischen dieser Organisation und dem Projekt *Rat der Ältesten* geschrieben.

Während meiner ersten Reise in Afrika, bei der ich Afrika und meine Verbindung zu diesem Kontinent entdeckte, erzählten mir meine Gastgeber von einem Paar aus dem Kongo (Clément und Fété), die soeben die Elfenbeinküste verlassen hatten und nun in Montreal wohnten, und sie meinten, dass ich sie kennen lernen sollte. Ich befolgte also ihren Rat und kontaktierte die beiden und dies wiederum war der Beginn einer wunderbaren Freundschaft.

Die hier vorkommende Synchronizität ist recht interessant, denn Clément und Fété hatten von den Kryon Lehren gehört, als sie sich in Kinshasa aufhielten. In der Tat, sie hatten viele Bücher von Ariane Publications (*dem Herausgeber der französischen Kryon Schriften*) gelesen, die ihnen Fétés Schwester, die in Frankreich lebte, gesandt hatte. Clément war dort als Universitätsprofessor tätig und er arbeitete auch als Geschäftsführer für das InterContinental Hotel. Fété war eine Unternehmerin, die unter anderem eine Bibliothek für spirituelle Bücher aufgebaut hatte und eine Galerie für afrikanische Kunst besaß. Sie veröffentlichten auch einen Newsletter mit dem Namen „Le Bosquet", was so viel wie „Der Busch" bedeutet, und ein Eingeweihter erkennt diesen Namen als ein Symbol für eine Quelle der Weisheit. Uns verbanden also nicht nur die Lehren, die Ariane veröffentlichte, sondern sie wurden gleichzeitig auch zu wichtigen Beratern für das Projekt Convergence. Heute arbeiten wir eng zusammen.

Das Hauptziel von Convergence besteht darin, den westlichen Gesellschaften dabei zu helfen, die Weisheit vieler Werte der Eingeborenen zu erkennen und zu verstehen, wie bedeutend es ist, dieses Wissen und die Weisheit bei unseren Entscheidungen als Gesellschaft und auch bei unseren Wegen als Einzelpersonen zu berücksichtigen. Wir glauben, dass es der westlichen Gesellschaft etwas am „Managen" des Weltgeschehens mangelt und dass sie viel davon profitieren würde, wenn sie die Bräuche der eingeborenen Völker von diesem Planeten berücksichtigen würde. Wenn wir bei der Erschaffung einer nachhaltigen Zukunft erfolgreich sein möchten, so ist es jetzt Zeit, dass die Gegenwart mit der Vergangenheit verschmilzt. Die „Eingeborenen" erkennen und spüren das Bewusstsein der Natur und Mutter Erde nicht nur, sondern sie wissen auch, wie man einen heiligen Raum erschafft, der es dem Leben ermöglicht, sein Potenzial zu verwirklichen. Wir sind der Auffassung, dass bei den Bräuchen der Einheimischen nicht alles perfekt ist, doch es ist fundamental, dass wir zusammenarbeiten, um für unsere Kinder eine bessere Welt zu entwickeln.

Convergence ist jetzt gerade dabei, Studienzentren zu errichten (wir hoffen, dass wir letztlich auch auf verschiedenen Kontinenten aktiv sein werden), um ein vertrauensvolles Verhältnis zu den Ältesten der einheimischen Gemeinschaften aufzubauen und sie als Führungsrollen bei unseren sozialen Entscheidungen mit ins Spiel bringen.

Aus irgendeinem Grund veranlassten uns die Umstände dazu, unser erstes Zentrum in Abidjan zu eröffnen. Die Menschen, die dort leben, begrüßen die Ansichten von *Convergence* und wir arbeiten jetzt an einem Vortragsprojekt für den Herbst diesen Jahres (2002) und wir werden Orte besuchen, um noch tiefgründigere Erfahrungen in diesem Bereich zu sammeln. Wir haben nun also eine wirkliche Grundlage für unser Projekt in einem Haus, das renoviert wurde, und es beherbergt mehr als 2.000 Bücher, die uns von Verlagen in Frankreich und Quebec gespendet wurden, sowie ein kleines Internet-Café. Wir sind bereit für die bedeutsame Arbeit, die bevorsteht.

Während des ganzen Prozesses wurden wir von Clément und Fété geführt. Im Mai 2001 besuchten wir sogar gemeinsam die Elfenbeinküste.

Diese besondere Seelenbegegnung wäre nicht möglich gewesen, wenn Clément und Fété in Kinshasa geblieben wären. Im folgenden Text wird erklärt, warum sie nach Montreal kamen. Es ist eine sehr bewegende Geschichte. Clément ist ein Tutsi und aus diesem Grund wurde er bei den ethnischen Säuberungen gefangen genommen. Schließlich wurden die Momente des Grauens, die das Paar im Kongo durchlebte, jedoch von Glaube und Hoffnung besiegt und dabei spielten die Lehren von Kryon eine besondere Rolle. Sie gehören heute beide dem Beratungsausschuss von *Convergence* an und genießen das Leben hier in Quebec. Fété geht auch mit Vorliebe an diesen schönen Wintertagen draußen spazieren, wenn ein zarter Schnee auf Montreal fällt. Sie pflegt zu sagen: „Wohin Du gesät wirst, dort musst Du wachsen."

Kontaktieren Sie uns bitte, wenn Sie nähere Informationen oder unseren Newsletter erhalten möchten oder wenn Sie uns eine Spende machen möchten. Unsere Leiterin, Joëlle Currat, wird Ihnen gerne antworten.

Convergence
1217, Bernard av. West, Suite 101
Outremont, Qc
Kanada, H2V 1V7
Tel. 001-514-279-0911 - E-Mail: <fconver@cam.og>

PS: Übrigens lernte ich auf dieser ersten Reise im November 1999 eine wunderschöne Frau aus der Elfenbeinküste namens Siame kennen, mit der ich mich dann ein Jahr später vermählte. Diese Vision von *Convergence* bedeutet ihr von Herzen viel.

Marc Vallée

„Die Präsenz von Kryon in unserer Lebenserfahrung"
Von Clément und Fété

Die folgende Geschichte wurde am 28. April 2001 live bei der Kryon Veranstaltung in Montreal, Quebec, Kanada, vor 950 Menschen präsentiert. Fété und Clément wechselten sich beim Vortrag ab.

Fété:

Die wunderbare Erfahrung, die wir heute sehr kurz mit Euch teilen möchten, ereignete sich während des Bürgerkriegs, der 1998 in einem afrikanischen Land ausbrach.

Clément:

Wir können diese Erfahrung nun als „wunderbar" bezeichnen, weil wir die Botschaften und Lehren von Kryon verstehen, die uns genau zu der Zeit übermittelt wurden, in der wir sie am dringendsten benötigten. Wie uns Kryon häufig in seinen Werken erinnert, war dies eine großartige Synchronizität. Und während Sie sich unsere Geschichte anhören, werden Sie die Wahrheit erkennen.

Fété:

Lodernder Nationalismus führte in Verbindung mit Stammeshass, der auf eine ethnische Gruppe gerichtet war, die scheinbar den Kern der Rebellion darstellte, zu einer regelrechten Verbrecherjagd. Genauso wie viele andere Stammesmitglieder wurde Clément verhaftet und sofort zu einem Feldlager befördert, wo die Gefangenen hingerichtet wurden, sobald sie hereingebracht wurden.

Nach vier Tagen vergeblicher Suche hatte ich keine Ahnung, wo Clément steckte. War er noch am Leben oder war er tot? Schließlich traf ich einen Soldaten*, der sich - für einen bestimmten Preis - bereit erklärte,

* Die Sternchen kennzeichnen alle Menschen, die für uns als Engel fungierten.

Clément im Gefängniskerker aufzuspüren, und dank seiner Intervention konnte ich Clément ausfindig zu machen.

Derselbe Soldat willigte später ein, als Mittelsmann für einen diskreten Austausch von Korrespondenz zu fungieren und brachte Clément ein wenig Brot und Wasser. Er ermöglichte es mir, mit den Gefängnisaufsehern eine Vereinbarung zur Gewährleistung von Cléments Sicherheit zu treffen: Jedes Mal, wenn diejenigen, die umgebracht werden sollten, mitten in der Nacht aus dem Gefängniskerker hinausgeführt wurden, wurde Clément versetzt. Dies rettete Clément das Leben - nur 20 Minuten bevor die 172 anderen, die mit ihm inhaftiert waren, hingerichtet wurden, beförderte man ihn aus einer Zelle hinaus.

Zwei Wochen nach seiner Verhaftung informierte mich ein Bekannter, der als Geschäftsmann im Westen* tätig war, dass die Hauptstadt fallen würde. Seinen Informanten zufolge befanden sich die Rebellen bereits in den Vororten der Hauptstadt und er bat mich eindringlich, eine Möglichkeit zu finden, um Cléments Entlassung auszuhandeln, da man bereits plane, bei einer Übernahme der Hauptstadt die Gefangenen niederzumetzeln. Er meinte damit, dass ich jeden Preis, der für die Entlassung von Clément verlangt wurde, bezahlen sollte. In der spannungsgeladenen Atmosphäre dieser Zeit war es vollkommen verrückt, so etwas in Erwägung zu ziehen.

Ich schlug alle Vorsicht in den Wind, ging das Risiko ein und entgegen allen Erwartungen schaffte ich es ohne große Schwierigkeiten, Clément gemeinsam mit 40 weiteren Gefangenen für 10.000 amerikanische Dollar aus dem Gefängnis zu holen. Ich wusste nicht, wo ich ihn verstecken sollte und da der Großteil unserer Freunde das Land fluchtartig verlassen hatte oder sie lieber einen Sicherheitsabstand untereinander halten wollten, beschlossen wir, dorthin zu gehen, wo man ihn logischerweise nicht vermuten würde - zu unserem eigenen Haus. Wir lebten an einer Hauptstraße neben der Zentrale der Staatspolizei und neben einer Universität mit 10.000 politisch ausgesprochen engagierten, feindlich gesinnten Studenten. Clément und die Kinder, die ebenfalls in Gefahr waren, verbrachten ihre Tage oben im drü-ckend heißen Dachboden und konnten erst spät am

Abend herunterkommen, um etwas zu essen und zu trinken, und gingen dann bei Anbruch der Dämmerung wieder hinauf. Dies war, kurz gesagt, die Situation, in der wir uns befanden, bevor Kryon in unser Leben eintrat.

Clément:

Kurz und gut, während dieser Zeit, die von vollkommener Verzweiflung geprägt war, erhielten wir von meinen zwei jungen, in Frankreich lebenden Schwägerinnen einige Bücher, die uns - wie sie meinten - helfen würden, „die Bedeutung dessen, was uns widerfuhr“, zu verstehen. Zu dieser Zeit erfuhren wir von Kryon. Nachdem ich jede Menge Zeit zur Verfügung hatte, lernte ich Kryon als Erster kennen. Ich hatte sofort das Gefühl, dass ich mit seiner Wahrheit und der Energie, die von jedem Wort strömte, vollkommen in einer Art Symbiose war. Damals begriff ich, dass diese Lehren in der von Verzweiflung und dem Gefühl des totalen Verlassenseins erfüllten Situation, in die wir verwickelt waren, die wunderbarsten Geschenke waren, die uns das Leben machen konnte. Vor allem verstand ich, dass ich jetzt in meinen Händen die Schlüssel hielt, welche die neuen Pforten meines Lebens öffnen würden: den Erhalt des Neutralen Implantats von Kryon, die Ko-Kreation, die Gewissheit über die Anwesenheit der Geistführer und die ständige Wahrnehmung von Synchronizitäten.

Ich forderte Fété auf, Kryon so schnell wie möglich zu lesen, und sie tat es, doch sie war so mit ihrer eigenen Arbeit beschäftigt, die Außenseite des Hauses sicherer zu machen, und damit, ein Land zu finden, das uns politisches Asyl gewähren würde, dass sie das Praktizieren der Kryon Techniken ständig aufschob. Ich bat sofort um das Neutrale Implantat (ein Geschenk von Kryon, das mit Absicht verbunden ist), und begann mit der Ko-Kreation. Wie Sie vielleicht schon erraten haben, bestand eine meiner ersten Ko-Kreationen darin, uns auf körperlicher Ebene sicherer zu machen; die zweite beinhaltete, das Land zu verlassen und in Richtung Nordamerika, Kanada oder die Vereinigten Staaten, zu gehen. Einige Zeit später erkannte ich, dass Fété das Neutrale Implantat gründlich vermieden hatte.

Als ich darauf bestand, erwiderte sie: „Ehrlich gesagt, meinst Du nicht, dass wir ohnehin schon genug Sorgen haben und dass wir in den nächsten drei Monaten nicht noch weitere Sorgen brauchen können? Findest Du nicht, dass es eine reine Dummheit ist?"

Fété:

Zu dieser Zeit ging ich zu den Botschaften einiger westlicher Länder auf der Suche nach einem Land, das uns aufnehmen würde. Bei meiner Suche wandte ich mich verständlicherweise auch an Kanada. Die Reaktion war ein ausweichendes Verhalten und enttäuschend - die Botschaft hatte viele Anträge bekommen und wartete nun auf Anweisungen aus Ottawa. Die USA hatten ihre Botschaft geschlossen und die gesamte Belegschaft in einen Nachbarstaat evakuiert. Die Schweiz willigte ein, uns aufzunehmen, machte aber kurze Zeit später wieder einen Rückzieher unter dem Vorwand, dass die Kosovaren dort in Massen ankamen. Es war für uns so dringend erforderlich, das Land zu verlassen, dass ich mich auch an andere afrikanische Länder wandte und zuerst an das Land, welches zu der Zeit am friedlichsten war - die Elfenbeinküste -, welches uns sofort ein Visum ausstellte, während uns ein Nachbarstaat ein Durchreisevisum erteilte.

Außerdem erhielt ich von den politischen Behörden eine Ausreisegenehmigung (dazu waren insgesamt elf Unterschriften erforderlich). Clément und die Kinder wurden vorsichtig von unserem Haus zu einem von der Nuntiatur bewachten Zentrum transportiert, wo sie gemeinsam mit 30 anderen, die ebenfalls in derselben Situation waren, auf ihre Abreise warteten. Einen Tag vor ihrer Abreise brach im Nachbarstaat, den sie durchqueren wollten, ein Krieg aus und die Grenzen wurden dichtgemacht. So ein Pech! Trotz meiner Entmutigung unternahm ich weitere Schritte, um neue Ausreisepapiere zu erhalten.

Clément:

Ich erkannte sofort, dass die Elfenbeinküste nicht unser letztes Reiseziel sein sollte. Während wir warteten, wurden die Gebäude, in denen wir uns aufhielten, von beinahe 200 bewaffneten Soldaten angegriffen. Nachdem wir vor einer wütenden Menschenmenge, die von den Soldaten verlangte, uns auf dem Scheiterhaufen zu verbrennen, grob behandelt und öffentlich gedemütigt worden waren, brachte man uns alle in großen

Militärfahrzeugen fort und führte uns zu demselben Feldlager, das zuvor der Ort meiner Gefangenschaft gewesen war.

Trotz des spektakulären Angriffs und der Brutalität des Einsatzes nahm ich die Ereignisse mit Gelassenheit und sogar mit einer Prise Humor hin, weil ich wusste, dass ich mit meinem Neuen Implantat und mehreren Ko-Kreationen unverwundbar war. Das Gleiche traf für Fété zu. Obwohl sie über die Ereignisse zutiefst erschüttert war, verzweifelte sie niemals. Da sie nun Kryons Botschaften verstand, war sie zuversichtlich, denn sie erkannte, dass unser Leben nicht in Gefahr war und dass wir einfach im Begriff waren, das auszuführen, was getan werden sollte.

Fété:

Ungeachtet dessen, welche Gefahr dies für mein eigenes Leben bedeutete, ging ich sofort zum Feldlager, um sicherzustellen, dass sie auch wirklich dort waren. Dann begann ich, mich auf die Suche nach einem anderen Soldaten* zu machen, um mit ihnen Kontakt aufnehmen zu können. Nachdem ich das geschafft hatte, versuchte ich wieder, unsere Visa zu bekommen. Dieses Mal ging ich zur südafrikanischen Botschaft. Dank der persönlichen Intervention des UN-Abgeordneten für Menschenrechte* erhielt ich die Visa innerhalb eines halben Tages. Der für dieses heikle Dossier zuständige Minister versprach, Clément und die Kinder aus dem Gefängnis zu holen und uns zum Flughafen zu begleiten.

Am nächsten Tag um 17.00 Uhr bat mich der persönliche Sekretär des Ministers, ihn zum Feldlager zu begleiten, wo er die Ausreiseformalitäten vervollständigte. Als ich beim Feldlager ankam, fand ich Clément und die Kinder im Gefängnisgebäude, doch meine Freude war nur von kurzer Dauer. Wir hatten ein großes Problem - es war unmöglich, das Feldlager zu verlassen, wenn die Sonne so kräftig schien. Die hellen Strahlen unseres Leitsterns lachten buchstäblich vom Himmel herunter und es war undenkbar, eine Reise durch die hektischen Straßen der Hauptstadt zu wagen, ohne dabei unbemerkt zu bleiben. Außerdem war es keine gute Idee, bis zum Einbruch der Nacht am Feldlager zu bleiben, weil sonst womöglich irgendein verrückter Soldat auf uns schießen würde. Was sollten wir tun?

Ich erinnerte mich an Kryon und sandte einen dringenden Hilferuf an meine Geistführer und vergaß dabei vollkommen meinen Aufenthaltsort, die Soldaten und die Umstände. Ich schrie, dass es ihnen nicht möglich sei, mit einer Hand zu geben und mit der anderen Hand etwas zu nehmen... nun waren sie an der Reihe, die Arbeit zu tun, denn dies überstieg meine begrenzte menschliche Intelligenz bei weitem.

Was als Nächstes geschah, konnte nur in den goldenen Krug jener wunderbaren Geschenke gegossen werden, die uns der Himmel durch unsere Geistführer in den bewegendsten Momenten unseres Daseins macht. In weniger als fünf Minuten - ich wiederhole, in weniger als fünf Minuten! - bildete sich eine kleine graue Wolke und schwebte vorne an der Sonne vorbei, während es leicht zu regnen begann. Die ersten Tropfen fielen auf den vollkommen vertrockneten Boden und ließen einen Dampf ab, der unsere Rettung sein sollte. Wir stürmten in das Auto und die Fenster liefen in wenigen Minuten an - das war gerade genug Zeit, um das Feldlager zu durchqueren und die Ausfahrt zu erreichen, die in eine zu dieser Zeit sehr stark befahrene Hauptstraße überging. Zehn Minuten später schafften wir es, unser Haus ohne weiteren Zwischenfall und unbemerkt zu erreichen. Dann hörte es auf zu regnen.

Wir waren nie in Südafrika, weil unsere Reisepässe beschlagnahmt wurden, während wir - in Begleitung des UN-Abgesandten und Abgesandten des Ministers für Menschenrechte - in Richtung Flughafen unterwegs waren.

Clément:

Auch Südafrika sollte nicht unser letztes Reiseziel werden und so waren wir wieder da, wo wir angefangen hatten. Der für unseren Akt zuständige Minister gab uns all die offiziellen Genehmigungen, die wir brauchten, um heimzufahren, doch er bat uns eindringlich, um unserer eigenen Sicherheit willen äußerst vorsichtig zu bleiben.

Fété und die Kinder waren ausgesprochen entmutigt, doch das dauerte nur einen halben Tag an, denn am nächsten Morgen erhielt Fété einen Anruf von dem UN-Abgesandten für Menschrechte, der ihr sagte, sie solle zur kanadischen Botschaft gehen. Ottawa hatte endlich reagiert und wir konnten mit dem Vorgang beginnen. Fété entschloss sich, um das Neutrale Implantat zu bitten.

In Anbetracht des Ortes, an dem wir lebten, ko-kreierten wir gemeinsam Schutz für unser Haus und machten es somit für feindlich gesinnte Zuschauer unsichtbar. Von diesem Zeitpunkt an nahmen wir die ständige Gegenwart und das Handeln unserer Geistführer, die uns zur Seite standen, wahr. Die Lehren von Spirit erschienen uns Tag für Tag klarer. Wir wussten, dass wir zunehmend unser eigenes Schicksal vollbrachten und dass alles, was wir zu tun hatten, darin bestand, zu vertrauen. Wir erklärten uns bereit, uns von Spirit führen zu lassen, und bauten eine wahrhaftige Partnerschaft auf. Unsere Angst ließ nach, als wir begriffen, dass wir den schwierigsten Teil unseres Lebensvertrages erfüllten, den wir selbst abgeschlossen hatten und bei dem Gelassenheit und Geduld zu unseren wichtigsten Gefährten und Komplizen geworden waren.

Uns überkam ein tiefes Gefühl von Gerechtigkeit und Fairness. Wir lebten unser tägliches Leben im Vollen und mit großer Gelassenheit. Das Gefühl, die Opfer einer Höllenmaschine oder teuflischer Mächte zu sein, wich von uns.

Fété:

In diesem Gemütszustand verbrachten wir die restliche Zeit unserer Gefangenschaft. Nachdem wir die Bedeutung unserer Erfahrung im Wesentlichen verstanden hatten, bestand kein Anlass für Wut oder Verbitterung. Unsere Scharfrichter waren schlicht und einfach Brüder, die ihre Rollen so gut als möglich spielten, um uns bei der Erfüllung unseres eigenen Lebensvertrages zu helfen. Das Leid, welches davon herrührte, dass unsere Freunde und Verwandten weit weg von uns waren und dass wir von einem Arbeiter betrogen wurden, milderte sich, ohne dabei etwas zu bedauern. Ich fuhr wieder im normalen Tempo mit meinen tagtäglichen Aktivitäten fort. Nachdem ich mit der Außenwelt in Kontakt stand, repräsentierte ich die Augen und Ohren der gesamten Familie. Diese Zeit wurde wie im Zustand der Gnade Gottes gelebt. Ich war mir dessen stark bewusst und verspürte in der Tiefe meines Seins eine extreme Dankbarkeit gegenüber dem

Universum, welches mir das Privileg schenkte, die Fülle meiner eigenen Erfahrung bei vollkommenen Bewusstsein zu erleben.

Clément:

Die Konsulatsverfahren dauerten lange und während wir darauf warteten, dass wir das Land verlassen konnten, hatten wir das Gefühl, dass für uns noch eine wichtige Arbeit bevorstand. Fété und ich waren unter anderem auch die Herausgeber einer Zeitschrift über afrikanische Traditionen. Unter diesen Umständen war es mir nicht möglich zu verreisen und daher verwendete ich meine Zeit dafür, die wesentlichen Botschaften und Lehren von Kryon für die Veröffentlichung in unserer Zeitschrift Le Bosquet zusammenzufassen und Fété verteilte die Ausgabe kostenlos an so viele Leute wie möglich.

Sie brachte 11 sehr talentierte und berühmte Schriftsteller zusammen - und mit ihr wurden sie sogar auf ein Dutzend aufgerundet. Zusammen veröffentlichten sie ein gemeinsames Werk über den Frieden und den Anbruch der Brüderlichkeit in Afrika. Wenige Tage später erhielt Fété einen Anruf von dem UN-Abgesandten, der ihr sagte, dass die USA bereit sei, uns aufzunehmen und dass wir uns auf eine Abreise innerhalb von ein paar Tagen vorbereiten sollten. Ein wenig später an diesem Nachmittag rief der kanadische Konsul an, um ihr zu sagen, dass unsere Visa endlich durchgegangen waren! Ist das nicht eine Synchronizität?

Unsere Ko-Kreation wurde jenseits von jeglichem menschlichen Verständnis verwirklicht! Nur wenige Tage bevor wir diese fantastischen Neuigkeiten erhielten, hatten wir von meinen Schwägerinnen „Die Reise nach Hause" bekommen und wir alle haben das Buch verschlungen. Die Kinder und ich verließen das Land schließlich am 8. September 1999. Obwohl ich darauf drängte, gemeinsam wegzugehen, wollte Fété noch einen Monat bleiben, um einige Geschäfte zu erledigen. Ich lasse sie erzählen, was ihr passierte.

Fété:

Tatsächlich gelang es mir nie, auch nur irgendetwas zu erledigen, weil ich vom Sicherheitsdienst noch einmal gefangen genommen wurde, der auf nahezu unvorstellbare Weise auf mich losging. Wie Sie sich vorstellen können, hatten sie schon seit geraumer Zeit nach mir gesucht. Ich widmete den Großteil meiner Zeit dafür, bei den in unserem Zuhause und in meinem Büro vor sich gehenden Durchsuchungen mitzuhelfen und allen möglichen Beschuldigungen über einen Angriff auf die nationale Sicherheit, dessen ich mich angeblich schuldig gemacht hatte, entgegenzutreten. Als ich erschöpft und vollkommen abgespannt war, begriff ich schließlich die Lehre: Wenn es Zeit zu gehen ist, muss man, ohne zu zögern, aufstehen und voller Vertrauen dem Ruf des Schicksals folgen. Für mich war der Lichtstrahl in dieser Zeit des Elends die aufrichtige Freude, die der Leiter des Sicherheitsdiensts und seine Assistenten bekundeten, als ich ihnen auf ihren Wunsch hin eine Schachtel voller Schriften über das erwachende Bewusstsein sowie einige Exemplare der letzten Ausgabe unserer Zeitschrift überreichte.

Clément:

Ungeachtet der Tatsache, dass Lee Carroll erklärte, dass er Kryon nur für die europäische/amerikanische Kultur channelt (französischer Band Vier, Seite 306), möchte ich betonen, dass nur Sprache und Kultur Barrieren im Austausch und in der Kommunikation errichten können. In diesem besonderen Fall waren Kryons Botschaft keine kulturellen Barrieren bekannt und sie war lauter als das Geräusch des Kanonendonners und der Schnellfeuerwaffen, die ständig auf dem Boden von Mutter Afrika widerhallen. Die Botschaft erreichte uns sogar in unseren feuchten, gefährlichen Kerkern im Herzen von Zentralafrika.

Fété:

Kryons Botschaft war das Leuchtfeuer, das uns den Weg durch die dunkelste Nacht wies und unsere Schritte langsam zu dem neuen Hafen führte, an dem wir vor Anker gingen. Seither hat sich ein immerwährendes Gefühl von Dankbarkeit und unbeschreiblicher Freude niedergelassen: die gelassene Freude, ganz sicher zu wissen, dass die Dinge wohlbegründet und fair sind, und die Freude, die einem plötzlich ausbrechenden Gelächter gleicht, wenn man schließlich die außergewöhnliche Schönheit des Lebens entdeckt, die hinter der dramatischen Komödie lebt, welche das Leben ist. Diese Freude ist nichts anderes als die Liebe zum Leben...

Clément:

...und ein Gefühl von vollkommenem Vertrauen und Hingabe in die Arme Spirits, der in diesem neuen Zeitalter in unserem Cockpit das Kommando übernimmt.

Diese Bedeutung hatten die Werke von Kryon für unser neues Schicksal. Wir bestärken jeden, im Geiste ganz unvoreingenommen zu bleiben, damit sie das ständige Eingreifen von Spirit in ihrem täglichen Leben verstehen können.

Fété & Clément

Kryon bei den Vereinten Nationen

Im November 1995, November 1996 und nochmals im November 1998 sprach Kryon vor der S.E.A.T (Society for Enlightenment and Transformation) bei den Vereinten Nationen in New York. Jan und Lee waren eingeladen worden, vor einer ausgewählten Gruppe von Mitarbeitern und Gästen den UN einen Vortrag mit einstimmenden Tönen und einer Meditation zu halten. Leider besteht diese Organisation nicht mehr.

Die gesamten Niederschriften der ersten zwei Kryon-Übertragungen sind im Kryon Lehrbuch Band IV "Gemeinsam mit Gott" zu finden. Einige der Vorhersagen von Kryon wurden mittlerweile von Wissenschaftlern bestätigt. Der Inhalt der dritten Begegnung mit Kryon 1998 in den UN wird im Kryon Lehrbuch Band V "Briefe von Zuhause" wiedergegeben. Alle drei Aufzeichnungen sind auch im Internet in der amerikanischen Kryon Webseite zu finden [www.kryon.com].

Wir möchten unseren tiefsten Dank an die damaligen drei Präsidenten von S.E.A.T Mohamad Ramadan (1995), Cristine Arismendy (1996) und Jennifer Borchers (1998) für diesen hellen Punkt in den UN aussprechen. Wir danken ihnen für die Einladungen und für ihre spirituelle Arbeit, die unseren Planet erleuchtet.

In deutscher Sprache erscheint im April 2004, im Ostergaard Verlag, eine Broschüre „Kryon bei den Vereinten Nationen" in der alle drei Besuche und Live-Channelings bei den UN aufgezeichnet sind.

Kryon

Im Internet

www.Kryon.com (englisch)

www. kryon-online.de (deutsch)

Kryon sagte vom Internet: „Das einzige Massenkommunikationssystem in der menschlichen Geschichte, das nicht durch eine Regierung erstellt wurde." Er fuhr fort und sagte weiter: „Wenn jeder unmittelbar mit jedem sprechen kann, dann kann es keine Geheimnisse mehr geben!"

Kryon Bücher

DIE LEHRBUCH-SERIE von KRYON

Kryon Buch Eins, Lehrbuch Band I, „Das Zeiten-Ende"
Herausgeber Ostergaard Verlag ISBN 3-933075-01-7
(Weißer Einband, gebunden, 211 Seiten) 15,80 Euro

Kryon Buch Zwei, Lehrbuch Band II, „Denke nicht wie ein Mensch"
Herausgeber Ostergaard Verlag ISBN 3-933075-02-5
(Violetter Einband, gebunden, 339 Seiten) 16,90 Euro

Kryon Buch Drei, Lehrbuch Band III, „Alchemie des menschlichen Geistes"
Herausgeber Ostergaard Verlag ISBN 3-933075-03-3
(Magenta Einband, gebunden, 343 Seiten) 16,90 Euro

Kryon Buch Sechs, Lehrbuch Band IV, „Gemeinsam mit Gott"
Herausgeber Ostergaard Verlag ISBN 3-933075-05-x
(Hellgrüner Einband, gebunden, 456 Seiten) 22,00 Euro

Kryon Buch Sieben, Lehrbuch Band V, „Briefe von Zuhause"
Herausgeber Ostergaard Verlag ISBN 3-933075-07-6
(dunkelblauer Einband, gebunden, 524 Seiten) 24,00 Euro

Kryon Buch Acht, Lehrbuch Band VI, „Über die Schwelle"
Herausgeber Ostergaard Verlag ISBN 3-933075-06-8
(Champagne Einband, gebunden,426 Seiten) 22,00 Euro

Kryon Buch Neun, Lehrbuch Band VII, „Der Neuanfang"
Herausgeber Ostergaard Verlag ISBN 3-933075-09-3
(Hellblaue Einband, gebunden,410 Seiten) 22,00 Euro

Originale in englischer Sprache

Bücher

Kryon Book One - The End Times - New Information for Personal Peace
Kryon Book Two - Don´t Think like a Human - Channeled answers to basic questions
Kryon Book Three - Alchemy of the Human Spirit - A guide to human transition into the New Age
Kryon Book Four - The Parables of Kryon
Kryon Book Five - The Journey Home - A channelled Novel
Kryon Book Six - Partnering with God - Practical information for the new millenium
Kryon Book Seven - Letters from Home - Loving messages from the family
Kryon Book Eight - Passing the Marker - Understanding the new millenium energy
Kryon Book Nine - The New Beginning - 2002 and Beyond

The Indigo Children - The New Kids have arrived
An Indigo Celebration - More insights from the Indigo Children

The Kryon Cards - Inspirational Sayings from the Kryon Books
inklusive Ergänzung zur Lehrbuchserie in deutscher Sprache von Petra Ostergaard

Audio Produkte

Kryon Live Channelled Audio Cassettes

Ascension in the New Age - Kryon decribes what ascension really is in the New Age
Nine ways to raise the Planet´s Vibration - The goal of humanity
Gifts and Tools of the New Age - A powerful channel
Co-cration in the New Age - Find out about creating your own reality
Seven Responsibilities of the New Age - Responsibility? For what? Spirit answers
The Lemurian Tapes - Three channels from Hawaii

Music and Meditation

Crystal Singer Music Meditation Cassette from Jan Tober
Guided Mediation Cassette from Jan Tober
Color & Sound Meditation CD - A color sound workshop
The Journey Home CD - Including the prayer for earth
The Silent Prayer CD - Best selling mediatation music from Robert Coxon

Neuerscheinungen im Ostergaard Verlag in 2004

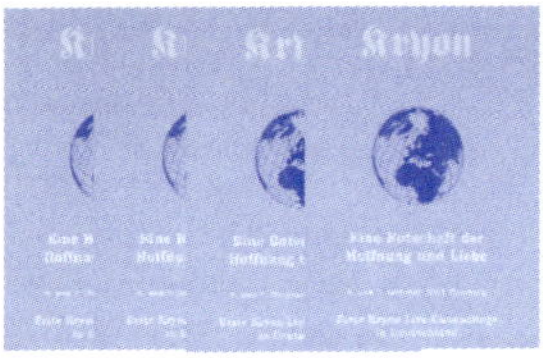

Kryon Live-Channeling, Hamburg 2002
Kryon Live-Channeling, Bern 2003
Kryon Live-Channeling, Hamburg 2003
Kryon Fragen und Antworten von A-Z
Kryon bei den Vereinten Nationen

Aus langjähriger enger Zusammenarbeit mit Lee Carroll und den Botschaften von Kryon entstanden völlig neue Bücher für eine neue Zeit, die 2004 in deutscher Sprache erscheinen:

Wieder-Erinnern - Re-member

Ein Handbuch für die menschliche Evolution
von Steve Rother und The Group (Die Gruppe)

Die Menschheit entwickelt sich weiter von der fundamentalen Motivation des Überlebens hin zu dem Wunsch nach Frieden und Einheit. Hier vollzieht sich eine Revolution im Stillen und wir suchen überall nach den höheren Wahrheiten. Dieser Übergang muss nicht so schwierig sein!

ISBN 3933075093 Kartoniert ca. 340 Seiten

Die Tobias Lektionen - The Tobias Materials

Neue Werkzeuge für unsere spirituelle Reise
von Geoffrey Hoppe

„Statt nach Hause zu gehen, wird das Zuhause zu Euch kommen". Mit diesen Worten zeigt Tobias uns ein ganz neues Verständnis darüber, wie wir zur Erde kamen und warum diese Zeit eine wichtige Kreuzung auf unserem spirituellen Weg ist. Die Tobias Lektionen wurden in nur wenigen Jahren zu einem internationalen Phänomen, weil sie bereits vielen helfen, ihr Leben zu verändern und neue Hoffnung für spirituelle Erfüllung geben.

ISBN 3933075107 Kartoniert ca. 250 Seiten

Die Rückverbindung, Heilen und Heilung - The Reconnection - Heilen und geheilt werden

von Dr. Eric Pearl

Dr Eric Pearl beschreibt in spannender und humorvoller Weise die Reise seiner Entdeckung Heilen und Heilung durch die Rück-Verbindung zu erleichtern. Aber noch wichtiger, er zeigt uns einen Weg, wie wir diese neuen heilenden Energien persönlich erleben können. **Lee Carroll:** *„Viele haben jahrzehntelang auf das gewartet, was Dr. Eric Pearl uns in seinem ersten Buch vermittelt - eine neue, einzigartige und elegante Art, Heilung und Transformation zu lehren. Was sein Werk jedoch in Wahrheit offenbart, ist, dass er die Geheimnisse preisgibt! Dieser Heiler zeigt in seiner fröhlich-humorvollen und lebensbejahenden Art, mit welcher Leichtigkeit wahre energetische Heilung in uns allen erkannt und aktiviert werden kann. Die Zeit ist reif!"*

ISBN 3933075115 Kartoniert ca. 280 Seiten

Ostergaard Verlag

Wegweisend für das Neue Zeitalter

Mama, wo kommen die Kinder her? Oder Die geheimnisvolle Reise des Engel Ananini

von Petra Ostergaard

Lisa, ein sechsjähriges Mädchen, fragt: „Wo kommen die Kinder her?", und sie will heute mehr wissen als nur etwas über das körperliche Wachstum, denn sie fühlt noch ein Geheimnis, tief in ihr... aber was...? und so bestürmt sie die Mutter am Mittag nach dem Kindergarten mit der Frage: „Mama, wo kommen die Kinder her?" Die Mutter erzählt Lisa die Geschichte von der geheimnisvollen Reise des Engels Ananini, ein Engel, der schon in vielen Räumen des Himmels war...

ISBN 3-00-000328-2
Gebunden, Euro 13,90

Heilung der familiären Blutlinie von Theresia Wuttke-Laube

Die Arbeit mit dem Hologramm ist ein multidimensionales Werkzeug zur Selbst-Ermächtigung - eine wunderbare Hilfe. In der Heilung unserer familiären Blutlinie öffnen wir uns für eine vollständige Erneuerung unserer seelisch-geistigen Kräfte, die sich bis in unser Zellbewusstsein auswirken.

ISBN 3-93307504-1
Gebunden, Euro 17,50

Die Mudra-Karten-Set von Ruth Becker

Bewegungen für die Seele

Ein Mudra ist in erster Linie eine Bewegung, verbunden mit einer spirituellen Absicht. Die Anwendung der Mudra-Karten zeigt uns einen Weg, unsere spirituellen Erfahrungen und Erkenntnisse auch körperlich wahrnehmen und spüren zu können. Hier liegt der Schlüssel, um mehr Lebensfreude und Lebensenergie zu entfalten.

ISBN 3-933075-00-9
Anleitungsbuch, 72 Seiten mit 36 Mudra Karten
20,00 Euro

ANHANG
Petra und Steve Ostergaard und Lee Carroll

Vom Zeiten-Ende bis zum Neuanfang

Seit 1997 arbeiten wir unermüdlich an der Übertragung, Veröffentlichung und der Verbreitung der liebenden Botschaften von Kryon und nach den ersten Jahren intensiver Pionierarbeit war im Jahr 2001 - einhergehend mit der Veröffentlichung der ersten drei Lehrbücher - das Fundament gelegt und Lee Carroll, Jan Tober und das amerikanische Kryon-Team besuchten erstmals Deutschland. Die Veranstaltung war mit 750 Besuchern von großem Erfolg gekennzeichnet und wir alle erlebten, trotz der Vielzahl der Menschen, das Gefühl einer familiären Wiederbegegnung mit absolut persönlich-behutsamer und achtsamer Atmosphäre. Im Oktober 2002 besuchten bereits 1500 Menschen die zweite Kryon-Veranstaltung in Hamburg, was nahezu den Rahmen der Räumlichkeiten in der Uni sprengte und doch wieder für jeden Einzelnen individuelle Nahrung für seine spirituelle Entwicklung bereit hielt, ebenso, wie das Erleben eines faszinierenden Wasserexperimentes, welches uns einen physischen Beweis für unsere oft noch so schwer nachweisbare energetische Arbeit erbrachte *(vergl. www.kryon-online.de/water_emoto.htm).* Im Jahr 2002/2003 explodierte die Kryon-Arbeit förmlich, wir erarbeiteten und veröffentlichten drei weitere Lehrbücher in einem Zeitraum von nur 12 Monaten, die Zahl der Leser der Botschaften stieg auf über 50.000 und Zehntausende besuchen täglich die Kryon-Seiten im Internet. Lee Carroll und sein Team besuchten im April 2003 erstmals Bern in der Schweiz und im Oktober 2003 kamen sie zum dritten und vorerst letzten Mal nach Hamburg. *(Lesen Sie hierzu gerne unsere entsprechenden Live-Channeling-Ausgaben.)* Im Herbst dieses Jahres wird zur Freude aller Österreicher erstmals eine Kryon Begegnung in Salzburg stattfinden. *(Für nähere Einzelheiten wenden Sie sich bitte an den Wrage Seminarservice in Hamburg.)*

Mit den Botschaften von Kryon und der tiefen Herzensverbindung die viele Menschen im Lesen der liebenden Schriften empfinden, finden außerordentliche Berührungen und Bewegungen statt. So entstanden aus der Begleitung der Kryonarbeit der ersten Jahre beispielsweise die wundervollen Arbeiten von Steve Rother (*Die Gruppe*) und Geoffrey Hoppe (*Tobias*), die wir uns freuen in diesem Jahr gleichfalls im deutschsprachigen Raum zu veröffentlichen, ebenso, wie viele Menschen hier in unserem Land nicht nur persönlich sondern auch in ihrer Arbeit durch die Botschaften von Kryon inspiriert wurden. Ich selber (*Petra*) empfange seit über einem Jahrzehnt aus dem Kryon-Raum, welches mich vorerst für meine Aufgabe vorbereitete und mir später die Übertragung der Botschaften in die deutsche Sprache möglich werden ließ. - Wie Sie sehen, liebe LeserInnen, bewegen wir uns nun zu einer Frage, die sich viele seit geraumer Zeit stellen. Mit zunehmendem Bekanntheitsgrad melden sich mehr und mehr Menschen, die öffentlich verkünden, ich channele Kryon... - Wer will hier ermessen, was echt ist und was nicht? Viele diesbezügliche Anfragen erreichen uns in dieser Zeit und so möchten wir hier gerne die Gelegenheit ergreifen und mit freundlicher Genehmigung von Herbert Reinig (*Zeitschrift Lichtfokus*) folgenden Ausschnitt aus einem aktuellen Interview mit Lee Carroll veröffentlichen. - Im deutschsprachigen Raum haben wir inzwischen über 3000 Seiten der Botschaften von Kryon übertragen und veröffentlicht und so entstand, plus der mehr als 300 für Sie kostenfreien Seiten im Internet, bis heute eine Fülle von Material von Kryon, welches Ihnen frei zur Verfügung steht, sodass jeder Leser, jede Leserin selbst entscheiden kann...

Und so verbleiben wir - wie immer - mit herzlich(t)en Grüßen

Petra und Steve Ostergaard

Wer channelt Kryon?

Lee Carroll *„Lassen Sie mich, bevor ich Ihre Frage beantworte, eine Bemerkung machen. ... Ich teile Ihnen hierbei meine persönlichen Gefühle mit und möchte Ihnen sagen, dass ich nicht erwartete, Deutschland so sehr lieb zu gewinnen! Als Amerikaner wusste ich nicht wirklich, was ich zu erwarten hatte. Wir werden in Amerika durch Dokumentationen und Touristen-Organisationen (und Filme natürlich) über Deutschland informiert, aber man kennt eine Kultur nicht wirklich, bevor man sie nicht besucht und den Menschen dort persönlich begegnet. Ich schätze, dass dies für Sie ebenso ist. Ich denke, dass auch Sie ein „Bild" vor Augen haben, wie Amerika laut all der Filme und Medienberichte zu sein hat. Ich möchte hoffen, dass einige von Ihnen zu Besuch kommen und ebenfalls herausfinden, wie „wahre Amerikaner" sind.*

Was ich vorgefunden habe, war ein Land mit liebenswürdigen und liebevollen Menschen, denen es nichts ausmachte, dass ich kein Deutsch spreche, und die alles ihnen Mögliche getan haben, damit mein Team und ich uns wohlfühlen konnten. Wenn ich jetzt in Frankfurt oder München lande (zwei meiner zentralen Umsteigeflughäfen), fühle ich mich gleich zuhause und weit weniger nervös wegen des fremden Landes. Ich schätze, all dies ist eine Art „Dankeschön" dafür, mir das „Herz" Ihres Landes zu zeigen. Ich werde gerne, solange ich kann, immer wieder hierher kommen."

LF: Bitte erzählen Sie uns von anderen Channel-Medien für Kryon. Gibt es noch mehr Menschen, die ihn authentisch channeln?

Lee Carroll: *Die Antwort hat mehrere Teile. Zunächst einmal möchte ich zwei Persönlichkeiten würdigen, die in den neunziger Jahren im Kryon Team waren und später die Fähigkeit zum Channeln erlangten: Steve Rother und Geoffrey Hoppe. Beide waren in den frühen Tagen von Kryon dabei und machen jetzt ihre eigene Arbeit. Das passiert häufig, wenn Menschen der Liebe Gottes ausgesetzt werden!*

Geoffrey Hoppe unterstützte, organisierte und veranstaltete über Jahre unsere Öffentlichkeitsarbeit und Seminare. Es setzte fort, die Wesenheit Tobias zu channeln, eine biblische Persönlichkeit, die vor langer Zeit auf der Erde lebte. Damit ist er kein Kryon-Channel. Diese liebevollen Botschaften sind etwas völlig anders - sie kommen von Tobias, nicht von Kryon. Und so gibt es da keinerlei Konflikt. Steve Rother kam eine Zeitlang zu vielen unserer Treffen, um dort eine „Schwert der Wahrheit"-Zeremonie zu leiten. Bald wurde er Channel für „Die Gruppe" und er ist heute mit einer wundervollen Arbeit befasst, die viele Länder der Welt mit einschließt. Auch Steve channelt nicht Kryon. Ich achte diese beiden Männer und unterstütze ihre Arbeit.

Zweitens erinnern Sie sich vielleicht, dass im ersten Kryon-Buch von 1989 (Das Zeiten-Ende), Kryon die Tatsache bekannt gab, dass es international noch acht weitere Personen gibt, die den Vertrag haben, Kryon zu channeln und eventuell auch veröffentlichen würden. In diesem Buch gab er sogar preis, wo diese potenziellen Kryon-Medien ansässig seien. Man beachte, dass keines für Deutschland genannt wurde! Dies ist ein Grund dafür, dass ich mich so frei fühle, nach Deutschland zu reisen und dort die Arbeit von Kryon zu präsentieren - so kommt sie keiner anderen Arbeit in die Quere, von der Kryon gesprochen haben könnte. Übrigens ist es nicht vorgesehen, das ich die anderen acht treffe, sondern dass ich meine Arbeit separat halte. Meine Kryon-Arbeit (bekannt als „gechannelt von Lee Carroll) ist die ursprüngliche Arbeit (die erste auf diesem Planeten). Die anderen sind für viele andere Kulturen der Erde gedacht und könnten ganz anders klingen, doch wiederum angemessen für die Menschen in Afrika, Asien und im Nahen Osten. Erinnern Sie sich: Kryon ist keine Religion. Es ist eine Sammlung von Botschaften von Gott zur Ermächtigung des Menschen in einem neuen, sich entwickelnden Zeitalter von Licht und Liebe.

Drittens gibt es letztendlich keine „autorisierten" oder „authentischen" Kryon-Medien auf dem Planeten jenseits von dem, was Sie als LeserIn als wahr empfinden. Mit anderen Worten: Sie selbst werden den Wahrheitsgehalt dessen erkennen, der sagt, er channelt Kryon. Sie verfügen inzwischen über Tausende von Seiten (in deutscher Sprache) aus meiner Arbeit, die über ein Jahrzehnt umfasst, um vergleichen zu können. Wenn Sie also von anderen hören, die Kryon channeln (eine Wesenheit, die für alle verfügbar ist - im Raum Gottes gibt es kein Besitz-/Eigentumsrecht), dann lauschen sie den Botschaften oder lesen Sie sie und gehen ihnen im Vergleich zu der Quelle, die ich all die Jahre zur Verfügung gestellt habe, auf den Grund. Gesegnet ist, wer diese wundervolle und liebevolle Wesenheit empfängt und überträgt, denn sie werden wissen, dass sie real ist. Man kann die wahre Liebe Gottes nicht imitieren. Wahrheit sucht ihre höchste Entsprechung - immer.

Lee Carroll

Und es ist so weit, dass wir Euch „Auf Wiedersehen“ sagen. Wir verabschieden uns nun von Euch und doch ist es nicht das letzte Mal, denn es gibt kein letztes Mal. Wir werden jeden Einzelnen von Euch in der Halle der Ehre wiedersehen und dort werden wir Euch bei Eurem Namen rufen. Wir werden einander zuzwinkern und uns an den Tag unserer Zusammenkunft erinnern, an dem Ihr vorgabt, etwas anders zu sein.

Und es ist so weit, dass es uns schwer fällt, uns von Euch zurückzuziehen. Es wurde von Mal zu Mal immer schwieriger für uns, diese Kommunikationen (Begegnungen) mit Euch zu beenden. Es wurde von Mal zu Mal schwieriger für uns, je näher Ihr dahin gekommen seid, herauszufinden, wer Ihr wirklich seid. Ihr könnt Euch nicht vorstellen, mit welcher Freude die Familie von dieser Seite des Schleiers den Besuchen bei Euch entgegensieht. Und wir sagen es noch einmal, Ihr habt keinen blassen Schimmer davon, wer heute hierher gekommen ist, um wen zu sehen. Wir wussten, dass Ihr kommen würdet und Ihr seid gekommen. Und mit Eurer Absicht habt Ihr der liebenden Energie von Spirit erlaubt, Euch zu umgeben - Ihr habt es gestattet, das geliebte Wesen zu umhüllen. Und wir alle badeten in dieser Liebes-Energie und wir haben Euch geliebt und Euch Eure Füße gewaschen.

Und so ist es

Kryon